财政部和农业农村部：国家现代农业产业技术体系资助
江苏省社会科学基金重大项目（18ZD006）资助

知名农业品牌案例研究
——来自江苏的实践

耿献辉　樊宝洪　刘　莹　等◎著

A CASE STUDY OF
FAMOUS AGRICULTURAL BRANDS
– PRACTICE FROM JIANGSU

经济管理出版社
ECONOMY & MANAGEMENT PUBLISHING HOUSE

图书在版编目（CIP）数据

知名农业品牌案例研究：来自江苏的实践/耿献辉等著. —北京：经济管理出版社，2021. 7
ISBN 978-7-5096-8109-1

Ⅰ. ①知… Ⅱ. ①耿… Ⅲ. ①农产品—商业品牌—研究—江苏 Ⅳ. ①F326. 5

中国版本图书馆 CIP 数据核字(2021)第 142350 号

组稿编辑：曹　靖
责任编辑：曹　靖　郭　飞
责任印制：黄章平
责任校对：张晓燕

出版发行：经济管理出版社
（北京市海淀区北蜂窝 8 号中雅大厦 A 座 11 层　100038）
网　　址：www. E-mp. com. cn
电　　话：（010）51915602
印　　刷：唐山昊达印刷有限公司
经　　销：新华书店
开　　本：787mm×1092mm/16
印　　张：20. 5
字　　数：500 千字
版　　次：2021 年 8 月第 1 版　　2021 年 8 月第 1 次印刷
书　　号：ISBN 978-7-5096-8109-1
定　　价：99. 00 元

课题组主要成员及分工

耿献辉（策划 审校）
樊宝洪　刘　莹（统稿）
孙任洁　戴锡联　赵松娥（资料整理）
金敏杰　胡韵涵（第一章）
钱　京　孙　冉（第二章）
金珊珊　辛玉玉（第三章）
郭仪凤　冯　瑞（第四章）
王誉炫　刘如婷（第五章）
刘婧伊　李天辰（第六章）
李晓彤　李睿宇（第七章）
陈昕宇　张子健（第八章）
陈润妍　杨子姝（第九章）
郑树超　侯昊岭（第十章）
俞承志（第十一章）
秦昊文（第十二章）
曹思森（第十三章）
梁邵祺（第十四章）
廖雪倩（第十五章）
潘勤添（第十六章）
戴奇彤（第十七章）
魏超健（第十八章）
马如晶（第十九章）
王宇昕（第二十章）
江　娜（第二十一章）
杨格格（第二十二章）
吴芷璇（第二十三章）
吴　虹（第二十四章）
何钰铃（第二十五章）
宋一帆（第二十六章）
宋希梦（第二十七章）
张舒萌（第二十八章）
陈芝斌（第二十九章）
林子博（第三十章）
郑世卿（第三十一章）
郎列琴（第三十二章）
赵炳坤（第三十三章）
席志方（第三十四章）
曹心怡（第三十五章）
冯一尘（第三十六章）
徐　懿（第三十七章）
漆家宏（第三十八章）
郭紫玥（第三十九章）
赵　悦（第四十章）

序

作为传统的农业大国，农业一直是我国国民经济的基础产业，保障了国计民生的基本需求，在国民经济中具有基础地位。随着城乡资源要素的动态变化和宏观经济形势的不断发展，传统的小农经济已经无法适应新时代大市场的需求。在新的市场经济条件下，家庭农场、合作社和农业企业等成为新型农业经营主体。品牌是新型农业经营主体阔步走向大市场的手段和落脚点，是打通食品工业和农业生产的媒介，是现代农业竞争力的核心标志与重要引擎。品牌是农业市场化、现代化的重要标志。农业品牌是一个体系，主要由区域公用品牌、企业品牌和产品品牌等组成。品牌作为一种无形资产，在农产品的特色、优势、质量差异的基础上，通过商标、认证标志、包装等信息来传递农产品质量的有效信息，使高质量农产品更加具备市场竞争优势，消费者可以根据农产品的品牌影响力和美誉度来选择商品，这在一定程度上促使了现代农业加速走向“品牌时代”。

2015 年 12 月，中央农村工作会议首次提出农业供给侧结构性改革，强调提高农业供给体系质量和效率，使农产品供给数量充足，品种和质量契合消费者需要，真正形成结构合理、保障有力的农产品有效供给。2016 年中央经济工作会议突出了深化供给侧结构性改革这个主线，以提高农业供给质量为主攻方向，促进农业农村发展向追求绿色生态可持续、更加注重满足“质”的需求转变。2017 年发布的《中共中央　国务院关于深入推进农业供给侧结构性改革　加快培育农业农村发展新动能的若干意见》，强调以供给侧结构性改革作为化解农业结构性矛盾的手段，优化产品产业结构，推行绿色生产方式，着力推进农业提质增效。2018 年发布的《中共中央　国务院关于实施乡村振兴战略的意见》强调实施质量兴农战略，深入推进农业绿色化、优质化、特色化、品牌化，推动农业由增产导向转向提质导向。推行标准化生产，培育农产品品牌，保护地理标志农产品，打造“一村一品”“一县一业”发展新格局。2019 年发布的《中共中央　国务院关于坚持农业农村优先发展　做好“三农”工作的若干意见》强调健全特色农产品质量标准体系，强化农产品地理标志和商标保护，创响一批“土字号”“乡字号”特色产品品牌。2020 年发布的《中共中央　国务院关于抓好“三农”领域重点工作　确保如期实现全面小康的意见》要求继续调整优化农业结构，加强绿色食品、有机农产品、地理标志农产品认证和管理，打造地方知名农产品品牌，增加优质绿色农产品供给。2021 年发布的《中共中央　国务院关于全面推进乡村振兴　加快农业农村现代化的意见》提出深入推进农业结构调整，推动品种培优、品质提升、品牌打造和标准化生产。

江苏既是经济大省，也是农业大省。随着消费升级，江苏原有的农产品生产方式已难以满足人民日益增长的对美好生活的需求，如今广大消费者对优质安全的农产品提出了更高的质量要求。与此同时，随着国内外市场的不断开放，双循环格局加速形成，国内外品牌农产品正在大规模进入江苏市场，受到人口、土地等资源禀赋条件的约束，江苏生产的农产品与国内外农产品相比，在价格等方面并不具有普遍优势。基于农产品质量的差异化，今后江苏农产品与国内外农产品在产品质量方面的竞争将成为常态，这也是江苏农业供给侧结构性改革的动力所在。生产者与消费者之间的信息不对称成为了困扰农产品优质优价的难题，而品牌可以有效传递产品质量信息，在一定程度上缓解信息不对称，由此农业品牌建设已成为江苏农业战略竞争力提升的迫切需求。与工业产品相比，农产品不仅具有易腐、品质复杂、生产周期长、需求弹性低等特点，农业生产经营者也大多是以小农户为基础发展起来的，品牌意识正逐步觉醒，相关理论和政策研究体系也正在完善中。

江苏认真谋划品牌发展新路径，充分发挥政府引导和市场推动“两只手”作用，以农产品区域公用品牌建设为重点，深入实施“品牌强农　营销富民”工程，初步构建起一个推进强势区域公用品牌和农业企业知名品牌建设的省级平台，设计出一套省级农业品牌推介的新机制，探索了一种可复制可推广的农业品牌培植新模式，品牌工作规范化、标准化日趋明显，农产品市场体系日益完善，展会经济不断发展壮大，为乡村全面振兴和农业农村现代化提供了有力支撑。

江苏农业品牌建设正迈向一个新阶段，品牌引领的作用日益凸显，品牌建设日趋标准化、规范化。《知名农业品牌案例研究——来自江苏的实践》以“高质量发展”为主题，以 10 个知名农产品区域公用品牌和 30 个知名农产品企业品牌为案例，从发展机制和路径措施以及未来展望等角度，深入剖析江苏知名农业品牌发展的特色经验，为更高质量推进品牌强农工作提供启示。从理论和实践的双重角度对 40 个江苏知名农业品牌进行案例研究，分析品牌现状、研究品牌成长机制、总结品牌亮点与特色做法，并对品牌的未来发展前景进行展望。

希望借此案例研究，汇聚社会各界力量持续关心和支持江苏农业品牌的发展，以十九届五中全会精神为指导，坚定不移地实施品牌强农、营销富民工程，坚持擦亮老品牌与培育新品牌相结合，以市场需求为导向，以区域公用品牌为重点，以数字技术为抓手，加强统筹规划和标准建设，完善品牌评价体系，进一步培育、巩固、壮大江苏农业的金字招牌，逐步建立起与江苏农业农村发展水平相适应的现代品牌管理体系，加快推进农业品牌高质量发展，推动乡村全面振兴。

本书的出版，对于在乡村振兴战略背景下将品牌理论与江苏农业品牌实践探索紧密结合，促进现代农业高质量发展，丰富品牌强农营销富民的科学基础，推进江苏农业农村现代化进程，均将发挥重要的作用。

笔者

2021 年 6 月

目　录

上篇　知名农产品区域公用品牌案例研究

下篇　知名农业企业品牌案例研究

上篇　知名农产品区域公用品牌案例研究

第一章 高邮鸭蛋

一、品牌简介

曾经沧海难为水，他乡咸鸭蛋，我实在瞧不上。高邮咸蛋的特点是质细而油多。蛋白柔嫩，不似别处的发干、发粉，入口如嚼石灰。油多尤为别处所不及。平常食用，一般都是敲破“空头”用筷子挖着吃。筷子头一扎下去，吱——红油就冒出来了。

——汪曾祺

被汪曾祺视为美食“瑰宝”的“高邮鸭蛋”品牌来自江苏省高邮市，高邮地处苏北里下河地区，境内水域面积108万亩，其中高邮湖60万亩，低洼沼泽地25万亩，环境污染少，历史上就曾是高邮鸭的主产区和集散地。

高邮鸭是我国三大名鸭之一，是蛋、肉兼用型的大型鸭，该鸭善潜水、耐粗饲、觅食力强、生长速度快、适应性强、蛋头大、蛋质好，肉美汤鲜，且以善产双黄蛋、蛋肉品质俱佳等特点闻名世界，高邮鸭肉由于肌肉内脂肪较少，烹调制作后，味美爽口，秋冬季具有滋补功效。高邮鸭蛋食用之精品，口感极佳，属“邮籍产品，世界名牌”，蛋白如凝脂白玉，个大味美，营养丰富，作为一种副食品吃法多样，鲜蛋炒煮，制作咸鸭蛋、松花蛋均可，高邮鸭蛋腌制成咸蛋后，蛋白如凝脂白玉，蛋黄似红橘流丹，具有松、沙、油、细、鲜、嫩等特点。

除去母鸭选种和鸭蛋的精细挑选外，高邮咸鸭蛋的腌制方式也非常独特：采用彻底消毒的高邮特有的黄土，晾晒之后用筛子过滤掉大的颗粒，然后把黄土灌起来，在腌制鸭蛋的前一天把黄泥泡下去。腌制的时候需要将新鲜的鸭蛋浸泡在黄土、盐、白酒和水调和而成的泥料里，等到鸭蛋完全地沾上泥料之后再在上面滚上草木灰，然后放在空桶里闲置20多天才能最终出炉。

“高邮鸭蛋”品牌选用高邮鸭产的高邮鸭蛋为原材料，通过其独特的加工方式，在高邮市鸭蛋行业协会的管理和多家龙头企业的带动下，成为了享誉全国的一个国家地理标志品牌。

高邮鸭蛋已具有悠久历史，而“高邮鸭蛋”于2002年被正式评为“国家地理标志品牌”。在这之后，“高邮鸭蛋”品牌获得大量荣誉，打响了品牌知名度。

2008年，高邮鸭蛋获得“国家证明商标”标志；2011年5月，通过国家级品种审定的“苏邮1号”蛋鸭配套系；2013年，江苏高邮鸭集团获江苏省科技进步一等奖、江苏省农业丰收奖二等奖、高邮市科技进步一等奖；2014年，“高邮鸭蛋证明商标”获得江苏省优质农产品地理标志商标产品20强，位列第三名；2016年，高邮鸭蛋被江苏省工商总局评为“我最喜爱的江苏商标”第四名；2017年，高邮鸭蛋获得“江苏省十大地理标志产品”食品类第一名；2018年获“2018全国绿色农业十佳畜牧地标品牌”称号；2019年入选首届“江苏省十强农产品区域公共品牌”。

高邮市高邮鸭蛋相关企业也着手“高邮鸭蛋”品牌的推动建设。江苏高邮鸭集团现有高邮鸭良种繁育中心，是国家级种质资源保护场；蛋品加工技术研发分中心，是国家级研发分中心；2011年4月成功创建的“中国鸭文化博物馆”，其核心展区1800平方米，成为国内、国际首创；高邮鸭科技示范园，集高邮鸭保种、扩繁、育雏、蛋鸭养殖以及饲料加工于一体的规模化综合养殖示范基地，通过稻鸭共作、鸭鱼混养、湖滩放牧等多种高效养殖模式，提升产业科技水平。2011年集团负责制定的“高邮鸭国家级标准”，顺利通过国家标准化委员会批准，已正式颁布实施。江苏高邮鸭集团还在2017年与扬州大学刘秀梵院士共建扬州市企业院士工作站，系扬州市第一家畜牧兽医类院士工作站，着力推动高邮鸭品种等的研究。

正是在高邮市鸭蛋行业协会和多方主体的共同努力下，高邮鸭蛋这一国家地理标志品牌长期以来备受消费者的青睐。

二、成长及运行机制

品牌与大众生活息息相关，从宏观来看，农产品区域品牌的建设有利于提高我国农产品质量、优化农业生产结构、提升我国农产品在国内和国际两个市场上的竞争力，为农民增收和农业生产的提质增效带来保障，最终实现农业农村现代化。从微观的消费者行为来看，近年来，消费者越来越关注农产品的质量安全（胡胜德等，2019），对以地理标志农产品为代表的一众区域品牌农产品的购买意愿在稳步提升。

鸭的饲养总量占到我国水禽饲养总量的70%以上，是饲养最多的水禽，鸭产业的发展是农业产业发展中需要重点关注的问题。作为江苏省十强农产品区域品牌，“高邮鸭蛋”品牌以其稳定的高邮鸭产业链在全国占约17%的生产份额。2001～2021年，“高邮鸭蛋”区域公共品牌的建设日趋成熟，取得了明显成效，在各类评比中屡占榜首，品牌价值达40.76亿元。

从品牌建设、产业组织、品牌维护、品牌营销、运销渠道以及品牌成效六个方面来阐述高邮鸭蛋品牌的内部成长及运行机制，如图1－1所示。以“农业产业化”与“运销建设”两部分为“地基”，运用交易成本、合约理论等新产业组织理论加以稳固；以“品牌资产”“品牌营销”“品牌保护”为“建材”，发挥多方主体优势，共同打造出“高邮鸭蛋”这一国家地理标志品牌产品，创造巨大的“品牌成效”。

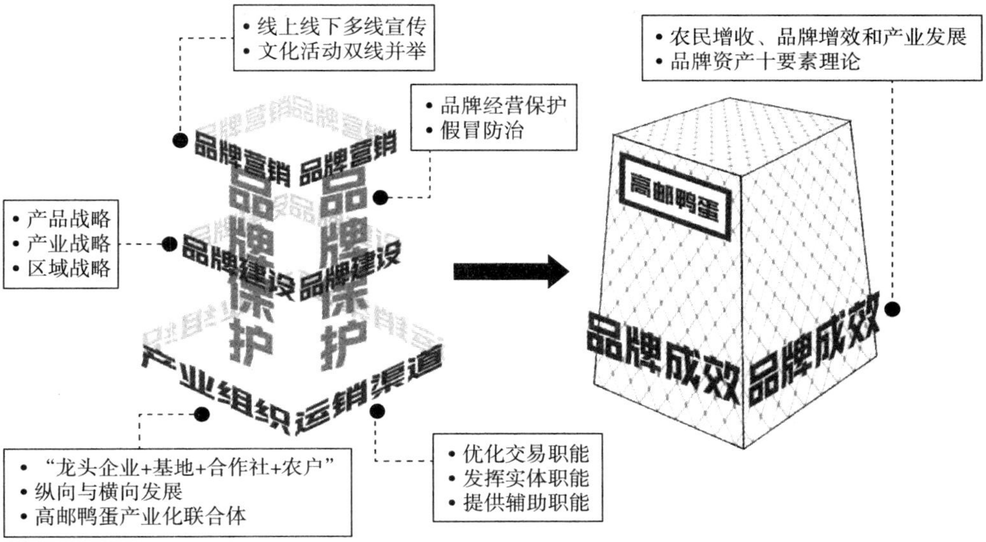

图 1-1 高邮鸭蛋品牌运行机制

（一）品牌建设历程

1. 专注产品战略，打造区域优势产业

地理标志代表了特定产品的区域特点，在一定程度上是生产者销售产品、消费者购买产品的品牌保障。作为区域公共品牌，地理标志起到了规范生产和带动当地小企业发展的作用。费威等（2020）提出，地理标志因为其依托于区域的自然人文因素、不可替代的独特品质、受法律保护的特性、共享范围的有限性以及一定的市场基础而与区域公共农产品品牌高度耦合，所以农产品区域品牌需要依托地理标志建立。高邮鸭蛋也是江南地区的一个知名地理标志，提到鸭蛋，高邮鸭蛋品牌早已深入人心。

高邮鸭是我国三大鸭种代表之一，尤以善产双黄蛋而驰名中外，鸭蛋品质高，口味鲜美，是江苏省知名地理标志农产品。高邮市专注于高邮鸭蛋的品牌化开发，在品牌战略下获得荣誉无数，长期以来备受广大消费者的青睐。为了提高产品品质，提升知名度，近年来，“高邮鸭蛋”品牌积极参与各式评选活动，2002~2019 年，入选《国家畜禽品种资源保护名录》，并先后获得“国家地理标志产品”“国家证明商标”“江苏省优质农产品地理标志商标产品”“江苏省级非物质文化遗产”“我最喜爱的江苏商标”“江苏省十大地理标志产品”“第 4 批中国重要农业文化遗产”“2018 全国绿色农业十佳畜牧地标品牌”和“江苏省十强区域公共品牌”称号。在多个奖项的证明和包装下，“高邮鸭蛋”品牌成为了品质的象征，成为鸭蛋行业的标杆。

2. 发展龙头企业，形成产业集群

依托于高邮鸭蛋的地理标志，高邮鸭产业集群的建设得益于龙头企业的大力发展。江苏高邮鸭集团就是其中之一，集团成立于1996年，按照“公司 + 基地 + 农户 + 合作社”的模式，依托“订单农业、保护价收购”等渠道优势，为鸭农提供全产业链的服务。2013年，江苏高邮鸭集团获江苏省科技进步一等奖、江苏省农业丰收奖二等奖、高邮市科技进步一等奖；2017年，江苏高邮鸭集团被省农委认定为农业产业化省级龙头企业。江苏高邮现有蛋品加工企业约300家，年加工咸鸭蛋、松花蛋、双黄蛋等各类鸭蛋制品近10亿只。江苏高邮鸭集团2018年加工蛋品约1.1亿只，而和它一样的年加工鸭蛋制品超过千万只的企业还有4家，如“红太阳”品牌产品在国内市场一直享有较高的知名度，多次荣获国内名牌产品大奖和国际农业博览会金奖。这些企业在做大做强自己公司的同时，提高了高邮鸭蛋的知名度，为高邮鸭蛋区域公共品牌的建立打下了良好的基础，积累了客户源，也为其他小型企业提供了优秀的发展蓝本。高邮鸭蛋产业主要依靠这样的有影响力的企业品牌形成产业集群的方法来为进一步形成区域公共品牌做准备。

高邮鸭蛋的产业化经营是非常必要的。在生产与加工环节，可以将分散的农户集中起来，用行业标准规范小农户的生产加工行为，提高高邮鸭蛋的整体水平，同时也能使高邮鸭蛋品牌的发展具有可持续性；在运销环节，统一的区域公共品牌可以凭借产品的知名度和客户的忠诚度卖出更多的产品，为农户和企业提供稳定的收入；在整条产业链上，有组织的产业化可以有效地延长产业链，提高农业生产效率，在增加高邮鸭蛋生产附加值的同时，为高邮市的城乡居民提供了大量的工作岗位，带动就业；高邮鸭蛋及其延伸出来的高邮鸭产业有利于高邮市的农业产业机构调整，实现高邮畜牧业的现代化（尤兆荣等，2008）。

3. 区域协同发展，创立区域公共品牌

作为国家地理标志产品，高邮鸭蛋及其衍生出来的高邮鸭业产业是高邮市的重点经济项目，高邮市也在打造“高邮鸭蛋”品牌的过程中，为居民创造了很多就业岗位，带动其经济的发展。高邮市鸭蛋行业协会成立于2001年7月，协会依托地理标志，大力发展“高邮鸭蛋”区域农产品公用品牌，使高邮鸭蛋品牌在江浙地区发展迅速，并逐渐向其他区域扩张。高邮鸭蛋区域公共品牌的建立有利于聚集区域内小企业，统筹发展，提升品牌的知名度，统一的管理方式带来了效率和品牌形象的提升，更有利于为消费者提供优质优价的产品，如图1-2所示。

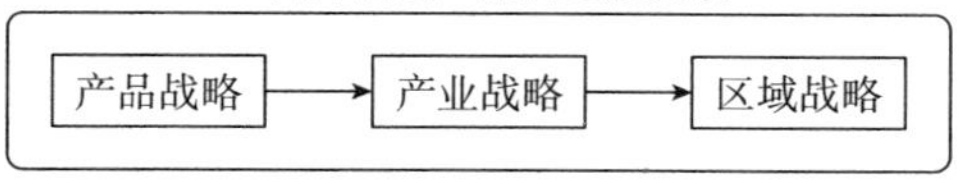

图1-2 “高邮鸭蛋”品牌建成历程

（二）革新产业组织

1. 农业产业化理论

农业产业化被认定为农业产业一体化经营（牛若峰，1998；丁振京等，2001），起源于“二战”后农业振兴时期的美国，而后传入西欧、日本等发达国家，它主要是依靠经济和法律关系将农业生产的产前、产中、产后等环节有机地联系起来，其核心是一体化结构下是否形成利益共同体。党的十五届三中全会通过的《中共中央关于农业和农村工作若干重大问题的决定》指出：“农村出现的产业化经营，不受部门、地区和所有制的限制，把农业产品的生产、加工、销售等环节连成一体，形成有机结合、相互促进的组织形式和经营机制，既能奠定农民家庭联产承包经营的基础，维护农民财产权，又能推动农民进入市场，采用现代科学技术，扩大生产经营规模，增强参与市场竞争力，提高农业综合效益，是我国农业逐步走向现代化的有效途径。”

农业产业化经营具有以下基本特征：生产专业化、产业一体化、管理企业化、服务社会化。产业一体化指农业产业化经营是通过多种形式的联合与合作，形成市场牵龙头、龙头带基地、基地连农户的种养加、产供销、贸工农、农工商、农科教一体化的经营体系（王红星，1997）。这种经营方式既使千家万户“小生产”和千变万化的“大市场”联系起来，又使城市和乡村、工业和农业联结起来，还使外部经济内部化，从而使农业能适应市场需求、提高产业层次、降低交易成本、提高经济效益。目前，农业产业化进一步发展为以龙头企业为经营引擎、种养农户为生产基础、专业合作社为服务纽带，基于分工、共享、契约，在内部形成多条产业链和供应链交叉融合的农业产业化联合体（王志刚，2019）。

2. 组织模式——“龙头企业＋基地＋合作社＋农户”

“龙头企业＋基地＋合作社＋农户”组织模式是最初“龙头企业＋农户”组织模式的升级。在“龙头企业＋农户”组织模式中，在龙头企业与农户松散的商品等契约约束下，双方主体保持高自由度和低分工合作程度，组织化程度低，规模效益小。而在此基础上发展的“龙头企业＋基地＋合作社＋农户”组织模式中，龙头企业租赁土地，通过大量投资对土地、资本、农户进行建设改良升级。基地提供标准化的技术指导、生产服务、原材料供应以及最终的收购活动，农户按照企业标准进行生产，并最终将合格的农产品销售给龙头企业。这种模式既保证了契约关系的可靠，又提高了分工合作程度和整体效益，还保障了农产品的高质量。

以高邮地区江苏高邮鸭集团为典型，江苏高邮鸭集团是首批农业产业化国家重点龙头企业，主要从事高邮鸭和高邮鸭蛋的研发推广。自1996年成立以来，为进一步做大做强地方特色鸭业经济，更好地带动农民增收致富，集团按照“公司＋基地＋农户＋合作社”的模式，大力发展高邮鸭产业化经营。

3. 产业组织的纵向与横向发展

如上所述，农业产业组织经过多层次、多方向发展：从松散的商品契约到融合各方要素优势、实现资源优化配置的超市场契约；从松散的产业分工到纵向联合各自优势的产业链条；从小经营规模、低效率生产技术设备、高生产成本的农业生产状态到横向扩大生产经营规模、提高设备科技水平和农户素质水平的高效农业生产状态。

江苏高邮鸭集团按照“公司＋基地＋农户＋合作社”的模式发展高邮鸭产业化经营，发挥利用农业产业组织多层次、多方向发展的效益。

4. 打造高邮鸭蛋产业化联合体

产业化联合体是当前三产融合最新的组织创新模式，相比传统纵向一体化经营组织形式，产业化联合体更进一步强化了专业分工和协作，在一定范围内经济产业链不同层级的经营主体实现了多元交叉缔结，形成了多体交融的纵向产业融合模式和以多个龙头企业为中心、多元交叉的网状结构。

高邮鸭蛋以高邮市鸭蛋行业协会为综合管理多方主体的机构，旗下授权高邮鸭蛋企业40家，包含4个省级龙头企业和1个市级龙头企业，带动新型经营主体26个，惠及农户3.12万户，可以看到，高邮鸭蛋在高邮地区形成了一个涉及多个层次主体的产业网，通过多元主体的交叉缔结，形成了高邮鸭蛋产业化联合体。高产高效的高邮鸭蛋产业化联合体为高邮鸭蛋品牌的初期建成打下了坚实基础，并为其后期发展提供了稳定且强大的内生动力。

（三）加强品牌保护

1. 品牌经营保护理论

品牌保护就是对品牌的所有人、合法使用人的品牌实行资格保护措施，以防范来自各方面的侵害和侵权行为，包括品牌的经营保护、品牌的法律保护和品牌的社会保护三个组成部分。其中，重点之一的品牌经营保护，即要求对品牌进行全方位的严格管理。品牌质量管理涉及面非常广泛，从产品生产过程角度出发，可分为生产前阶段—产品设计开发、生产中阶段—产品生产制造、生产后阶段—销售与服务过程的质量管理。

产品的设计开发是产品质量的源头。产品设计质量的好坏直接影响到产品的生产制造质量和售后服务质量。消费者对产品的要求首先是满足功能的需要。在产品的功能设计中，对产品在性能、安全性、可靠性、服务性、成本、使用费用、法规的符合性等各方面都应充分满足消费者的要求。产品的生产制造过程是产品质量形成的一个重要基础。生产制造过程质量管理的任务是建立一个控制状态下的生产系统。所谓控制状态，就是生产的正常状态，也就是生产制造过程能够稳定地、持续地生产制造出符合设计质量的产品。具体内容包括对产品质量的严格标准化、参与人员的技术培训、不良品的处理等。产后，企业须做好售前和售后服务，包括产品宣传、产品售后服务以及正确处理用户对产品质量的投诉、退换、索赔等问题，不断改进服务质量，提高服务水平。根据产品特点，制定服务业务规程和工作标准，加强对服务全过程的管理。

中国、美国、日本等国均有许多对品牌保护的研究，其代表措施包括设立准入门槛、做好流通过程的质量检测、开展打假行动、和消费者保持良好的沟通、制定商标法、提供食品认证等（钟志，2020）。

2. 高邮鸭蛋品牌经营保护

高邮市鸭蛋行业协会关于“高邮鸭蛋”地理标志商标制定了使用管理规则，以促进高邮鸭蛋的生产、经营，提高商品质量，维护和提高“高邮鸭蛋”地理标志证明商标在国内外市场的声誉，保护使用者和消费者的合法权益。总则第四条规定了申请使用“高邮鸭蛋”地理标志证明商标的，应当按照本规则的规定，经高邮市鸭蛋行业协会审核批准。在高邮鸭蛋品牌质量管理上，规则规定了：

产地标准，使用“高邮鸭蛋”地理标志证明商标的商品的生产地域范围为东经 119°27′~119°50′、北纬 32°48′~33°05′，地貌为一蝶形浅洼平原，水面大，多位浅水区，依傍着宽阔的京杭大运河。属亚热带温润气候区，四季分明，有非常优越的光、温、雨、热气候条件和生态环境，常年主导风为东北风，平均风速 2.6 米/秒；年平均气温 15.3℃；年平均降雨 1036.6 毫米，年平均气压 1016.2 毫巴，年平均相对湿度 75%，无霜期为 221 天。具有气候温和、雨量充沛、四季分明、日光充足、无霜期长等特点。

产品品质标准，使用“高邮鸭蛋”地理标志证明商标的商品的特定品质是选用在湖泊水荡中放养的“高邮鸭”所产的蛋为产品，其外壳为青绿色或乳白色、釉质光亮，蛋壳坚硬韧度强，不易破损；蛋形为椭圆、个体大，平均蛋重 70 克以上；蛋黄呈朱红色，罗氏比色 13 级以上，蛋黄比例约占全蛋的 38%；蛋白黏稠度高，蛋白质含量高，哈氏单位在 68.03；具有原产地域产品的特色。

通过以上两个标准，高邮鸭蛋协会从根本上保障了高邮鸭蛋品牌的高品质。

协会组织、监督按规定使用该地理标志证明商标及“中国地理标志产品专用标志”，负责对使用该地理标志证明商标的商品进行全方位的跟踪管理，对商品质量进行监督检查。对于后期无法保障品质的品牌使用者，品牌管理规则第二十一条规则规定：高邮市鸭蛋行业协会有权收回其《地理标志证明商标准用证》，收回已领取的地理标志证明商标标识，终止与使用者的地理标志证明商标使用许可合同；必要时将请求工商行政管理机关调查处理，或寻求司法途径解决。

3. 高邮鸭蛋假冒防治

假冒现象是危害品牌整体利益的第一大黑手，为应对此类现象，高邮鸭蛋协会将依法维护“高邮鸭蛋”地理标志证明商标专用权，协助工商行政管理部门调查处理侵权、假冒案件并对违反规则的经营者作出处理。

品牌管理规则第十九条规定：“高邮鸭蛋”地理标志证明商标受有关法律保护，如有假冒侵权等行为发生，高邮市鸭蛋行业协会将组织收集证据材料，并对举报单位和个人给予必要的奖励。第二十条规定：对未经高邮市鸭蛋行业协会许可，擅自在本申请包括的商品上使用与“高邮鸭蛋”地理标志证明商标相同或近似商标的，高邮市鸭蛋行业协会将依照《中华人民共和国商标法》及有关法规和规章的规定，提请工商行政管理部门依法查处或向人民法院起诉；对情节严重，构成犯罪的，报请司法机关依法追究侵权者的刑事责任。

（四）品牌营销模式

高邮鸭蛋相比于其他鸭蛋品牌有着更为久远的声誉，很多人都因为汪曾祺先生的《端午的鸭蛋》中的“曾经沧海难为水，他乡咸鸭蛋，我实在是瞧不上”而“未知高邮人，先知高邮鸭”，可以说是“未知高邮人，先知高邮蛋”了。高邮市政府也的确抓住了这个契机，专注于高邮鸭品质提升和品牌建设，通过线上线下宣传、举办活动推介和宣传品牌文化的方式提升品牌知名度。具体表现如下：

1. 线上线下多线宣传

通过媒体进行线上宣传。通过在 CCTV2、CCTV7、江苏卫视、扬州电视台等主流媒体宣传推介、运用不同媒体发表多视角报道，高邮鸭蛋品牌收获了极高的国民度。高邮鸭蛋品牌也不忘在线下积极参加展销会和国际比赛，丰富自身品牌的同时起到宣传的目的。高邮鸭蛋行业协会积极组织蛋品加工企业赴国际国内参加优质农产品展销展示活动，截至 2015 年，参会量达 20 余场（吴桂余，2015）。高邮鸭蛋多次荣获中国国际农业博览会“金奖”“名牌产品”“中国消费者信得过产品”以及“江苏省首届名牌农产品”等称号，大大提高了知名度。

除了区域品牌的共同推介外，宣传任务也定点定量地分配给了企业。在高邮市政府的鼓励下江苏高邮鸭集团、红太阳食品公司、三湖蛋品公司以及秦邮蛋品公司等企业自 1996 年以来，各家每年都投入 100 多万元广告宣传费用，在各地的报刊、户外电子屏幕和高等级公路两侧广告牌以及车身广告上进行产品宣传（吴桂余，2015），品牌知名度进一步提升。

2. 文化活动双线并举

自 1993 年以来，“中国双黄鸭蛋节”已成功举办 13 届，近年来又增加了“红太阳之夜”大型歌舞文艺晚会、高邮鸭业高层论坛、蛋品质量评比大赛等活动，通过邀请国内外专家、学者、相关企业和新闻媒体参加，提高了品牌的认知度，让各地消费者以蛋为媒了解高邮，对宣传高邮鸭品牌、提高高邮鸭业的影响和市场竞争力起到了重要的支撑作用。除了文艺晚会外，高邮鸭蛋品牌还建立了高邮鸭博物馆，通过文化传承的方式科普、宣传高邮鸭。

为进一步做大做强高邮鸭业经济，构筑鸭业经济发展新平台，高邮市于 2002 年 12 月组建了高邮鸭业产业园区。规划建设了 3000 亩核心区和 4.7 万亩养殖基地，通过不断拉长、增粗、扣紧产业链条，实现了园区“高起点规划、大手笔运作、高标准实施、可持续发展”的指导思想，在配套建设水、电、路、通信等各项基础设施的同时，还按照用途和地理位置设立了高邮鸭蛋肉加工、物流配载、禽蛋交易、产品包装、商贸物流、三产服务、生态住宅、农产品保险及加工、饲料加工、生物制剂及副产品加工 10 个功能小区，目前已有 60 多家企业如愿，其中“江苏高邮鸭集团”“红太阳”“秦邮”“三湖”“邮星”“金双阳”“金富”“湖宝”“鸿润”“双星”等多家企业品牌，已在全国具有较高的知名度。

（五）升级运销渠道

1. 新产业组织理论

1970 年后，由于可竞争市场理论、交易成本理论、策略性行为、产品差别化理论和合约理论等新理论的引入（余东华，2004），产业组织理论在研究基础、方法工具及研究方向上都产生了突破性的变化，大大推动了产业组织理论的发展，形成了新产业组织理论。

交易成本理论最早由美国经济学家罗纳德·科斯提出。他在《企业的性质》一文中认为交易成本是“通过价格机制组织生产的，最明显的成本，就是所有发现相对价格的成本”“市场上发生的每一笔交易的谈判和签约的费用”及利用价格机制存在的其他方面的成本。从经济学角度来看，合约主要包括了合约的设计和执行不可缺失的两个方面。在短期和瞬时合约中，合约的设计和执行相对简单，因为交易双方在进行交易时能够很快地得到结果，并对结果进行衡定。与合约相关的信息，特别是交易中的成本和收益的信息，对于交易双方及外部人（如法院）而言都是可以观察和可以证实的。因此，合约中的激励承诺是可信的，也能通过设计达到帕累托最优。

农业产业化经营组织通过完善和优化纵向产业链以降低交易成功的纵向创新以及适度扩大经营规模的横向创新提高了农业生产效率和规模收益（蔡海龙，2013）。订单农业又称合同农业或契约农业，是通过契约方式将农业生产与市场连接起来，即从事农业生产经营的农民在进行生产之前，先同相关的专门从事农副产品加工的龙头企业签订包括品种、质量、价格和交货日期等方面的订单，然后根据订单再确定种植的作物类别、品种和规模的一种农业经济类型。

2. 优化交易职能

以江苏高邮鸭集团为例，集团通过“订单农业、保护价收购”等形式，为鸭农提供了稳定的收购服务，实现了高邮鸭蛋所有权的初步转移的同时发挥了“龙头企业 + 基地 + 合作社 + 农户”经营组织模式的优势，保证了收购农产品的高品质；此外，通过该组织经营模式对供应链的整合，减少了传播信息、广告、与市场有关的运输以及谈判、协商、签约、合约执行的监督等活动所花费的成本，最终降低了交易成本。发挥企业优势，提高市场信息收集和议价能力，并通过高邮鸭蛋的销售规划、有形产品的展示、广告促销等营销手段对消费者进行产品销售，实现高邮鸭蛋所有权最后一步的转移。

3. 发挥实体职能

实体职能包括商品化的加工包装运输储藏，本章重点提及江苏高邮鸭集团的加工部分：集团成立蛋品加工技术研发分中心，是国家级研发分中心，将组织的加工职能发挥到极致，保证了后期高邮鸭蛋品牌下产品的质量。

4. 提供辅助职能

辅助职能包括市场信息职能、风险承担职能、融资职能和质量分级和标准化职能等。以江苏高邮鸭集团为例，此处重点关注质量分级与标准化职能。2011 年集团负责制定的《高邮鸭国家级标准》，顺利通过国家标准化委员会批准，已正式颁布实施。这一信号为进一步增强消费者对高邮鸭蛋品牌的认知提供了角度。

（六）品牌成效

1. 农民增收、品牌增效和产业发展

高邮鸭业品牌战略的实施，不仅为企业创造了巨大的价值，也为致富农民做出了积极贡献。红太阳食品有限公司、三湖食品有限公司和邮星食品有限公司等企业，充分发挥了龙头企业的辐射和带动作用，按照“公司 + 品牌 + 农户”的模式，大力实施“订单农业”，全市鸭业从业人员已达 5 万余人，为当地特色经济的发展和新农村建设起到了积极的促进作用。2014 年，今江苏高邮鸭集团红太阳食品有限公司就与鸭农合作养鸭 300 余万只，辐射带动全市养鸭 1000 万余只，年加工各类蛋制品 1.5 亿枚，加工鸭肉制品 200 多万只，一般每只鸭客货纯收益 20～50 元，与该公司合作的农户户均养鸭纯收入为每年 6 万～10 万元，达到了农民增收、品牌增效和产业发展的目的。

在品牌其他资产方面，除了专注于高邮鸭蛋外，“高邮鸭蛋”品牌还致力于发展相关产业，其中首要的就是利用鸭绒。由于全国 70% 的羽绒服装在江苏生产制造，所以高邮市羽绒服装加工产业具有很大发展潜力。作为鸭业发展的重要附属产品，鸭绒的有效利用可以带来经济的进步。通过鼓励自主创业，高邮市羽绒服装加工产业得到长足发展，目前江苏 70% 的羽绒服装都在高邮加工。截至 2015 年，高邮市有 100 多家羽绒服装加工企业，年加工各类服装超过 6000 万件。全国羽绒服装品牌前三强均抢滩高邮，总投资 10 亿元的中国纺织服装城、总投资 4.5 亿元的波司登工业园、总投资 5 亿元的雅鹿工业园均在高邮落地成长。2006 年，高邮市被评为“中国羽绒服装制造名城”。

2. 品牌资产十要素模型

“高邮鸭蛋”品牌的建成并不是一蹴而就的，品牌资产理论是由美国品牌资产领域专家 David Aaker 提出的，与品牌、品牌名称和标志相联系的，能够影响产品附加值的理论。它由品牌忠诚度、品牌认知度、品牌知名度、品牌联想、品牌其他资产五个方面组成，品牌通过这五个方面向消费者和企业提供商品价值。后来，Aaker 将之扩展为品牌资产十要素理论，我们通过该理论，可以简单地将“高邮鸭蛋”品牌行为归纳如表 1－1 所示。

表 1－1　用品牌资产十要素模型（Brand Equity Ten）分析“高邮鸭蛋”品牌行为

一级指标	二级指标	“高邮鸭蛋”品牌做法
品牌忠诚度（loyalty）	价格优惠（“溢价”）	市场信息显示，高邮鸭蛋价格覆盖上、中、下三个层次，全方位照顾消费者的偏好
	满意度或忠诚度	加强品牌保护，提供高品质鸭产品；除高邮鸭蛋外，“高邮鸭蛋”品牌还提供其他鸭肉产品，进军羽绒服装加工产业
品牌认知度（awareness）	品牌知名度	线上线下多线宣传，通过广告宣传和参加展销会来宣传高邮鸭蛋；文化活动双线并举，通过举办文化节和创立基地、博物馆来加深消费者对高邮鸭蛋的印象
品牌联想（association）	感觉中的价值	因为高邮鸭蛋宣传得当且品牌保护工作完备，所以消费者普遍信任高邮鸭蛋产品
	品牌个性	营销“高邮双黄蛋”和邀请专家学者举行产业研讨会，造就专业化、高品质的特点
	公司组织联想	用“公司＋基地＋农合＋合作社”的模式把控产品，更好地管理
感知质量（perceived quality）	感觉中的品质	利用鸭绒发展羽城服装加工产业
	领导品牌或普及度	区域品牌内包含多龙头企业，如“江苏高邮鸭集团”“红太阳”“秦邮”等

续表

一级指标	二级指标	“高邮鸭蛋”品牌做法
市场行为（market behavior）	市场份额	高邮鸭蛋品牌以其稳定的高邮鸭产业链在全国占约17%的生产份额，其中羽绒服装加工更是占到了全国的49%
	市场价格和渠道覆盖率	实体店和电商平台都有涉猎，并且为满足当代消费者的消费特性，运销主要阵地正在往线上转移

三、亮点与特色做法

分析“高邮鸭蛋”品牌产业化发展的过程和品牌变革的一系列行为，品牌和企业的行为需要在一定的环境下才能见效，所以我们认为“高邮鸭蛋”品牌的发展与其所处环境的特征密不可分。本章将运用PEST－SWOT方法，分析得出“高邮鸭蛋”品牌发展过程中的主要助力。

（一）运用PEST模型分析“高邮鸭蛋”品牌发展环境

1. 政治环境分析

自高邮鸭蛋品牌成立以来，高邮市政府始终坚持为高邮鸭蛋行业及品牌发展提供全力支持。2008年，高邮市质量技术监督局和高邮市良繁中心协助高邮鸭国家标准通过审定。自2009年开始，市高邮鸭良种繁育中心积极做好良种推广和技术服务工作，并进一步推进高邮鸭高效规模养殖示范基地建设。自2010年开始，市质监局认真谋划高邮鸭蛋“地理标志产品”品牌的开发利用，力求彰显地理标志产品的品牌优势。2011年，市政府推动《国家级高邮鸭标准化示范县建设》项目通过考核验收。2014年，高邮市人民政府在政府官网发布“高邮鸭产业化经营”招商项目，积极寻求民间合作。2019年，为加快推动江苏高邮鸭集团资产重组，切实做好高邮鸭国家级种质资源场搬迁、高邮鸭品牌打造、资源利用等工作，高邮市政府专门成立江苏高邮鸭集团资产重组项目领导小组。高邮市政府将一直全力推动高邮鸭蛋产业发展。

2. 经济环境分析

近十年来，我国GDP水平稳定提高，从2011年的487940.2亿元增长到了2020年的1015986.2亿元；城市居民年消费水平从2011年的19260元增长到2020年的36218元，农村居民年消费水平也从2011年的5930元增长到了2020年的14878元；十年来居民消费价格指数稳定在102左右，城镇人员就业不断提高，居民人均可支配收入从2011年的18311元增长到了2020年的32189元。总体而言，国内经济发展环境较好，适合高邮鸭蛋品牌发展。

3. 社会环境分析

随着素质教育的普及和网络教学的应用，国内教育和文化水平已经显著提高，国内宗教极少有对鸭蛋行业进行抵制的。2020 年，我国实现了全国脱贫，人民开始追求好的生活品质，对于特色食品的消费需求正在稳步提高，高邮鸭蛋以其质细油多的独特品质，吸引了更多消费者。

4. 技术环境分析

高邮市正联合国家各大高校的研究人员及技术人才一起研发更多促进高邮鸭蛋产能、提高高邮鸭蛋品质的技术。以江苏高邮鸭集团为代表，江苏高邮鸭集团现有四大中心：一是高邮鸭良种繁育中心，是国家级种质资源保护场；二是蛋品加工技术研发分中心，是国家级研发分中心；三是 2011 年 4 月成功创建的“中国鸭文化博物馆”，其核心展区 1800 平方米，成为国内、国际首创；四是高邮鸭科技示范园，集高邮鸭保种、扩繁、育雏、蛋鸭养殖以及饲料加工于一体的规模化综合养殖示范基地，通过稻鸭共作、鸭鱼混养、湖滩放牧等多种高效养殖模式，提升产业科技水平。

（二）运用 SWOT 分析“高邮鸭蛋”品牌的发展策略

1. 优势（Strength）

区位优势，江浙喜食鸭制品，而高邮正位于此处，且扬州于 2019 年获评联合国教科文组织颁发的“世界美食之都”称号，所以高邮鸭蛋的市场广阔。同时长三角地区经济发达，有利于创新创业和招商引资。品种优势，高邮鸭是全国三大名鸭之一，它对环境的适应性强，对于饲料的精度要求低，且鸭蛋蛋质好、蛋头大，符合不同消费者的偏好，品质高，节省饲养成本。带动“高邮鸭蛋”品牌发展的龙头企业知名度高，“红太阳”和“秦邮”位列蛋类十大品牌前三甲，它们的客户满意度高，客户基数大，为区域公共品牌吸引了不少客源。

建设高邮鸭产业基地，规模化高邮鸭养殖和高邮鸭蛋的生产。规模化的养殖基地有助于实现规模经济，带来比小农散户放养更高的经济效率。在品牌营销方面，“高邮鸭蛋”品牌宣传到位，如运用品牌资产十要素模型分析所得，“高邮鸭蛋”品牌通过线上线下的广告宣传和一系列的文化活动提高了品牌的知名度，通过开发其他产品，拓宽、加深产业链，各种产品同步发展，提升了“高邮鸭蛋”的品牌联想度。“高邮鸭蛋”品牌还抓住了互联网发展的机遇，在网上购物越来越流行而线下购物式微的趋势下积极拓展运销渠道，积极开设网店售卖商品。同时，“高邮鸭蛋”也没有放弃线下实体店的运维，实体店与网上零售并抓，也在麦德龙、沃尔玛、苏果、大润发等大型超市积极投放产品。

2. 劣势（Weakness）

虽然高邮鸭蛋的发展存在种种优势，但是内部环境中却有着一些不可忽略的问题。鸭蛋、皮蛋等产品由于腌制的原因，本身存在健康问题，含盐量过高，食用过量对人体健康有损，与现代消费者“低盐、低脂、低糖”的健康饮食观念不符。品牌差异化不够大，高邮鸭蛋除了地理区域特征外，与市面上其他的鸭蛋产品差别不大，近年来一些“海鸭蛋”产品因为特殊的饲养方式和特别的风味甚至收获了比“高邮鸭蛋”品牌产品更高的偏好。高邮鸭蛋品牌的发展倾斜度很大，除了鸭蛋外，其他深加工产品发展程度不高，鸭绒产业链也处于下游，没有发展为直接对接羽绒服装消费者的大品牌，而仅是其他羽绒服装品牌的供应商。

3. 机遇（Opportunity）

在2021年的中国品牌日活动上，李克强总理作出重要批示，他指出加强品牌建设、提升我国品牌影响力和竞争力，是优化供给、扩大需求、推动高质量发展的重要举措。在国家大力支持品牌发展的基础上，“高邮鸭蛋”品牌发展正当其时。从区域经济的角度来看，“高邮鸭蛋”品牌的发展也深受高邮市政府和江苏省政府的支持，它的兴起在很大程度上带动了高邮地区的区域发展，提供了产前、产中、产后数万个就业岗位，在提升就业率、提高人民生活水平上发挥了重要作用。

4. 威胁（Threat）

高邮鸭养殖过程中产生的废物难以及时处理，并且有害无益，不符合日益严苛的环境保护的要求。龙头企业的客户固定，能分给使用“高邮鸭蛋”区域公共品牌的小企业的机会较少，小企业只能在零售渠道获得一些销量。也就是说，小企业的发展机遇看似很大，实则很小。结合“高邮鸭蛋”品牌发展的特殊环境和机遇威胁，小企业运用了哪些方法来抵御威胁，充分利用环境发挥自己的优势呢？将其总结为如下几点：SO策略，积极宣传、包装自己的产品，延伸产业链，开发除鸭蛋以外的其他产品；WO策略，从高邮鸭蛋行业协会每年邀请专家学者组织开展交流论坛可以看出，“高邮鸭蛋”品牌在积极寻求改进自己的生产技术，聘用专业人才，为顾客提供更加优质优价的产品；ST策略，提升规模化养殖率，统一处理蛋鸭排泄物，保护环境；WT策略，加强区域品牌保护，提升产品平均品质。规范行业准则，鼓励大户（龙头企业）带领散户（小企业）共同发展。

四、展望

“高邮鸭蛋”品牌不管是在自身品牌建设还是同类型产品的竞争中，都通过一系列的行为提升了自身品牌的竞争力。然而，高邮鸭蛋也面临着一些亟待解决的问题。

在消费方面，鸭蛋消费的时令性显著，且购买意愿逐年下降。鸭蛋作为佐粥小菜，是传统中国早餐桌上的常见美食，也是端午佳节的必备节品。但是随着购买方式的网络化和购买力的年轻化，消费重心正在向青年一代转移。郭立珍（2014）指出，由于购买能力的提升和健康观念的改变，以青年消费者为主要代表的中国消费者，在购买食品时对于健康考量的占比越来越重。结合本章探讨的“高邮鸭蛋”品牌，我们可以粗略地得出这种腌制的产品会在市场上逐渐失去吸引力的结论，同理，高邮鸭制作的卤制品的销售量也会下滑。

在生产方面，不同的生产方式也有不同的问题。规模化养殖企业效率高、饲料成本高、利润率低。在扣除了地租等成本后，以400亩养殖基地为例，养殖规模3万只，年产蛋量600万枚，每只净利润约为20元。而放养蛋鸭产品价格高、净利润高、效率低。养殖户集中在湖边，利用水面放养，户均放养3000只，年产蛋量36万枚，每只净利润可以达到规模化养殖的五倍。除了两种生产方式的抉择外，近年来，目前相对低端落后的养殖方式是无法满足国家越来越严格的环保需求的。水禽养殖废物的资源利用不够充分，水禽疫病的大量传播都会对“高邮鸭蛋”品牌的进一步拓展造成困难。

在运销方面，现在的“高邮鸭蛋”品牌主要依托于区位优势：处于喜食鸭制品的江浙一带，并且此地的地理条件适合高邮鸭这一优势鸭种生产。然而，有研究显示，因为环保压力和地租压力的影响，东部地区大量关停中小规模养殖场，养殖企业逐渐向西部地区转移，呈现出“东退西进”的趋势。江浙两省的蛋鸭存栏率呈现逐年下降趋势，“高邮鸭蛋”的生产需要将其品牌的区域依托性转为品质依赖性，这就需要进一步提升其品牌忠诚度。

在意识到这三个主要问题后，“高邮鸭蛋”品牌未来应该从以下几个方面进行变革：

在消费方面，把握青年消费者群体。加大广告投入，从以前的粗放式的广告转为软植入，比如投资青年消费者喜爱的电视剧、综艺，或是请中青年演员、偶像代言，强调高邮鸭蛋及鸭产品与“慢生活”的联系，通过塑造品牌消费观来增加客户黏性；改进咸鸭蛋的腌制技术和其他产品的制作工艺，减少生产过程中可能产生的对健康不利的因素，提高产品与竞品的差异程度，并以此为卖点抢占市场份额；充分利用品牌效应以从纵向和横向同时拓展产业链，带动鸭子羽毛、绒毛加工和蛋白粉、蛋黄粉、卵磷脂、鸭肝酱等深加工产品的开发与市场化，实现“高邮鸭蛋”品牌从初级农产品到最终制成品全链发展。

在生产方面，尽量提升规模养殖的规模，在提高生产效率的同时，改进养殖技术，发展蛋鸭旱养的养殖技术，做到生产率提高的同时达到国家绿色养殖的标准，做行业标杆。

在运销方面，需要改进产品生产技术，进一步提高品质，做健康且绿色的农产品，提高客户黏性和品牌忠诚度。随着人们消费水平的提高，鸭蛋的价格将不再是发展的“瓶颈”，而厂家应该更关注食品的口感、质量和安全属性，将“高邮鸭蛋”品牌做成品质代表而不仅仅是一个区域的代表。

参考文献

[1] 费威，杜晓镔．打造农产品区域品牌：以地理标志为依托的思考［J］．学习与实践，2020（08）：48-55.

[2] 兰勇，张婕妤．农产品区域公用品牌研究回顾与展望［J］．农业经济，2019（09）：126-128.

[3] 胡胜德，王伟森．韩国农特产品共同品牌建设对我国的启示［J］．农业经济与管理，2019（03）：89-96.

[4] 杜航．我国农产品区域品牌的形成过程与运行机制［J］．农业经济，2019（04）：137-138.

[5] 尹希旻．农户农产品流通渠道选择影响因素的实证研究［D］．扬州：扬州大学，2018.

［6］杨贵娟，史艳娜，葛成．整合品牌资源发展地方特色产业——以扬州市高邮鸭为例［J］．江苏商论，2016（09）：27－30.

［7］吴桂余．合力打造品牌 推进高邮鸭产业持续发展［J］．江苏农村经济，2015（11）：32－34.

［8］郭立珍．我国健康饮食观念及对粮食产业的影响［J］．现代商贸工业，2014，26（09）：14－15.

［9］吴桂余．做大做强高邮鸭产业的调查与思考［J］．江苏农村经济，2013（07）：46－48.

［10］尤兆荣，陈正斌，柏庆荣，赵永高．高邮鸭产业化发展及对策［J］．中国禽业导刊，2008（01）：24－25.

［11］尤兆荣．高邮鸭选育及其产业化［D］．扬州：扬州大学，2006.

［12］尤兆荣，柏庆荣，薛敏开，赵永高．高邮鸭未来的发展方向及途径［J］．中国禽业导刊，1999（04）：12－14.

［13］牛若峰．农业产业化：真正的农村产业革命［J］．农业经济问题，1998（02）：27－31.

［14］王红星．关于农业产业化问题讨论综述［J］．经济理论与经济管理，1997（03）：78－83.

［15］丁振京，孙丽敏．龙头企业农业科技推广经济学分析［J］．河北学刊，2001（03）：99－101.

［16］蔡海龙．农业产业化经营组织形式及其创新路径［J］．中国农村经济，2013（11）：4－11.

［17］王志刚，于滨铜．农业产业化联合体概念内涵、组织边界与增效机制：安徽案例举证［J］．中国农村经济，2019（02）：60－80.

［18］余东华．新产业组织理论及其新发展［J］．中央财经大学学报，2004（02）：49－54.

［19］童兵兵，王水嫩．传统区域品牌保护不力的原因及对策——以金华火腿品牌危机为例［J］．浙江树人大学学报，2005（04）：37－40.

［20］钟志．日本农产品区域品牌保护［J］．中国质量监管，2020（05）：65－67.

［21］边剑霞．农产品区域公用品牌保护和提升中的政府职能［D］．上海：复旦大学，2014.

［22］孟辉．苍山大蒜地理标志品牌保护与建设研究［D］．泰安：山东农业大学，2013.

第二章　盱眙龙虾

一、企业简介

“盱眙真山水，龙虾好滋味。”盱眙龙虾驰名天下，味道鲜美，回味无穷，是中国淡水水产品品牌榜首，地理标志品牌产品。

（一）产品介绍

1. 地理环境

优越的自然环境，为盱眙龙虾产业的发展提供了得天独厚的条件。盱眙，国家生态县，素有“龙虾之都，山水名城”的美称。盱眙县地处淮河下游、洪泽湖地区，我国第三大河淮河在盱眙境内绵延70千米，洪泽湖350千米岸线有95千米在盱眙境内。形成了近百万亩可用于特种水产养殖的滩涂湿地。盱眙地处北亚热带与暖温带过渡气候区域，居秦岭—淮河中国南北地理分界线南侧，属季风性湿润气候，四季分明，光、热、水同季。县内水域总面积96万亩，水质优良，水面开阔，pH值7.5～8.4，总硬度4.2～13，耗氧量2.5～6.5，溶解氧为7.5～10毫克/升，境内水域无污染，地面水质达国家三类饮用水标准。丰富的水资源非常适合龙虾的生长发育。此外，区域内水草茂密、动植物资源丰富，浮游生物、底栖动物等龙虾所需天然饵料极为丰富。

2. 养殖规模

盱眙龙虾是淡水龙虾，一般在盱眙境内的陡湖、洪泽湖、天泉湖、猫耳湖、天鹅湖、八仙湖等河湖水塘生长、繁育。目前，盱眙全县已发展龙虾养殖面积16万亩，其中精养面积30000亩。千亩以上龙虾养殖企业共有6家，养殖规模在100～1000亩的中小企业有30～40家，养殖面积约10000亩，占全县的33%，其余为农（渔）民自发小规模养殖，约占全县的35%。盱眙龙虾以十三香龙虾烹饪为特色的集养殖、捕捞、贩运、加工、调料为一体的产业链已经形成。龙虾产业已成为农村产业结构调整、推动富民强县的基础性产业。

3. 养殖方式

盱眙龙虾的养殖，采用虾稻共生的生态种养方式，这种种养方式能最大化地提高生产效率，同时兼顾对生态的保护，是国内最优综合种养模式之一。在虾稻共生的养殖模式中，使用无公害农药，生产出来的稻米是一种接近天然的生态稻；同时，水稻生长过程中稻田的微生物及害虫为小龙虾提供了充足的饵料，小龙虾产生的排泄物又为水稻生长提供了良好的生物肥，形成了一种优势互补的生物链，使生态环境得到改善，实现生态增值。该模式既提高了土地和水资源的利用率和小龙虾的产量、规格，又切实地改善了稻米的品质。一水两用，一田两种，虾稻共生，效益同增。

4. *产品研发和质量管理*

盱眙龙虾建立了完整的品牌产品研发和质量管理体系。品牌名下分别设有工程技术中心、品种繁育中心、质量标准中心。抢占技术高点，掌握品质话语权。得天独厚的自然环境、科学的养殖模式和高标准的质量管理体系，打造出了“鳃白、腹白、肉白、黄多、肉多”、个头大、口感好、营养丰富的盱眙龙虾。

（二）品牌建设

盱眙龙虾作为地方水产品，2009 年 6 月 11 日，原国家质检总局批准对“盱眙龙虾”实施地理标志产品保护。2019 年 11 月，盱眙龙虾入选中国农业品牌名录 2019 农产品区域公用品牌。自 2001 年起，在江苏省盱眙县人民政府的主持下，每年 6 月 12 日举办中国龙虾节。经过多年的发展，盱眙龙虾节在全国多地举办，还与澳大利亚、新西兰、瑞典等国家的地方政府联合，共同举办中国盱眙国际龙虾节，形成中国地方节庆唯一的“四国联动，六地联办”格局。盱眙龙虾节荣获“IFEA 中国最具发展潜力的十大节庆活动”“中国节庆 50 强”“中国十大饮食类节庆第一名”等奖项。

盱眙龙虾是中国农业部评定的“中国名牌农产品”。2016 年，中国品牌促进会联合央视发布中国品牌价值信息榜，“盱眙龙虾”品牌价值为 169. 9 亿元。2017 年，“盱眙龙虾”品牌强度为 947，品牌价值达 179. 87 亿元，呈逐年上涨的态势。2018 年 5 月 9 日，由国家市场监督管理总局、中国品牌建设促进会共同举办的“2018 中国品牌价值信息发布”活动在上海举行，“盱眙龙虾”品牌位列中国区域公用品牌（地理标志产品）百强榜第 22 位，居中国水产品类第一名。直至 2020 年，“盱眙龙虾”的品牌价值已达 203. 92 亿元。

二、成长及运行机制

（一）成长历程

盱眙龙虾自 1985 年发展至今，从默默无闻到享誉天下，一路走来，逐步成长为一个成熟优秀的品牌。盱眙龙虾的成长历程大抵可以划分为四个阶段，如图 2 – 1 所示。

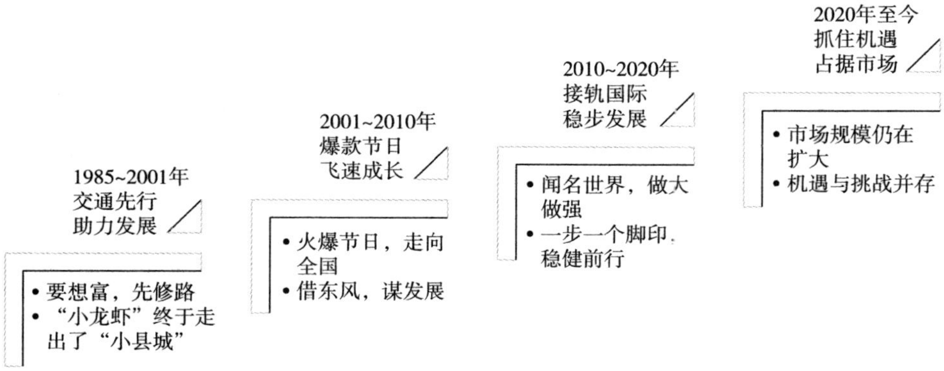

图 2-1　盱眙龙虾发展历程

1. 1985~2001 年：交通先行，助力发展

盱眙的龙虾产业起始于 1985 年。盱眙地处淮河下游、洪泽湖南岸，千里淮河在这里与洪泽湖交汇，滩涂湿地的丰盛水草、藻类为龙虾的生长、繁殖提供了得天独厚的自然环境。在 1985 年之前，盱眙城乡没有一条像样的路，尤其是农村，狭窄崎岖的道路拖住了盱眙人民前进的步伐，阻碍了盱眙与外部世界的联系，更是严重阻碍了盱眙小龙虾出去的道路，影响经济的发展。外地的信息、项目、资金、人才难以进入，当地丰富的自然资源也出不去，盱眙得不到充分的开发利用。盱眙的龙虾产业也只是最初级的“捕捞＋餐饮”模式，农民守着“金滩银滩”受穷，抱着“金砖银砖”挨饿。

1985 年，县委县政府在财政收入只能保证温饱的困难条件下，调动社会各方面力量，投入道路建设，让龙虾走出去闯市场。省扶贫办、交通厅投入 2400 万元，县政府拿出配套经费 3000 多万元，将公路修到了偏远乡镇的河边塘头，总里程达 2683 千米。修路，修的不仅仅是人走的道路，更是能让盱眙小龙虾走出去的“财富之路”。盱眙道路的修建在很大程度上助推了龙虾产业的发展。自此，盱眙龙虾走出了小小的盱眙县城，向外推广的同时，规模也在不断地扩大。

2. 2001~2010 年：爆款节日，飞速成长

2001 年发生了一件对盱眙龙虾影响深远的事件——第一届盱眙龙虾节的举办。2001 年 7 月由盱眙县人民政府、扬子晚报社联合盱眙县举办。期间举行了大型山地广场文艺演出，特邀请程前、王小丫、金海宁主持，杨洪基、马兰、汤灿、周艳泓、林依轮、OBO 组合、马季、刘伟、兰成、苏杰、于小飞等一批艺术家倾情演出。此外，还举行了“千人龙虾宴”“水上传统民俗婚礼”“铁山寺学生夏令营”“大连、盱眙女骑警联袂表演”“明祖陵明代帝王陵墓摄影作品展”等活动。

自此，连续举办 20 年的盱眙龙虾节正式拉开盛大的帷幕。此次龙虾节大大提高了盱眙龙虾的知名度和美誉度，在全国迅速掀起龙虾红色风暴，小龙虾一举成为远近闻名的特色产业，形成独具特色的龙虾经济。除了打出盱眙龙虾的品牌，龙虾节还吸引了大量的投资，用于盱眙龙虾的研发、生产、加工和营销，推动了盱眙龙虾的迅速发展。

此后十年，盱眙龙虾节每年定期举办，每一届的盱眙龙虾节都一直在探索中前进，规模从小到大，内容从简单到丰富，形式从单一到多样，组织运作的市场化、规范化水平日益提高。让企业家、龙虾经营大户走上盱眙龙虾节的舞台，还把大部分活动设计为政府展示、企业推介、“政企双赢”的活动等。此外，办节地点从起初的盱眙县城到省城南京、再到进军长三角抢占上海滩，再到后来的南下深圳、北上京城。盱眙、南京、上海、宁波、北京、深圳六地同办，盱眙龙虾的名声响遍全国，打开并迅速占据了全国的龙虾市场。

盱眙龙虾节举办得极其成功，荣获多项殊荣。2005 年，“中国龙虾节”以其独特的魅力，从中国 5000 多个节庆中脱颖而出，首次被国际节庆协会评为“中国最具发展潜力的十大节庆”；被第三届中国会展（节事）财富论坛评为“中国节庆 50 强”，并雄居前列；2006 年 10 月，在杭州召开的第二届中国节庆产业年会上，“中国龙虾节”又荣膺“中国十大节庆”称号，同时被评为中国十大饮食类节庆第一名。

这十年里，借着中国龙虾节的火爆东风，盱眙龙虾自身也在飞速发展。从 2002 年申请商标注册开始，2003 年盱眙活体龙虾被农业部绿色食品发展中心认证为绿色食品；2004 年“盱眙龙虾”获批全国第一例动物类原产地证明商标；2006 年盱眙龙虾的养殖、加工、服务通过国际质量管理体系认证，进行了统一的形象设计和标识，并被农业部评为中国名牌农产品；2007 年制定盱眙龙虾地方标准并经江苏省质量技术监督局公布实施；2008 年被中国烹饪学会授予“中国龙虾之都”和“中国名菜”称号。同时，盱眙龙虾的市场也被大大地打开，仅 2005 年一年，全年就销售龙虾 3 万吨，实现了近 6 亿元的销售额。

3. 2010～2020 年：接轨国际，稳步发展

第九届龙虾节是与众不同、极富特色的一届。这一届的盱眙龙虾节已正式从中国龙虾节更名为中国盱眙国际龙虾节。这一届龙虾节最突出的特点就是“四国联动（中国、瑞典、新西兰、澳大利亚）、六地联办（盱眙、南京、上海、宁波、北京、深圳）、八项世界之最（在世界最著名的悉尼歌剧院举办专场演出；世界最广泛的华人媒体进行同步报道；世界最有影响力的驻华使节中国外交部品尝盱眙龙虾；在世界最负盛名的钓鱼台国宾馆推荐盱眙；世界最先推出的龙虾之都体验游正式开通；龙虾节节旗插上世界最高的珠穆朗玛峰；世界最知名的节庆将聚首盱眙联合发表盱眙宣言；世界最早发行的龙虾邮票首发上市）”。这届龙虾节的举办，标志着盱眙龙虾正式从国内市场走向了国际舞台，拥有了更广阔的市场和发展潜力。

盱眙人对盱眙龙虾这个品牌从产品价值到产业价值，从文化价值到经济价值已经进行了充分的挖掘和延伸，不断丰富提升龙虾品牌文化内涵，将品牌看作资产，更当作产业来做，实现了品牌的不断增值，充分展示出“盱眙龙虾”发源地的特色文化、丰富内涵和独特魅力，为盱眙经济社会发展创造出一个文化与经济良好互动的崭新环境。

盱眙龙虾也一步一个脚印，更加全面、稳健地发展着。2016 年，盱眙全县龙虾养殖面积约 21 万亩，产值过百亿元。2017 年全县龙虾养殖面积约 31 万亩，产值较前一年有大幅增长。2018 年全县龙虾养殖面积约 52 万亩，盱眙龙虾年交易量超 10 万吨，产业规模超 70 亿元。品牌价值也从 2016 年的 169.9 亿元到 2017 年的 179.87 亿元，再到 2020 年

的203.92亿元，逐年上涨。品牌发展呈良好态势。

积极采用虾稻共生的生态种养模式，将经济效益和生态保护相结合。2016年全县落实“虾稻共生”综合种养模式达3.5万亩，“虾稻共生”综合种养模式在全省推广开来，盱眙“虾稻共生”标准化示范区获省立项，成为江苏省三个农业标准化示范项目之一。2018年“虾稻共生”综合种养34万亩，有大幅度的增长。盱眙龙虾的发展对扶贫工作的开展也起到了巨大的作用。针对建档立卡户积极开展小龙虾养殖帮扶工作，因地制宜，通过土地流转推进特色龙虾产业发展，实施精准扶贫。

4. 2020年至今：抓住机遇，占据市场

《中国小龙虾产业发展报告（2020）》指出，2019年中国小龙虾产业总产值达4110亿元，同比增长19.28%。2019年我国小龙虾养殖总产量达208.96万吨，养殖总面积达1929万亩，与2018年相比分别增长27.52%和14.80%。2019年初经国务院同意，农业农村部等十部委联合印发了《关于加快推进水产养殖业绿色发展的意见》，各地纷纷出台配套落实文件。许多省份将发展稻鱼综合种养作为贯彻文件精神的重要举措加快推进，小龙虾产业发展受益其中。

如今是一个充满机遇与挑战的时间节点。小龙虾市场仍在扩大，产量和面积持续增加的局面预计将继续保持。但是，第一产业在整个小龙虾产业经济中的份额将继续下降。随着小龙虾养殖业竞争的加剧，粗放养殖的局面将逐渐改变，“养繁一体”模式产量不稳、规格小，种质退化的问题越来越严重，将会逐渐被“养繁分离，精准养殖”模式所取代。差异化、精细化将成为未来小龙虾行业的发展趋势。在第二产业和第三产业方面，在各方的重视以及市场需求提升的影响下，未来小龙虾加工业发展规模滞后的局面将逐渐得到改变。小龙虾加工业将进入快速发展阶段，以餐饮休闲为主的小龙虾第三产业仍对整个产业起主导作用。

（二）运行机制

针对盱眙龙虾运行机制，这里采用SWOT分析模型，从该品牌自身的优势劣势出发，对品牌自身进行分析，同时对外部环境的机遇和挑战进行分析，了解其所处的环境状况。从总体上进行综合分析，从而控制或减弱不利因素影响，发挥自身优势，做出最优决策，如图2-2所示。

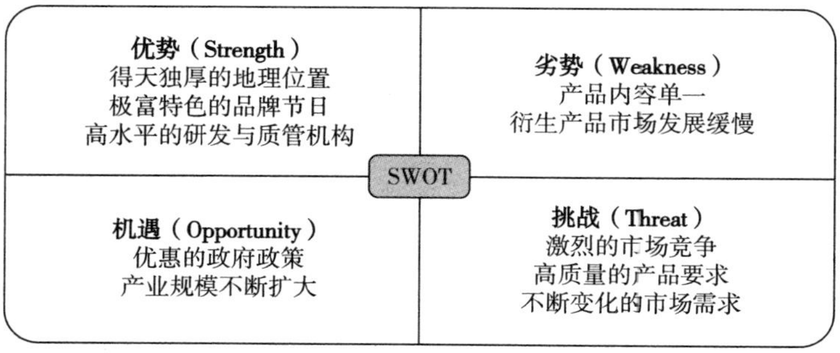

图2-2　盱眙龙虾品牌SWOT分析

1. 优势（Strength）

（1）得天独厚的地理位置。

好水出好虾，盱眙水面辽阔，全县水域面积 96 万亩，126 座小型水库星罗棋布，是江苏唯一的百库之县。盱眙生态优越，无一家化工企业，环境污染少，水体洁净，清澈见底，水草丰美，地表水质大部分达国家二类水标志，拥有丰富的矿泉水资源，为龙虾成长提供了良好环境。加上地处江淮，位于南北分界线上，雨热同季。正是因为拥有如此优越的自然环境，才长出了“三白两多”（鳃白、腹白、肉白、黄多、肉多）、鲜嫩而又富有弹性的盱眙小龙虾。

（2）极富特色的品牌节日。

盱眙作为一个小县办节，从 2001 年办第一届龙虾节开始，便同《扬子晚报》联合举办，开创了中国地方节庆率先同强势媒体合作办节的先河。后又与江苏卫视、江苏广电总台合作办节，同新华网、人民网和海外九百家华人媒体进行不同形式的办节合作。传统媒体和新兴媒体立体式的传播，使龙虾节形成其他地方节庆无法配比的“造势”效应。与此同时，盱眙龙虾节还注重与地方政府机构合作办节，借助政府公信力扩大自己的影响力，实现节庆提档升级。从第八届起，又同澳大利亚维多利亚州、瑞典马尔默市、新西兰罗托鲁瓦市联合办节，创造了中国独一无二的地方政府与外国地方政府联合跨洲跨国办节的新模式，从而使“盱眙龙虾”和盱眙龙虾节迅速走上世界舞台。合作借力使盱眙龙虾节战略伙伴日益增多，办节实力不断提升，品牌形象在海内外影响越来越大，“盱眙龙虾”品牌强势度大幅延伸。

（3）高水平的研发与质管机构。

工程技术中心，抢占技术制高点。与中国水产科学研究院和江南大学合作，创建中国小龙虾产品工程技术中心，加强产业链技术研发，如冷冻保鲜、调理加工、精深加工等，抢占技术制高点。品种繁育中心，确保品种持续领先。深化与中国水产科学研究院的合作，提速小龙虾繁育、养殖技术的科研，攻克成活品低、品质退化、个体小出肉少、季节生长周期短等技术难关，保证盱眙龙虾品质。质量标准中心，抢占生态小龙虾品质话语权。申请创建全国小龙虾质量标准中心，建立生态小龙虾质量标准、检测标准规范等，建立产品准出检测标准，掌握生态品质话语权。

2. 劣势（Weakness）

（1）产品内容单一。

目前的盱眙龙虾主打鲜活产品和熟食，加工内容不够丰富，更多的着眼点在龙虾的口味和制作方式上，而在加工方式上有所局限。常见的虾的加工方式，如虾滑、虾片、虾仁、虾干等多种加工方式并未过多涉及，仍是一片空白，有较大的发展空间。

（2）衍生产品市场发展缓慢。

成功的衍生品所带来的财富往往会在产业链中占有相当重要的比例，成功的衍生品所产生的品牌宣传效益更是难以估量。小龙虾形象可爱，是发展衍生产品非常理想的选择。目前，盱眙县推出的小龙虾衍生品除了服装外，还有玩具、工艺品、生活用具等。但就当前盱眙小龙虾衍生品的品质来看，显然还存在着进一步优化的必要。

3. 机遇（Opportunity）

（1）优惠的政府政策。

盱眙龙虾产业的发展在很大程度上得益于政府政策的大力支持。2003 年 8 月 19 日，江苏省盱眙龙虾协会成立，协会依照《江苏省盱眙龙虾协会章程》开展工作，陆续建立了各项制度，创办自己的期刊和网站，是专门管理龙虾产业的专门性政府机构。2009 年，江苏渔蒙家餐饮有限公司与江苏省盱眙龙虾协会共同出资组建了江苏盱眙龙虾股份有限公司，注册资金 5500 万元。2010 年中国龙虾集团组建。2018 年出台“盱眙龙虾”区域公用品牌建设扶持办法，坚持定标建链、扶强增值、树牌扩量、项目扶持的基本原则，针对多种对象、多个环节进行资金扶持。旨在通过 1 ~ 3 年区域公用品牌扶持建设，改善龙虾一二三产业基础条件，带动龙虾产业结构调整，提高龙虾产品质量和生产水平。

（2）产业规模不断扩大（见图 2 - 3）。

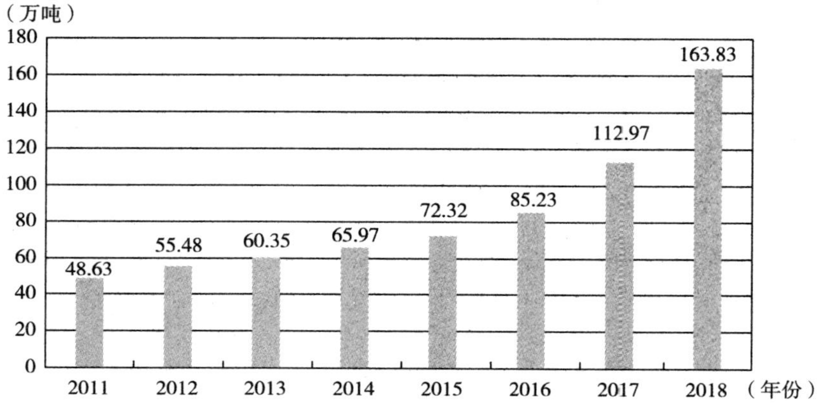

图 2 - 3　中国小龙虾 2011 ~ 2018 年产量变化情况

在国家和各地政策的大力扶持，以及社会各方的广泛关注下，小龙虾产业规模扩张的趋势并未逆转，还存在强大的惯性，在“十四五”时期小龙虾产业整体还将维持中高速增长。第一产业份额下降，第二产业和第三产业份额逐渐上升。随着“90 后”“00 后”逐渐成为消费主力，消费者的消费模式、就餐习惯等都将逐渐改变，未来对小龙虾初级加工产品的需求预计将持续提升，小龙虾加工业将迅速发展。

4. 挑战（Threat）

（1）激烈的市场竞争。

自“十三五”以来，为提升区域小龙虾知名度和产品附加值，各地越来越重视小龙虾品牌培育，涌现出了一批具有地方特色和文化底蕴的区域公共品牌以及全国或区域影响力的企业品牌。据不完全统计，2016 ~ 2020 年各类机构共授予了 17 个小龙虾区域公共品牌。其中 2019 年潜江龙虾的区域品牌价值 203.7 亿元，成功登顶中国龙虾区域品牌第一名，成为全国区域品牌前十名。盱眙龙虾紧随其后。从表 2 - 1 中可以看出，小龙虾市场这块巨大的蛋糕有许多企业想来分一块，其中不乏实力强劲、势头凶猛的企业。市场在变大，但竞争者也越来越多。这对于盱眙龙虾毫无疑问是一个巨大的挑战。面对如此激烈的竞争，只有杀出重围，立足需求，抢占市场，才能坐稳行业龙头的宝座。

表 2-1 2016~2020 年各类机构授予的小龙虾区域公共品牌

省份	授予称号	授予单位	授予时间
湖北	潜江龙虾	中华人民共和国国家工商行政管理总局商标局	2018 年 2 月
	监利龙虾，2019 中国农产品百强标志性品牌	中国农业品牌年度盛典组委会	2019 年 7 月
	公安县闸口小龙虾，地理标志证明商标	国家商标局	2017 年 4 月
	公安县闸口小龙虾，中国稻渔生态种养示范镇	中国水产流通与加工协会	2018 年 4 月
安徽	合肥龙虾，农产品地理标志	农业农村部	2018 年 10 月
	霍邱龙虾，国家地理标志证明商标	国家知识产权局	2019 年 3 月
	全椒龙虾	国家工商总局	2018 年 1 月
江苏	盱眙龙虾，入选中国农业品牌目录	农业农村部	2019 年
	高邮湖龙虾，地理标志证明商标	国家工商行政管理总局	2017 年 12 月
江西	都昌鄱湖小龙虾（地理标志证明商标）	国家知识产权局	2018 年 9 月
	清水小龙虾之乡	中国渔业协会	2019 年 7 月
山东	鱼台龙虾，农产品地理标志	农业农村部	2011 年 11 月
	鱼台县，中国生态龙虾之乡	中国渔业协会	2018 年 6 月
湖南	南县小龙虾，中国国家地理标志	国家质检总局	2017 年 12 月
	南县，中国生态小龙虾之乡	中国水产品流通与加工协会	2019 年 8 月
	华容小龙虾，地理标志证明商标	国家知识产权局	2020 年 1 月
	岳阳小龙虾，地理标志证明商标	国家知识产权局	2019 年 7 月

（2）高质量的产品要求。

随着消费需求的不断升级，消费者不再满足于“量”，而对“质”提出了更高的要求。粗放养殖的时代即将结束，接下来，只有高品质、差异化的产品才具备足够的竞争优势抢占市场。规格、品质带来的市场价格差距将继续拉大，养大虾、养好虾的时代已经到来。

（3）不断变化的市场需求。

新生代消费者逐渐成为小龙虾市场的主力军。正餐桌上的小龙虾已不再是主流，出于社交需求、休闲娱乐的小龙虾消费成为小龙虾的主要市场。消费者呈现出年轻化、个性化的特点，传统的营销模式很难打动新一批的消费者。因此，无论是产品设计，还是营销模式，都要紧跟时代潮流，新颖别致，精准打击消费者的需求痛点。

在明确盱眙龙虾自身的优劣势以及外界环境的机遇和挑战后，盱眙龙虾应积极采取 ST（内部优势 + 外部威胁）战略。立足自身已有条件，不仅要充分利用盱眙优越的自然条件，保证产品的优良品质，也要最大限度地发挥盱眙的区位优势。盱眙地处江北，位于长三角经济圈中，交通发达便利，经济基础雄厚，科学技术发展迅速，政策扶持力度大。消费者众多，消费市场广阔，消费能力强，需求旺盛且多样化。此外，盱眙本身旅游业基础良好，有铁山寺风景区、明祖陵、第一山公园、黄花塘新四军军部旧址 4 个国家 4A 级景区。将品牌节日与旅游业相结合，利用科技优势提升产品品质，使得区位优势进一步突出，扬长避短，最大化盱眙龙虾的自身优势。面对竞争者众多且不断变化的消费市场，盱眙龙虾必须不断创新，迎合市场，打造自己的品牌核心竞争力，才能更好地发展。从产品的研发、生产、设计、加工、包装到营销，都必须有足够敏锐的时代嗅觉，紧跟市场的风向，了解消费者的心理，随着消费者需求的变化而不断变动。这是巨大的挑战，也是巨大的机遇。突出产品异质性，打造雄厚的品牌资产，新时代已然到来，敢于创新敢于变革，才有可能在一众竞争者中脱颖而出。

三、亮点与特色做法

（一）打造闪亮品牌——基于品牌资产五星模型

由江苏盱眙县打造的“盱眙龙虾”产业正蓬勃发展，“盱眙龙虾”的品牌价值 2020 年已达 203.92 亿元，小龙虾产业的发展极大地提升了盱眙在全国的知名度和美誉度。基于此，本部分运用大卫·艾克在 1991 年提出的品牌资产五星模型分析盱眙龙虾打造善良品牌的机制，如图 2－4 所示。

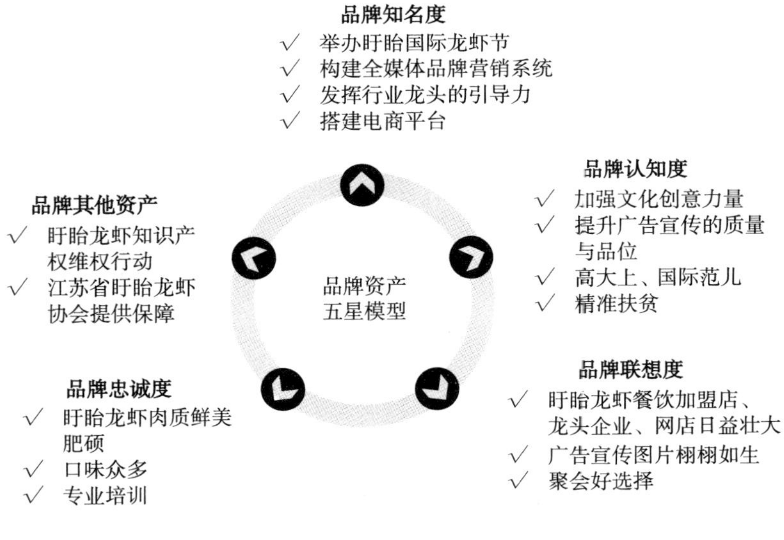

图 2－4　盱眙龙虾品牌资产五星模型

1. 品牌知名度

品牌知名度是消费者对一个品牌的记忆程度，一个新产品在上市之初，在消费者心中处于没有知名度的状态；当品牌成长为强势品牌，在市场上处于“领头羊”位置时，消费者会第一个脱口而出或购买时第一个提及该品牌，这时已达到品牌知名度的最佳状态。盱眙龙虾畅销国内外市场，加盟店遍布祖国大江南北，成功打响了品牌知名度。其背后的机制可以概括为以下三方面：

政府主导、市场运作、企业主办，通过连续举办十九届“中国·盱眙国际龙虾节”打造盱眙龙虾的美誉度、知名度。随着互联网和融媒体的不断发展，盱眙县紧跟时代潮流，在传承开幕式、文艺演出、万人龙虾宴等经典节目的基础上，植入更多的时尚元素，创新推出网红直播、万人钓龙虾、产业博览会等新内容，提升品牌形象。盱眙龙虾节先后荣获中国十大最具影响力节庆、中国十大美食类节庆第一名、世界十大节庆前三强等系列殊荣，相继在瑞典、澳大利亚、新西兰、印度尼西亚、中国香港、中国台湾等国家和地区推广办节，与多个国家和地区缔结友好城市，建立友好往来的合作关系，持续扩大经贸交往，增强国际知名度。

充分利用现代传媒手段，构建全媒体品牌营销系统，讲好盱眙龙虾故事。盱眙县与腾讯、新浪等第三方开发平台合作，在微信公众平台及蓝 V 官方微博建成最具行业影响力的移动互联网交流平台。提升与电视媒体的合作，升级本地龙虾主题电视综艺节目。积极创造条件参与央视专题节目，以软广告形式将盱眙龙虾植入热门卫视的综艺节目中。

发挥行业龙头的引导力，搭建电商平台，不断扩大市场影响力。盱眙县引进福来战略品牌营销机构，以盱眙龙虾协会、许记味食、泗州工贸、睿阳食品、淮河小镇等农产品加工龙头企业为支撑，以国家级、省级农民合作社为链条，以省级现代农业示范区虾稻共生基地为基础。新建南京龙虾旗舰店、盱眙龙虾加盟店，搭建京东、阿里巴巴、天猫等知名品牌电商平台，不断扩大盱眙龙虾优势农产品市场。

2. 品牌认知度

品牌认知度是指消费者对某一品牌在品质上的整体印象。它的内涵包括功能、特点、可信赖度、耐用度、服务度、效用评价、商品品质的外观。它是品牌差异定位、高价位和品牌延伸的基础。消费者对品牌品质的肯定，会给品牌带来相当高的市场占有率和良好的发展机会。为提升盱眙龙虾的品牌认知度，盱眙县采取了以下措施：

为加强文化创意力量，提升品牌认知度，盱眙县一直倾心研发推广龙虾衍生文化产品，拍摄《泡菜爱上小龙虾》主题电影，让盱眙龙虾产业与时俱进，让营养、健康、时尚的盱眙龙虾品牌文化更加深入人心。为强化、升华盱眙龙虾的品牌形象，盱眙县致力于提升广告宣传的质量与品位，加强对本地户外广告的管理和引导，营造浓烈的虾都氛围。盱眙龙虾的典型广告语“有滋有味的盱眙，有滋有味的龙虾；盱眙真山水、龙虾好滋味”不仅向消费者传递了盱眙龙虾口感好的信息，而且营造了好山好水出好虾的意境，暗示盱眙龙虾绿色环保的特点。盱眙龙虾获得多项国家级及国际认可荣誉和奖项，以及“中国生态龙虾第一县”“中国百强农产品区域公共品牌”等头衔，使得盱眙龙虾更高端、大气、上档次，更有“国际范儿”。盱眙龙虾助力精准扶贫，塑造慈善、公益的正面形象，扩大社会影响的范围和力度。盱眙县依托龙虾品牌优势、120 万亩水稻的资源优势和生态优势，自 2014 年以来，在江苏省率先开发虾稻共生种养新模式，开拓精准扶贫新空间。盱眙龙虾创业学院每年免费培训 2000 多名贫困家庭人口，助力自主创业择业，脱贫致富奔小康。2017 年 8 月，全国地理标志商标精准扶贫经验交流会在盱眙举行，盱眙龙虾产业精准扶贫做法获得与会代表一致认可。

3. 品牌联想度

品牌联想度是指透过品牌而产生的所有联想，是对产品特征、消费者利益、使用场合、产地、人物、个性等的人格化描述。这些联想往往能组合出一些意义，形成品牌形象。它是经过独特销售点传播和品牌定位沟通的结果。它提供了购买的理由和品牌延伸的依据。

目前，全国盱眙龙虾餐饮加盟店超过 2000 家，龙虾深加工龙头企业 5 家，盱眙龙虾各类网店近 2000 家，盱眙已成为全国最大的龙虾集散中心和全国龙虾市场风向标。当消费者想到龙虾时，脑海里首先浮现的便是盱眙龙虾。盱眙龙虾的广告宣传图片栩栩如生，将龙虾肉、黄的品质信息直接传递给消费者。大量的盱眙龙虾广告宣传图片为消费者营造了“盱眙龙虾好滋味”的印象。因此，当提及“好虾”时，消费者总是轻易联想到“鳃白、腹白、肉白、黄多、肉多、个头大、色彩鲜艳”的盱眙龙虾。由于盱眙龙虾的价格并不昂贵，且剥虾的同时可以进行多种类型的话题交流，吃龙虾成为了来自各行各业的食客的选择。例如，朋友之间可以在剥虾的过程中交流生活点滴；生意人之间可以在剥虾的过程中洽谈商务；家庭聚会时，剥虾可以成为尊老爱幼的行为。因此，盱眙龙虾可以满足不同人群的充饥与交流需求。

4. 品牌忠诚度

品牌忠诚度是在购买决策中多次表现出来的对某个品牌有偏向性的（而非随意的）行为反应，也是消费者对某种品牌的心理决策和评估过程。品牌忠诚度是品牌资产的核心，如果没有品牌消费者的忠诚，品牌不过是一个几乎没有价值的商标或用于区别的符号。盱眙龙虾的肉质和烹饪方法，使其与其他龙虾形成差异，获得了大量回头客。

经过盱眙县几代人的开拓，盱眙龙虾在传统十三香龙虾的基础上，新增泡菜、干煸、冰镇、蒜蓉、咖喱等数十种口味，已经成为霸占餐桌的大咖。盱眙龙虾肉质鲜美肥硕，拥有“鳃白、腹白、肉白、黄多、肉多、个头大、色彩鲜艳”等特质，获得了国内外消费者的信任与青睐。盱眙县成立了集“产、学、研、创”功能于一体的龙虾创业学院，引进专家与人才，联系科研机构，为龙虾产业发展提供了智力和技术支持。龙虾创业学院通过对厨师、服务员等小龙虾餐饮工作者提供专业化、系统化的职业培训，提升盱眙龙虾餐饮的口感，提升服务员的服务能力，从而为消费者带来优质的就餐体验，提升消费者对盱眙龙虾的忠诚度。

5. 品牌其他资产

品牌其他资产是指品牌有何商标、专利等知识产权，如何保护这些知识产权，如何防止假冒产品，品牌制造者拥有哪些能带来经济利益的资源，比如客户资源、管理制度、企业文化、企业形象等。盱眙龙虾等著名公共区域品牌可能面临着抄袭、假冒等风险，品质低下的假冒伪劣产品极有可能对品牌形象造成恶劣影响。

盱眙县积极开展盱眙龙虾知识产权维权行动，开展农产品可追溯体系建设，规范对龙虾养殖户、龙虾销售户、龙虾调料加工销售户、龙虾餐饮户的品牌许可和管理工作；继续开展品牌维权活动，加大对山寨盱眙龙虾打击力度，对涉嫌侵权的商家启动商标维权司法程序，维护并提升加盟企业和消费者对“盱眙龙虾”的忠诚度和信任度，保持品牌的生命力。江苏省盱眙龙虾协会是国内淡水龙虾产业最大的社团组织，拥有“盱眙龙虾”商标专用权，独立运作盱眙龙虾品牌，并发起成立了中国龙虾产业联盟。在品牌运作、产业链延伸、标准体系建设以及龙虾节庆承办等方面发挥重要的组织协调作用；在加强行业自律、规范市场经营、引导会员团结合作发展、维护盱眙龙虾品牌形象等方面做出了积极贡献。

（二）完善营销方式——基于4PS营销理论

盱眙龙虾进军市场依托良好的营销方式。为深入分析盱眙龙虾的营销亮点，本部分引入4PS营销理论分析框架。4PS营销理论包括四个基本策略，即产品（Product）、价格（Price）、渠道（Place）和促销（Promotion），如图2－5所示。

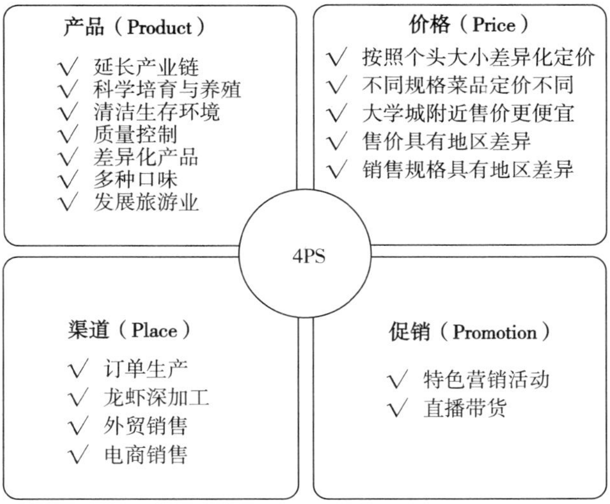

图2－5　盱眙龙虾4PS营销策略

1. 产品（Product）

产品（Product）策略把产品的功能诉求放在第一位，要求盱眙龙虾注重开发的功能，使产品有独特的卖点。

在产业链拓展方面，盱眙县打造苗种、养殖、加工、物流运输、餐饮、电商、培训、饲料投入品等全产业链的扶持体系。近年来，盱眙县以中国特色农产品优势区建设为抓手，大力推动盱眙龙虾产业一二三产业融合发展，做足“小龙虾、大文章”。盱眙县与中国水产科学研究院、江南大学等合作，创建中国小龙虾产业工程技术中心，加强产业链技术研发，如冷冻保鲜、调理加工、精深加工等，抢占技术制高点。

在龙虾的培育与养殖方面，盱眙县积极发挥科技研发的支撑力，提升龙虾品质。盱眙县持续深化与中国水产科学研究院的合作，提速小龙虾繁育、养殖技术的科研，攻克成活率低、品质退化、个体小、出肉少、季节生长周期短等技术难关，保证盱眙龙虾品质。在智囊团的助力下，盱眙县采取“虾稻共生”的科学养殖模式。该模式是国内最优综合种养模式之一。其显著特点是：一水两用，一田两种，虾稻共生，效益同增。

在龙虾的生存环境与饵料来源方面，盱眙县委、县政府坚持绿色发展理念，深入践行“两山”理论，为盱眙龙虾的生长提供绿色、清洁的环境；淮河、洪泽湖、170余座中小型水库水质清新无污染，水体中生长有苦草、轮叶黑藻等100多种水草，为龙虾提供了丰富的天然草料和食饵，成就了盱眙龙虾“三白两多”（鳃白、腹白、肉白、黄多、肉多）的显著特色。

在龙虾产品质量控制方面，盱眙县申请创建全国小龙虾质量标准中心，建立生态小龙虾质量标准、检测标准规范等，建立产品准出检测标准，掌握生态品质话语权。

在龙虾产品的差异化方面，盱眙龙虾和其他龙虾相比，具有鳃丝洁白、无异味、腹部清洁透明，壳色红润有光泽，体态饱满、匀称、爬行有力等特征，成就了盱眙龙虾独特的竞争优势。

在龙虾的口感方面，经过不断探索，盱眙龙虾现已有十三香、泡菜、干煸、冰镇、蒜蓉、咖喱等数十种口味，以满足不同消费群体的喜好。

除了开发、升级盱眙龙虾的食味功能，盱眙县将龙虾品牌文化与城市文化相融合，发展特色旅游业。在城市形象系统、城市宣传阵地以及特色小镇、特色街区建设中突出龙虾元素和龙虾文化。推动龙虾产业与旅游融合互动，既让盱眙优良的生态、秀美的山水为盱眙龙虾“背书”，也让盱眙龙虾成为带动盱眙旅游业发展的“引擎”。

2. 价格（Price）

价格（Price）策略要求盱眙龙虾根据不同的市场定位制定不同的价格。产品的定价依据是企业的品牌战略，需要额外注重品牌的含金量。小龙虾的定价主要依据为龙虾的个头大小，实际出售价格因餐饮场所的不同而浮动。

2018年，经销商盱眙小龙虾小虾的进价为38元/斤，一般出售价格为60元/斤；个头较大的小龙虾在酒店的售价为80～90元/斤。近几年，盱眙县的小龙虾价格持续上涨，每年不同规格的小龙虾每斤价格比上一年同期高5～10元/斤，涨幅约20%，涨幅与小龙虾的大小成正比。通过“大众点评”“美团”等手机App，笔者对盱眙龙虾的售价进行了线上调研，本次分别选取南京市、上海市、杭州市三所城市的六家大众型盱眙龙虾餐饮店，只记录十三香风味，且规格不同的龙虾菜品价格，如表2-2所示。

通过此次简单的线上调研，笔者发现，盱眙龙虾的定价规则为：第一，盱眙龙虾按照个头大小分别进行烹饪与销售，并差异化定价；第二，按照价格歧视的规则定价，同种龙虾的不同规格菜品定价不同，大学城附近的盱眙龙虾售价更便宜；第三，盱眙龙虾售价具有地区差异，但大多基本围绕65元/斤波动，且规格也具有地区差异。

表 2－2 三市六家餐馆十三香盱眙龙虾定价

餐饮场所	地理位置	菜品名称	售价	规格	单价
盱眙红发龙虾	南京市玄武区	盱眙十三香龙虾	168 元/份	2 斤	84 元/斤
		精品十三香龙虾	198 元/份	3 斤	66 元/斤
盱眙功夫龙虾	南京市秦淮区	盱眙十三香龙虾	148 元/份	2 斤	74 元/斤
		盱眙功夫十三香龙虾	188 元/份	3 斤	62.67 元/斤
盱眙龙虾	上海市陆家嘴	经典十三香龙虾	138 元/份	2 斤	69 元/斤
		经典十三香龙虾	198 元/份	3 斤	66 元/斤
段氏盱眙龙虾	上海市青浦区	十三香龙虾	138 元/份	2 斤	69 元/斤
		十三香龙虾	199 元/份	3 斤	66.33 元/斤
盱眙功夫龙虾	杭州市拱野区	招牌十三香小龙虾	98 元/份	1.5 斤	65.33 元/斤
		招牌十三香小龙虾	168 元/份	3 斤	56 元/斤
盱眙龙虾馆	杭州市上城区	盱眙十三香小龙虾	98 元/份	1.5 斤	65.33 元/斤
		盱眙十三香至尊虾王	200 元/份	3 斤	66.66 元/斤

3. 渠道（Place）

渠道（Place）策略要求盱眙龙虾注重经销商的培育和销售网络的建立，从而与消费者建立联系。盱眙县拓展订单生产、龙虾深加工、外贸销售、电商销售等渠道，持续增加盱眙龙虾产业的市场占有率、品牌美誉度。盱眙县从事龙虾生产、加工、运输、销售人员达 15 万人，县内开设龙虾餐饮店 3000 余家、品牌店 1000 余家，在全国 20 多个省份开设盱眙龙虾加盟店 2000 余家。龙虾产业总产值达到 150 亿元。

订单生产。盱眙龙虾大多是速冻产品，对物流配送时效、冷藏环境要求高，因此对渠道有很高的要求。这就要求整个供应链尽可能压缩，以减少消费者从购买至到手的时间。因此，盱眙县以直销的方式，建立销售商与消费者之间的直接联系，顾客直接和销售商联系购货，销售商直接通过物流发货给客户。订单农业是近年来出现的一种新型农业生产经营模式。农户根据其本身或其所在的乡村组织同农产品的购买者之间所签订的订单，组织安排农产品生产。订单农业很好地适应了市场需要，避免了盲目生产。在小龙虾产业方面，盱眙县引入订单生产的小龙虾产销模式，使盱眙龙虾的生产更好地适应市场需要。

龙虾深加工。盱眙县加大龙虾产业精深加工项目招引力度，促进龙虾加工产业发展提速。为发展精深加工，盱眙县培育和引进 11 家龙虾深加工企业，年产成品加工与速冻龙虾 1 万吨；金康达等 2 家企业年产龙虾养殖饲料 10 万吨；许记味食、高海林调料等 30 家企业年产龙虾调料 1 万吨。盱眙县已建立龙虾全自动微波清洗深加工企业，采用目前国内最先进的全自动微波清洗、油炸流水线生产设备和液态氮食品速冻生产技术，年生产加工鲜活龙虾 1000 吨，全面提升盱眙县龙虾深加工的水平和能力，对加快盱眙县龙虾养殖规模和制定龙虾加工工厂化标准起到推动作用。

外贸销售。发展至今，盱眙龙虾实现了区域性、全国性、国际性办节的三大跨越。在对外贸易方面，盱眙县有 3 条全流程生产线，能够覆盖从精选、清洗、消毒到包装等全部加工过程，可以实现龙虾深加工规模化、标准化，满足国外客户的要求。目前，盱眙龙虾进军澳大利亚、马来西亚等国，深受国外食客的喜爱。

电商销售。从2015年开始，盱眙县就与天猫、京东、苏宁等主流电商平台合作，推广“互联网+”销售模式，实现盱眙龙虾“触网上行”。盱眙县新建中国龙虾产业电商中心，全方位推动盱眙龙虾与电商平台合作，获批创建全国“互联网+”农产品出村进城工程试点县。目前，盱眙县共拥有各类盱眙龙虾网店近2000家、有一定规模的盱眙龙虾电商企业近30家、从业人员5000余人。2020年，盱眙县成立龙虾电商直播中心，越来越多的全职主播加入到“直播龙虾”的队伍中。目前，直播中心已规划直播间29间，开放使用16间，常驻主播32名。

4. 促销（Promotion）

促销（Promotion）策略要求盱眙龙虾注重销售行为的改变来刺激消费者，以短期的行为（如让利、赠品、营销现场气氛等）促成消费的增长，吸引其他品牌的消费者或导致提前消费来促进销售的增长。

盱眙县通过前往外地开展各种特色营销活动，实现龙虾促销。以盱眙名特优农产品展示展销会为例。2018年盱眙名特优农产品展示展销会在北京拉开序幕，农业农村部、中国农业科学院和中国农业大学相关专家教授，盱眙县农业委员会、盱眙县龙虾协会等盱眙有关领导出席了开幕仪式。盱眙龙虾产业集团等五十多家企业参展。活动现场，人流涌动，热闹非凡。盱眙龙虾、盱眙龙虾米、红膏生态大闸蟹等几十余种盱眙名特优农产品依次亮相。现煮的盱眙龙虾米热气腾腾、香气扑鼻，吸引了不少市民，销售场面十分火爆。

盱眙县进一步依托直播带货的优势，通过直播间的优惠价格，吸引更多消费者。盱眙县积极策划全民网购龙虾狂欢活动，创新采取发放电子消费券、组织直播带货、立体网上宣传等多种方式，为龙虾美食市场带来了新的活力，得到了“虾迷”的追捧和喜爱。

四、展望

盱眙，地处淮河下游、洪泽湖南岸，隶属江苏省淮安市，是一座依山而建、得水而兴的城市。自改革开放以来，在历届县委、县政府的正确带领下，盱眙做足“虾文章”，打好节庆牌，种下富民花，结出强县果，走出了一条绿色发展、品牌取胜的乡村振兴发展道路。全县近1/4的人口通过从事虾稻共生、龙虾物流、烹饪制作等脱贫致富达小康，盱眙也因“中国龙虾之都”而名扬四海，实现了从“养在深闺人未识”到“天下无人不识君”的华美转变。在未来，盱眙龙虾还需要注重四点提升。

（一）提升品牌层次，加大科技投入

品牌是盱眙龙虾产业的灵魂。建品牌、树名牌不容易，保名牌更难。盱眙龙虾是江苏省十强农产品区域公用品牌之一，闻名全国乃至世界。因此，盱眙龙虾必须坚持打响品牌、升级品牌。盱眙县应继续推行龙虾标准化生产，大力发展规模化养殖，将规范化、标准化要求体现在选料、加工、包装、保存、运输、品牌使用等全过程。注重生态养殖，更加重视高效生态养殖基地的建设，为品牌的培育打下良好基础。进一步完善水产品质量安全追溯体系，有效保障盱眙龙虾的品质和质量。科技是盱眙龙虾提升品质的动力。盱眙应继续坚持农科教企相结合，持续扩大各类人才引入，推广安全、生态、健康、高效的养殖技术和模式。

（二）生产多样产品，加速三产融合

在盱眙龙虾产业化推进过程中，产业链从最初的“捕捞+餐饮”延伸，集龙虾养殖、流通、“十三香龙虾”美食烹饪为一体。在快速发展的同时，盱眙龙虾产业面临着较为突出的结构失衡现象：第三产业产值在龙虾产业总产值中占比高达50%，而第二产业仅占比8%。对此，盱眙县应继续加强出口基地建设、推进龙虾一二三产业融合发展、加快线上线下融合，创造更多岗位，带动当地劳动力就业。

由于龙虾具有季节性且不易保存的特点，盱眙县应持续开发龙虾产品，发展加工业，使保质期较长的龙虾产品具备在全年范围内的可获得性。在盱眙龙虾加工方面，持续发展龙虾仁、整肢龙虾加工，甲壳素提取，“十三香”原料生产等，推动龙虾从养殖到加工再到系列产品销售的一体化发展。

在完善产业链的同时，盱眙龙虾应进一步发展旅游经济，依托铁山寺、明祖陵、新四军黄花塘军部、第一山等4个国家4A级景区以及两个省级旅游度假区，建设观光旅游、龙虾垂钓等项目，为“龙虾节”等盛典引流。在开发一批休闲类、体验类项目的同时，继续打造“小盱”“小眙”系列文创产品，充分发挥盱眙龙虾品牌效应和带动作用。

为了获得长久的市场竞争优势，盱眙县必须让盱眙龙虾与其他龙虾产生差异与区别度。相应地，在保证盱眙龙虾“鳃白、腹白、肉白、黄多、肉多”的基础上，开发更多样化的烹饪、加工方法，并申请专利，注重知识产权保护，使得盱眙龙虾成为独一无二的、无可替代的产品。

（三）探索营销途径，发挥网络优势

在促销方面，盱眙龙虾应前往多地开展各种特色营销活动，如名特优农产品展示展销会，提高当地居民的参与度与体验感，实现龙虾促销，并提升品牌的知名度。

在媒体宣传方面，盱眙龙虾应将传统媒体和互联网媒体宣传相结合，继续利用《扬子晚报》、江苏卫视、新华网、人民网的优势，扩大受众面积与品牌知名度。同时，完善与淘宝、京东、拼多多等知名电商平台的合作，推广“互联网+”销售模式，拓宽盱眙龙虾的线上销售渠道。继续开拓、完善龙虾直播平台的搭建与主播的培训，促进盱眙龙虾销量逐年攀升。

（四）增加国内覆盖，扩大海外出口

在全国加盟店数量快速增加的同时，建立更为客观、严格的会员准入门槛，从而保证

全国范围内的龙虾品质与口味。盱眙龙虾应更加重视与物流公司建立长期合作关系，增加盱眙龙虾的服务与销售范围。同时，盱眙县自身也应完善加工仓储、冷链物流、市场交易、检验检测等服务功能，为项目落地、产业发展提供一流的承载平台。

在国内市场逐渐饱和的情况下，盱眙龙虾应扩大海外出口，在海外同质化产品出现之前占领市场。盱眙龙虾出口海外即要求盱眙龙虾企业全方位了解外国食品质量安全要求文件，加强技术改造，关注原辅料验收、安全防护、自建自控、化学品控制和添加剂使用等，在同一条生产线上生产出国际、国内市场都能接受的高标准产品，让中国的盱眙龙虾得到国际市场的认可。

参考文献

[1] 程福寿. 江苏盱眙龙虾品牌战略研究 [J]. 湖南农业科学，2008 (02)：146-149.

[2] 胡露，王帅，丁雪冰. 盱眙龙虾产业的竞争力分析 [J]. 企业导报，2011 (14)：164-166.

[3] 王慧慧，董彦岭，王淑娟. 盱眙龙虾品牌建设的启示 [J]. 农产品加工，2013 (09)：60-61.

[4] 樊宝洪. 江苏盱眙龙虾品牌成就发展分析 [J]. 中国渔业经济，2012，30 (05)：127-132.

[5] 张晓红，张云飞. “有滋有味”的盱眙龙虾 [J]. 中华商标，2018 (10)：32-33.

[6] 何伟. 基于SWOT模型的“中国龙虾节”发展战略分析 [J]. 南京社会科学，2007 (09)：142-146.

[7] 本刊讯. 2020中国小龙虾产业发展报告 [J]. 中国水产，2020 (07)：8-17.

[8] 丁立高. 小龙虾做出大产业——盱眙走出一条特色致富路 [J]. 铁军，2020 (11)：30-31.

第三章　东台西瓜

一、品牌简介

（一）背景介绍

“东台西瓜，品冠天下。”东台自古有“高田好种瓜，低田能放鸭”的谚语。公元1023年，宋朝名相范仲淹时任西溪盐官，东台这抔黄土地上早已撒满瓜种，这里是我国历史上最早进行人工种植西瓜的地区之一。南宋诗人范成大以诗云：“昼出耘田夜绩麻，村庄儿女各当家。童孙未解供耕织，也傍桑阴学种瓜。”更是将东台瓜业的繁盛之景描绘得栩栩如生。依托沿海滩涂砂质土壤，表土“夜潮”现象，日夜温差大等自然优势条件，东台西瓜口感独特，素有“品东台西瓜，享人间口福”的美誉。东台作为首个“中国西瓜之乡”，拥有全国最大的大棚西瓜生产基地，2018年被国家九部委联合认定为“中国特色农产品优势区”。东台西瓜先后获得国家地理标志农产品和证明商标“双国标”，被评为第一个瓜类“中国名牌农产品”，2019年入选全国农产品区域公用品牌目录。

（二）发展历程

品牌生命周期（Brand Life Cycle），就是指品牌的市场寿命，认为品牌从出生到死亡的整个存在阶段如同动植物的整个寿命过程，会经历一个出生、成长、成熟和衰退的过程。虽然和所有生命体的发展步骤一样，但品牌作为一种无形的主体更有其自身发展的周期特点，国内外学者也从不同的角度对品牌生命周期理论加以完善和丰富。在此我们以品牌周期理论为基础介绍东台西瓜品牌发展历程，如图3-1所示：

1. *初创期——品牌初创，产品先行*

1990年，东台西瓜发展就已经进入一个整合期，虽然此时当地以粮食种植为主，但是西瓜的种植面积仍然达0.905万公顷。1997年，当地的农业科技部门、相关的企业和种植大户等共同成立了全省第一家西瓜产销协会。协会以规划生产、引进良种、推广技术、创树品牌、开拓市场为己任，创建了具有自主知识产权的公共品牌——“东台西瓜”，充分发挥行业管理的职能作用，联合各级农技服务组织积极指导生产基地广大农户，从提高西瓜品质入手，抓好各个生产环节，全面按照东台西瓜质量标准组织生产。进入21世纪以来，东台政府相继出台了激励策略，大力发展高效设施农业，因此大棚西瓜的种植面积逐年增加。

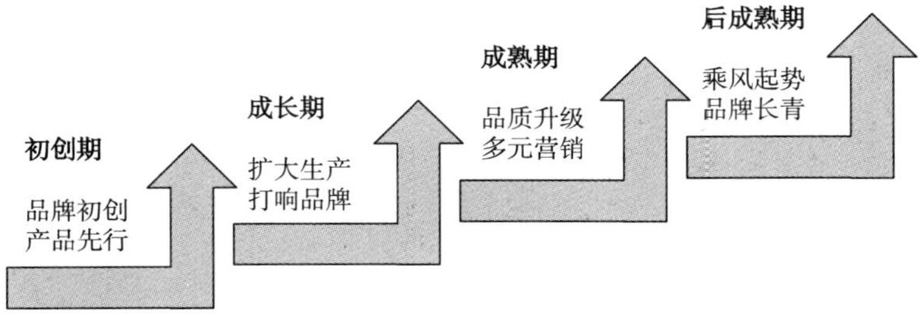

图3-1 “东台西瓜”发展周期

2. 成长期——扩大生产，打响品牌

2005年，东台西瓜种植面积达1.3万公顷。发展到2010年，这一数据又继续扩大到1.4万公顷，此时该区域的西瓜年总产量为90万吨。2017年，东台市政府统计公报指出，东台西瓜种植面积已经达1.72公顷，占东台水果种植总面积的35%，产量突破100万吨。

随着消费水平的提升，农产品市场之间的竞争也越来越激烈。政府和企业在对西瓜营销市场的探索中，发现品牌要想保持竞争力，不仅要保证自己的产品质量过关，而且还要积极引导消费者参与到西瓜的市场营销中来。为此，东台政府和企业联手，借助新媒体等方式，对“东台西瓜”品牌发展进行宣传与推广。自2003年起，东台政府与龙头企业就“东台西瓜”品牌发展的历史在电视台上进行宣传，而且开始举办每年一届的西瓜文化节，并多次前往上海、杭州等地展示西瓜。自2005年起，又在高速路上设广告牌来进行宣传。2008年，东台成为了我国第一个“中国西瓜之乡”。2014年“东台西瓜”获得江苏农产品地理标志商标20强的称号。2016年合作举办“缤纷东台等你来”（上海）宣传推介活动。不断地推进西瓜产业的升级，同时也提升了“东台西瓜”的推广力。

西瓜产业在东台经济发展过程中的地位也越来越重要，逐渐成为了支柱性产业。东台西瓜也是当地首个突破农产品产地证明商标空白的品牌，为当地其他农产品区域品牌的建设树立了榜样。通过龙头企业的带动，农户的努力以及政府的扶持，生产者不断对西瓜品种进行更新，引用先进的双层大棚进行生产，生产主要集中于三仓、弶港、四灶等多个镇，其中三仓镇是西瓜中心，该镇中又以官苴村为核心，该村拥有西瓜种植户500多家，超过了总农户的95%；本村每年种植西瓜超过3200亩，超过耕地面积的90%；并且还在外承包1万多亩土地用于西瓜种植，当地人民通过种植西瓜户均收入超过10万元。

3. 成熟期——品质升级，多元营销

东台根据自然禀赋优势，积极推进西瓜生产标准化、优质化。堤东地区夜潮土疏松的结构，加上适宜的温光、充沛的雨水，对西瓜生长和糖分积累极为有利。东台积极引进推广国内外西瓜良种，建成全省最大的工厂化育苗中心，主推小果型红瓤、小果型黄瓤、中果型红瓤三大系列品种。“超越梦想”“全美4K”两个品种先后荣获全国擂台赛冠军。坚持科技兴农，与国家西甜瓜产业技术体系紧密合作，成立吴明珠院士工作站，制定推广的技术规程成为江苏省地方标准。积极推进质量认证，东台西瓜授权使用企业获得绿色食品认证。在全国首创生态、节约的经济适用型大棚，率先应用多层覆盖和生产过程数字化管理系统，有效保障了本地西瓜的提早上市。皮薄籽少、汁多肉嫩、入口即化，已成为东台西瓜最具吸引力的独特品质。

2019 年，东台西瓜入选了中国农业品牌目录。2019 年全市种植西瓜近 30 万亩，总产量 90 多万吨，规模江苏第一，小果型精品西瓜规模全国第一。在政府鼓励支持下，跨区域建成南至广西、北至黑龙江的西瓜特色种植基地，实现了周年生产、常年供应。更在缅甸、老挝等国建立西瓜生产基地，在日本建成西瓜精品种植区。从 20 世纪甜透大上海，到如今畅销长三角，远销十几个省市，东台西瓜汇入时代洪流，越叫越响，越销越俏。每年举办“西瓜节”等系列推介活动，多次在上海、南京举办展示展销会，在世界地理标志大会、亚洲果蔬产业千人峰会上推介。积极推进“互联网 + 西瓜”融合发展，建立西瓜产业合作平台，从技术到市场开展全方位服务，与中国网库公司合作建立中国西瓜电子商务中心，开展线上销售。在全国率先探索直营直销路径，与本来生活、顺丰等多个销售平台合作，打造一流的多元化销售渠道。

4. 后成熟期——乘风起势，品牌长青

“东台西瓜”已在全国建立直销窗口 800 多个，畅销盒马鲜生、百果园等数千家连锁门店。先后被评为江苏省著名商标、江苏省地理标志产品 20 强、我最喜爱的江苏商标 50 强、江苏十大人气地理标志产品、江苏十强区域公用品牌。并不是所有品牌都会走向衰退，只要策略得当，品牌就可以长青。在未来，东台将坚持走质量兴农、品牌强农之路，放大“东台西瓜”地理标志“双国标”优势，充分利用东台西瓜产业研究院、中国西瓜博物馆、院士工作站等平台载体，强化科技支撑；引进无损测糖分拣等先进设备，招引建设果蔬西瓜复合果汁项目，延伸产业链条；提升西瓜小镇和西瓜主题农园，加快农旅结合，推动东台西瓜产业走向高端化、精品化，促进东台西瓜产业持久兴旺，为引领乡村产业振兴做好表率、立好标杆。

（三）品牌发展的环境因素

“东台西瓜”的品牌发展是内外部环境共同作用的结果。除了自身内部条件以外，外部条件对于该品牌的建设同样十分重要，不同方面互相影响，相辅相成，最终推动了“东台西瓜”品牌的成功发展。这里采用 SWOT 分析对东台西瓜品牌的优势、劣势、机会和威胁进行客观评估，如图 3－2 所示。

1. 优势

得天独厚的自然条件。东台市全地处于大洋西岸的中纬度地区，为暖温带与亚热带交界处，是典型的季风气候，雨热同期，光照充足，年均温达 15.4℃，每年 1 月易受寒潮影响，最低温度可达 －6.2℃，年极端最高气温可达 36.7℃。总降水量 1600.2 毫米，水资源丰富，气候适宜，有利于西瓜的生长。由于拥有优越的地理环境、pH 值 5.0 ~ 7.0 的弱碱性肥沃土壤，因此三仓镇成为了“东台西瓜”的主产区，这样的优越种植条件也使该地的西瓜不论是质量还是数量都达到了很高的水平。

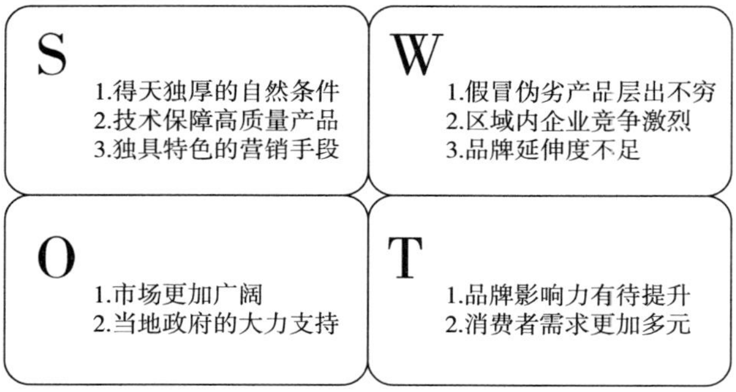

图 3－2　“东台西瓜”品牌发展 SWOT 分析

技术保障高质量产品。“东台西瓜”能够始终在激烈的市场中居于领先地位，主要得益于产品的高质量。当地与研究院所、农业高校合作，不断更新改进西瓜品种，目前大量种植的“8424”“特小凤”“农友小兰”“早春红玉”“京欣”等，都是当前全国最好的品种。东台市政府在每个镇都建立了相应的质量监督基地，对于西瓜从种子筛选，到生长生产，再到最终销售的每个过程都进行实时监控，确保每个西瓜的品质达到国家的生产标准。除此之外，瓜农还采用了先进的双大棚高效栽培技术来种植西瓜，以此来保证西瓜的质量。

独具特色的营销手段。东台地区每年精心举办的“瓜儿熟了”西瓜节，通过该类活动，达到介绍“东台西瓜”、增强“西瓜之乡”影响力的目的。近几年，节庆活动还推出了现场游戏互动、顾客亲自采摘西瓜，线上微信互动、比赛“吃西瓜”等多种“西瓜主题”的新型活动。当地政府部门搭乘“观光休闲旅游”顺风车，大力打造生态观光采摘园，鼓励居民开设农家乐，吸引更多外地游客过来旅游度假。

2. *劣势*

假冒伪劣产品层出不穷。区域公用品牌是政府主导的、区域内所有经营者参与的品牌。这是整体拉动和提升产业水平、带动区域经济全局性发展的行为。区域公用品牌名声响亮，但由于农产品在一个区域里必然存在多个经营主体，所以市场上很乱，品牌成为“公地”，往往会出现许多以次充好的冒牌货，消费者真假难辨。这不仅会影响东台西瓜的销量，而且对品牌的信誉也有极大的损害。

区域内企业竞争激烈。在“东台西瓜”这一区域公有品牌的基础上，很多中小企业都已经开始慢慢培育自身的品牌，这就使东台地区内的各种经济主体之间的竞争较为激烈，这种竞争主要体现在价格的差异化方面，各种经济主体通过降低价格的方式，让自身的西瓜品牌在市场中抢占一席之地，然后再进一步慢慢发展。尽管这样的发展模式能够在一定程度上打破区域中小企业自身品牌发展的瓶颈，但是从长远来看，则会使企业的盈利能力下降，甚至会产生亏本的情况，而一旦企业缺乏利润，那么必然会面临破产的情况，其建立起来的品牌也会随之被市场淘汰。

品牌延伸度不足。在品牌延伸度上，一方面是产品的深加工技术不够成熟，西瓜延伸产品加工工艺比较落后；另一方面是由西瓜延伸出来的产品，如西瓜汁、西瓜酱及西瓜霜等，这些产品的产值在西瓜总产值当中所占的比例较低。

3. 机会

市场更加广阔。随着经济发展水平的提升，消费者的整体收入也在不断提高，同步带来的是对水果消费需求的逐年增长，这对“东台西瓜”品牌的发展来说，是一个绝佳的契机。消费者在购买水果时更加注重营养、口味、安全，对价格的敏感度降低，提升了品牌销售的市场空间。同时，随着经济交流的日益频繁，农产品区域性品牌交流的平台亦日益多样化，并展现出强大的平台效应。这些交流既包括走出去交流，如参与绿色食品博览会、有机食品博览会等各种博览会，也包括请进来的经验交流会，这些交流会可以拓宽产品的销售渠道，增加销量。电子商务的发展为区域性品牌的交易和宣传提供了更加便利的网络平台和交易方式，也是当前成本最低、受众面最广的方式之一。

当地政府的大力支持。“东台西瓜”区域品牌成功的建设，政府功不可没。东台市政府不仅对农户生产基于大量补贴，同时在技术上与科研部门、育种企业、种子经营单位建立紧密合作关系，选育优良品种，试种后大面积推广，使品种不断更新改进。同时加快一二三产的联系与融合，在产业发展上“提挡”。各级部门加大对产品品牌的资金投入力度，拓宽“东台西瓜”这一品牌的影响范围，并结合西瓜产业发展的优惠政策，坚持与农户、西瓜行业协会携手共同打造多届东台西瓜旅游文化节。在文化节期间，邀请多家媒体，进行宣传推广，使“东台西瓜”逐渐走向全国。

4. 威胁

品牌影响力有待提升。伴随着该地区农业经济的不断发展，农产品与市场的联系化程度也越来越高。此背景下，农产品市场的竞争已经不仅仅体现在价格之间，更重要的是综合实力间的较量，消费者在市场中越来越居于主导地位。现在很多产品都在卖情怀，褚时健的冰糖橙、柳传志的桃子、白酒江小白等，他们用讲故事的方式塑造自己的品牌，他们销售的不仅仅是产品，更是一种情怀。东台市政府及企业对“东台西瓜”在营销方面投入比重较小，导致了“东台西瓜”在激烈的市场竞争中始终处于劣势地位，如何讲好品牌故事，引起消费者情感共鸣，是未来提升品牌影响力的突破口。

消费者需求更加多元。对比之前的消费市场环境，目前我国消费者越来越趋向于理性消费，在购买农产品时，不单单注重其质量好坏，同时也逐渐考虑到购物体验及售后服务方面的水平。“赣南脐橙”借助互联网开创的新零售模式，能够将消费者的情感体验与产品紧密结合在一起，精准定位消费者的需求，使消费者的购物体验得到满足。既获得了消费者的信任，也赢得了其他地区的认同，“东台西瓜”区域品牌在将来的发展过程当中，要借鉴其发展经验，创新自身发展动力。

二、“东台西瓜”品牌建设

“东台西瓜”区域品牌，目前在国内享有极高的赞誉。从结构上来看，这一品牌名称采用的是“区域名+产品名”的模式，能够被该区域内任何生产及销售东台西瓜产品的企业公用。1997年，当地的农业科技部门、相关的企业和种植大户等共同成立了全省第一家西瓜产销协会。协会成立后，不断推动生产标准化，引进新品种，推广先进技术、开拓新市场，并创建了具有地域农产品品牌——“东台西瓜”，如表3-1所示。自2003年起，东台政府每年都要举办西瓜文化节，并多次前往上海、杭州等地展示西瓜。2008年，东台成为了我国第一个“中国西瓜之乡”。2014年，“东台西瓜”获得江苏农产品地理标志商标20强的称号，并在2019年入选了中国农业品牌目录。

表3-1　东台西瓜品牌的品种、价格和特征

东台西瓜品牌	特征	价格
特小凤	此西瓜个头较一般西瓜小，瓜形一般为高球形至微长球形，浅绿条纹，果皮薄，肉色晶黄，肉质细腻脆甜多汁，是消暑解渴的最佳果品	0.74元/斤
8424西瓜	由于皮薄、汁多、甘甜、爽口，再加上个头适中，近年来成为西瓜中的“王牌”，深得市民喜爱	2~3元/斤
早春红玉	红瓤西瓜，拥有多汁味甜、营养成分足的优点，因此受到很多消费者的青睐	1.8元/斤
麒麟西瓜	麒麟瓜是西瓜当中的新品种，种植麒麟瓜需要恰到好处的土壤及光照条件，其从种植到收获仅需2个月，因此虽然种植条件苛刻，但由于良好的经济效益，成了很多农户种植的对象	1元/斤

（一）品牌定位—USP定位理论

USP理论是20世纪50年代初美国人Rosser Reeves提出的，它要求向消费者说一个“独特的销售主张”（Unique Selling Proposition）。其特点是必须向受众陈述产品的卖点，同时这个卖点必须是独特的、能够带来销量的。东台西瓜在品牌建立之初打造“东台西瓜　品冠天下”的口号，以品质高、营养价值丰富为切入点，提高产品的竞争力。而在这之前，消费者对西瓜的需求仍停留在数量上，与其他水果的功效同质化严重。通过打造高质量、高营养价值的品牌定位，东台西瓜快速提升了知名度与受喜爱度。

（二）品牌发展战略

“东台西瓜”形成了系统的品牌发展战略，包括运营战略、形象加强战略、品牌延伸战略和再活性战略。在不同的发展阶段，对应实施不同的发展战略，实现品牌升级，如图3-3所示。

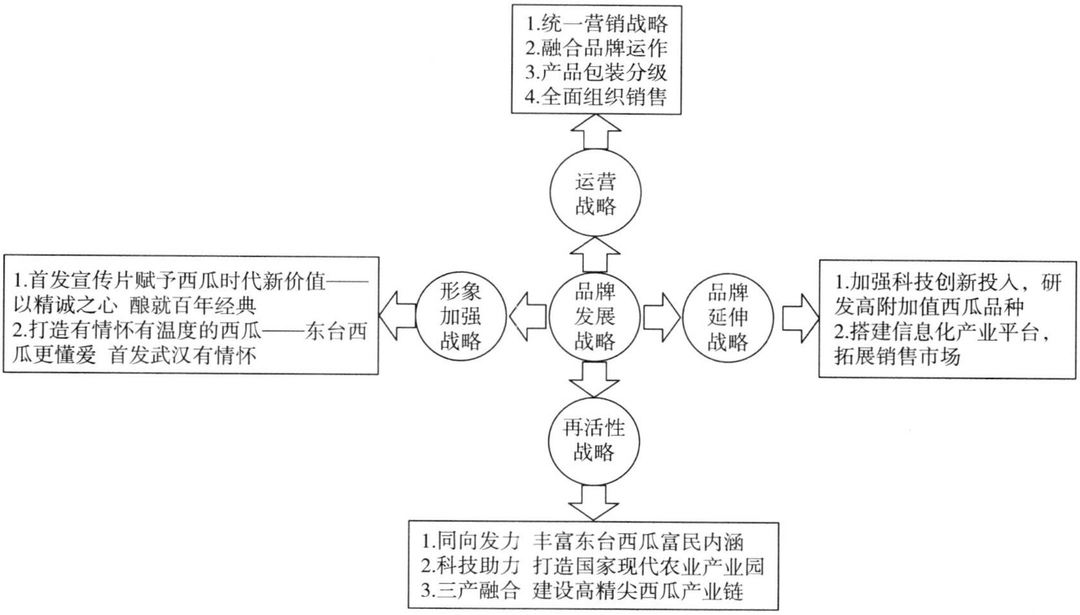

图 3-3　“东台西瓜”品牌发展战略布局

1. 品牌运营战略

统一营销战略。大力培植专业化的经营公司，发展壮大农民经纪人队伍，鼓励大户直销，扩大田头路边市场规模，吸引外来客商到产区实现产销见面。积极推进“互联网+西瓜”融合发展，建立全国首家西瓜大数据物联网中心，建立西瓜产业合作平台，从技术到市场开展全方位服务，与中国网库公司合作建立中国西瓜电子商务中心，开展线上销售。扩大以连锁经营为主体的经营网点，扩大国内市场占有率，在全国率先探索直营直销路径，与本来生活、顺丰等多个销售平台合作，打造一流的多元化销售渠道。现已在全国建立东台西瓜直销窗口 800 多个，畅销盒马鲜生、百果园等数千家连锁门店。同时，东台西瓜畅销国内大中城市，成功打入中国香港市场，为东台西瓜拓展海外市场奠定了坚实基础。

融合品牌运作。精心抓好品牌运作。东台西瓜采用品牌运作商标管理的规则，精心设计反映东台西瓜特色的包装和标识，实现东台西瓜统一产地、统一品种、统一规格、统一包装、统一标识、统一销售的“六统一”品牌运作模式精心筛选产品质量稳定、种植规模较大、市场信誉度高的瓜农使用东台西瓜品牌，并指定在上海、南京等六大市场专销窗口对外推介。

产品包装分级。东台西瓜十分注重内在质量和箱型设计，坚持规格分级套网罩，分品种定量包装，以赢得消费者的满意度。小果型西瓜既是人们消费食用的佳品，也是馈赠亲友的礼品，因而设计了精美的适合送礼的外包装。

全面组织销售。在西瓜销售方面，东台市有西瓜生产销售协会，镇有西瓜生产销售协会分会，村有西瓜合作经济组织以及农民经纪人，全市从事西瓜专职销售的农民经纪人达

2000人，加之东台西瓜的品牌效应，在西瓜销售季节，瓜农无须到市场去销售。只要将西瓜出售时间、品种和数量的信息告诉协会、组织或农民经纪人，就能在田间地头卖掉，而且还能卖出高价。

2. 品牌形象加强战略

针对当前东台西瓜市场知名度高，但品牌包装设计内涵创新不足的实际，加大西瓜品牌设计，突出东台西瓜区域公共品牌的形象设计，使东台品牌更加生动，文化内涵更加丰富，更能代表东台西瓜形象。首发宣传片赋予西瓜时代新价值——以精诚之心　酿就百年经典。盐城市委组织指导东台市委组织部制作党员教育系列纪录片《乡村振兴在路上》，围绕乡村振兴战略、党建引领、聚焦富民、大力实施“四个一”工程，将西瓜、蚕桑、蔬菜、苗木四类农作物，“种”成规模产业、致富品牌，着力打造乡村振兴东台样板。该系列微纪录片将镜头对准农村普通老百姓，展现基层党组织和党员风采，绘出一幅新时代乡村振兴美丽画卷。陆续在“学习强国”平台推出，广大党员群众纷纷点赞，为“东台西瓜”树立了振兴乡村的新形象。

打造有情怀有温度的西瓜——东台西瓜更懂爱　首发武汉有情怀。作为全国第一个瓜类作物“中国名牌农产品”、国家地理标志证明商标，每年东台西瓜头茬瓜炙手可热，一直处于供不应求的行情。2020年5月，正值新冠肺炎疫情期间，东台市国家现代农业产业园、农业农村局、西瓜产销协会联合龙头企业将首批面市的两个当家品牌“王炸”黑晶和“黄金”小兰放在武汉首发，让武汉人民免费品尝，打响“东台西瓜更懂爱　首发武汉有情怀”的口号。通过此次驰援武汉，在扩大消费者信任度与好感度的同时，拓宽了武汉的销售市场，使“东台西瓜”的品牌形象更加亲和与温暖。

3. 品牌延伸战略

加强科技创新投入，研发高附加值西瓜品种。积极鼓励西瓜科技创新，获得了多项科技奖项。2016年参加全国西瓜擂台赛，诺亚农业公司品牌包装的“全美4K”“超越梦想”西瓜品种分别荣获中果型组和小果型组冠军，此后“全美4K”产品每个瓜在大陆市场销售价达68元、香港市场达150元且供不应求。实现了扩大品牌影响力、促进销售量、带动发展、提高知名度的效果。

搭建信息化产业平台，拓展销售市场。东台市西瓜产销协会建成了产业信息交流平台，实时在网上开展技术咨询、技术培训、专家会诊，发布产销信息。诺亚农业公司建成了智慧云农场，主要采用ERP系统及自主开发MES软件，将生产做到可追溯。随着“东台西瓜”品牌影响力的不断扩大，产品销路越来越广，畅销苏、浙、沪、赣、鄂、闽等省份，近年来已远销至广州、深圳等地。

4. 品牌再活性战略

同自发力　丰富东台西瓜富民内涵。建立“企业 + 合作社 + 农户”等多形态联农带农机制，开展育苗、生产、包装、运输、销售全产业链服务，发展西瓜专业合作社54家、本地经纪人1000多人，“东台西瓜”授权使用经营主体166个，错峰上市的“东台西瓜”亩均收入突破万元，总产值近50亿元，纯效益30亿元。

东台西瓜“千里入陕”到了陕西铜川市耀州北部石柱镇，成为当地脱贫攻坚的新兴产业。东台农技员在瓜苗移栽、整枝吊蔓等各个关键技术环节精细管护和指导，克服了气温不足、土地贫瘠等客观条件，架起东耀扶贫协作的桥梁，带动当地真脱贫、早摘帽，为实现全面小康社会奋斗目标贡献着东台西瓜的力量。

科技助力　打造国家现代农业产业园。园区规划总面积 26.5 万亩，重点发展以西瓜为主、甜叶菊和其他果蔬为辅的产业格局，形成“1 + 1 + N”的复合种植模式，如图 3 – 4 所示。农业产业园坚持高起点规划、高层次合作、高标准建设、高质量发展，实现了特色产业扩量提质、技术要素高度聚集、品牌品质持续升级、融合发展势态良好、联农带农作用显著。

图 3 – 4　“1 + 1 + N”的复合种植模式

三产融合　建设高精尖西瓜产业链。东台市坚持走质量兴农、品牌强农之路，放大东台西瓜地理标志“双国标”优势，充分利用东台西瓜产业研究院、中国西瓜博物馆、院士工作站等平台、载体，强化科技支撑。东台市规划引进无损测糖仪等先进设备，招引建设果蔬西瓜复合果汁项目，延伸产业链条；提升西瓜小镇和西瓜主题农园，加快农旅结合，推动东台西瓜产业走向高端化、精品化，促进东台西瓜产业持久兴旺，引领乡村产业振兴。

（三）品牌使用与管理

对于东台西瓜品牌的使用与管理，东台西瓜协会规定了一系列严格的流程来把控，从品牌生产的前端控制产品的质量，使品牌能够可持续发展。

1. 申请使用“东台西瓜”证明商标产品要达到规定的品质

在具有“东台西瓜”应有的外部形态、口感风味、质地甜度、瓜瓤颜色和多汁少纤维等诸多特定品质的同时，还必须达到食品卫生指标，确保食用安全。经协会审核，对规定种植区域内符合“东台西瓜”特定要求的有关人员方可申请使用“东台西瓜”证明商标。

2. 明确“东台西瓜”证明商标的使用申请程序

申请人向东台西瓜协会递交《证明商标使用申请书》，协会及时做好审核工作，对申请人进行实地考察，并对其生产产品进行检测。检测和综合审查后，向申请人发出审核意见通知，签订《证明商标使用许可合同》，申请人领取《证明商标使用证》和商标标识。“东台西瓜”证明商标使用许可合同的有效限期为 1 年。到期需要继续使用者，须在合同有效期满前向协会提出续签合同的申请。

3. 明确“东台西瓜”证明商标使用人的权利和义务

在西瓜商品的包装上使用“东台西瓜”证明商标，优先参加协会主办或协办的技术培训、贸易洽谈会、信息交流会等活动，监督、举报非“东台西瓜”证明商标使用人非法生产销售“东台西瓜”行为，保证商品质量稳定，维护“东台西瓜”特有品质、质量和市场声誉，自觉接受协会对商品品质的检测和商标使用的监督，支持质量检测、监督人员工作。

4. 加强“东台西瓜”品牌违法使用的执法与监督

为了防止盗用“东台西瓜”品牌、破坏西瓜市场的非法行为，江苏省东台市农委组织系统内农业行政综合执法人员于2016年开始对全市西瓜种子市场开展专项整治行动。此次行动严格遵循“以疏为主，疏堵结合”的要求，对全市境内西瓜种植面积相对集中的三仓、头灶等镇进行拉网式执法检查。重点检查经营者经营资质、经营台账资料、种子来源去处、标签规范程度等方面内容，并当场就检查发现的问题依法作出责令停止经营、限期整改等行政措施，得到广大购种瓜农和种子经营者的认可。

（四）品牌推广

1. 分阶段、多途径推广主品牌

受不同发展阶段的影响，东台西瓜的推广渠道也在随之变化。在“东台西瓜”证明商标运作起步阶段，在主要销售市场建立东台西瓜专销区，在确保产品质量的前提下适当提高销售价格，让首先使用商标销售者得到一定实惠，鼓励和扩大标识用量；引导消费者认准东台西瓜标识购买正宗东台西瓜。积极寻求销售市场所在地政府及有关部门、市场管理人员，帮助宣传“东台西瓜”证明商标品牌，在销售季节，组织人员到各大市场监管销售的同时，向广大消费者进行宣传，引导和吸引消费。

“东台西瓜”证明商标获批后，每年都在有关报纸、电台、电视台和中国东台西瓜网站进行广泛宣传报道，在上海、无锡、南京等主要销售市场召开新闻发布会，从而让消费者进一步了解“东台西瓜”。西瓜上市期间，在市内西瓜主产区交通要道，增挂“销东台西瓜，请认准东台西瓜证明商标标识”宣传条幅。在各大主要销售市场所在地，通过多种媒体开展广告宣传，增挂“吃正宗东台西瓜，请认准东台西瓜证明商标标识”“品东台西瓜，享人生口福”“东台西瓜，誉满华夏”等条幅。同时向市民发放宣传资料，向消费者介绍东台西瓜甘甜可口、甜而不腻、入口即化、营养丰富、多食不厌等品质特征，达到了消费者争相购买的效果。通过举办“西瓜节”和其他多种途径，把“东台西瓜”证明商标品牌炒响、炒热，家喻户晓。除此之外，产区各地也没有停下推广品牌的步伐。近年来，三仓镇以省级现代农业产业园为载体，大力推进乡村旅游建设，同时举办“瓜儿熟了”西瓜节等活动，通过这样的方式，放大“西瓜之乡”的效应，增强消费者对品牌的认同感。与此同时，邀请新华报、中国西瓜网等媒体，扩大“东台西瓜”的地区品牌影响力。另外，先后两次在湖南卫视“天天向上”栏目播出宣传东台西瓜节目，在全国产生影响。

2. 打造“一主多副”的品牌格局

在加强“东台西瓜”主品牌推广的同时，积极引导企业和大户注册子品牌，形成“一主多副”的品牌营销格局，满足市场多样化的需求。每年举办“西瓜节”等系列推介活动，多次在上海、南京举办展示展销会，在世界地理标志大会、亚洲果蔬产业千人峰会上推介。形成以“东台西瓜”主品牌为核心，以子品牌为辅助的品牌网络，将各子市场融合，两者相互依存、相互促进，实现品牌知名度双双提升的双赢局面。

3. 发挥政府权威作用

东台政府和企业联手，借助新媒体等方式，对“东台西瓜”品牌进行宣传与推广。2003 年，东台政府与龙头企业就“东台西瓜”品牌发展的历史在电视台上进行宣传；2005 年，又在高速路上设广告牌来进行宣传；2016 年，又再次合作举办“缤纷东台等你来”（上海）宣传推介活动。政府力量具有权威性与可靠性，更容易提升消费者信任度，在不断推进西瓜产业升级的同时，也提升了“东台西瓜”的推广力。

（五）品牌危机处理

品牌危机指的是因为企业外部环境的变化或企业品牌运营管理过程中的失误，而对企业形象造成不良影响并在很短的时间内波及社会公众，进而大幅度降低企业品牌价值，甚至危及企业生存的窘困状态。品牌危机多种多样，但从表现形态上看主要分为突发型品牌危机和渐进性品牌危机。不管哪种品牌危机，一旦爆发都必然不同程度地给企业造成危害，轻则破坏正常的经营秩序，重则破坏其持续发展的基础，甚至导致品牌大厦轰然倒塌。为了防范品牌危机，东台西瓜采取了以下措施：

第一，制定并严格实施品牌日常管理制度。东台西瓜在统一品牌运营和销售的同时，对品牌的申请、使用流程、监督等都做出了严格的规范，严厉打击滥用冒用品牌的现象。

第二，建立有效的品牌危机预警系统。以 ERP 系统及自主开发 MES 软件为支撑建立品牌管理平台，可以及时追溯品牌的使用以及产品的生产，为品牌危机的预警提供可靠的信息。

第三，发挥保险对品牌危机的保障作用。2020 年 4 月，在国家知识产权局的指导和中国人保财险公司的推动下，“东台西瓜”获得全国首单地理标志被侵权损失保险。该业务落地江苏盐城，由中国人保财险盐城市分公司承保，为地理标志集体商标“东台西瓜”提供了累计 160 万元的风险保障。这就为“东台西瓜”品牌危机的发生提供了强有力的资金保障。

第四，科学实施品牌延伸战略，适当适度开发子品牌。品牌延伸一定要遵循品牌的成长规律，在东台西瓜品牌延伸过程中，做到了立足基础、展望未来。以企业本身积累的资金和技术为基础，加之政府的大力支持，循序渐进地开发子品牌，创新产品，以对“互联网+”和大数据时代敏锐的感知度为发展方向，推进了数字化、信息化平台的建设，增强品牌竞争力。

第五，树立良好的品牌形象，培养顾客忠诚度。疫情时期驰援武汉、东台西瓜“千里入陕”到陕西铜川市耀州北部石柱镇，带动当地脱贫攻坚，等等，东台西瓜与时俱进，在不同阶段诠释自己的一份力量，让消费者感受到了“东台西瓜”的温情，树立起良好的品牌形象。

三、存在的问题分析

（一）品牌定位不清晰

“东台西瓜”这一品牌的快速发展，使该区域内的农民纷纷试图通过种植西瓜来脱贫致富，极大地扩大了该区域的西瓜种植规模。然而，在此基础上，该区域的一些规模不大的该类企业开始盲目依赖“东台西瓜”这一区域品牌。一些企业盲目地使用“东台西瓜”这一特色区域品牌的“名片”，忽略了自身西瓜的质量，以次充好，将一些质量不达标的西瓜也借助该品牌销售，而消费者由于在该方面专业水平的欠缺，一般无法在购买时鉴别西瓜质量的好坏。因此，一旦消费者购买后发现西瓜质量不好，就会降低对品牌的信任感，久而久之，品牌的竞争力就会下降。为解决这一问题，很多企业以发展品牌为前提，创新了品牌理念，培育自身独特的品牌，比如“8424 西瓜”“特小凤”等。通过这样发展自己品牌的方式，能够在推动区域品牌发展的同时带动自身企业的成长。在“东台西瓜”这一区域公有品牌的基础上，很多中小企业都已经开始慢慢培育自身的品牌，这就使东台地区内的各种经济主体之间的竞争较为激烈，这种竞争主要体现在价格的差异化方面，各种经济主体通过降低价格的方式，让自身的西瓜品牌在市场中抢占一席之地，然后再进一步地慢慢发展。尽管这样的发展模式能够在一定程度上打破区域中小企业自身品牌发展的“瓶颈”。但是从长远来看，则会使企业的盈利能力下降，甚至会产生亏本的情况，而一旦企业缺乏利润，那么必然会面临破产的情况，其建立起来的品牌也会随之被市场淘汰。因此，企业的正确做法应该是将自身状况与区域品牌融为一体，而不是相互割裂，在此基础上，针对性地定位品牌，这样既可以培育企业自身的品牌，同时又能推动“东台西瓜”这在一区域品牌的建设与完善。

（二）品牌推广度不够

东台历史文化积淀深厚，生产的优质产品的种类较多，但从我国消费者对其认知度的角度而言，“东台西瓜”这一区域品牌的知名度仍只是差强人意。究其原因，是对品牌的推广度不够。“东台西瓜”这一品牌发展起步较晚，因此在宣传方面存在一定滞后性。目前该品牌最重要的推广方式，还是消费者之间的口口相传，这样的宣传方式太过低效，且覆盖范围小。虽然一些行业中的先进企业已经开始利用电视广播等平台进行广告宣传，但是从实际情况来看，这种宣传方式对农产品效益增长起到的效果微乎其微，有的甚至还造成了企业利益的损失。“东台西瓜”在广告方面的支出占东台市西瓜产值的比重较小。随着我国经济水平的提升，消费者在市场中越来越居于主导地位，其已经不再拘泥于传统的消费观念，而是越来越关注产品的包装设计以及质量好坏。东台市政府及企业对“东台西瓜”广告投入比重较小，导致了“东台西瓜”在激烈的市场竞争中始终处于劣势地位，造成了农民的收入减少；同时也不利于该区域品牌的影响力的提升。

（三）品牌标识标志使用规范程度不高

目前，“东台西瓜”品牌在使用过程中存在滥用乱用标识标志、使用规范化程度不高的现象，虽然“东台西瓜”这一品牌拥有自己的标识标志，但是对标识标志的使用还存在着不合理不规范的情况，这种情况使得“东台西瓜”区域品牌发展受到了严重限制。

种植主体集聚化程度不高，区域品牌意识不强。目前，东台西瓜的生产者多为个体农户，产业当中超过90%都是小农户个体经营，其主要是以小规模种植为主，西瓜产业组织程度不高，经营范围不够集中。

瓜农的区域品牌意识不强。瓜农在销售西瓜的过程中，常常会忽略“东台西瓜”这一区域品牌标识，造成“东台西瓜”品牌发展的动力不足。

区域品牌管理水平滞后，法律法规不够完善。由于“东台西瓜”的发展起步比较晚，品牌注册标识也比较晚，相应的法律法规还不够健全，市场监督机制不够完善，有关部门的执法力度不强，导致以次充好、滥用乱用区域品牌等现象屡见不鲜，屡禁不止。

（四）“东台西瓜”品牌提升度不足

随着经济社会的发展，消费者对于农产品品质及附加值的要求越来越高。而企业对农产品的内部加工进行优化能够使自身产品更受消费者青睐。目前传统的西瓜和西瓜包装已经远远达不到消费者的需求，当前消费者在消费体验过程中，越来越注重西瓜的内在价值。当前，“东台西瓜”还不具备先进的保鲜冷藏技术，也无法突破新功能开发的“瓶颈”，且包装模式还是传统的纸箱包装，运输模式也基本上集中于单一的公路运输。这就使得产品的附加值不高，增值能力不强。因此，企业需要在包装运输、加工工艺等方面不断创新，以此来促进“东台西瓜”品牌竞争力的提升，让更多的消费者增加对该品牌的认知度与信任感，同时，积极拓展“东台西瓜”品牌的内涵，使其由西瓜延伸至其他的水果，打造成具有特色的“东台名片”。

（五）“东台西瓜”品牌延伸度不够

“东台西瓜”在进行品牌延伸时，面临着一系列问题。其中最重要的是以下两方面：一方面是产品的深加工技术不够成熟，西瓜延伸产品加工工艺比较落后；另一方面是由西瓜延伸出来的产品，如西瓜汁、西瓜酱及西瓜霜等，其产值在西瓜总产值当中所占的比例较低。以西瓜汁为例，2015～2017年，东台西瓜汁产值占东台西瓜总产值的比例由5.73%增加到6.17%，增长幅度小。这在一定程度上说明了东台西瓜的品牌延伸度基础薄弱。

四、展望

（一）明确品牌定位

1. 按市场细分定位

“东台西瓜”发展历史悠久，且依托得天独厚的自然环境，因此与国内另外的西瓜相比，有着天然的优势。“东台西瓜”除了直接食用外，还可加工成各类延伸产品，因此其适用消费群体十分广泛。从消费者年龄的角度出发，针对婴幼儿、青少年及老年人，“东台西瓜”都能加工成分别适用于其年龄段的保健品。从消费者性别的角度出发，针对男士与女士，“东台西瓜”也能加工成符合其需要的保健品。目前就我国而言，购买保健品的人群还是以老年人为主，并且随着经济发展水平的提高，这类群体也拥有了一定消费能力。所以，“东台西瓜”的延伸保健产品应当主要针对老年人来制作，制作一些相对高端的产品，但同时也要兼顾中低端市场，增强品牌的延伸广度，提高品牌在不同层次人群当中的影响力（李冰，2010）。

2. 按品牌形象定位

任何一个企业或产品的品牌形象，都先天性地具有传达情感的功能。比如耐克品牌传达的就是充满活力、积极运动的精神，丰田传达的就是人定胜天、精简、零缺陷的企业文化。因此，一个优质的品牌形象能够使消费者感受到蕴含其中的深刻情感（熊芳，2016）。要想使品牌蕴含内在精神，首先要对品牌形象有科学的定位，提升品牌形象的内在魅力，通过满足消费者的真实需求，实现品牌产品与消费者情感之间的交流。“东台西瓜”企业在对市场规范细分后，得出了面向老年人群体加工制作高端西瓜保健品的结论，在此背景下，为使展现该类产品适用消费群体的高端品位及消费意向，需要强调由“东台西瓜”制作而成的西瓜保健品的丰富营养品质感和低调奢华的包装感。

3. 按品牌价格定位

一个企业与品牌，只有在完成市场细分及形象定位工作后，才可能明确自身产品的适用消费群体以及符合定位的营销推广策略。“东台西瓜”作为一种品种繁多的产品，大可以按照产品档次的不同来进行不同层次的销售。比如对那些优质西瓜进行高端精细包装，以较高的价格销往高端超市及酒店；而对那些质量稍差一些的西瓜，则以中档价格销往中端超市及酒店；而那些质量仅处于合格水平的产品，则可以对其进行二次加工，制作成果脯、西瓜汁、保健品等，这样做能够使企业的盈利水平达到最高。高品牌定位能够带来更高的品牌效应，有效地提升品牌的影响力与知名度，同时提高企业的盈利能力，企业在盈利之后又能拿出一部分利润来对产品进行开发与推广，推动中低端的产品向高端改进，如此循环，增强企业的可持续发展能力。

（二）注重产品质量，加强产业基础，延伸品牌价值

1. 发展绿色产品

随着可持续发展理念不断深化，经济发展方式也开始由粗放型向集约型转变。在此背景下，农产品区域品牌的发展也逐渐升级，开始与生态环境相适应。区域中的企业在发展产品，增强自己盈利能力的同时，要担起社会责任，注意节约资源与保护环境，使自身的发展与生态的保护相适应，打造绿色营销模式（田甜，2017）。“东台西瓜”在进行绿色发展，绿色营销的时候，一方面要让东台西瓜的总体销售额不断上升，另一方面也要使消费者对该品牌的信任感不断上升。发展无公害绿色西瓜的理念不仅与国家发展绿色农业的要求相适应，而且能在很大程度上保护消费者的合法权益与身体健康。

2. 加大科技投入，建立健全质量标准体系

东台市政府及企业应当加大科技投入力度，明确质量标准并随着现实情况的发展而调整，建设质量检测网络，做到西瓜种植前、中、后各环节的全方位检测，包括种植前的环境检测、种植中的病虫及肥料检测、收获后的农药成分检测。只有这些环节下的检测均达到标准，才能保证该西瓜达到了“东台西瓜”品牌的质量标准，才能够流入市场。对于那些不符合质量标准的，监管部门要严格地对其进行清理与下市销毁。只有通过科技手段使每个东台西瓜都保证质量，才能使该品牌长久地在市场中占据一席之地。

3. 促进产业规模化，延长西瓜产业链

东台市政府应当出台相关政策，支持当地西瓜产业继续做大，同时以资金支持该产业链的上游及下游，并不断对产业链进行完善，同时努力开发具有经济价值的新产业链。同时注重信息之间的沟通，建立良好的市场秩序。在高端市场层面，不断根据消费者的需要创新生产模式，并积极引资引技，研发创新西瓜产品种类，如西瓜汁饮料、西瓜霜、西瓜干果等系列产品，通过全方位多层次地宣传东台西瓜，最终使区域品牌深入人心。

（三）综合运用多种媒体进行品牌推广

随着网络通信技术以及社会观念的变化，各种自媒体、直播带货等形式成为产品宣传的有效途径。东台西瓜可以综合运营“抖音”“快手”等自媒体平台，从种植环境、生产过程、产品收获、美食制作等各方面内容进行宣传，同时也可以借助“明星效应”，邀请本地明星为家乡带货，开展“县长来带货”等节目，充分吸纳平台流量，进一步拓宽消费者范围，提升知名度。

（四）循序渐进拓宽海外市场

1. 采用差异化市场战略，先高后低、循序渐进

“东台西瓜”要获得持久的成功，国际化经营是必由之路。同时企业的国际化经营有不同的层次，需要企业根据自己的资源、能力准确定位来制定国际化战略，不同时期按不同的国际化层次有步骤地去实施。从低端市场切入，然后逐步由低端向高端过渡，采用先以发展中国家为主，逐步进入发达国家的策略。同时在海外市场开发中，必须坚持长期性

原则，做好企业短期利益与长期利益的均衡，把实现企业的长期利益作为海外发展的主要目标。

2. 针对不同市场特征，采用灵活的投资方式和经营策略

目前，中国农产品产业海外发展路径主要有两种：一是产品走出去，进入海外市场并扩大市场占有率。二是资本走出去，通过在海外投资建厂等方式，满足当地市场及未来出口基地的需要；同时在海外发展中还可采用并购导向型战略，通过并购、合资合作等联合重组手段来获得海外企业的市场、技术、品牌、资产、营销和服务网络等资源。在海外拓展初期，东台西瓜可以以产品出口为主，逐渐打入海外市场，赢得部分消费者。后期可以通过种子企业的出口或投资，与国外农场合作进行生产。

参考文献

[1] 李冰．关于黑龙江省农产品区域品牌建设的思考［J］．佳木斯大学社会科学学报，2010，28（05）：48－49.

[2] 熊芳．主体功能区战略下农业生态价值实现的对策［J］．经济纵横，2016（09）：84－87.

[3] 田甜．绿色农产品品牌建设的问题及对策研究——以湖北省嘉鱼县新农蔬菜合作社为例［J］．科技经济市场，2017（04）：116－118.

[4] 魏文川，方姗．基于生命周期理论的农产品品牌塑造理论［J］．农业经济，2011（03）：32－34.

[5] 潘成云．品牌市场生命周期管理理论论纲［J］．中国流通经济，2006（09）：42－45.

[6] 薛瑞祥，张小春，赵莹，夏冬健．东台西瓜　品冠天下——“东台西瓜”产业发展和品牌建设情况［J］．长江蔬菜，2020（14）：38－40.

[7] 周桂官，杜佳晨，薛瑞祥，张小春，苏生平．以精诚之心，酿就百年经典——东台市西瓜产业供给侧改革纪实［J］．长江蔬菜，2018（10）：1－3.

[8] 成俊．让致富梦想插上“金色的翅膀”——东台三仓现代农业产业园建设侧记［J］．江苏农村经济，2017（11）：49－50.

[9] 周桂官，薛瑞祥，杭小强，顾桂华．东台西瓜品牌特色及发展措施［J］．中国蔬菜，2008（02）：4－6.

[10] 陈宝宽，薛瑞祥．东台西瓜产业发展趋势与建议［J］．科学种养，2017（09）：5－6.

[11] 主打西瓜牌　念好特色产业经［J］．江苏农村经济，2020（09）：16－17.

[12] 马剑昌．中国自主品牌汽车海外市场开发战略研究［D］．成都：西南财经大学，2014.

第四章　洪泽湖大闸蟹

一、洪泽湖大闸蟹品牌概述及 5W2H 分析

（一）洪泽湖大闸蟹产业发展的优势分析

1. 自然环境优势

洪泽湖地跨江苏省淮安、宿迁两市，是我国五大淡水湖中唯一的淮河流域湖泊，面积 310 万亩，年换水量 11 次，是典型的过水性湖泊。好湖好水出好蟹。洪泽湖是南水北调东线工程的重要枢纽，湖水清澈，资源丰富，是我国著名的“鱼米之乡”，素有“日出斗金”的美誉，堪称镶嵌在苏北平原上的一颗璀璨明珠。

2. 大闸蟹品种优势

“洪泽湖大闸蟹”具有青背、白肚、金爪、黄毛、体壮的特征。煮熟后，蟹黄亮红色，蟹膏丰腴鲜美，让人垂涎欲滴。洪泽湖大闸蟹的甘氨酸等氨基酸含量较高，蟹肉略带甜味。

3. 历史文化优势

洪泽湖大闸蟹历史悠久，人们认识和食用洪泽湖大闸蟹已有几千年的历史。洪泽湖大闸蟹垂青于名家，李白、苏轼、陆龟蒙等文人墨客不惜笔墨；供奉于帝王，隋炀帝杨广、宋高宗赵构赞为食中上品；记载于名著《西游记》的古老传说。宋代苏东坡、道潜、张耒等大文豪都有赞美洪泽湖大闸蟹的诗词留存于世。到明朝，洪泽湖大闸蟹成了朝廷的贡品。1949 年洪泽湖的螃蟹就出口国外。1958 年、1984 年国家领导人刘少奇、胡耀邦在视察洪泽湖时品尝并赞扬了洪泽湖大闸蟹。金秋时节，品蟹、饮酒、赏月是洪泽湖区流传已久的民俗。可以说，洪泽湖大闸蟹古代有佳作，近代有佳话，现代有佳事，历来是佳品。

（二）洪泽湖大闸蟹品牌建设的现状

1. 品牌建设整体情况分析

“洪泽湖大闸蟹”不仅在国内市场上有较好的口碑和较高的知名度，而且在韩国、日本、新加坡、马来西亚、沙特阿拉伯、中国台湾、中国香港等国家和地区占有较高的市场份额。2016 年，“洪泽湖大闸蟹”区域公共品牌价值达 78.76 亿元。中国洪泽湖国际大闸

蟹节品牌价值达到82.6亿元，被授予“中国十佳节庆品牌”。

2. 品牌建设政策分析

成立联盟协会，整合优质资源；健全联席制度，保障产品出口；缔结合作机制，实现规模效应。牵头成立了中国洪泽湖大闸蟹产业联盟、江苏省洪泽湖渔业协会等行业组织，最大限度地整合了涉湖涉渔的政府、部门、企业、专家、媒体、渔民等各种资源，着力形成了政府出策、部门出人、企业出贫、专家出智、媒体出声、渔民出力的强大合力，共同推进洪泽湖大闸蟹产业持续健康稳定发展。建立由洪泽湖渔管卜、有关政府、淮宿两市国检局、淮宿两市农委参加的“四方联席会议制度”，签订了《共同推动洪泽湖大闸蟹出口合作备忘》，洪泽湖大闸蟹出口量与贸易额连续7年居全省湖泊第一。建立健全“基地—园区—企业—养殖户”一体发展模式，积极推动生产、营销、技术服务、品牌保护有效衔接，通过证书持有人、产品经营者、标志使用人有机结合，形成了体系完备、技术成熟、带动有力的产业发展群。

完善生产、诚信、产权制度体系。制定了《洪泽湖网围养蟹技术规程》团体标准，并在“全国团体标准信息平台”公开发布，形成了“五统一”“五监管”管理体系，即：统一生态模式，统一养殖规模，统一生产标准，统一产品销售，统一地标使用；养殖规模监管、放养模式监管、投饵过程监管、产品流通监管、产品质量监管，切实做好生产地域控制、品质特色保持和地理标志管理等各项工作。建立健全“黑名单”曝光、失信惩戒、守信奖励、诚信践诺等系列诚信生产经营制度体系，签订了《洪泽湖大闸蟹质量安全承诺书》，并对企业信用进行评级，指导并敦促他们科学生产、规范生产守法生产、诚信生产。制定了“洪泽湖大闸蟹”地标使用产权保护系列制度，组织地标使用企业签署《地理标志使用协议》，并向社会公开发布。同时，对内规范使用行为，做到企业入团队、法人守信誉、产品达标准；对外共同防范贴牌冒牌行为，做到假冒失市场、伪劣无空间、失信受惩罚，形成了制度清晰、责任明确、管控严格、维护有力的产权保护机制。

实施减量提质工程，加强产品溯源管理，健全质量安全控制网络，坚持常态化检查，开展“三品”认证。坚持绿色发展，打击非法养殖，压缩大投喂养殖，摒弃高密度养殖，推广生态养殖，全面推进面积减量化、布局合理化、技术标准化、模式生态化，真正把“绿色标准”贯穿于生产全过程。建成了质量可追溯平台，在湖区布置追溯点10个，并运用二维码追溯流通环节，统一了生产体系、流通路径、销售渠道，真正做到出湖保质量、出企守信用、出事可追溯。联合科研院所、地方政府和部门，着力加强质量安全控制网络建设，形成了“药残检测”“病害预报”“环境监测”“国检监控”四位一体的控制体系，确保进入市场的洪泽湖大闸蟹合格率达100%。牵头开展水产品质量安全检查，制定了《加强水产品质量监管，促进洪泽湖大闸蟹发展管理办法》，拧紧了“安全阀”。加强地理标志产品专项检查，强化渔政执法管理，全面监督苗种投放、饵料投喂、药品投治行为，切实保障养殖生产安全、水体生态安全、水产品质量安全。目前，恒瑞、金水、楠景、绿康、水韵5家重点企业全部获得无公害河蟹产地、产品认证；楠景、绿康两家公司还分别获得“绿色食品”“有机食品”认证。5家出口企业均取得ISO9001、HACCP等质量体系认证，绿康公司还获得苏北首家GAP认证。

强化人才支撑，加大培训力度，促进产品销售。成立了“洪泽湖养殖技术服务小组”，配备8名专业技术人员直接从事养殖技术指导工作。加强与中科院水生所、上海海洋大学、省淡水所等国内科研院所合作，邀请他们参与制定技术标准，促进科技成果转化。目前，已有10多名国内顶尖的专家长期指导“洪泽湖大闸蟹”产业发展。充分发挥专业人员技术优势，多次深入湖区开展技术培训工作。诚邀国内知名专家学者到洪泽湖开展技术培训和指导工作，推广具有地域特色、符合湖区实际的养殖模式。组织土专家实地指导、养殖大户经验交流，解决了渔民生产中的多个难题。洪泽湖区每年举办培训班20多场次，培训渔民2000余人次。对接国内大中超市，设置了“洪泽湖大闸蟹”品牌专柜；加快推进电商平台建设，在阿里巴巴、京东商城、苏宁易购分别打造了“洪泽湖大闸蟹网络销售平台”，成为致富渔民、促进销售、展示品牌的重要窗口。

高度重视媒体宣传，积极参加评比活动，推动权威报道，加强品牌建设。做到电视有图像、报纸有文章、广播有声音、人员集中地有标牌。“洪泽湖大闸蟹”多次斩获“金奖”“最佳口感奖”“最佳种子奖”等荣誉。中央电视台、《人民日报》等国内著名媒体多次对洪泽湖大闸蟹的产品品质、生产基地、养殖模式、经济效益等进行宣传报道。积极参与品牌建设相关会议和展览会，提升企业品牌知名度及品牌资产。

（三）洪泽湖大闸蟹的5W2H分析

1. 5W2H分析法的介绍

5W2H的分析方法又叫七问分析法，由“二战”中美国陆军兵器修理部独创，5W2H是What，How，Why，When，Where，Who，How Much。洪泽湖大闸蟹品牌提升是一个系统工程，在品牌提升的时候需要考虑多方因素，将5W2H分析方法引入洪泽湖大闸蟹品牌提升的方方面面，用以品牌提升决策指导，可以使洪泽湖大闸蟹品牌提升更加有系统性、高效性。

2. 5W2H分析的运用

将5W2H运用到洪泽湖大闸蟹品牌提升中去，可以对洪泽湖大闸蟹的现状做出细致的分析，并发现其中的问题，指导以后的品牌提升工作。以洪泽湖大闸蟹降产提质这一策略为例，从5W2H七个角度做出分析。

第一，What。这个要素是分析工作对象、条件、目的、重点是什么，该如何做好质量保证。针对洪泽湖大闸蟹品牌提升问题，对此做出分析，通过把What要素考虑到洪泽湖大闸蟹中，可以发现在洪泽湖大闸蟹品牌提升中的重点方面，在众多的品牌提升影响要素中找到洪泽湖大闸蟹特有的影响要素。首先，当前洪泽湖大闸蟹品牌方面做What分析，洪泽湖大闸蟹作为农产品地理标志，授权了9家公司，如“洪泽湖伏滋肴水产实业”，这些公司在市场上发展得也比较好，但是其影响力远不及“洪泽湖大闸蟹”这一母品牌，品牌的价值外在性依旧阻碍着品牌的持续发展，品牌提升主体不明确，责任不具体，使洪泽湖大闸蟹当前品牌提升尽管有成效，但是也面临品牌提升的“瓶颈”。因此，在以后的品牌提升中，依旧需要考虑这个方面要素，降低洪泽湖大闸蟹一损俱损的风险。其次，洪泽湖大闸蟹当前市场方面对洪泽湖大闸蟹的What分析，洪泽湖大闸蟹在中国市场已有一定的知名度，从国内市场的占有率来看，洪泽湖大闸蟹当前品牌实力是强劲的，品牌提升也是有成效的。但相比阳澄湖大闸蟹仍有相当的进步空间。最后，当前洪泽湖大闸蟹品牌提升路径方面的What分析，洪泽湖大闸蟹与其他大闸蟹区分最开始是由于洪泽湖地区独特适宜的自然条件造成洪泽湖大闸蟹优于其他地区，因此环保措施始终不能松懈。

第二，Why。这个是一个宏观的概念，主要是确定问题导向，为什么要做，可不可以不做，有没有什么替代方案。通过对当前洪泽湖大闸蟹品牌提升成效的分析可以对以后的品牌提升作出指导，洪泽湖大闸蟹企业在目前有初步对洪泽湖大闸蟹做品牌文化的挖掘的工作说明，洪泽湖大闸蟹当前仅依靠洪泽湖大闸蟹的品质优势以及营销手段不能维持洪泽湖大闸蟹长久的市场领先位置，也不能带来品牌的进一步溢价，因此，在目前的洪泽湖大闸蟹品牌提升的过程中，举办“蟹文化节”等活动去解决洪泽湖大闸蟹品牌溢价的局限性问题，以文化内涵去延伸洪泽湖大闸蟹的品牌内涵。

第三，When。从洪泽湖大闸蟹初步市场化开始到现在，洪泽湖大闸蟹品牌已经发展将近30年，将这几十年的品牌发展过程进行阶段性的划分。每一个品牌提升的阶段都有明确的阶段目标进行引导。将品牌的打造与提升划分为阶段性的任务，循序渐进地进行，将“5W2H”中的“When”要素充分地运用到了洪泽湖大闸蟹品牌提升的过程中。

第四，Where，也就是品牌提升的场地，选择合适的舞台才能达到理想的效果。当前洪泽湖大闸蟹的品牌提升采用将旅游业、餐饮业与大闸蟹的销售结合，在洪泽湖大闸蟹的养殖区开展餐饮业的运作以及旅游业的发展。让洪泽湖大闸蟹的消费者直接置身于养殖场地，近距离感受养殖场的自然环境，美景与可口的大闸蟹相得益彰，充分满足洪泽湖大闸蟹消费者的情感与口感需求。将体验经济的思路运用到当前洪泽湖大闸蟹的品牌提升过程中去，因此在当前洪泽湖大闸蟹品牌提升过程中“Where”要素的运用也是有成效的。另外，是从养蟹的环境出发，利用好洪泽湖大闸蟹养蟹基地，搭台唱戏，进行洪泽湖大闸蟹的文化内涵，从当地的历史内涵入手，延伸洪泽湖大闸蟹的品牌内涵。

第五，Who，即何人参与。品牌建设的参与主体，如大闸蟹养殖者、大闸蟹有关的企业、经销商、门店以及其他参与品牌建设的主体。在当前洪泽湖大闸蟹品牌提升的过程中，也是对不同主体有不同的定位要求，在品牌建立初期，充分利用了政府的行政力量，以政府为单位申请商标，号召品牌建设，重视产品质量，逐步提升产量以及后期的缩减围网面积以保证产品质量，都是发挥了政府的作用的。但是在社会主义市场经济的环境下，洪泽湖大闸蟹品牌提升绝对不能单单依靠政府的力量，因此洪泽湖大闸蟹养殖企业联合起来成立了洪泽湖大闸蟹产业联盟。以小团体的方式对洪泽湖大闸蟹养殖户和企业进行管理，也大大促进了洪泽湖大闸蟹企业在打假、质量维护方面的作用。但是从品牌发展的最终市场化趋向来看，洪泽湖大闸蟹品牌提升的最终是要走向企业主导的结局的，在企业主要发挥品牌提升作用这一点上，当前洪泽湖大闸蟹的企业做得还是不够的。

第六，How。当前洪泽湖大闸蟹品牌提升对这一要素的运用最大的就是体现在洪泽湖大闸蟹的分销渠道上面，即如何进行洪泽湖大闸蟹销售。洪泽湖大闸蟹在当前已经建立起了一个线上主导，线上与线下相结合的销售渠道，大大降低了成本。通过线下销售渠道的建立，有助于做好售后工作，维护忠诚客户。通过线上渠道的发展，减少中间商，降低洪泽湖大闸蟹流通的交易成本，可以提高洪泽湖大闸蟹养殖与经营的利润率，因此可以给养殖户与企业带来更大的经济收益。

第七，How Much。这是关于成本与效益的考虑。在洪泽湖品牌提升中，由于品牌建设主体涉及多个方面，因此成本与收益比以及收益的评估显得更为重要。在洪泽湖大闸蟹当前品牌提升的过程中，养殖户众多，有关企业众多，对洪泽湖大闸蟹进行管理的政府也是层级化分布的，在洪泽湖大闸蟹发展中，交易成本是相对较高的，因此尽管洪泽湖大闸蟹通过成立洪泽湖大闸蟹行业协会来进行协调与管理，降低了交易成本，但是通过分析可以得知，这一成本还是比较高的。合理分配各个主体品牌提升的成本占比就显得尤为重要。在确定成本配额以后，对洪泽湖大闸蟹当前品牌提升的成效进行分析，效益是品牌提升最后也是最重要的一个环节，对品牌的价值进行评价，也就是对品牌提升活动进行复盘，适时调整，让品牌提升活动朝满意的方向发展。品牌提升的成果评估不能目光短浅，囿于短期的销售额的提升。而是要为产品长期的发展做铺垫，运用大卫·艾克所提出的“品牌资产评估的十大要素”的系统指标进行分析，具体内容如表4-1所示。

表4-1　品牌资产评估十大要素

忠诚度评估	①价差效应 ②满意度/忠诚度
品质认知/领导力评估	③品质认知 ④领导性/受欢迎度
联想性/区隔性评估	⑤价值认知 ⑥品牌个性 ⑦企业联想
知名度评估	⑧品牌知名度
市场状况评估	⑨市场占有率 ⑩市场价格、道路覆盖率

根据这一表格的指标，洪泽湖大闸蟹品牌在当前发展是向好的，首先是价差效应，洪泽湖大闸蟹比一般品牌的大闸蟹贵，品牌给它带来了很高的品牌溢价，但相对品牌知名度更高的阳澄湖大闸蟹而言，品牌溢价还是有提升空间；此外，在品牌知名度、美誉度和忠诚度这三个衡量品牌价值的重要指标上面，洪泽湖大闸蟹的知名度在中国已经较为知名，在众多的大闸蟹品牌中，消费者对阳澄湖大闸蟹的认知程度是最高的。在对洪泽湖大闸蟹的产品评价上，洪泽湖大闸蟹也由于其鲜美的口感获得了众多好评，在对大闸蟹的品牌选择上，也有相当部分的消费者会选择洪泽湖大闸蟹。这体现了洪泽湖大闸蟹在当前具有较好的品牌黏性，同时也体现了它具有较好的客户忠诚度。在市场占有率、销售渠道方面，洪泽湖大闸蟹也拥有着其他品牌所不可比拟的优势条件，但先发优势稍弱。总体而言，当前洪泽湖大闸蟹品牌提升是成效大于弊病的。但是这些优势正在被冲击，因此，在以后品

牌提升的过程中，需要通过其他途径来维持品牌优势，获得更高的品牌效益。综合其他的评估方法，进行品牌价值的评估，结合评估结果对品牌提升策略进行反思。

二、洪泽湖大闸蟹品牌建设存在的问题

（一）品牌抗风险能力弱

品牌提升与品牌价值的提高是一个长期过程，在这个过程中品牌会遇到各种风险，因此提高品牌的抗风险能力是提升洪泽湖大闸蟹品牌价值的保障措施。

1. 子品牌影响力不足

提升子品牌影响力是洪泽湖大闸蟹需要考虑的重要问题，洪泽湖大闸蟹作为一个具有地理标志性的品牌，消费者只知洪泽湖大闸蟹，却不知其子品牌如蟹霸、仙蟹等，洪泽湖大闸蟹虽然申请了商标，有了一定的知名度，但并没有对子品牌进行有效的建设。无论其子品牌品质多高，蟹的质量多好，在消费者看来都只有一个名字，那就是“洪泽湖大闸蟹”。这种母品牌强势、子品牌弱势的现象普遍存在于水产品中，这给洪泽湖大闸蟹的品牌提升带来了一定的负面影响。这种现象会给洪泽湖大闸蟹带来养殖区的品牌之争，每个子品牌的养殖区都认为自己最能代表洪泽湖大闸蟹，导致各品牌的恶性竞争现象，不利于洪泽湖大闸蟹总体抗风险能力的提高。

2. 品质保障低

生态、健康、可持续发展理念较为不足，应用种草、投螺、使用微生物制剂等新型养殖技术不到位，部分蟹农苗种投放数量不科学、饲料投喂不科学，未规范使用病害防治的药物，导致洪泽湖大闸蟹前期养殖生态环境较为恶劣。

（二）品牌维护乏力

蟹农的品牌意识不够，部分蟹农眼光狭隘，大闸蟹上市后直接拿到市场上出售，或只是简单地加工后就拿到市场上去出售或直接批发给中间商，没有试图通过出售给加工企业进行深加工后再出售以提高其附加值，造成收入不高，质量好的大闸蟹也不能提高其附加值。企业自主创新意识不强，多数企业缺少长远意识，对小集团利益、眼前市场和效益看得重，企业间相互竞争激烈，甚至是搞不正当竞争，缺少通过开展具有自主产权蟹产品的方式提高企业竞争力的意识。品牌创立和保护意识不足，虽然大闸蟹产区有许多加工企业，但多数企业有品无牌，产品注册的并不多，甚至前期出现了许多有关品牌的大闸蟹官司，严重制约了大闸蟹的规模效应发展，另外，部分蟹贩子以次充好，用价廉质差的蟹充当品质高的大闸蟹，欺瞒消费者，长此以往不仅会毁了自己的事业，而且会毁了洪泽湖大闸蟹的招牌。

（三）品牌持续创新不足

1. 技术含量不足

养殖技术推广不足，早年间大闸蟹养殖普遍存在不投饲料不结果的情况，而蟹农的养殖技术仅是沿袭了老一辈的做法，技术人员指导和推广时仅是一个大概的指导，没有因地制宜，给蟹农基于深入的技术指导。大闸蟹养殖部门急需得到更大的科技投入，研发出更优质的蟹苗和更适应当地气候、水质的大闸蟹养殖技术以提高当地大闸蟹的质量。

2. 品种创新不足

新品种对于适应消费者心理转变，维持并不断提高洪泽湖大闸蟹的市场占有率，打开新的市场都有着重要的作用，因此也能推进品牌的提升。洪泽湖大闸蟹作为一种淡水蟹，自身只有中华绒螯蟹这个单一品种，品种是品牌的基础，如果只有这个单一的品种不足以应对激烈的市场竞争，会逐渐丧失比较优势。由前段时间星巴克走红的猫脚杯可以看出，当今消费者更加习惯于消费小众的产品，因此，大闸蟹也应该适应这种趋势。但是目前洪泽湖大闸蟹只拥有一个品种，难免只能以同一个样貌出现在消费者面前，会使消费者产生审美和口味的疲态。只有单一品种只适应了亚洲地区消费者的口感和观感，却不适应国际市场上消费者的需求，不利于洪泽湖大闸蟹走出中国，走向世界。

（四）产业经营水平低

洪泽湖大闸蟹虽然是品牌产品，但是却缺少统一的有效管理组织，虽然近年来成立了洪泽湖大闸蟹协会，但是由于长时间缺乏政府组织和缺乏报酬，大闸蟹协会基本没有开展有效的工作，权力也逐渐收归到当地的农业局，日常工作仅是对大闸蟹养殖概况进行统计和派出技术人员进行一些并没有长远意义的技术指导。因此缺乏对洪泽湖大闸蟹养殖、销售的统一组织。蟹农们分散经营、各自为战，在市场经济中处于极为不利的地位。大闸蟹加工企业也是各自为战，相互竞争甚至拆台，严重损害了洪泽湖大闸蟹的品牌形象。大闸蟹的生产、加工、销售等环节没有有机地结合起来，大闸蟹销售渠道不畅，倒买倒卖现象严重，导致大闸蟹产品销售网络不健全、信息不灵、市场占有率低，特别是对国际市场开发不够，大闸蟹加工品出口量很少，没有真正形成品牌效益和规模效益。

三、提升洪泽湖大闸蟹品牌的对策建议

（一）提高品牌的抗风险能力

1. 提高子品牌影响力

洪泽湖大闸蟹提到母品牌家喻户晓，但是就其子品牌来说，大部分消费者知之甚少。因此，品牌拥有者企业需要采取措施提升子品牌影响力，逐步改变仅依靠洪泽湖大闸蟹这

一母品牌进行产品销售的情况。在产品包装方，不同子品牌应该采取差异化包装的方式，逐步在消费者心中建立起不同的形象。要学会利用大众媒体做好子品牌的宣传，如当下在网络上爆火的李子柒，就是进行了人设的差异化建设，要让消费者不知不觉中建立起子品牌就是母品牌的意识，两者的产品没有本质差别的观念，提高消费者对子品牌的认知和感知。同时，区域农产品品牌的建设是一个系统工程，在建设过程中政府的支持是必不可少的，政府可以运用税收政策、财政资金、出口补贴、信息技术、公信力、管理等有形和无形资产推动区域农产品品牌发展。政府可以将区域优势农产品品牌建设纳入区域经济发展战略，合理开发地域农业自然资源；也可以加强对相关农业合作组织和农业龙头企业的扶持，加强对农业技术人员的培训，为其提供政策、财政和技术帮助；也可以对农民进行科学技术和管理知识的培训，提高农民的品牌意识和整体素质；还可以加大资金投入，为品牌的宣传和维护提供必需的资金支持。我国山东省潍坊市地方政府出资在中央电视台为寿光蔬菜做宣传，使寿光蔬菜家喻户晓，"寿光蔬菜"品牌成为驰名商标。

2. 产业链多条并进

建立产业链需要政府牵头，洪泽湖大闸蟹当地政府应当倡导建立多条产业链，并进行产业链知识技术的推广与指导。企业需要积极进行技术方面的学习，形成多产品的战略计划，调整组织架构，做好生产扩大的融资准备，购置机器设备，引进相关人才。对鲜活农产品大闸蟹进行深加工，生产各类型的特色产品。对产品进行精致的包装，打开市场。以大闸蟹为原料针对市场上不同差异化的消费者，生产不同档次和种类的产品，最大限度地满足不同消费水平的顾客，让洪泽湖大闸蟹走进千家万户，让高昂的洪泽湖大闸蟹变成普通消费者也能消费得起的产品。最后，要积极进行以洪泽湖大闸蟹为代表的旅游产业的建设，目前洪泽湖地区开展旅游业建设发展较快，当地应当把洪泽湖大闸蟹发展与旅游业结合起来，作为一条重要产业链来发展。让游客在享受风景的同时也可以享受美味的洪泽湖大闸蟹，提升当地渔民收入，促进乡村振兴。

（二）实施品牌经营战略

商标是产品品牌的合法身份，受到法律的保护，对区域农产品品牌进行商标注册，并申请农产品地理标志和原产地域产品保护，这是区域农产品品牌建设成功的最重要环节。结合所学的管理学、战略管理内容，洪泽湖大闸蟹品牌建设可运用SWOT、黄金圈分析法，综合分析企业面临的自身优势、弱点，外部的机会、威胁，并提出发展的进一步目标。

1. 明确主体责任和提高品牌主体意识

在打假过程中，政府、企业、养殖渔民是三个最重要的角色，发挥着不同的作用。政府应当明确自己作为最大的打假主体，具有行政处罚的能力，可以做好市场监督，对市场上存在的假冒伪劣洪泽湖大闸蟹产品进行查处和严厉处罚，要对养殖户和相关企业宣传和普及防伪知识，让他们真正意识到自己是洪泽湖大闸蟹品牌的责任主体。洪泽湖行业协会作为打假主体，具有很好的传播效应，这种行为容易在消费者群体中传播，并最终提升品牌的认可度，对于洪泽湖大闸蟹的打假行为，可以进行很好的公关宣传，让消费者说明正宗的洪泽湖大闸蟹对于假冒伪劣产品是零容忍的，让消费者对于洪泽湖大闸蟹有着认同感和归属感，宣传和提升品牌。

2. 改进防伪手段和提高防伪措施

洪泽湖大闸蟹品牌建立起来以后，其价格大幅度上涨，占据着大闸蟹高端市场。不法商家为了获取高昂的利润，以其他地区的大闸蟹假冒洪泽湖大闸蟹出售，假冒大闸蟹的品质远远比不上正宗的洪泽湖大闸蟹，因此会让消费者产生对洪泽大闸蟹的误解，因为假冒产品过多，导致现有和潜在消费者难以辨别而放弃购买。虽然洪泽湖大闸蟹在 2005 年用上防伪“戒指”，这种给每个大闸蟹都戴上一个“戒指”的防伪手段相当于给每个大闸蟹一个身份标志，将正宗洪泽湖产区的大闸蟹与其他大闸蟹区分开来。但随着技术的发展，出现了仿制防伪“戒指”的行为，不法商家提供的造假服务可以达到以假乱真的程度。

行业协会与时俱进，研究先进防伪技术来改善原有的防伪技术上的缺陷和不足，同时行业协会要加大对防伪技术研究的投入，考察当前有效的农产品的防伪手段，从中研制出更加适合洪泽湖大闸蟹的防伪手段，让防伪技术跟得上科技发展的进步，让防伪技术本身和品牌起到不被模仿和假冒的作用。同时行业协会要将新的防伪技术的查询方法做成教程，在网络上投放，让更多的消费者具备自测洪泽湖大闸蟹真假的能力，尤其是重视在洪泽湖大闸蟹的微信公众号上的投放，让洪泽湖大闸蟹的意向客户知晓最新防伪技术。这样，洪泽湖大闸蟹的防伪就能够保持先进程度，提高不法分子的仿冒成本，降低被仿冒的风险。从而减少市场上的假冒伪劣洪泽湖大闸蟹，维护洪泽湖大闸蟹的品牌形象，最终实现品牌提升。

（三）挖掘洪泽湖大闸蟹品牌文化内涵

1. 政府应该积极挖掘品牌文化

在品牌文化建设方面，政府应该明确自己在洪泽湖大闸蟹品牌文化挖掘中的重要作用，洪泽湖大闸蟹养殖区所涉利益主体众多，所以政府在文化内涵挖掘的时候可以起到一个倡导协调的作用，在洪泽湖大闸蟹发展的指导规划上提出“文化搭台，助力品牌发展”的指导方针。首先是从指导方针的高度提出要挖掘洪泽湖大闸蟹的文化内涵；其次对这一发展思路进行推广，提高品牌提升各主体的对品牌文化挖掘的重视程度；最后是对一些文化挖掘与建设方面的基础设施进行完善，如在进入养殖区的道路上，可以设置有关洪泽湖大闸蟹文化内涵的路标以及一些雕塑，丰富养殖区的景观，提升文化内涵等。但是政府对于文化挖掘也不可过度参与，在文化内涵挖掘的初期，对洪泽湖大闸蟹进行管理的部门应该进行合作，形成合力。到文化挖掘的中后期，政府应该给予企业与行业协会在文化内涵挖掘上的自主权，以推动不同子品牌文化内涵百花齐放的局面形成，同时也使洪泽湖大闸蟹文化内涵挖掘的工作在市场经济思路的指导下更好地进行。

2. 行业协会与企业联合开发品牌文化

行业协会是洪泽湖大闸蟹地区品牌提升的第二大主体，可以以行业协会为单位，引导并带领有关企业做文化的挖掘。比如行业协会可以在洪泽湖大闸蟹开湖以后，举办以食蟹赏花为主题的活动，还可以组织人造节，如“巴解食蟹”节，与电商平台合作，在 48 网络上进行宣传，利用自媒体扩大影响力，形成讨论话题。线上与线下一同进行，挖掘洪泽湖大闸蟹的文化内涵并加以宣传。行业协会在文化内涵的方面是作为一个微观而重要的单位存在的，要积极响应政府关于洪泽湖大闸蟹实行文化发展方针的倡导，在有关文化挖掘与推广活动时积极参与，同时更重要的是最大限度地发挥自己在品牌文化内涵提升方面的作用，在文化内涵建设时从历史与现实的两个方面挖掘品牌背后的内涵并进行建设发展。行业协会在进行文化挖掘时主要注意以下几点；首先是产品的文化内涵，洪泽湖大闸蟹作为一个鲜活农产品品牌，绿色健康是其产品特点，通过纪录片的形式，对大闸蟹的养殖进行拍摄，可以突出其“人放天养”的养殖方式、突出关于产品的特点、突出洪泽湖大闸蟹与其他大闸蟹的不同等。大闸蟹背后的历史传说，如巴解作为第一个吃螃蟹的人的故事以及“蟹和尚”的故事，这些故事可以作为产品的文化加持，利用这种历史文化传统，提升洪泽湖大闸蟹的品牌文化深度。最后是需要与企业的文化内涵相挂钩，可以从相关经营方式各个方面入手，如对将诚信经营、坚持售卖正品等作为企业文化并加以宣传。

（四）实施全面产品创新

1. 产业链创新

创新是区域农产品品牌长盛不衰的源源动力，要坚持技术创新，洪泽湖大闸蟹要始终占领科技制高点，蟹黄、蟹膏的比重，蟹肉的质感都要有所提升，这都离不开生产阶段的质量创新。洪泽湖大闸蟹可以通过代理权拍卖的营销模式，如库尔勒香梨的模式，提升品牌知名度。权威认证是农产品销售的名片，洪泽湖大闸蟹先后通过无公害生产基地认定、农业部无公害农产品和绿色食品认证，获得一些荣誉称号，成为当地甚至是本省的代表产品。宣传推介创新，宣传推介也是创建农产品品牌的一种重要举措，洪泽湖大闸蟹可以采取媒体、展会、节庆活动有机统一的宣传模式，不仅提升了洪泽湖大闸蟹的品牌知名度和档次，还促进了农民增收和农户品牌意识的增强。

企业可以开发多种大闸蟹产品，如醉蟹与蟹酱等。种类的创新可以在产品包装上进行创新，可以开发一些套餐礼盒，满足不同消费群体的需求，对不同年龄段的消费者推出不同的礼盒，并诉诸不同的消费主张，除了产品本身的品质与口感卖点以外，老年人可以强调绿色健康与养生的卖点，年轻人可以加入尝试和大胆的元素，以历史上第一个吃螃蟹的人为故事出发点，强调“敢于尝试”。产品的包装是消费者对产品的第一感觉与体验，包装过于简单与原始，无法更好地体现产品价值。洪泽湖大闸蟹作为高端产品系列，其包装为草荷包与塑料泡沫的组合体，体现不了其高端的特点，这点当作为馈赠礼品的时候，弊端尤为明显。可以在包装的改进时采取系列包装的方法，作为礼品的大闸蟹偏向于奢华与高端，如一些金色与其他皇家元素，力求提升产品的档次，家庭系列采用一些温暖的元素，如家人欢聚一堂共食螃蟹。首先，在包装材料上，可以采用柳条或其他韧性好易于编织的材料，编织荷花等形状用作产品的包装盒，不仅能在视觉上满足消费者，还会让他们觉得新鲜与原生态。其次是品种的创新，洪泽湖大闸蟹的品种存在过于陈旧单一的问题，为了推进洪泽湖大闸蟹品种的创新，需要政府、行业协会、企业三者共同发挥作用。政府可以实施良种培育保险制度，分散企业在良种培育方面承担的风险，同时采取奖励政策鼓励企业的良种培育。行业协会可以组织培育良种的比赛，积极鼓励企业参与，提高企业培育良种的积极性。最后是企业要积极进行良种的培育，投入资金做良种培育的实验，采用杂交等生物技术培育出品质更加优良的大闸蟹品种。针对目前国内的大闸蟹消费性别和年龄段的不同，培育出适合不同年龄段和男女消费者的新品牌大闸蟹。

2. 组织合作社专业化运营

结合农业经济学、农产品运销学等专业知识，农产品产销一体化是提升品牌价值、增加抵御市场风险的有效手段。洪泽湖大闸蟹品牌提升的组织涉及三个层面。第一个是政府，对于洪泽湖大闸蟹的管理业务由两个部门分管，管理的效率不高的问题，可以采取因事设置部门的方式，将洪泽湖大闸蟹的管理工作合归一个部门管理，这个变革需要政府自身做好部门调整与业务交接。第二个是行业协会，洪泽湖大闸蟹养殖区的行业协会众多，行业协会自身可以实行兼并重组，化小为大，逐步实现整个洪泽湖地区从生产到销售都由一个行业协会管理。第三个是企业，组织架构创新的一个重要目标就是要实现洪泽湖大闸蟹相关企业在品牌提升中发挥主导作用，洪泽湖大闸蟹强势子品牌企业在品牌提升中发挥引领作用。因此，企业也要逐步在市场化运作中，实现兼并重组，形成龙头企业。同时三者都要注重市场调查，了解消费者的潜在需求，以此作为生产导向，并以创新产品刺激消费者需求。实行全面创新，打破品牌提升的桎梏，可以使品牌提升获得源泉。实现技术的创新，有利于降低成本；实现品种与产品创新，有利于实现产品的差异化；实现组织架构的创新，有利于实现集中化。这三种创新都有利于提高企业的核心竞争力，因此有利于品牌提升。洪泽湖大闸蟹可以将当地零散的蟹农和零散的加工企业组织起来，抵消农业市场经济中的完全竞争，增加整个行业的向心力。另外，合作社经营也可以提供统一的饲料和养殖技术，对大闸蟹的生产质量有一定的保障。最后，合作社经营也可以开辟稳定的销售渠道，并借助整个行业的力量对市场上的假冒洪泽湖大闸蟹厂家进行打击。

参考文献

［1］张利．阳澄湖大闸蟹品牌提升对策研究［D］．郑州：河南工业大学，2019.

［2］高寒．区域农产品公用品牌建设研究［D］．合肥：安徽农业大学，2018.

［3］翟真杰．区域优势农产品品牌建设研究［D］．长沙：中南林业科技大学，2013.

［4］蓝敏芬．广西农产品品牌建设研究［D］．南宁：广西大学，2011.

［5］余明阳．品牌学［M］．合肥：安徽人民出版社，2004.

［6］余明阳．品牌学教程［M］．上海：复旦大学出版社，2005.

［7］胡晓云．中国农产品的品牌化——中国体征与中国方略［M］．北京：中国农业出版社，2007.

［8］王剑华，孔丽．农业产业链竞争力评价及其影响因素研究——以江苏大闸蟹产业链为例［J］．科技和产业，2019，19（01）：7－13.

［9］束永健，范德川，卢艺，孙月月．“蟹”逅相遇　适我愿兮——基于条码技术的阳澄湖大闸蟹冷链供应链设计［J］．条码与信息系统，2018（05）：30－31.

［10］屈家安，王雪娇，陈雁．江苏省大闸蟹电子商务模式创新研究［J］．市场周刊，2018（09）：61－62.

［11］郭皓．大通湖大闸蟹互联网营销策略研究［D］．长沙：中南林业科技大学，2018.

［12］张涵．我国水产品品牌的创建与管理研究［D］．上海：上海海洋大学，2014.

［13］谭春兰，张涵．苏州阳澄湖大闸蟹水产品品牌发展策略研究［J］．中国渔业经济，2013，31（04）：131－137.

第五章　阳山水蜜桃

一、品牌简介

阳山水蜜桃是江苏省无锡市特产，也是中国国家地理标志产品。阳山水蜜桃已有近七十年的栽培历史，产于中国著名桃乡江苏无锡市惠山区阳山镇。无锡市惠山区是中国著名桃乡，它是我国闻名遐迩的四大桃产区之一，迄今为止已有七百年的水蜜桃种植历史。

阳山位于北亚热带向中亚热带过渡地带，气候温暖湿润，四季分明，阳光充足，雨量充沛，无霜期长。夏天是亚热带气候，受夏季季风影响，气温经常上升至37℃，平均降雨量为1143毫米，春夏多雨，6月是最潮湿的一个月，有利于水蜜桃早期生长；7~8月阳光充足，气温高，有利于提高水蜜桃的糖度。其水蜜桃中心产区为大阳山、小阳山、长腰山、狮子山四座小山周边。阳山在地质上属江南地质层，侏罗纪上统火岩系零星出露于大阳山、小阳山、狮子山，由距今约1.4亿年的中酸性火山碎屑熔合而成，厚度大于571米，阳山镇境内的安阳山是华东地区唯一的火岩层山，这里土层深厚肥沃，地下水位较低、排水良好，火山灰岩的酸性、微酸性和富含多种微量元素的土壤，特别适宜水蜜桃的生长。

当地结合地理环境和种植技术的优势，通过长期的选育栽培，形成了一套高质量、低成本、高产出的种植技术，引进并培育了从早熟到晚熟的20多个水蜜桃品种，运用人工授粉等种植技术，形成播种至成熟后的采摘、包装、运输成套成熟技术。这样的水蜜桃果形大、色泽美，皮韧易剥、香气浓郁，汁多味甜，入口即化，有“水做的骨肉”的美誉。2013年1月5日，“阳山”商标获得国家工商总局公布的新认定中国驰名商标名单。2014年5月22日，阳山水蜜桃获农业部农产品地理标志。目前，该产业正朝着“规模化种植、标准化生产、科学化管理、资源化结合配套的特色农业生产经营新格局”发展。

无锡市惠山区阳山水蜜桃桃农协会成立于1998年，该协会制定了阳山水蜜桃生产技术规程及阳山水蜜桃等级标准。自此，阳山水蜜桃生产开始进行标准化管理，种植技术、品质结构不断优化，产量、质量逐年提高。阳山还陆续成立了“江苏无锡阳山水蜜桃科研站”“阳山水蜜桃研究会”等科研机构，助力水蜜桃产业的发展，并不断引进和改良桃品种，使阳山水蜜桃产业不断发展壮大。

阳山水蜜桃这一农产品区域公用品牌下共有115家授权企业，其中有三家龙头企业，分别为无锡阳山水蜜桃有限公司、无锡田园东方富民产业投资有限公司和无锡太湖阳山水蜜桃科技有限公司。其中，最早成立的是无锡阳山水蜜桃有限公司，该公司于 1998 年 8 月 27 日在无锡市惠山区市场监督管理局登记成立。法定代表人杨鸣洁，除经营水蜜桃和其他农产品销售外，公司还注重对农业、农村基础设施的开发等。无锡太湖阳山水蜜桃科技有限公司于 2010 年 7 月 2 日在无锡市惠山区市场监督管理局登记成立。法定代表人马肖南，公司在经营水蜜桃及其他农产品的种植与销售的同时，也专注于水蜜桃种植技术的研发。成立最晚的是无锡田园东方富民产业投资有限公司，该公司于 2017 年 8 月 8 日成立。法定代表人查伟，公司经营范围较为广泛，主要发展方向是阳山的文化和旅游相关业务。

阳山水蜜桃的品牌建设投入已有 9500 万元，政府支持额度 4000 万元。拥有升级龙头企业和国家级示范社，自品牌建立以来已带动新型经营主体 95 个，带动农民增收亩均纯收益 2600 元。品牌产品在国内销售的省份主要包括江苏、浙江、上海、北京、深圳、广州、湖南等全国各地，国外的销售国家主要是新加坡和加拿大。目前，主要的营销渠道按照销售额排序为：产地直销、电商、批发市场、商超和其他渠道。品牌自成立以来已获得众多荣誉：2006 年被中国农业部评为中国名牌农产品；2007 年评为江苏水果十大品牌；2010 年被中国果蔬产业品牌论坛组委会评为中国十大名桃；2017 年被江苏省名牌战略推进委员会授予江苏名牌产品称号；2018 年获评最受市民欢迎的“无锡优质农业产品”；2013 年 12 月，江苏省名牌产品认定委员会，被评为江苏名牌产品；2014 年，国家工商行政管理总局商标局，获得中国驰名商标称号；2014 年 5 月，中国农业部，获得农产品地理标志登记证书；2015 年 12 月，江苏省无锡工商行政管理局，无锡市知名商标；2015 年 12 月，江苏省工商行政管理局，江苏省著名商标。

二、成长及运行机制

（一）前期奠基

无锡凭借其天然的地理优势，种桃历史悠久，早在宋代，民间家前屋后有种植桃树的传统。据载，南宋初年，陆羽之子陆墟为了通行方便，于南宋宝庆三年（1227 年）建成了一座单孔桥——陆墟桥，桥的两侧留有一副对联：“雁齿云排红迷桃岸，鸭头春涨绿漫柳堤”，证实了当时阳山不仅已开始种桃，而且景象蔚为壮观。此后数百年，无锡的桃树种植不断发展，清乾隆年间，阳山石被朝廷征为浙江海塘用料，其后数十年间，阳山石源源不断地运往浙江沿海。其间无锡与浙江产桃区的桃树交流频繁，阳山桃品种和质量有了一次飞跃。水蜜桃这一品种至少在清嘉庆年间，就已在无锡地区栽培。前期种桃过程中人们积累了丰富的种桃经验，为后期水蜜桃产业的发展奠定了基础。

（二）良种引入

民国初年，无锡西乡一带开始出现水蜜桃种植，但不成规模，而且品质较差，果型偏小且酸，更难储运，市场销售前景以当地为主。在无锡西乡，钱惠民从浙江奉化买来桃种，率先在西乡长腰山麓种起了水蜜桃，当时的水蜜桃品种叫“绿林桃”。绿林桃风靡一时，价格昂贵且收益颇丰，阳山人见水蜜桃极有赚头，便开始大面积种植水蜜桃。20 世纪二三十年代，无锡从上海、浙江奉化、日本等地引进大量良种，试种推广，20 世纪 20 年代初，紧邻阳山的武进也开始引进良种，其中的关键人物是潘家桥牌楼下村的段孟陶。他晚年息隐家乡，创办“宝成农场”，从浙江奉化、上海龙华寺引进小红花、大红花、白花玉露、笔管红、肥城桃等品种，试植于陈阳山（秦皇山）南面坡地，此地与阳山的直线距离仅约 7 千米。在试种过程中，他发现北方蜜桃不适宜在太湖一带生长，而上海、奉化等地的南方系水蜜桃品种适合在阳山地区及周边栽培。在段孟陶的影响下，武进和阳山的桃农和有志之士掀起了一股从段孟陶处、上海、奉化引种的潮流。

1931 年，段孟陶又从浙江引入“玉露”水蜜桃桃苗进行试种，效果良好。周边桃农纷纷前去引种，此时无锡的桃农大多已经熟练掌握了种桃的嫁接、疏果等技术。总之，20 世纪 30 年代，群众纷纷利用山荒坡地、坟塘、岗头、河滩、家前屋后发展桃树，经过一代桃农和各行业有志之士的共同努力，从日本、奉化、上海引进的“白凤”“白花”“玉露”等品种在阳山落地生根、推广开来。20 世纪 40 年代，阳山桃农开始努力把优质的产品转化为热销的商品。抗战时期，无锡水蜜桃逐渐占据上海市场。抗战前，上海水蜜桃市场大都为奉化桃，战争爆发后，奉化受战火摧残，桃园荒芜，无锡水蜜桃运至上海交通方便，便逐渐占领了上海市场。另外，无锡周边的南京、常州等市场也逐渐增加了阳山水蜜桃的销售。抗战胜利时，无锡水蜜桃已蜚声大江南北，傲然进入国内著名产区的行列。无锡种植桃树 10 株以上的人家有两三千户之多，而大批量种植的人家能达到一两千株，水蜜桃也因此成为一些农户的主要收入来源。在销售过程中，阳山水蜜桃还发展出自己的商标和品牌。

20 世纪 20 ~ 40 年代，无锡阳山水蜜桃发展迅速，究其原因是桃树投产快，价格高，定植 3 年后就可投产。抗战后米价每石 8 元，桃子每石普遍可卖到 20 ~ 24 元，一亩可产 15 ~ 20 石。当时上海、常州、南京等地水蜜桃尚未大面积发展，市场上果品较少，而阳山一带产区近上海、南京、常州，水陆交通方便，运输速度快。群众自发组成联运销运组织。桃子不耐贮运、易烂，用手摇船运到上海需三天三夜，而搞联合运输则省工省本。

1947 年，群众自发组成果协会，会员达 200 余人。果协会的任务是承办销售手续，组织联合收运和交流栽培经验，制定乡规民约。果协会仅会计 1 人脱产，收取管理费甚少，故很受群众欢迎。1949 年以后，政府成立供销合作社，农民根据自愿原则，将水蜜桃通过供销社、果协会销售。20 世纪 50 年代中期，阳山地区水蜜桃园星罗棋布，面积达 10331 亩，除供应本地外，独占了上海的鲜桃和加工桃市场。

（三）发展受阻

1956年，农业合作化进入高潮，桃树全部折价入社，由于管理不善，造成大量夭折，历史上盛极一时的“玉露”水蜜桃也逐步衰落。1958年无锡境内桃树面积减少到2484亩，1959年又下降至1942亩。

20世纪60年代，国家收购价格下跌，限制了加工桃的收购数量，其价格一降再降，产量也大幅度减少。20世纪60年代末阳山地区仅剩阳山农场林业管理区种植的800亩水蜜桃。由于受交通等因素的制约，桃子都是自产自给、自产自销。

（四）全面发展

1. 产业恢复，扩大生产

1978年，阳山水蜜桃产业开始逐渐恢复。自1984年开始，政府大力扶持和发展水蜜桃产业，经过三次农业结构调整，使水蜜桃产业成为阳山地区的农业主导产业。另外，依托于水蜜桃农业产业，阳山开始发展文旅产业、休闲农业等，进入了水蜜桃产业的全面发展阶段。

改革开放以后，随着农村经济体制改革的推进，政府提倡在不影响粮食生产的前提下，积极发展经济作物，改善人民生活。当时，无锡桃树面积逐步得到恢复，阳山特产水蜜桃基地的地位得到巩固和加强，水蜜桃逐渐成了无锡四大特产（阳山水蜜桃、惠山泥人、清水面筋、三凤桥排骨）之一。阳山水蜜桃以“白凤”“玉露”品牌远销港澳地区。因为有政府的支持和投入，无锡的桃树品种有了很大的改观，打破了以前单一的白凤、白花一早一晚两大系列，增加了当地新品种“湖景”“锡蜜”等，水蜜桃品种质量得到了进一步提高。1984年，时逢我国农村第一次进行农业产业结构调整，阳山乡党委、政府紧紧抓住这一千载难逢的历史机遇，向县委、县政府报告要求扩种水蜜桃。经无锡县委、县政府报省委、省政府批准，免除了阳山的粮食定购任务，同意全乡2200亩农民的责任田全部扩种水蜜桃，发挥地方优势，把阳山镇建成水蜜桃生产基地。昔日的桃农纷纷在承包地里栽种桃树，1984年全乡桃树种植面积846亩，1985年又增至1479亩，年产水蜜桃250多吨，产值24.8万元。20世纪70～80年代末，阳山水蜜桃最高年出口量120吨，种植面积也猛增至3000多亩，成为省内最大的水蜜桃生产基地。这个时期农民的积极性、能力以及农业资源的利用水平，都达到了空前的高度，水蜜桃供求关系也由过去的短缺转变为供给过剩。自1994年开始，10年前栽种的桃树进入盛果期，水蜜桃价格逐年上升，种桃的经济效益开始凸显，从种桃、卖桃中获得丰厚回报的阳山人开始自发在自留地、饲料田、口粮田及家前屋后扩种桃树。政府因势利导，再次号召扩种，进行统一规划，连片种植。水蜜桃种植面积首次超过了粮食种植面积，全镇农业进入了“卖桃买粮”专业化生产的新阶段，水蜜桃生产在阳山一跃成为了农业的主导产业。

自20世纪90年代末以来，各级政府为发展壮大阳山水蜜桃产业，建设桃园公路、农田水利，极大地改善了桃园田的基础设施条件，方便了桃农的生产操作，建立了桃树生产示范及品种选育试验基地。1997年，阳山镇政府投资250万元，在镇区建成占地6000平方米的阳山水蜜桃交易市场。此后又不断加大投入，先后投资1000多万元，使整个市场扩大到1万平方米，拥有交易摊位2500个，经纪人用房47间、仓库8间、冷库5间、办公用房4间、停车场2500平方米。引进日本产选果机1台。日交易量为10万~15万斤，销售量约占全镇水蜜桃总产量的40%，并造就了一支素质较高的水蜜桃销售的经纪人队伍，形成了一个由专业市场、经纪人、超市订单组成的多层次、广覆盖的销售网络。

2. 高效生产管理

1998年，阳山成立了“阳山水蜜桃桃农协会”，制定了阳山水蜜桃生产技术规程及阳山水蜜桃等级标准。阳山水蜜桃生产开始进行标准化管理，种植技术、品质结构不断优化，产量、质量逐年提高。阳山还陆续成立了“江苏无锡阳山水蜜桃科研站”“阳山水蜜桃研究会”等科研机构，助力水蜜桃产业的发展，并不断引进和改良桃品种，使阳山水蜜桃产业不断发展壮大。

1999年，我国进行第二轮农业结构调整，阳山镇党委、政府再次抓住这个机遇，因势利导，将全镇种粮面积（口粮田），除17亩低洼地外，全部改种水蜜桃，水蜜桃面积扩大到6000多亩。阳山水蜜桃已经得到消费市场和产业市场的“认定”，区域的形象、产品、产业渐次跨过了市场的“认知、了解、信任、合作、维护与期待”的临界线，水蜜桃产业按照自身的角色、沿着自己的跑道，进入持续长效的发展阶段。

2018年已经形成了一个以阳山为中心，总面积（包括滨湖区、常州武进区）超过6万亩的“阳山水蜜桃”经济区，对苏南地区农业产业化经营起到了示范带动作用。近年来，阳山围绕提升品牌、提高品质，选育地方优势品种，切实加强桃园基础设施建设，努力完善水蜜桃质量监控体系，加快建设高水平的病虫害预测预报体系，强化水蜜桃群体质量栽培技术的研究和集成，积极拓展精品桃园区，水蜜桃产业竞争力不断提升。现以水蜜桃为代表的高效农业占全镇农业的比重达到98%，全镇水蜜桃种植面积达21000亩。2018年，阳山水蜜桃总产量21216吨，总产值40310万元，每吨价值平均为19000元，阳山镇农民从水蜜桃产业中获得的收入占总收入的80%以上，已形成从生产、贮运、加工到流通的产业链条并逐步拓展延伸，产品远销全国各大中城市，并且还走出了国门。

3. 发展文化旅游、生态旅游产业

阳山镇依托地理优势及景观优势，自2007年起开始大力发展农家乐项目开发，水蜜桃种植与生态旅游相结合，促进了阳山地区的进一步发展。桃源村位于江苏无锡惠山区阳山镇，是著名的“阳山水蜜桃”核心种植区之一，10多年来，在村支部书记张谷带领下，坚持深化农村改革，多元化盘活利用闲置农房和宅基地，为乡村振兴插上“金翅膀”。打造出特色主题民宿、农家私房菜馆、乡村音乐餐厅、老兵之家、专家教授工作室、艺术家部落、大学生创业创客中心、新时代文明实践站、锡西特别党支部等项目，集休闲农业、乡村旅游、农业科普、乡村文创、培训教育等产业功能于一体的乡村产业综合体。2020年，村集体经济收入达480万元，农民人均收入达4.7万元。

4. 标准化、现代化生产模式

标准化生产是优化农产品质量，增强市场竞争力的重要手段，也是应对国际国内市场挑战推进农业现代化的有力武器。阳山率先在江苏省实行水蜜桃标准化管理。在栽培过程中，阳山全面推行水蜜桃生产标准化管理，大力推广水蜜桃优质无公害栽培技术、全园套袋技术。由阳山桃农协会统一制定了《阳山牌水蜜桃栽培技术规程》和《水蜜桃产品标准》，统一供应种苗和农资，统一按农时季节为广大桃农提供技术培训、信息、决策等方面的全程服务，统一组织实施桃园冬季翻耕、点花、疏果、套袋、修剪、施肥、病虫害防治，采收全过程标准化生产。此外，桃农协会按照两个标准的要求在桃子生长的各个时期进行抽查检测。建立完善的质量检测监控体系，由各村村委与桃农签订了“林果质量安全承诺书”，按照无公害、绿色食品的要求，对高效低毒农药的交替使用和安全间隔期等都做了严格的规定。

阳山水蜜桃协会与江苏省农科院、惠山区农林部门紧密联系、密切合作，加快引进推广优质水蜜桃新品种；合作社定时邀请江苏省农科院植保所，南京土壤研究所、南京农业大学的教授专家到产业区甚至桃农家里进行实地指导，为阳山水蜜桃的品质保证和无公害栽培提供了强有力的科技支撑；水蜜桃科技园和江苏省农林厅植保站和扬州大学园艺与植物保护学院合作进行果树病虫害的预测预报研究。

5. 多元销售模式

阳山水蜜桃凭借其果型大、色泽美、皮薄肉厚、汁多味甜、香气浓郁等特点，产品畅销上海、苏州等全国大中城市及家乐福、麦德龙、苏果等大型超市，近年来还尝试出口泰国、美国、中国香港等地，获得了不俗的口碑。目前，阳山水蜜桃年销量 5.2 万吨以上。其主要销售方式有：

单位或者家庭的团购方式。这种销售方式是现阶段重要的销售方式之一，并且是收益最高的销售方式。阳山水蜜桃凭借其优良的口感和较高的知名度，成为其上市时节送礼的最佳选择之一。桃农将优质的水蜜桃用印有阳山水蜜桃商标的箱子进行包装，在每年水蜜桃上市时节都会受到各地各单位的青睐。这种方式可以大批量地出售水蜜桃产品，而且价格要高于普通的散卖，提高了桃农的收益。

通过经纪人销售。经纪人与小贩相比，具有资本大、吞吐量大、生意做大等特性，而且注重商业信誉与长远利益。因而培育和发展经纪人队伍，对发展水蜜桃产业化经营意义十分重大。为此，阳山对经纪人实行扶持政策。

通过水蜜桃交易市场销售。惠山区政府近年投资了 250 万元建设了水蜜桃专业批发市场，交易市场成为了水蜜桃销售的主要方式之一。利用水蜜桃交易市场，桃农和桃贩及经纪人可以在这里集中进行交易。水蜜桃交易市场为桃农销售桃子提供了很好的平台。

通过桃花节订单销售。每年 3 ~ 4 月，阳山镇都会举办桃花节，至今已成功举办 15 届。桃花节为阳山水蜜桃打响了品牌，起到了推介水蜜桃、弘扬桃文化的作用。现今，40% 的水蜜桃能在桃花节期间落实订单，让广大桃农得到了实实在在的实惠，为水蜜桃产品的销售起到了不可磨灭的作用。

网络销售。随着网络技术的发展和桃农素质的提高，水蜜桃的网络销售已开始发展。阳山镇政府和阳山水蜜桃发展有限公司都建立了宣传网站，桃农在网站上发布销售信息，接受近距离的订单。相信随着水蜜桃贮藏和运输技术的进步，网络销售将得到更好的发展。阳山电商销售主要为三种模式：一是与第三方平台合作，如天猫、淘宝等；二是自建电商，如果多多水蜜桃专业合作社；三是与快递物流企业合作，如顺丰、邮政等。

种植户散卖。这种方式是水蜜桃销售最传统的方式。此方式只能进行少量的交易，并且要求种植户有较多的时间来进行销售，其售价也不是很高。这种方式现在水蜜桃销售中还占有一定的比例，相信随着水蜜桃交易市场的成熟和网络销售的开发，这种销售方式会逐渐减少。

6. 品牌形象建立

在消费市场上，品牌是消费者用以进行商品区别的商标和标志，也是消费资源定向集中度的一种直接体现。所谓的知名品牌就是被广大消费者普遍认可且消费资源的集中度高和市场占有率高的品牌。产品要在市场中处于不败之地，除了优质的产品，还必须打响品牌。阳山镇桃农协会于 1998 年 4 月向国家工商局申请注册了四个产品商标——“太湖阳山”“大阳山”“小阳山”及“阳山”，其中“太湖阳山”是使用商标。

2003 年 1 月获“无公害农产品标志证书”，2006 年被评为中国名牌农产品，2008 年“阳山”牌水蜜桃被认定为中国驰名商标。品牌效应给阳山桃农带来了显著的效益，几年来水蜜桃单价直线上升。阳山镇充分利用阳山水蜜桃的品牌优势，以绿色生态环境为依托，围绕“百年书院，千年古寺，万亩桃林，亿年火山”众多资源，因其“三月花海、七月桃香”的独特景致，成为了无锡特色农业和特色旅游的一大亮点，同时积极培育和开发旅游新景点。树立了良好的区域形象。媒体也是阳山水蜜桃的重要宣传途径。中央电视台第七频道的“每日农经”节目曾经为阳山水蜜桃制作过三期专题节目，得到了很好的反响。地方媒体，包括无锡电视台、《扬子晚报》《无锡日报》等，通过新闻和广告等方式为阳山水蜜桃产品起到了良好的宣传作用。随着网络技术的逐渐发展，阳山镇政府和阳山水蜜桃发展有限公司都建立了各自的宣传网站，其内容包括对阳山地区和桃文化的介绍，水蜜桃的生产种植、市场经营、产品信息等。网站是阳山水蜜桃产业向人们展示的一个窗口，相信随着网络通信的不断发展，这些宣传窗口可以进一步提高阳山水蜜桃在全国甚至是世界上的影响力。

三、亮点与特色做法

我国有四大传统名桃，分别是浙江奉化水蜜桃、江苏阳山水蜜桃、河北深州蜜桃和山东肥城佛桃，同时有大、香、甜、水、少酸的特点。相较于其他名桃，阳山水蜜桃在水蜜桃品种数量上有较大的优势，长期以来，桃农们在生产过程中不断引进、培育新品种，促进水蜜桃品种的多样化。多样化的产品延长了整个阳山水蜜桃的收获期和销售期。目前，水蜜桃品种已有 30 多个。30 多个不同品种的水蜜桃使阳山的早、中、晚熟品种结构比较合理。其中，特早熟水蜜桃（5 月底 6 月上旬成熟）包括春蕾、春花、晖雨露；早熟水蜜桃（6 月中下旬成熟）包括雨花露、银花露、白凤、朝晖；中熟水蜜桃（6 月成熟）有湖景蜜露、阳山蜜露；晚熟水蜜桃（7 月中下旬成熟）包括白花、迟圆蜜；特晚熟水蜜桃

（9月上旬成熟）包括迎庆。整个出产期约100天，为阳山水蜜桃在和众多名桃的竞争中争取到了较大的优势。阳山水蜜桃在标准化管理、绿色高效生产技术应用、OTO融合营销和农文旅融合发展上也有其特色的做法。

（一）标准化管理

农产品区域公用品牌属于准公共物品，存在“搭便车”和负外部性问题，在缺乏有效治理的情况下，会造成公用品牌的“公地悲剧”。基于公共品牌发展起来的企业品牌，也会因为声誉问题而与公用品牌之间相互“株连”。阳山水蜜桃桃农协会在成立之初就考虑到了这个问题，由阳山桃农协会、阳山水蜜桃公司统一制定了《阳山水蜜桃生产技术规程》及《阳山水蜜桃等级标准》，统一供应种苗和农资，统一按农时季节为广大桃农提供技术培训、信息、决策等方面的全程服务，统一组织实施桃园冬季翻耕、点花、疏果、套袋、修剪、施肥、病虫害防治、采收全过程标准化生产。2002年《无锡水蜜桃生产技术标准、规程的制定与应用》和《阳山水蜜桃产业化经营示范成效显著》项目分获2002年无锡市科技进步二等奖和2003年无锡市腾飞奖。阳山的水蜜桃生产标准已经作为省级标准在全省得到推广应用。

相应的全程标准化管理、农民种植档案、防伪标志使用等措施，极大地提升了阳山水蜜桃的品牌形象。到2013年，当地水蜜桃的种植面积已经由700多亩发展到32000亩，带动周边市县区形成了10多万亩的种植规模。销售市场从最初的沪宁沿线城市迅速扩张到全国20多个省份，并远销日本、泰国、新加坡等，价格也从3元/斤上涨到30多元/斤，成为了“中国名牌农产品”和当地农民的“摇钱树”。直到2018年，阳山水蜜桃这一区域公用品牌下的全部授权企业达184个，销售总值为60946万元，生产规模达32076吨。

（二）绿色高效生产技术应用

阳山水蜜桃产业带地处无锡市西郊，无锡位于长江三角洲的中心区域，是东部经济重镇，科技发展水平较高，有良好的农业机械化基础，同时强大的经济实力和市场经营能力为水蜜桃产业的发展提供了坚实的基础，在新品种引进、试验示范开发、技术创新、技术培训等方面投资力度较大，对承担的国家科技项目配套资金也有较好保证。阳山镇建有阳山水蜜桃协会和阳山水蜜桃专业合作社。阳山水蜜桃协会与江苏省农业科学院密切合作，引进优质品种，推行水蜜桃生产标准化管理，推广水蜜桃优质无公害栽培技术、全园套袋技术；与南京农业大学、南京土壤研究所等高校及科研单位密切合作，着力提高水蜜桃的品质。阳山水蜜桃专业合作社下设技术推广站，及时推广新的栽培技术。合作社定期邀请专家到桃园实地指导，为阳山水蜜桃生产提供有力的科技支撑。

由于惠山区土壤黏重、地下水位高，再加上当地水蜜桃种植区域内重茬桃园增多，出现了土壤理化性状恶化、病虫害发生加重、水蜜桃品质不稳定等问题。为此，自2017年起，惠山区全面应用桃树绿色高效生产技术，大幅度减少了化肥、农药使用量，初步遏制了桃园土壤恶化的趋势，提高了桃树病虫害综合防治的效果，实现了水蜜桃节本增收，促进了阳山水蜜桃产业绿色、高质量发展。结合阳山水蜜桃生产实际，惠山区提出了“健康土壤、科学栽培、绿色防控”的水蜜桃绿色发展新体系，形成了惠山区水蜜桃绿色高效生产技术。同时，2017～2019年在阳山、洛社、钱桥3个水蜜桃主产乡镇（街道）的8个桃园，对3大类11小类18项技术进行了试验示范，突出解决了土壤酸化、连作障碍、化肥农药使用量大、主要病虫害危害严重等问题，使得重大病虫害得到有效控制、水蜜桃产品安全性得到明显提高，为化肥农药减量和水蜜桃质量安全做出了积极贡献。

在健康土壤方面，惠山区做到了以下六点：第一，三沟配套，要求桃源能灌能排、三沟配套。具体指标：在日降雨量200毫米的情况下能做到雨停田干；田外排水沟深80厘米以上，田内排水沟深60厘米以上，并保持畅通；地势低洼地区的桃园采用高垄种植模式。第二，生草栽培，桃园内种植紫云英、红花草等，以涵养天敌和土壤水分，增加土壤有机质含量。同时，每年深耕1次，耕深在15厘米以上。第三，调节土壤，适量使用石灰、钙镁磷肥等碱性材料，调节土壤pH值至适宜桃树生长的范围内（5.5～6.5），防止土壤过度酸化。同时，禁止使用未经腐熟的有机肥。第四，补充土壤有机质和有益菌，全园进行土壤培肥和定植沟土壤培肥，每年每667平方米施商品有机肥562.5千克以上，以补充每年消耗的土壤有机质，确保桃园土壤有机质含量达25克/千克以上。同时，要适量使用生物菌肥、生物菌剂等，促进桃园土壤恢复合理的有益生物菌群。第五，清洁田园，及时清除化肥、农药包装袋；及时清除恶性杂草，维护生草栽培的草相稳定；对修剪下来的桃树枝条，要因地制宜地进行肥料化利用。第六，精准进行肥料运筹，按照“控制总量，高氮低磷中钾，桃生长前期高氮、后期高钾、整体控磷”的施肥原则，以施用有机肥为主，并根据不同树龄综合考虑合理施用钙镁磷肥、过磷酸钙等。

在科学栽培方面，具体措施为：第一，推进平衡施肥、按需施肥，按照每667平方米纯氮用量22.73～34.74千克、纯磷用量16.47～27.67千克、纯钾用量14.33～25.27千克进行施肥总量控制；同时，对于不追求大桃比例、仅要求桃子数量多的桃园，可把氮肥用量控制在较低水平。第二，对于新建桃园，要求桃树采取适合全程机械化栽培的宽行窄株Y型栽培模式。第三，全面推广省工省力栽培，推广长枝修剪技术。其中，老桃园推广“短改长”修剪，以促进树体向高空发展，并腾出机械操作空间。第四，合理搭配种植品种，合理修剪树形和规划种植密度，确保盛果期每年每667平方米平均套袋1万个，商品果率达70%以上，优质果在商品果中的占比达60%以上。

在绿色防控方面，分别采用以下四个措施：第一，农业措施，采取更新品种、平衡施肥、轮作休耕等措施，增强桃树的抗病虫害能力；在秋冬季节全园翻耕土壤、使用石灰改良土壤，清理修剪枝条，并采用石硫合剂进行清园，以减少害虫越冬基数。第二，物理措施，利用杀虫灯诱杀果园害虫。第三，昆虫性信息素技术成片布局性迷向素，干扰梨小食心虫的正常产卵，阻断雌雄虫性信息交流，阻断其交配产卵，大幅度压降梨小食心虫发生程度。第四，科学使用农药，选择高效、低毒、低残留农药，示范推广苏云金杆菌、短稳杆菌等生物农药，轮换交替用药，防止病虫产生抗药性，严格控制果实采收安全间隔期。

阳山水蜜桃还通过物联网的无线传感器等设备，收集作物生长过程中的各项数据指标，汇总形成生长数据库，为农产品栽培技术的优化创新提供数据支持，实现科学技术到生产力的转换；并实时监测种植地土壤湿度、pH 值、环境湿度，结合自动喷灌系统做到定点、及时的水肥管理，形成了以精准、绿色、高产为核心的现代化农业。

（三）O2O 融合营销

现代电子商务的快速发展，使消费者消费方式发生极大的转变，品牌依托互联网平台发展线上线下一体化的新零售模式。阳山水蜜桃经营以线下销售为主，在长三角地区设立销售门店，掌握终端资源，同时线上电商销售环节逐步完善，充分利用淘宝、拼多多等大型商业平台拓宽销售渠道。

阳山因其当地特殊的土壤环境所以其水蜜桃生产区只集中在阳山当地，为方便销售，惠山区政府曾投资了 250 万元建设了水蜜桃专业的批发市场，为桃农销售桃子提供了良好的平台。水蜜桃交易市场不断加强管理，设立了严格的秩序，在交易时间和交易事项等方面都有规定，而且桃农入驻市场需要认证。这种线下交易方式极好地维护了水蜜桃的声誉，促进了公平竞争，扩大了市场。

在水蜜桃交易市场之外，还有以“桃博士”合作社为代表的农业合作社。“桃博士”建立了全阳山第一个客服中心，第一条专业的水蜜桃分拣、包装、发货流水线，每一个环节都建立了严格的管理标准和操作流程，通过收购桃农的桃子，签订协议，结合互联网技术，借助京东等网络平台，全面拓展农产品销售渠道，由此迅速成为了阳山地区水蜜桃龙头企业。目前“桃博士”已拥有 60 余家合作桃农、3000 余亩合作社桃园，并成为顺丰优选、京东商城、“智慧无锡”App 等众多国内一线电商的首个水蜜桃供货商，把水蜜桃销到北京、广州、新疆、西藏等地。“桃博士”不仅在科学管理自营基地桃树的基础上，以合作社模式，联合桃农种植高品质水蜜桃，为桃农带来了较好收益，而且通过电商把水蜜桃真正做到自产自销。在政府的大力支持下，顺丰、EMS 等规模较大的标杆性物流公司纷纷与当地生产农户签订协议，把水蜜桃寄递作为重点项目，从寄递时效、寄递质量、寄递价格作出专项规划，不仅提供了从无锡到北京、上海、南京等主要城市的定制生鲜配送线路，而且百余重点城市做到次日到达。在水蜜桃销售上，从“资金投入、运输保障、严格标准、客服跟进、分销合作、金融方案、延伸服务”等方面，助力“互联网+”下的阳山水蜜桃新农合产业链深度转型升级。在水蜜桃配送上，通过“专机运输、专场分拣、优先派送、专人客服、快速理赔”等方面，最大限度地减少水蜜桃的损毁和消费者的顾虑。

在一二线城市移动电商市场增长逐渐稳定的背景下，聚焦农村市场存在的较大下沉空间，利用数据分析技术以及数据优势驱动了区域公用品牌进一步发展。大数据技术成为新的利益驱动点，通过用户行为产生的海量数据进行供求分析、个性化推荐等，极大地提高了品牌运行效率和精准营销能力。围绕消费者需求进行供给侧结构性改革，以消费者为中心进行大数据分析，进行产业链重塑，最大限度地解决了产品滞销导致的供应损耗问题。由于农产品易腐、不易保存，完善冷链物流配送网络建设，减少农产品在运输过程中的损耗。供给侧结构性改革的推动，完善了供需双方的信息对称，实现了零库存的建设目标。

阳山水蜜桃打通线上线下的销售通道，形成全渠道的销售模式，同时实现了以区域为单位进行市场统计，针对区域内的市场需求，采取订单流量个性化定制，建设电子商务线下零售市场。作为依赖市场需求的销售行业，线上线下零售的融合建设，拓宽了区域公用品牌的销售渠道，促进了品牌发展。

阳山镇因电商的带动不仅给果农带来稳定的收入，还刺激返乡者就创业促进阳山镇乡村振兴和脱贫致富。据当地果农反映，大量的订单通过平台链接推广蜂拥而至，致使水蜜桃销售获新高。同时，前期推广和新媒体营销促使水蜜桃在桃产期，阳山水蜜桃向外界展示出独特的风采。同时，阳山水蜜桃品牌形象在宣传推广中逐步强化，加快了阳山水蜜桃“走进”其他城市进程，让天南海北的消费者通过电商平台品尝正宗的阳山水蜜桃。

（四）农文旅融合发展

从 1997 年起，阳山开始举办一年一度的“中国·无锡阳山（国际）桃花节”，届时，阳山百姓都会邀请亲朋好友一起吃蟠桃宴、赏桃花庵。在漫山遍野的桃花丛中，近万名中外宾客和当地桃农一起，“赏桃花美景，吃农家饭菜，寻世外桃源”，进行经济、文化交流。

阳山桃花节不仅有赏桃花活动，还与时俱进举办了系列活动。以 2019 年为例，第二十三届中国阳山桃花节在无锡阳山生态休闲旅游度假区如期召开，活动时间从 3 月 15 日至 4 月 15 日，长达一个月。其间举办了亲子趣徒步——2019 年阳山桃花节粉丝体验活动；3 月 16～17 日的全民义务植树活动；3 月 31 日的“奔跑在蜜桃小镇”2019 年阳山半程马拉松；4 月 3 日，主题为“以画笔勾勒创意，用色彩照亮桃源”的首届“印象阳山”画展成功举办；4 月 14 日开展了玩赛江苏——全国商学院太湖定向越野邀请赛春季赛；同时桃花节期间还进行了大地艺术节发布会暨经贸招商洽谈活动。此外，还有贯穿 3～10 月的“邂逅·桃花源”阳山镇首届全民小视频大赛。这些活动结合了当地的特色又充满趣味，吸引着广大游客的到来。

随着阳山水蜜桃声名鹊起、身价倍增，桃农种植热情空前高涨，“种桃致富”成为有经济头脑的阳山人的共识。“桃花节”不仅展示了“绿色桃乡、富裕桃乡、文化桃乡、活力桃乡”的风采，也加快了“农旅对接”，起到了推介水蜜桃、弘扬桃文化的目的。在桃花节上，桃农往往已将水蜜桃预售出去，到夏季时便不愁出售。特别是近几年，桃农每年的桃子基本是“桃花刚开，果已卖完”，80% 阳山水蜜桃都是通过桃花节订单销售的，目前阳山水蜜桃已进入家乐福、麦德龙等大型超市销售。一棵桃树致富了一方百姓，阳山桃花节已成为名副其实的“订单节、文化节、旅游节、致富节”。

基于阳山优质的水蜜桃资源，以水蜜桃产业链为主要业务的企业纷纷入驻，比如无锡太湖阳山水蜜桃科技有限公司、无锡田园东方投资有限公司等。其中，龙头企业田园东方投资有限公司以阳山水蜜桃生产基地为基础，开发了国内首个田园综合体项目，为当地乡村发展提供了重要机遇。田园综合体是集现代农业、休闲旅游、田园社区为一体的特色小镇和乡村综合发展模式，以水蜜桃产业为主导，推进集约化、标准化和规模化生产，将一二三产业融合发展，大力挖掘当地特色农产品和桃文化，并以此为基础，打造田园休闲体验地，既为当地创造了就业机会，也必将大力促进当地农业和文旅产业的发展。

自2007年开始，阳山地区以生态、民俗、休闲为切入点，以赏田园、品农家、享清闲为主题，投资6000万元进行以田园生活为主题的农家乐项目开发，相继建成桃源山庄、安阳居、百果园、竹海等一系列旅游景点，为游客提供了踏青、赏花、避暑、品桃的场所，阳山农家乐被江苏省旅游局认定为省特色旅游景点。每年春满阳山，桃花盛开时节，游阳山古迹，赏粉红桃花者从各地纷至沓来，桃花丛中摄一影，美好瞬间留一生，成为春游者的好去处。每年盛夏来临，满园硕果时令，沪宁沿线的采桃者、尝桃者，购桃者络绎不绝，乡间小道排起了长龙，蔚为壮观，成为夏日里一道亮丽的风景线。每到这季节，阳山地区的大小饭店，应接不暇，采阳山桃、吃农家饭是无锡市民外出旅游的首选。

近年来，阳山利用桃花景观资源，大力发展生态旅游景区，建设融桃园、山林、农田、村舍为一体的森林公园，开拓有森林、田园、水乡特色的生态观光旅游；建立起“阳山桃花源景区”“桃花岛景观公园”“桃源葫芦岛”；充分挖掘桃源农耕文化，建设了桃文化博物馆，并辅以地质科普文化、儒家书院文化、佛教禅宗文化等，利用独具特色的自然与人文资源，打造出一个全新的生态休闲旅游度假区，促进了水蜜桃产业的全面发展。

四、展望

阳山水蜜桃发展至今，已经形成了以标准化种植、生态旅游为核心的生产发展模式。随着时代的发展，阳山水蜜桃的发展经营也出现了许多问题。包括人才短缺、专业技术服务力量薄弱等。阳山水蜜桃的知名度在新时代下应该继续扩大，稳定品牌优势。

（一）加强公共技术研发平台及人才队伍建设

成立阳山水蜜桃研究所，配备专职技术人员，依托基地从事桃树品种的选育、引种、驯化，与大专院校紧密合作，从事水蜜桃的科学技术试验示范和推广工作，研究阳山水蜜桃亟须解决的问题和为阳山水蜜桃的可持续发展做好规划和技术储备。开展专业人才队伍建设。针对目前阳山水蜜桃生产中出现的技术“瓶颈”问题，重点开展与农业院校、科研院所进行产学研合作或技术攻关联系机制，借助农业院校、科研院所的研发人才和力量，帮助阳山水蜜桃解决技术难题。同时，针对全区水蜜桃专业技术人才缺乏的问题，加强专业人才的引进及培养，实现阳山水蜜桃技术的世代传承。加强新型农民培育。加大桃农培训力度，组织开展职业农民培训、阳光工程培训，对通过技能考核的桃农颁发职业农民资格证书。引导更多的中青年加入水蜜桃的种植行业队伍中来，通过传、帮、带等手段，提高其种植水平，解决“桃农断层”问题。

（二）建立新标准，打响阳山品牌

采取新旧媒体相结合的方式，多渠道传播阳山水蜜桃。运用媒体的力量，扩大阳山水蜜桃的知名度。除了水蜜桃本身，也要加强对其周边衍生产品的宣传，如桃花节、桃王赛、桃园农家乐等。微博、微信、今日头条、抖音、快手等新媒体全方位推广，精准覆盖各个层面的潜在消费者。更为重要的是，阳山政府要有意识地组织建立统一品牌，打好阳山对外宣传的这张名片。同时，也要加强对品牌的保护意识。面对市场上鱼龙混杂的水蜜桃品种，建立独特的阳山防伪标识，对侵犯品牌信誉度的行为进行严厉打击。

（三）多措并举，继续保持阳山水蜜桃的核心竞争力

阳山水蜜桃的核心竞争力就在于其独特的风味品质和优异的地方品种。要在全省乃至长三角地区水蜜桃产业大发展的背景下，始终保持阳山水蜜桃的领先地位，实施核心品种、核心种植技术保护和改善机制刻不容缓，通过建立地方品种资源库、种植栽培技术提升计划、土壤改良工程、公共技术研发平台及人才队伍建设等多种措施，为水蜜桃产业的可持续发展注入新的活力。

（四）建好品种资源库，提升种植栽培技术

依托投入机制，开展阳山水蜜桃设施栽培的研究、不同树形在阳山地区陆地和设施大棚内生长的研究、适合阳山地区土壤改良方法的研究、物联网技术应用、水蜜桃保鲜技术研究、病虫害综合防治技术的研究、水蜜桃新品种的选育、水旱轮作等新型技术的试验，建立阳山水蜜桃种质资源圃和阳山水蜜桃品种的基因图谱。切实做好新技术的应用推广工作，让新的优良种植技术、新选育的优异品种真正惠及桃产业的发展。

（五）不断拓宽水蜜桃销售渠道和范围，提高品牌之效

品牌的建立是为了更好地服务产品销售。一是当前水蜜桃的销售，要多接“地气”，改变团购下降因素的影响，多打“大众消费”牌，多利用“自驾游”“采摘游”等形式，吸引游客赴阳山购买正宗的水蜜桃。二是提升“农超对接”深度，加强与家乐福、沃尔玛等大型超市的合作，带动水蜜桃的销量。发挥好无锡阳山水蜜桃有限公司等龙头企业的领头优势，利用好经纪人庞大队伍的集团优势，扩大销售的半径，把水蜜桃的销售市场拓展至更多省市范围。三是开拓电商合作、网络营销等新渠道，利用新的营销手段，结合物流业的高速发展，让阳山水蜜桃在品牌杠杆的支点上，驶入更宽广的销售通道。

第六章　固城湖螃蟹

一、品牌介绍

中国有句俗语曾道“秋风起，蟹脚痒”，每年秋风飒飒的时节，正是各种螃蟹涌上食客舌尖的时候。螃蟹是很多人钟爱的美食，宋代诗人苏轼更是发出过“不到庐山辜负目，不食螃蟹辜负腹”的感叹。我国的螃蟹产地非常多，而南京高淳的固城湖螃蟹历来被称为蟹中之冠，具有“青背白肚、金爪黄毛、膏腴丰满、味道鲜美”的品质优势，被评为“中华绒螯蟹典范品牌”。

南京的固城湖螃蟹深受人们的喜爱，其历史可以追溯到很久以前。明《嘉靖高淳县志》（1522～1566 年）中即有蟹的记载。清宣统三年（1911 年）编纂的《高淳县乡土志》，在物产类将蟹与虾、蛤蜊并称“佳肴”，“淳邑有三湖，水利当首此屈指矣”，同时可见，固城湖螃蟹的养殖环境也是十分的优越。固城湖水域百里方圆，碧波荡漾，水草丰茂，延伸宽阔，在这里生长的螃蟹，形态和肉质在螃蟹家族中尤为与众不同，其肉质肥嫩、鲜美，营养丰富。民国初年，北京四大名医之一的施今墨曾比喻固城湖螃蟹为螃蟹中一甲一名夺魁天下的状元。

1949 后，由于筑坝建闸、围湖垦殖，螃蟹生殖洄游通道被阻，产量大受影响。为增加螃蟹资源，高淳固城湖在 20 世纪 60 年代中期开始人工增殖放流，即放养蟹苗。自 1986 年始，湖区放流改长江蟹苗为长江幼蟹，养殖方式亦从湖泊放流逐渐向河沟放养、池塘精养、稻田养殖发展。1996 年人工培育蟹种获得成功，稻田养殖迅速转变为在稻田中挖塘种草浅水生态养殖。

此后，固城湖螃蟹产业随着时代需求的变化，逐渐发展壮大起来。“固城湖商标”于 2001 年 11 月经国家工商总局商标局核准注册，2003 年，固城湖螃蟹在上海中国优质大闸蟹品牌评比中名列第一，荣获“金奖蟹星”。2006 年，固城湖螃蟹荣获“首届中国农产品品牌大会”十佳农产品。2007 年 12 月 13 日，原国家质量监督检验检疫总局批准对“固城湖螃蟹”实施地理标志产品保护。2008 年，固城湖螃蟹在上海举办的第二届“丰收杯”中国河蟹大赛中，荣获金奖、最佳口感奖。2009 年 4 月，“固城湖”螃蟹商标被国家工商总局商标局认定为中国驰名商标，这是目前全国水产品类唯一获此殊荣的螃蟹品牌，它标志着固城湖螃蟹实现了从“水产品著名商标”向“中国驰名商标”的划时代蜕变。到今天，螃蟹产业早已经成为高淳区的第一大富民产业，固城湖螃蟹经济已成为江苏省高效规模农业的范例。

2019 年全县螃蟹养殖面积 22.4 万亩，产商品蟹 1700 万千克，螃蟹亩均效益收入达 4000 元，螃蟹养殖业为全区农民人均收入增加近 3000 元。江苏固城湖水产市场股份有限公司隶属于高淳区供销合作总社，是一家国有企业，于 2002 年 9 月 26 日成立。其目前的经营状态为存续（在营、开业、在册），所属行业为零售业，主要职能是服务于全区的螃蟹产业。公司是农业产业化国家重点龙头企业，占地总面积 15 万平方米，2018 年市场交易额约 26.3 亿元，目前仍是全国最大的螃蟹专业批发市场。

除了优越的生产环境和历史背景之外，固城湖螃蟹最大的优势还在于其价格地道、产品优质、物美价廉，这也是相对于价格昂贵的其他螃蟹而言，固城湖螃蟹更能吸引普通大众的原因之一。固城湖是第一个国家级长江系中华绒螯蟹原种场，也是第一个国家级中华绒螯蟹标准化生产综合示范区，获得“全国第一个螃蟹生态养殖标准”证书，固城湖螃蟹在食品安全方面也处于行业领先地位。研究表明，固城湖螃蟹每 100 克肉中含蛋白质 14 克，铁 13 毫克，核黄素 0.71 毫克，维生素 A 5960 国际单位。作为南京市高淳区特有的地理标志产品，固城湖螃蟹蟹壳呈青泥色，平滑而有光泽；贴泥的脐腹甲壳，晶莹洁白，无墨色斑点；蟹腿的毛长而呈黄色，根根顺滑；蟹爪金黄，坚实有力，放在玻璃板上，八足挺立，双螯腾空，脐背隆起，威风凛凛。肉质肥嫩、鲜美，营养丰富。良好的养殖环境、优秀的产品质量、合格的产品安全等向来都是消费者们关心的因素，而这些也恰恰都是固城湖螃蟹所获诸多荣誉的重要原因。

二、成长及运行机制

（一）成长

固城湖螃蟹品牌的成长历程自 1990 年以螃蟹为代表的水产养殖业在高淳的迅速崛起开始，螃蟹市场的发展为今后成为南京市高淳区三大特色经济产业奠定了基础。

1994 年，高淳决定在每年的 10 月举办一次水产品交易会。1995 年，高淳建立了水产批发市场。到 2000 年，正式申报注册了“固城湖”商标标志着高淳螃蟹从此有了自己的名字。2001 年，高淳举办了第一届固城湖螃蟹节。2003 年，“固城湖”品牌获得了南京市著名商标的荣誉，并取得了“南京名牌产品证书”。紧接着第二年，“固城湖”品牌荣获江苏省著名商标。再到 2007 年，固城湖螃蟹成为了国家地理标志产品。

2009 年，固城湖螃蟹被国家工商总局批复认定为中国驰名商标，这是目前全国水产品类唯一获此殊荣的螃蟹品牌，它标志着固城湖螃蟹从“水产著名商标”到“中国驰名商标”的划时代蜕变。而在同年的螃蟹节期间，高淳固城湖螃蟹日交易量平均达 22.3 万千克，日最高交易量达 38 万千克，螃蟹销售总量 668 万千克，销售收入 6.01 亿元。

2010 年，固城湖螃蟹养殖面积 1.5 万亩，产量 1.22 万吨，在螃蟹节期间，高淳水产品批发市场螃蟹交易量达 580 万千克，总交易额比 2009 年有所上涨，达 6.96 亿元，销售收入达 14.6 亿元，实现社会消费品零售总额 10.2 亿元。

2011 年，在螃蟹节期间，高淳水产批发市场螃蟹交易量 687 万千克，交易额 7.69 亿元，分别增长 18.4% 和 0.5%，固城湖实现消费品零售总额 12.6 亿元，增长 23.5%。

2012 年，螃蟹节开幕当天日交易量就达到 40 万千克，举办期间总产量达 1500 万千克，螃蟹交易量比 2011 年增长 20%。同年，江苏固城湖水产品市场股份有限公司成立；固城湖品牌唯一官方天猫旗舰店注册成立。

2013 年，固城湖螃蟹进军电商市场，淘宝网“围湖聚蟹”活动大大提升了固城湖品牌的认知度和影响力；固城湖螃蟹天猫旗舰店当年销售额超过 500 万元。

2014 年至今，固城湖每年线上加上线下的销售总额都在稳步增长。作为高淳重要的特色品牌，固城湖螃蟹的成长稳定且迅速。

（二）运行机制

一个品牌的不断成长离不开其内部运行机制的构建与实行。固城湖螃蟹品牌的内部运行机制可大致分为组织结构与管理体系、质量管控与溯源、品牌保护与应急、政策引导与扶持四个部分。

1. 组织结构与管理体系

一个品牌的成长离不开其优秀稳定的内部组织结构，这种结构是品牌发展壮大的根本保证，也是其不断进步的强大推动力。结合国内农产品区域公用品牌建设的经验以及固城湖螃蟹产业的发展现状，固城湖螃蟹品牌管理的组织架构构建如图 6－1 所示。

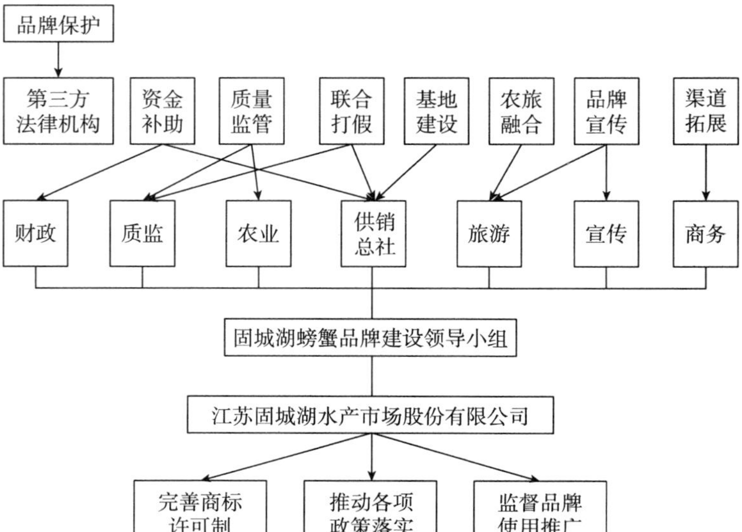

图 6－1　固城湖螃蟹品牌组织架构

农产品区域公用品牌的性质决定，其品牌建设需要有政府高层、职能部门、行业协会、市场主体等多个不同层面、不同性质的机构与实体的分工协作。因此，一个良好、全面的组织结构尤为重要，它能让品牌在成长过程中效率最大化。在固城湖螃蟹申报江苏省十强农产品区域品牌的材料中，提及高淳区委、区政府高层领导是品牌建设的大脑，负责制定战略政策、推动品牌建设；高淳区委、区政府各职能部门是品牌建设的手足，负责配合战略政策、协助品牌建设；江苏固城湖水产市场股份有限公司是品牌建设的工具，主要负责执行战略政策、协调品牌建设；高淳区内各固城湖螃蟹品牌企业是品牌建设的基石，负责保障产品品质、落实品牌建设等。以上这些具体而又分工明确的组织架构，是固城湖螃蟹形成品牌建设的核心战略并举力推广，同时全面深入地衔接政府与市场，将区域公用品牌建设与自身资源相结合，提升自身效益的有益保证。

2. 质量管控与溯源

产品质量是品牌发展的基石，确保、提升产品品质是品牌管理者及运营者的第一要务。同时，一个产品的质量好坏往往是消费者选择购买与否的最重要的一个考虑因素，因此，固城湖螃蟹品牌的质量管控也是其发展道路中的重要机制之一。

固城湖螃蟹的养殖体系规范，在保证产品质量方面有迹可循。生产者在培育蟹苗的时期，会细致对待每一只婴儿时期的螃蟹，因为螃蟹幼体的生命十分脆弱，对水温、水体、水中含氧量都有苛刻的要求。到了加固围网的时期，在投放蟹苗之前，养殖者会对蟹塘木桩逐个加固、池底淤泥翻整清理，20 万亩蟹塘、200 万根木桩，用 20 斤的石锤一根根固定。在投苗阶段，螃蟹幼体经过 5 个月的悉心照料后，演变成硬币大小的蟹苗。2 月下旬至 3 月上旬，会是放养蟹种的最佳时期，生产者会进行相应的养殖工作。在螃蟹的成长期中，养殖者会进行投放水草的工作，“蟹大小，看水草”，种下浮萍、满江红、水葫芦、金鱼藻等优质水草，只为给大闸蟹提供良好、适宜的生活环境。在喂食阶段，由于螃蟹的食性复杂，又喜好夜晚出洞觅食，工作人员常在黑天下投下水草、玉米、腐殖质掺拌着螺丝、小鱼、小虾等的食物供螃蟹觅食。螃蟹的一生一般只有两年，但从婴儿时期到四肢矫健的成蟹，它们需要经历 18 次的脱壳、蜕变再到成熟。成熟时，秋风起，黄了叶，熟了蟹。一只只四足鼎立、身手矫健的成蟹凌晨时分成群地爬上岸边，是固城湖商标最鲜明的质量保证。

区域公用品牌的全面推广能够促成产品溢价，同时亦对产品安全生产造成更大压力。因此品牌方也建议通过与第三方专业质量安全追溯建设机构合作机制，更为扎实、深入地完善该体系，共同定制度、树标准、理流程、明职责、建平台，并定期巡视、抽检市场，使固城湖螃蟹的质量安全保障更为坚实。

3. 品牌保护与应急

在品牌保护方面，一个产品所属的品牌代表了其大众认知下的口碑，在消费者不明具体细节的情况下，一个品牌的印象往往会覆盖其旗下的绝大多数产品。因此，品牌的保护也是发展的重要必经之路。固城湖螃蟹十分重视品牌保护，对此采取了很多措施。

固城湖螃蟹的生产者会通过 GPS 等技术手段，将每一块养殖地的位置及面积生成一个唯一的“产地码”，超出这个养殖范围的养殖产地则没有品牌的使用资格。即便是划定了“养殖范围”，也不是可以无限制增加“养殖数量”，生产者会根据《地理标志产品固城湖螃蟹》的养殖标准，通过算法自动核算出最佳“养殖数量”并发放等额数量的“追溯码”，从而实现“一蟹一码”。因为实施了“养殖范围”及“养殖数量”的限制，固城湖螃蟹越来越被消费者认可，但也有人会“鱼目混珠”，把其他地方养殖的螃蟹冒充固城湖螃蟹以假乱真对外销售，消费者难以分辨真假，为了准确无误地把优质的固城湖螃蟹送达消费者手中，生产者在“一蟹一码”的基础上，又为每一个固城湖螃蟹的包装赋予了一个唯一的“流通码”，确保每盒固城湖螃蟹从产地到消费者手中都不可能被替换。最后，将“产地码、追溯码、流通码”三码合一管理，通过加密算法验证，确保品牌使用者既不“越界”，又能把蟹养好，好的蟹又能卖上好的价格。同时，发展现状事实表明：“三码合一”运用到固城湖螃蟹的品牌管理中可以有效确保固城湖螃蟹品牌生态的良性循环。依据固城湖螃蟹品牌相关管理办法，品牌方会严格规范品牌授权及使用机制；获得授权的企业必须纳入固城湖螃蟹质量溯源体系，并在溯源码中融入商标图形；定期对授权单位进行抽检，不合格者剥夺授权；同时，授权单位可获得相应扶持政策。

对于授权，固城湖螃蟹品牌也有着明确的管理规定。对于实体店授权，经营户需提交的材料包括营业执照、租房合同或店面房产证、门头照片一张。同时，会对经营户采取“一店一审核一许可”的管理办法。结合驰名商标管理的要求，核定了获得授权所需要的文件、材料，严格了授权操作程序，规范了合同文本，通过合同条款约束、鼓励螃蟹经营户的合法经营，利用经济手段禁止非法经营行为的发生。并加强了对经营户经营过程中的监督，随时进行明察暗访，及时制止损害商标形象的发生。同时，通过建立经销商管理数据库，随机给每个授权经营户产生一个唯一的二维码，此二维码相当于此经营商的身份证号码，并会出现在其包装物上，客户通过手机扫描此二维码，可获取：经营商姓名、联系电话、连续获得商标许可年限、经营地址及相应的地图功能等。而对于网络授权的经营户，则需提交营业执照、法人身份证、蟹塘承包合同或者与蟹塘主签订的蟹塘授权合同、自主注册的31类商标（第二年必要材料）等材料待审核，依据“准备材料—蟹塘测量—品牌办通知办理授权”的办理流程进行授权。依托原产地测量，将原产地登记作为网络品牌授权的前置条件，实现原产地登记与品牌授权两证合一，逐步推进经营户二类品牌注册，对已有法人组织、二级品牌的经营主体准予接入《固城湖螃蟹全程质量控制溯源数据库》，逐步建立全程质量控制体系，并获得固城湖品牌授权。品牌方会加强执法保护工作，定期巡视市场、抽检产品，加强品牌跨区域保护工作的分工协调；建立品牌保护举报投诉服务中心，鼓励授权企业、消费者举报侵犯固城湖螃蟹品牌相关权益的行为，举报线索一经采纳有效便对举报者实施奖励。

对于商标的管理，江苏固城湖水产市场股份有限公司有着明确的“固城湖”商标管理制度。规定了江苏固城湖水产市场股份有限公司“固城湖”注册商标的管理原则、指导方针、职责分工和使用规定。制度强调：“目前江苏固城湖水产市场股份有限公司在国家工商行政管理局核准注册商标共有11类28件211个品种，‘固城湖’螃蟹及水产类注册商标由江苏固城湖水产市场股份有限公司所有。任何单位和个人都不得仿冒，未经公司许可，任何单位或个人都不得擅自印刷或使用。对外所有商标许可与商标管理由本公司品牌管理办公室负责。”公司商标的管理部门为公司品牌管理办公室，制度中规定，其主要职责是负责公司商标的设计、申报、使用、变更、续展、注销等工作；根据公司领导签署的有关协议、合同和附件，负责办理《商标使用许可证》的有关手续，并向工商行政管理部门备案；会同有关部门检查、督促被许可单位对“固城湖”牌商标及其他注册商标在合同许可范围内正确使用；收集有关被许可单位（公司）商标使用动态情况，对侵犯公司商标专有权，损害公司商标信誉的问题，及时进行调查，研究对策并提出初步处理意见报公司领导；负责对带有公司注册商标标识的广告、宣传品、印刷品、纪念品的审查、备案工作；公司品牌管理办公室打击、查处假冒、伪劣、盗用本公司注册商标的行为和以次充好、欺骗消费者，有损固城湖品牌的行为，会同工商法律事务部门负责商标纠纷的处理工作，并将结果及时上报公司领导；负责公司商标的“知、著、驰”名商标的申报认定材料的组织、整理、归档工作。在此制度的基础上，品牌方也会在品牌宣传与产品介绍中说明：只有使用固城湖螃蟹品牌商标的才是源于固城湖的优质蟹品；未使用该商标的蟹品，无法保障其产品质量安全与产品来源，由此引导消费者购买固城湖螃蟹品牌产品。

近年来，固城湖螃蟹也加大了侵权打击力度。从维护和提高固城湖螃蟹知名度的大局出发，明确了打假思路，即在南京及高淳本地作为打假重点，南京以外地区以引导为主。在此之中，积极依靠市场监督执法这条主渠道，在区市场监督全力支持的基础上，积极争取省、市工商部门的支持，做到快速、有效反应，维护消费者和合法经营户的权益。品牌保护在一个品牌发展的道路上固然十分必要。而除此之外，在农产品区域公用品牌的相关理论中，存在一种“公用地灾难”现象，即以区域品牌为背书的农产品是一个整体，在这个整体中，即使个别企业甚至个人出现损害产品品质的行为，便会对整个产业、区域造成巨大伤害，形成灾难式后果。这种灾难的伤害与品牌知名度、影响力成正比，即品牌越大，伤害越大。介于此，许多品牌在发展过程中，特别是建立初期，会提前建立应急机制来规避一定的伤害风险。固城湖品牌方在创立过程中，逐步建立起质量溯源体系，并逐步放开品牌授权。质量溯源体系只能尽可能避免质量安全事件的发生，而不能完全避免，受市场利益驱使的农户、农企也不能完全排除。因此，在当今自媒体极度发达、民众知情意识强烈的环境下，建立较为完善的危机应对机制十分必要。结合国际、国内知名品牌相关案例及大众传播的相关理论，其自身对于固城湖螃蟹品牌危机应对流程的建议如下：

在有关固城湖螃蟹品牌及产品的不利报道出现的第一时间迅速查明相关情况，掌握第一手资料；迅速将已查明的相关情况通过大众媒介、微博、微信等发布，必要时召开新闻发布会予以说明，切忌堵塞沟通、封闭消息；若发生的不利事件确有其事，则由肇事农户、农企声明责任，并视情况轻重，进一步由政府部门出面承担相关责任；邀请农业技术、品牌营销相关专家，对事件进行正面评价，以避免消费者因专业知识的缺失对固城湖螃蟹养殖、加工等环节产生误解；在事件逐渐缓和后，邀请媒体代表进行连续正面积极报道；在事件基本平息后，由品牌运营主体发起，通过互联网平台投放内容风趣的应对广告，重新争取消费者好感。

4. 政策引导与扶持

（1）政府政策扶持。

2017 年的中央一号文件曾提出：“要推进农产品区域公用品牌建设，引入现代要素改造提升传统名优品牌，实现各地农业由产业化向品牌化的转型升级，使其更具有标准化、品质化、价值化。”农业部将 2017 年定为“中国农产品品牌推进年”，充分说明国家对农产品品牌建设的重视，也突出农产品品牌在当时阶段中国农业转型升级中的核心地位。

为响应国家号召，江苏省于 2017 年发布了《江苏省“十三五”推进农业现代化规划》《省政府办公厅关于推进农村一二三产业融合发展的实施意见》以及《江苏省“十三五”现代农业发展规划》等文件，均对农产品品牌建设提出了明确要求。其中特别提出，要“大力实施‘苏牌’农产品品牌创建行动，加快推进标准化生产、产业化经营、市场化运作，集中力量培育一批品质优良、产品竞争力强、市场美誉度高的农产品著名品牌和区域公用品牌”。从国家战略到地方政策，均为农产品品牌建设指引了明确的方向，固城湖螃蟹产业的品牌创建可谓是正当其时。

在品牌发展的过程中，高淳区委、区政府依据固城湖螃蟹区域公用品牌建设的关键环节，制定了相应的扶持政策，以保障固城湖螃蟹品牌战略的实施。在生产方面，品牌方制订养殖、加工标准，对纳入质量监管体系的企业予以奖励；在渠道方面，制定渠道形象建设及铺货奖励政策、电商渠道销售奖励政策；在推广方面，对于企业自发宣传推广的，给予配套奖励措施；在资源方面，固城湖螃蟹品牌建设相关项目优先使用区内公共资源，如媒介、土地、采购等；在财政方面，安排专项资金，对品牌建设的重大项目给予补助、贷款贴息、配套资助。

（2）运营主体自筹。

在明确固城湖螃蟹品牌的运营主体后，运营主体的运营除政府投入及政策支持外，还需积极吸引民间资本、创新融资渠道，针对不同的品牌建设项目，吸引不同领域的投资，保障各项目良性运作。近年来，固城湖螃蟹不断加大宣传力度，在多家媒体对固城湖品牌进行宣传，固城湖品牌成为南京市第一个登陆央视广告的农产品，有力地树立了产品的品牌形象。在宣传后，固城湖螃蟹也吸引了许多的加盟商。

三、亮点与特色做法

（一）产品

1. 基本情况

高淳县境内河沟纵横交错，池塘星罗棋布，水源丰富，水质清新无污染，水产资源和天然饵料资源十分丰富，气候适宜，为发展河蟹养殖提供了得天独厚的自然条件。除此之外，高淳区自然与人文旅游资源丰富，极具开发利用潜力。自 2005 年以来，国家、省、市、县各级政府先后投入资金3000多万元，建设国家级固城湖中华绒螯蟹原种场、河蟹苗种基地、生态养蟹基地、河蟹出口养殖基地、有机蟹试验示范基地等11万亩，为推动区域螃蟹养殖技术进步做出了长久而深远的努力。2020年，当地35岁以上的养殖户占总数的96.3%，其中50岁以上的养殖户占59.6%，养殖户整体年龄偏大，且文化程度不高，但养殖经验十分丰富。养殖户多以家庭经营为主要经营模式，养殖规模不大，但近年来养殖规模呈增长趋势。

2. 从放养、混养到生态养殖

高淳螃蟹养殖与全国各地河蟹养殖一样，经历了“河沟混养—稻田放养—生态精养”的发展过程。20世纪60年代中期，固城湖地区螃蟹人工增殖放流正式起步。80年代前后，养殖方式逐渐从湖泊放流向河沟放养、池塘精养、稻田养殖发展。20世纪末期，由于技术的进步，人工培育蟹种获得成功，稻田养殖迅速转变为在稻田中挖塘种草浅水生态养殖。自2001年起，浅水生态养蟹面积逐年扩大，养殖水平逐步提高。2007年，高淳申请固城湖螃蟹地理标志产品保护，建立原产地保护标准和固城湖螃蟹原产地养殖技术标准。2011年，高淳在总结生态养殖实践的基础上，探索推出了标准化的“6553”河蟹生态养殖数控模式，利用人为手段对养殖水环境进行有效控制，提高螃蟹养殖成活率、规格与品质。2017年9月固城湖螃蟹荣获国际农交会产品金奖，是江苏省唯一获奖合作社参展产品，成就中华绒螯蟹典范品牌。

为了加快河蟹养殖产业的发展，政府出台相关政策，鼓励农户充分利用河网资源养殖河蟹，在河沟通过移植水草与螺蛳进行合理放养，在池塘适度采取稀放，移螺种草、科学套养等方式生态养殖，生产无公害河蟹，从而为河蟹的健康养殖探索出多种成熟技术模式。政府还通过加强对污水、废水处理和排放的管理，减少污水流到大水域，有效控制了水体污染，同时，还针对部分年份雨量偏少、水资源相对不足等情况，每年由区政府投入一定经费引长江水进入固城湖，不断改善河蟹养殖的水源。进行生态养蟹不仅改善了水体环境，更是提升了河蟹的品质，从而提高了河蟹的价格，增强了河蟹的市场竞争力。

3. 苗种选育

高淳大多数的螃蟹养殖户苗种来源于专门从事苗种孵化的合作社或育苗公司，品质能得到很好的保障，苗种来源也较为广泛，除了本地苗种之外，还有来自安徽（马鞍山、宣城）及苏州等地的苗种。2020年，养殖户螃蟹苗种投放上相比上一年外来苗种使用量减少、本地苗种使用量增加。并且2020年蟹苗亩均放养密度较上一年有所下降，其根源在于投放的蟹苗亩均数量越低，成品蟹的规格就会越大。

4. 产品品质

固城湖螃作为南京市高淳区特有的地理标志产品，具有“青背白肚、金爪黄毛、膏腴丰满、味道鲜美”的品质优势。所谓“青背白肚、金爪黄毛”，从一开始的品牌简介处就有提到：一是青背，蟹壳呈青泥色，平滑而有光泽；二是白肚，脐腹甲壳晶莹洁白；三是蟹腿的毛长而呈黄色，根根顺滑；四是金爪，爪黄坚实有力。其肉质肥嫩、鲜美，营养丰富。固城湖螃蟹除营养价值较高外，据《本草纲目》等医书记载，还有一定的药用价值，可散热、消食、治胃病等。

固城湖螃蟹“八大”个性：绿（绿色食品、放心蟹）、早（上市早，全国最早）、大（规格大，4两以上的占60%）、肥（肉质饱满）、腥（蟹腥味十足）、鲜（蟹肉氨基酸多）、甜（口感好、鲜中带甜）、靓（青背、白肚、金爪、黄毛，红膏蟹占95%，是出口的上等品）。固城湖螃蟹作为地理标志，除了对蟹种种源、养殖环境、亲本、苗种、捕捞捕获等饲养流程具有严格的要求，其产品质量也需要达到一定的标准。具体包括外形特征、体型体色、体质活力、味道、质量等。只有满足上述要求的螃蟹才能受到地理标志产品保护，如表6-1所示。

表6-1　固城湖螃蟹地理标志产品等级分类体重要求

等级分类	体重（克/只）	
	雄蟹	雌蟹
特级	≥250	≥200
一级	≥200	≥150

5. 科技创新

为大力推进高淳县河蟹养殖产业发展，努力提高河蟹养殖经济效益，充分发挥高淳河蟹产业在农村经济发展和增加农民收入中的作用，高淳政府联合各大螃蟹原种场、技术推广站、水产研究所、公司等加大科技创新力度，进行项目示范、推广、辐射。在河蟹培育、培育池更新轮作技术、商品蟹养殖技术等方面积极进行研发推进，并通过开展河蟹养殖技术培训、举办水产经纪人培训班、组织农民合作经济组织负责人培训班、开办电视广播科技讲座、发放实用技术资料、举办科技下乡大型科普咨询活动等方式积极开展技术培训工作。据高淳区统计局2020年高淳区螃蟹养殖现状调查报告，高淳区螃蟹养殖户养殖经验丰富，抗风险意识较高，基本未受到疫情和汛情影响。

（二）价格

随着居民收入水平的提高和河蟹养殖技术的成熟，河蟹已从高端人群食用的稀缺品，逐渐成为家家户户的团圆宴品。国家统计局数据显示，近年来全国河蟹产量不断提高，2015年已达82.3万吨，比2010年增加了30%。随着产量的逐渐扩大，可以预见终端消费市场的竞争日益激烈。

高淳水产批发市场集聚螃蟹批发企业和经营户有300多家，是国内规模较大、享誉较高的河蟹专业市场，水产市场经销门店按照收购价格大体可分为两大类：高价格门店与低价格门店。高价格门店经销商收购价格高但门槛也高，其高价格支撑着高淳螃蟹价格走势，同时也为网上销售、专卖店礼品蟹销售等其他销售途径做价格参考，代表了高淳螃蟹的最好养殖水平，如图6-2所示；低价格门店经销商是螃蟹养殖户销售最多的门店，这类经销商门店收购价格低但门槛也低、需求量大，其收购价格直接关系着大部分高淳养殖户的盈亏，如图6-3所示。这种差异化的定价策略对于满足不同层次群体的消费需求具有积极作用。

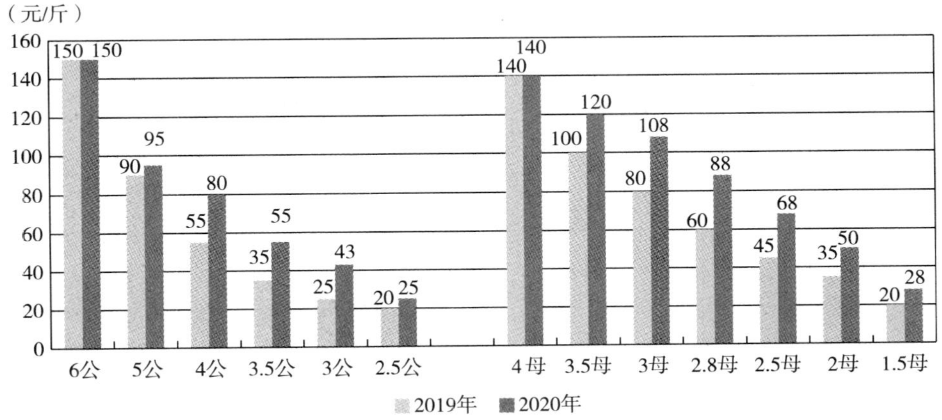

图 6－2　高价格门店收购价格与去年对比

资料来源：高淳区统计局。

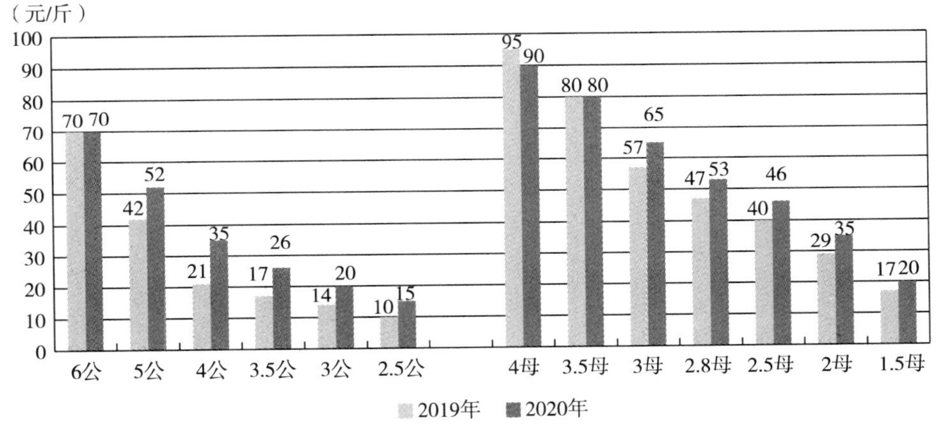

图 6－3　低价格门店收购价格与去年对比

资料来源：高淳区统计局。

螃蟹于 9～11 月上市，其间经历中秋节、国庆节的消费需求拉动，收购价格一般呈现上升、下降、再上升的趋势。面对节假日期间的超高需求，螃蟹期货、订单农业等形式应运而生。

（三）渠道

消费者是决定品牌定位的重要因素，只有针对目标消费者的需求特点，站稳满足消费者需求的立场，才能对品牌进行精准定位，从而制定合适的营销战略。根据 STP 营销，河蟹的消费区域分布相对集中，主要在北京、长三角、珠三角地区。其消费主力军年龄主要介于 30～39 岁，其次为 20～29 岁、40～49 岁，且消费的性别偏好并不明显。因此，结合高淳地理区位以及原有的消费市场，将固城湖螃蟹区域公用品牌的核心消费群体定位在 20～49 岁的北京及长三角消费者。近年来，电商渠道的河蟹消费增长尤为显著。

为了更好地实现产销衔接，实现螃蟹大流通及市场化定价，高淳区供销合作社、区商务局等部门通过多渠道投入资金2亿余元，建成了以水产批发市场为主体，集合天河农贸市场、水果批发市场、天河商城服装小商品市场、渔需物资市场配套发展的“市场群”。

根据“顺丰2016大闸蟹寄递行业解决方案发布会”公布的数据，2015年我国河蟹产业规模达540亿元，河蟹电商销售占比从2012年的8%上升到2015年的60%。随着消费者购买方式的转变，河蟹的电商销售占比逐年增加，电商已成为河蟹消费的重要渠道。2013年8月，高淳打破传统销售模式，依托互联网，大力发展螃蟹电子商务，开辟了江苏省第一家淘宝地方馆——“特色中国·高淳馆”，现已升级“高淳馆”为“南京馆”。2016年，1800多家网店带来的螃蟹直接交易额就超过2.1亿元，不仅有效地推动了固城湖螃蟹外销创收，也让固城湖螃蟹成了螃蟹季的“网红”。2017年9月，“固城湖”螃蟹品牌电商运营商“南京馆”分别与京东、天猫完成了2017年“固城湖”大闸蟹战略合作签约仪式。2017年固城湖螃蟹实现实体店授权125家，网络授权57家，共计182家。“造势”与“造市”并举，高淳“固城湖”螃蟹先后在北京、上海、深圳、香港等重点城市开展螃蟹推介活动，与全国150多个城市建立了营销关系，并成功进入沃尔玛、苏果等大型超市，有效扩大了市场占有份额。

（四）宣传

1. 品牌建设

为打造“固城湖”螃蟹品牌，2001年，高淳根据《中华人民共和国标准法》制定了《中华绒螯蟹固城湖产品质量标准》《固城湖大闸蟹增殖与围网养殖技术规范》《中华绒螯蟹稻田生态养殖》企业标准。2005年7月，成立高淳县固城湖螃蟹品牌保护工作领导小组，切实加强“固城湖”品牌保护工作。2009年7月实施《固城湖螃蟹地理标志产品保护管理办法》，规范固城湖螃蟹生产经营秩序，将养殖信息与地理标志网络防伪系统结合起来，保证固城湖螃蟹质量和特色，让消费者通过网络就能了解或查询地理标志螃蟹的生长过程、质量控制记录和质量检测数据，从而放心消费。2010年，高淳政府授权国有独资企业江苏固城湖水产市场股份有限公司对固城湖螃蟹品牌实行授权管理，设立“品牌管理办公室”对“固城湖螃蟹”进行统一管理、运营，建设《固城湖螃蟹经销商备案管理数据库》，对所有经营户采取“一店一审核一许可”的管理办法。同时，在螃蟹养殖过程中实施全程质量控制，对“固城湖”螃蟹地理标志产品保护地域范围内实现数据化原产地登记，对养殖过程全程溯源。2017年，为推进区域农业品牌化发展战略，高淳聘请浙江大学CARD农业品牌研究中心，制定中华绒螯蟹“一品一策”行动方案，创新固城湖螃蟹的品牌口号“淳真品质，固然好蟹”，对“固城湖螃蟹”品牌进行整体营销策划。截至2017年度，固城湖螃蟹实体店授权125家，网络授权57家，共计182家。

2. 螃蟹节

高淳螃蟹节前身为从1994开始的每年10月举办一次的水产品交易会（1999年停办一年）。为提升固城湖螃蟹知名度，自2001年起政府决定将一年一办的水产品交易会改为螃蟹节。以螃蟹为载体，全面展示高淳的水乡特色、人文风采，目前已成功举办十九届螃蟹节。每届螃蟹节的举办，活动范围类型都十分明确。高淳活动侧重营造氛围，集聚人气；南京活动侧重强力造势扩大影响；上海活动着力打响品牌、扩张市场，促销促游；北京活动致力高端拓展、提升品位；深圳、香港活动重在以节为媒，务求招商实效；其他城市活动重在品牌推介，促销促游。固城湖螃蟹节秉承“以蟹为媒，招商为要，发展为先，富民为本”的办节理念，通过打造亮点强化媒体宣传，搭建平台邀请客商造访，营造氛围吸引游客参观，让游客亲身体验到高淳“水质清爽、空气清新、食物清淳”的生态优势，不断提升生态高淳的吸引力。以举办螃蟹节为平台，借梯登高，借节扬名，通过举办全国性的活动，充分彰显文化高淳的亲和力。通过邀请“名人、要人、商人”出席开幕式及主体活动，汇集更多人流、物流、信息流、资金流，促成一大批重大项目签约落户，充分体现了实力高淳的竞争力。同时，在螃蟹节的举办期间，也是全区推进各项工作的时间节点，通过节庆的带动，每年都有一批交通、城建、商贸等基础设施建设项目建成投用。

2001 年的首届固城湖螃蟹节由高淳区人民政府与《金陵晚报》社、南京电视台联合举办，时间与“十一”黄金周同步，短短一周时间就一炮打响，有近 10 万人到高淳尝蟹鲜。从此，高淳螃蟹开始走出“深闺”。随后，高淳又与《扬子晚报》《新民晚报》等强势媒体合作，举办了第二届和第三届螃蟹节，使高淳螃蟹逐渐走出南京，叫响沪宁沿线城市，并在全国螃蟹市场中牢牢站住了脚跟。2017 年第十七届螃蟹节就吸引了新华社、《经济日报》、中央人民广播电台、《新华日报》、《中国旅游报》等 40 家新闻媒体聚焦高淳。同时，高淳不断加强在央视的宣传力度，每届的螃蟹节都上了中央电视台的《新闻联播》，央视一套、二套、四套、七套、九套都有高淳螃蟹节的新闻、专题和广告。螃蟹节的宣传造势，终于使名不见经传的固城湖螃蟹开始叫响大江南北，以至于说到高淳，便想到了螃蟹。

高淳秉承以节会友的理念，通过创新办节内容和形式，不断挖掘品牌文化价值。为迎合螃蟹节的举办，高淳引入了多家特色美食、文化创意、休闲娱乐项目的漆桥古村落慢食文化体验街区，推出了高淳精品一日游、两日游亲子品蟹线路，举行了各种音乐嘉年华、螃蟹趣味运动会、“品蟹大比拼”等活动。同时，国际慢城亚洲研讨会、国际慢城万人瑜伽节、国际慢城马拉松赛等一系列活动为螃蟹节频添亮点，各个景区的非遗文化展演、各部门的推介招商、“特色田园乡村”开园等更是向外界展示了一个历史文化悠久、发展潜力巨大、生态宜游宜居的新高淳形象。2013 年，固城湖螃蟹“爬”进了文学殿堂，谷代双的长篇报告文学《我欲因之梦寥廓——高淳：“螃蟹文化”现象》是全国第一部以“螃蟹文化”为文眼，描述了“固城湖螃蟹”所辐射的美食文化、养殖文化、营销文化及节庆文化等情节内容，浓缩了高淳的地域文化。如今，游客可以在桠溪慢城赏美食美景、参与亲子活动、听竹海风铃、体验星空露营；到高淳老街感受文化的魅力。

螃蟹节举办的过程也是带动高淳城乡经济快速发展与百姓增收的过程，截至 2017 年底，农村居民人均可支配收入保持年均 9% 以上的增长、旅游综合收入年均增幅超过 20% 、累计引进超亿元以上的产业项目达 58 个。一年一度的螃蟹节，以固城湖螃蟹的一蟹之力撬动了高淳的万家致富，成为推动高淳农业现代化建设，促进农民可持续增收的不竭动力。多年来，借助于螃蟹特色产业，通过螃蟹节的不断造势，高淳围绕“办市场、兴产业、富百姓”的理念，投资建设了服务于全区螃蟹产业的固城湖水产市场，以加强对螃蟹经营户经营过程的监督，实现以流通环节倒逼固城湖螃蟹品质。

（五）产业链延伸

在螃蟹养殖业不断发展的同时，“螃蟹产业链”也在不断延伸。第一产业类涉及苗种培育和万亩水草种植基地；第二产业类涉及渔具加工、饲料加工、渔药生产、包装产品生产四大类配套产业；第三产业类涉及渔药销售业、饲料销售业、冰鱼贮售业、螺蛳销售业，以及运输业、旅游业、餐饮业、住宿业、娱乐业九大类配套产业。2009 年与螃蟹产业相关的二三产类企业或经营单位数达到 500 多个。2010 年，高淳推出了 5 款自主研发的“固城湖蟹黄酱”，弥补了国内在蟹黄酱产业方面的空白。同年，首创了“春天卖高淳地产茶，秋天卖固城湖螃蟹”的“春茶秋蟹”全国连锁店，同时，还打破了传统的螃蟹营销方式——采用自动售蟹机，拓宽了螃蟹销售渠道。2017 年，高淳推出开袋即食蟹——黄金甲蟹百味，并于当天同步登陆南京德基广场。螃蟹产业的发展带动了技术服务、品牌运作、电子商务、冷链物流、商贸旅游、餐饮服务等 20 多个相关行业的发展，形成了庞大的产业链，开创了“一蟹先行、诸业并进”的局面，成为高淳最大的农业特色产业。

近年来，高淳立足“生态、文化”特色旅游资源，以生态旅游为主题，全面塑造“国际慢城、休闲之都”的旅游形象，全区旅游产业走上了良性发展之路。从 2012 年开始，高淳先后出台了《关于加快推进全区现代服务业发展的若干政策意见》《高淳区促进农家乐和民宿（农家客栈）发展实施意见》，在乡村旅游示范村（点）的项目用地、投资、财税等方面制定优先、减税等激励政策，加大对乡村旅游发展的扶持力度。经过多年发展，高淳先后赢得了全国休闲农业与乡村旅游示范县、中国最佳生态休闲旅游名县、首届长三角最佳慢生活旅游名城、亚洲金旅奖・十大文化特色旅游名县等美誉。高淳区凭借固城湖螃蟹金字招牌和国际慢城特色名片，统筹建设了东部“山慢城”、中部“文慢城”、西部“水慢城”，整体构建了春赏花、夏亲水、秋美食、冬养生“一年四季皆可游”的全域旅游格局，旅游综合收入年均增幅超过 20%，形成了 70% 生态涵养区、30% 生态经济区的功能布局，实现了产业与生态互动、经济与环境双赢的新文明形态。

四、展望

（一）存在的问题

在广大农民的不懈努力和政府的大力支持之下，各方紧密配合，固城湖螃蟹取得了喜人的成绩，在全国具有较高地位和名声。然而尽管固城湖螃蟹成长迅速，在快速发展的过程中不可避免地出现了一些问题，如水环境污染、人才缺乏、科技创新能力不强、产品规划及品牌法律意识淡薄等，上述问题严重制约着固城湖螃蟹的进一步发展。水环境污染问题包括饲料、渔药、养殖废水等对水环境的污染。多数养殖户对水污染问题持漠视或观望态度，未能引起应有的重视。养殖户对饲料的质量、投喂方式都缺乏了解，且购买渠道没有保证，很容易买到劣质饲料。当前我国渔药管理体制还不完善，法律法规对违法经营渔药行为处罚力度不够，更加大了渔药监管使用的难度。对于目前政府倡导的养殖废水处理办法，大部分养殖户缺乏了解。另外，如绿色饲料研发人员、废水处理技术指导人员、蟹病防治研究人员的缺乏更加加剧了上述现象的产生，形成恶性循环。

养殖户产业规划意识、品牌意识、法律意识淡薄，缺乏创新精神。多数人因为自己或家人有养殖经验，或观察到他人效益较好而加入该行业，即使养殖经验丰富的养殖户，也常常只将目光局限于养殖本身，很少去关注政府政策和市场需求情况。遇到困难或自然灾害，多数养殖户选择盲目跟风，很少自发地花时间学习研究解决问题的方式，参加培训也并不主动。对于排放养殖污水等行为，许多养殖户知道这种行为会导致水体污染，但受限于人工、场地、成本等多方面因素，常常不处理或敷衍了事，并不知道这种行为需要追究法律责任。面对农业生产中的此类违法行为，多需要政府人员巡查才能发现，公众对于公共环境的保护意识也较为淡薄。在销售方面，大多数养殖户仍然采取传统的销售模式，少数采取线上销售，对销售时间、销售量和销售价格没有明确的规划，“抓多少卖多少”“不亏本就卖”的心态影响着绝大多数的养殖户。固城湖螃蟹所面临的问题是多方面的，其中养殖户扮演着十分重要的一环。针对上述问题，在未来的发展中，可以从政府、养殖户、公众等主体出发，探索固城湖螃蟹可持续发展道路。

（二）对策建议

在固城湖螃蟹产业建设中，政府应当发挥主导作用。政府应基于现实情况完善法律法规，积极学习借鉴水产养殖较为发达的国家和地区出台的相关政策法律，尤其需要加大对渔药、养殖废水排放等违法行为的处罚力度，加强对渔药产供销各环节的监管审查。同时加快配套设施建设，如排水管道建设、水质检测系统等。针对人才问题，通过加强专业人才培训、加强人员管理等方式提高从业人员素质。在销售渠道方面，政府可以协助养殖户搭建信息网络平台，并派遣专业人员向养殖户传授使用方式等，开展全面培训，使养殖户真正地“与时俱进”。同时，政府应加大研发投入力度，提高产品竞争力，从而更好地开拓对外出口市场。

养殖户是产业发展进步中的重要环节，切实提高养殖户素质对于产业可持续发展具有重要意义。养殖户应当从以往的知识、服务被动接受向主动学习转变，同行之间相互交流学习，遇到问题从依赖经验直觉转向书籍、专业技术人员等寻求答案。同时，养殖户应当提高环保意识，自觉采取科学养殖的方法，充分认识到环境保护是既利己又利他的行为。对于品牌建设，切勿因一时私利而销售假冒伪劣产品，或以次充好，需要充分认识到品牌建设与自身利益紧密相连。在养殖过程中，应当克服保守主义、经验主义，学习创新养殖模式，通过套养、混养等方式提高养殖效益。当然，养殖户的转变离不开政府的引导，政府的引导是上述转变产生的前提和基础。除了养殖户之外，公众也应当增强参与意识，切实加强对环保、食品安全等问题的认识，在产业发展之中更好地发挥监督作用。

第七章 射阳大米

一、品牌简介

射阳大米出产于江苏省射阳县，是江苏省大米类国家地理标志产品，射阳大米的优良品质与其产地自然环境息息相关。射阳县隶属江苏省盐城市，所处苏北沿海中部地带，具有优越的自然环境，四季分明，光照饱满，雨量充沛，受沿岸季风影响较大，空气湿润，光照充足，盐渍型水稻型土壤，含有丰富的钾元素，从而有利于大米的种植与生产。射阳大米的种植历史源远流长，农户种植经验丰富，所产大米粒粒晶莹剔透，饱满圆润，香醇软糯，营养丰富，具有独特口感，使人唇齿留香，回味无穷。射阳县政府于2000年成立了全国第一家县级大米协会，致力于发展高品质稻米产业，并于2005年创立“射阳大米”集体商标，长期注重其品牌建设和战略性发展。目前，射阳县大米协会已经发展形成68家授权企业，8家龙头企业。国家级为江苏省农垦米业集团淮海有限公司、江苏宏建粮油科技发展有限公司；省级为江苏宏健粮油科技发展有艰公司、盐城市爱民米业有限公司；市级为益海（盐城）粮油工业有限公司、射阳县侃侃米业有限公司、射阳惠源米业有限公司、射阳县沈氏农副食品加工有限公司。2017年，江苏宏健粮油等企业生产规模达100万吨；2018年，江苏射阳大米集团等企业生产规模达101万吨，销售总值达95亿元，大力促进了射阳县经济的发展。

射阳大米在江浙地区享有盛名，近年来致力于对外销售出口，逐渐扩大销售范围，从江浙走向中国的各个地区，销售范围主要包括上海、盐城、无锡、镇江、苏州、杭州、宁波、福州、佛山、汕头、深圳、北京等地。其主要营销渠道依次为批发市场、商超、产地直销、加工企业、电商和其他渠道，与华润苏果、大润发等20多家超市进行线下销售合作，“互联网+”线上销售从无到有，建成5家，创办上海直营店6家。射阳大米的品牌标志语言简意赅，铿锵有力，“射阳大米天地人合一，江苏一绝”，彰显了其在江苏米界举足轻重的地位。

射阳大米在产品质量认证方面具有：有机产品认证、绿色食品认证、HACCP认证、ISO900、ISO2200认证，在质量方面给予购买者绝对保障。在品牌创新方面，射阳大米共取得国家级技术创新成果3个、省级技术创新成果2个的佳绩，除政策资金扶持外，还引导各类企业注册商标，打绿色旗，举优质牌，全县先后有264个无公害农产品、31个名优农产品、14 个有机食品、10 个绿色食品获得国家认证，品牌总数居全国县级前列。射阳大米近年来获得了“中国驰名商标”“中国名牌产品”，十四届、十六届中国国际农产品交易会金奖，十五届、十六届中国国际粮油交易会金奖，中国农产品百强区域公用品牌、中国十大绿色地标等。“射阳大米”这些多项国字号、省字号桂冠的取得，给大米企业增添了更多的效益、给种植户带来了更多的收入，更是绘就了一幅产业化服务、标准化生产、规范化经营的“有声有色”壮丽画卷。射阳大米先后获得 10 个全国“放心米”品牌，在全国县份中首屈一指。资源共享、品牌共用、利益共赢，射阳大米获得“江苏名牌产品”“中国名牌产品”称号，市知名商标、省著名商标、中国驰名商标认定。“射阳大米”品牌成为“2012 最具影响力中国农产品区域公用品牌”，2011 年、2015 年、2017 年最受消费者喜爱的中国农产品区域公用品牌，中国十佳粮食地理品牌，获得两届江苏品牌紫金奖。《中国稻米》杂志载文指出“射阳大米”为全国主要的“安全、环境友好型大米品牌”，“是江苏大米品牌营销策略的成功典型”。《新华日报》在显著位置报道“射阳大米，米中之王”。“射阳大米”系列曾获得农博会金奖大米、优质稻米博览会金奖大米和昆明世博会唯一指定用米。在全国区域农产品公用品牌建设论坛上估值 41.3 亿元，列全国百强第九，江苏首位、米类之冠。2016 年，国家质监总局评价“射阳大米”品牌价值 185 亿元，射阳县成功做到将粮食产业从自给自足小农经济的传统生产模式发展成为地域性品牌建设，销售到千家万户，实现了射阳大米品牌的转型升级。

二、成长及运行机制

（一）自身运行机制

射阳大米的成长与其自身运行机制息息相关。“射阳县正在以绿色书写生态，以生态构建和谐来优化产业布局。不同的生态种植模式，提质增速的项目攻坚，已使射阳县农字牌渐变成江苏省农业越来越亮的‘金’字招牌。”射阳县竭力打造省内外知名品牌建设，塑造绿色生态品牌，扩大射阳大米品牌知名度，给射阳大米企业增添更多的品牌效益，从而衍生经济效益，为大米种植户增加销量，提高经济收入，与此同时着重产业化服务、标准化生产、规范化经营，让射阳大米在不断创新进步的同时提质增效。

射阳大米在自身发展过程中积极发展混合所有制经济，加速资源、资金、资产集聚，形成一批辐射范围广、带动能力强的粮食产业集群。依靠“一带一路”、长三角一体化、江苏沿海开发战略的大背景，充分发挥本县射阳港港口优势，抢抓省委、省政府加快沿海开发的发展机遇，深入分析射阳定位，2017 年射阳县国有资产投资有限公司、江苏省河海运输股份有限公司进行了合作重组，投资建设射阳港 35 万吨粮食物流产业园，目前，首期 4.5 万吨项目正在紧锣密鼓地施工中。

（二）国家及政策支持

射阳大米的成长离不开国家和政府部门政策的支持。射阳大米是射阳县第一产品，同时也是射阳县人民政府最重视的产品，射阳县人民政府致力于将大米产业作为射阳县农村经济发展，产业结构调整的中心，助力这一“特色产业”和“支柱性产业”不断发展壮大。县委、县政府积极实施农产品品牌战略，高度重视农产品质量品牌建设工作，制定并下发了《关于推进质量品牌建设的实施意见》这一具体经济政策，明确工作目标，落实工作措施。给予射阳大米企业充足的政策资金支持，带动企业扩大生产，扩大规模，研发新型产品，提升产品质量，引导射阳大米企业注册商标，提升品牌知名度。

（三）品牌建设

射阳县政府品牌建设包括技术、品牌宣传、市场推广等，共投入1000万元，水稻规模经营面积发展近200万亩，带动大米种植农户年增收3亿元。县委、县政府将优质稻米产业列为全县十大特色支柱产业之一，出台了《射阳县推进优质稻米产业化实施意见》等一系列政策文件，射阳县政府集思广益，通过成立“射阳大米网站”“射阳大米协会”的方式为消费者提供信息来源，与此同时收集社会和市场各方各界关于射阳大米购买反馈与评价的信息，不断致力于大米品质的保障与提升。射阳县人民政府对射阳大米品牌建设的高度重视使得“射阳大米”品牌人气逐年提升品牌作用明显，其效果可以从价格方面观察到。具有品牌特质的射阳大米在价格方面明显区别于不具有品牌特质的普通大米，射阳大米从产地射阳周转到销售地苏州、上海、福州后，销售价格提高，价格比普通大米高0.2～0.4元/千克，在一定程度上说明“射阳大米”这一品牌建设取得了一定效果，在省外销售地具有一定的知名度，品牌知名度提高的同时经济效益也随之提高，单价高于普通大米使得射阳县全县农民每年可增收2亿元以上，人均增收2000余元，射阳县农户人均GDP逐年呈上升趋势，有利于促进农户生活质量的提高。射阳县大米协会别出心裁地跑到上海、南京、苏州等大中城市举办大米品尝会，让市民对不同品种的大米进行现尝现评，以此为依据，结合市场调查，确定水稻种植主打品种为“武育粳3号”。这一品种现已占该县总种植面积的95%以上。该县协会和相关部门还要求种子经营单位保证供应种子的纯度，避免其他品种混入，确保上市大米的整体质量。

（四）品牌保护

射阳县政府在品牌建设的同时也极为重视品牌保护，射阳出产的正牌大米因为品质好，知名度高，售价高而被其他大米假冒，市场上的山寨“射阳大米”一时间层出不穷，迷惑消费者，骗取经济利益。因此，射阳县政府从2001年开始制定出创立集体品牌的“反山寨策略”，由射阳县大米协会将射阳县原本存在的数个小品牌整合在一起，合并为集体统一性质的射阳大米。历经数次艰辛尝试，直到2005年1月终于成功，成为全国首例以地理标记名称注册商标，历经许多艰辛，由此射阳集体大米品牌沿用至今。

在射阳大米品牌打假方面，射阳县政府成立了由市场监管局、粮食局、公安局等组成的打假纠风工作领导小组，每年从产粮大县奖励资金中划拨500万元专项工作经费，通过堵源头、净窗口、强规范，在各地市场监管部门的配合下，遏制了假冒猖獗势头。还同公安部门签订“打击假冒伪劣产品合作备忘录”，被盐城市中级人民法院确定为“知识产权司法保护信息点”，射阳大米进入司法维权新阶段，已有近60件案例进入司法程序，有力地震慑了假冒侵权违法行为。三年来，共出动执法人员512人次，出动执法车辆189台次，共检查农资网点1690家次，建立健全农产品质量安全检测体系，每年抽检240个样次以上，严谨认真的打假纠风行动有效控制了大米市场上假冒伪劣射阳大米的生产与交易，以实际行动强有力地保护了射阳大米品牌。

（五）诚信+产业化经营模式

射阳县政府极为重视射阳大米的品牌诚信度，阻止农户将射阳县多年来苦心经营的射阳大米品牌这一招牌肆意破坏。射阳县政府委派射阳县市场监督局、农委、粮食局等农产品以及市场相关部门对农户进行诚信生产培训，农户诚信生产经营培训每年一次，口号为“认真生产，诚信经营”，把诚信教育作为培训必修课，消除粮食烘干企业、粮食民营企业“老实人吃亏”的错误观点。要求粮食加工企业与专业合作社、农户签订购销合同，在保证质量的同时逐步扩大生产，稳定大米价格。同时，射阳通过搭建土壤大数据，在线监测土壤环境和质量，给稻米带上“信用背书”，全力保证大米的安全健康。当地粮食主管部门还会同市场监管部门，严格“射阳大米”专用标识和中国驰名商标通用标识的使用管理，严把准入门槛，产品质量达到质量体系认证要求、外观包装符合国家预包装通则的才准予使用。对违反规定的，按有关规定严肃处罚，严重的取消使用资格。“诚信+产业化经营”，催生产业聚变。射阳大米是人们必不可少的主食，所以它有以农超对接为主的营销模式。射阳县政府基于近几年农业电商全面促进各类农产品“触网”的现实条件，提出借助电子商务多渠道推广射阳大米，推动农业产业借网发展，打造地方品牌优势的战略。产品连续几年经质检部门检验，合格率达100%，被中国质量检验协会评为“全国质量诚信承诺优秀示范企业”。三年来，射阳县共开展稻米生产技术培训班138期，培训经纪人184人，种粮大户、家庭农场、合作社、种子经营户等7316人次，推介射阳大米优良品种，培训相配套的绿色优质高效栽培实用技术，累计培训发放水稻高质高效创建、农业三新工程、农业科技入户技术宣传手册等培训资料三万多份。开展水稻观摩活动十多期，促进了关键技术创新。

（六）相关产业发展

射阳大米的产业化经营还推动了二三产业，带动了物流产业、彩印包装业。并且随着粮食流通的市场化进程不断加快，新兴的粮食经纪人队伍正逐步形成，他们已成为粮食产后不可或缺的粮食流通、收储等“五代”服务的重要力量。

稻米生产企业同南京农业大学、江苏省农业科学院、盐城市农业科学院等科研院所合作，在盐城市建立了多处综合示范基地，开展优质稻米品种和技术的集成示范。在新品种筛选和示范上，通过多点试验、示范，筛选出南粳9108、南粳46等高产、优质、多抗的水稻品种作为盐城市优质水稻主推品种。射阳烘干企业有130多家，日烘干能力近3万吨，烘干企业也希望能把粮食送至大米集团公司。射阳目前有700多人的粮食经济人队伍，每年收购粮食近80万吨。射阳大米协会成立之初共有会员35家，其中加工企业28家，而真正能正常运营且较具规模的只有16家。现在发展到以民营企业为主、国有和外资企业为辅的规模企业55家，品牌地域内集体共享，品牌地域内集体共享，加工企业已达到日处理原料9200吨的产能，是协会成立初的5.6倍。大米产销量从原来的不足10万吨，发展到56万吨，形成26亿元规模的产业群体。品牌战略提高了水稻种植的比较效益，调动了农民的种植积极性。2013年水稻面积（含境内农场）已突破90万亩，较协会成立初期实现翻番增长，由于该县稻谷产量剧增，粮食总产不断提升，自2010年开始，射阳县连续被表彰为“全国粮食生产先进县”。品牌，促进了效益提升。由于品牌信誉的提升，射阳大米销售价格高出周边地区，原料价格提高0.20～0.40元/千克，射阳粮农因此可增收超亿元。大米加工业的效益也相应提升，能在“稻强米弱”的大环境下取得较好效益。品牌还推动了二三产业，带动了公路运输业。射阳大米主销区为沪、苏、杭等长三角地区，使公路汽车配载、运输业务迅速发展，每年50万吨大米、近20万吨副产品，加之部分原料集并，年运输产值超亿元；随着用量增加，射阳彩印包装业应运而生，初具规模的大米生产包装袋的印彩厂已有两家企业，产值达数千万元。同时孕育了经纪人产业，启动了现代物流业。

“射阳大米”从引进优质粳稻种植起步，到创建品牌大米，已走过了20多年的艰苦历程，积累了可贵经验。解放思想、大力推进，将粮食产业从过去小农经济的传统农业生产经营模式，向市场经济商品生产经营模式转型升级。历史上，射阳县是一个“粮棉夹种，以棉为主”的沿海棉区，口粮靠进口。从20世纪80年代起，种植业放开，他们利用自身有利的地域条件，大力发展水稻生产，很快实现了全县口粮自给有余，后又对接城市消费市场，开发优质大米，深受城市居民的欢迎。此后，他们从过去种水稻卖产品改为稻谷深加工卖商品，将过去几家小作坊加工发展到60多家现代化加工企业，将单一粮食生产经营改为生产、收购、加工包装商品经营，推动全县粮食产业链融合发展。

目前，射阳通过搭建土壤大数据，在线监测土壤环境和质量，给稻米带上“信用背书”，全力保证大米的安全健康。积极创建生态安全大粮仓。2016年射阳新增高标准粮库10万吨，国有总仓储量达40万吨，社会仓储量近百万吨，2017年还将新建15万吨低温冷储库和35万吨粮食仓储物流园。另外，为加速一二三产业融合大产业，射阳积极整合资源，聚集现代生产要素，建设“生产+加工+科技+物流”，一二三产业融合的大集团，发挥技术集成、产业融合、创业平台、核心辐射等功能作用。

2002年之前，“射阳大米”在全县面积不足40万亩，目前种植总面积创下历史新高，达100多万亩，实现了翻一番的增长量，并形成海河、四明等10个以大米种植为主的专业镇，推动射阳县跻身“全国粮食生产先进县”行列。商标战略加速生产要素集聚，吸引了益海、嘉里等一大批境内外大米加工业投资者落户射阳。目前，射阳县集聚了56家大米加工企业，60多条生产线，具备日处理原料9200吨的产能，形成了淮海米业、爱民米业等近10个国家和省市级龙头企业，大米产销量从原来的不足10万吨，发展到56万吨，形成了26亿元规模的产业群体。

目前，射阳大米产业利用全县联耕联种的新经营模型以及家庭农场、种粮大户与全县加工企业组合成经济联合体，加快转型升级步伐，筹组“射阳大米”企业集团延伸产业链，提升射阳大米产业化经营水平，真正实现“培育一个商标，发展一个产业，致富一方百姓”的目标。

近年来，射阳县稻米加工企业虽然在生产加工能力、产量利润方面逐年提高，处于高速发展时期，但其整体仍呈现小、散、低的现象，加工工艺水平较低，处于初级加工阶段，精深加工产品较少，产品附加值较低，产品开发水平与大型企业存在较大差距，在市场竞争中常处于弱势地位。由此，该县还制定高于国标的大米加工标准，大米企业通过提高设备技术含量，装备国内外先进的碾米、色选、抛光、烘干设备等，建立起完善的质量管理体系。

（七）规范企业经营管理

射阳县大米协会引导会员企业自觉遵守协会《章程》《会员自律公约》和《集体商标使用管理规则》，强化自我约束。要求各会员企业坚持“安全为先、质量第一，诚信至上、服务一流”的宗旨，建立并实行“三包”和产品可追溯制度，搞好全程服务。协会制定了大米加工生产技术规程，全县55家大米加工企业都建立健全了质量管理体系，全部配置了稻米抛光机、色选机，大部分拥有低温烘干机等设备，上市大米全部达到或超过国家级特级粳米标准。严格要求各会员企业遵守诚信自律公约，规范生产经营行为，不得擅自转让“射阳大米”包装。共同维护公用品牌形象，及时发现和举报产品质量和标识使用问题，一经查实严肃查处。政府在用地、税收、用电及治理“三乱”等方面制定优惠政策予以扶持，积极引导企业扩大生产规模，提高科技含量，提升加工工艺。先后对原有近百家良莠不齐的大米加工企业进行了优化整合，使企业的生产规模不断扩大，技术装备水平不断提高。组建农产品行业协会，是市场经济条件下促进农业产业化发展的一条有效途径，是政府转变职能，体现有所为、有所不为的迫切需要，是农业生产经营者适应市场变化、提高组织程度、促进共同发展的现实选择。在这方面，作为农业大县的射阳是超前的，人们已经普遍认可是大米协会的创新运作铸就了“射阳大米”。

射阳大米积极开展品牌战略的全面实施，推行大米包装标准化、一统化、系列化，使用大米协会推荐产品标签，组织企业参加全国、省放心米评选，在上海、南京、苏州等长三角城市举办大米品尝、经贸洽谈、新闻发布活动，制作射阳大米专题片，确立射阳大米品牌；射阳市政府重视大米经营业态的改善，积极推进射阳大米进超市。

大多数企业管理人才和企业家都是由农民成长起来的，他们对现代化的管理理念认识不足，面对复杂的市场形势，难以承受突如其来的危机，还需百尺竿头，更进一步。目前，射阳县还缺乏一批具有竞争力和带动力的产业品牌龙头企业，还需要更多的企业上下联动引领，集群企业难以形成组团出击、抱团联合、集中打响品牌的合力。为此，这些都需要政府发挥基础性作用，需要政府对品牌给予一定的支持和保护，及时制定科学、严密和全面的品牌保护方案，实时准确帮助企业实现更高的经济效益，更好地应对市场挑战。

（八）网络推广

目前，射阳大米网络推广渠道仍须完善，很多企业只重视线下销售，排斥线上订单。传统营销渠道可以实现绿色大米的销售，但随着“互联网+”与大数据时代的来临，网络营销、网络推广已经成为许多企业推广销售的方式之一，且越来越受到企业的重视和应用。而对于把电子商务引入地理标志产品的销售这个问题，射阳县有很多企业认为很有必要，但也有一些企业或个人不认可，觉得引入电子商务可有可无，短视地认为网店需要投入过多的人力、物力、财力。品牌产品的相关法律法规不够健全，惩罚力度、质量监管保障措施存在缺位现象，认证产品管理水平不高也在一定程度上影响品牌的美誉度与认知度。

消费者是企业品牌经营者的上帝，以市场为中心，也就是以迎合消费者需求为中心。射阳大米要建立完善的市场监察系统，随时了解市场上消费者的需求变化状况，及时地调整自己的产品，使品牌在市场竞争中获胜。

三、亮点与特色做法

（一）生长环境优越

射阳县位于苏北黄海之滨，地势平坦，水网纵横，江苏里下河地区四条主要河道流经射阳下海。射阳的水利设施完善，功能完备，使农作物旱涝保收；射阳为黄淮滩涂泥质海岸平原，属盐渍型水稻土，土壤十分肥沃。退海平原经过海水浸泡后，海洋中的矿物质，有机物，微量元素丰富。历经数百年形成的海涂，草甸芦苇茂密，植物种类繁多，有机质、腐质物积累量大。土壤呈弱碱性，结构好、蓄水透气。射阳土壤富含钾，平均含量140毫克/千克，富钾土壤适宜农作物种植，易形成糖分，作物口感极好。此外，射阳土壤有夜潮现象，夜晚过后土壤变得潮湿，作物不易缺水；射阳是典型的海洋性气候，这里四季分明、雨热同期。这里是江苏省特有的“冷窝”，春夏回温慢，因此农作物生长时间延长。射阳地处海洋、陆地气候之间，季节温差大，昼夜温差大，利于作物生长。无霜期长，积温较高，光照充足，利于植物干物质形成和积淀。射阳还是丹顶鹤自然保护区，是全国四大湿地保护区之一，自然环境极好，所产稻米具有零污染、健康安全、绿色的特点。

（二）品牌建设

苏北是传统农作区，射阳大米种植历史悠久，早在汉朝就已是朝廷贡米，射阳稻米素享有“晶莹剔透，软筋香甜”的赞誉，千年种植史有利于造就品牌影响力。2005年4月21日，“射阳大米”集体商标正式获准注册，成为我国大米类首件地理标志集体商标、江苏当时唯一的地理标志集体商标。经过不断发展，盐城射阳稻米地理标志品牌在产业和地区内的集中度名列前茅。通过行政领导、科技专家、行业协会、企业农户“四力合一”，加快推进稻米品牌创建水平。成立推进相关工作的领导小组，全面负责各方面组织管理工作，形成了“行政单位+科研单位+推广单位+示范农户”齐抓共管的运行模式；联合品种育成单位、大米协会、部分粮食企业和粮油技术推广部门，建立了完备的科技研发推广体系，通过运用各种绿色高效的生产及配套技术，形成了水稻绿色高产高效生产、毯式钵苗机插精确定量栽培、稻田综合种养等技术模式；强化政策扶持，充分利用中央财政支持现代农业发展项目，大力培植优质稻米生产基地。射阳县整合国土、水利等涉农项目2.3亿元向粮食生产主区域集中，改善路、桥、涵、电、站等基础设施，逐步将所有田块都改造成符合现代化作业标准的田块。把水稻绿色增效创建与品牌创建相结合，建设优质高效示范区。大力开展稻田综合种养新模式，促进水稻供给侧结构性改革；定期跟踪督查重点项目进展情况，强化督查考核。成立了由市场监管局、粮食局、公安局等组成的打假保牌工作领导小组，每年从产粮大县奖励资金中划拨500万元专项工作经费，通过堵源头、净窗口、强规范，有力有效地遏制了假冒猖獗的势头，形成品牌保护。

通过联耕联种、适度规模经营、小型国营农场建立、优质生产基地建设“四化同步”，推进规模生产，提升品牌稻米质量。持续改善粮食生产“硬件”。不断投入资金，建设高标准良田，改造中低产田，提高标准农田达标率；“联耕联种”模式是射阳县首创。全县大部分水稻联耕联种，统一种植南粳9108和淮稻5号品种，符合“射阳大米”生产加工要求；联耕联种先后写入2014年江苏省委一号文件和2016年中央一号文件，国务院汪洋副总理、农业部韩长赋部长都作出了重要批示，中央电视台、《农民日报》等新闻媒体对其进行了多次报道；同时，大力推进增加家庭农场、种植大户数量和面积，促进经营合作主体多元化，推进规模化生产经验；工商资本入驻农业，加快了农村土地流转速度促进了优质稻米无公害、绿色、有机“三品”生产基地的建设，推进了优质稻米的市场流通。水稻“三品”生产基地的迅速增加，也加快了品牌稻米“订单”“定制”生产，促进了产销衔接。通过技术宣传、培训、展示、服务“四位一体”全面推广，提升品牌稻米生产水平。充分利用现代传媒，开展技术宣传，为技术推广营造良好氛围；开展生产技术培训班，培养培训经纪人、种粮大户；推进各种绿色高效种植技术的广泛运用，提升大米质量和产量；统一施用处方药、配方肥，药肥量减少30%，水稻品质显著提升。

通过展览展销、优质生产、推介宣传、规范保护“四轮驱动”，加强宣传推介，增强品牌稻米市场竞争能力。射阳大米在《人民日报》《新华日报》《中国稻米》等报刊上多次推介，有效扩大了商标的影响力。在江苏省品牌推介会上，射阳县大米协会做了“品质叫响品牌，品牌引领发展”的专题报告，突出推介宣传；射阳出台了《射阳县推进优质稻米产业化实施意见》等一系列政策文件，成立第一家县级大米协会，积极组织企业参加中国粮食行业协会“放心粮油”等各类评审活动，先后获得10个全国“放心米”品牌，全县农民年可增收3亿元以上；“射阳大米”地理标志产品保护范围涉及射阳县12个乡镇和多个大型国有农场，辐射面积超过10万公顷，强大的品牌优势吸引了国内外多家加工企业的加入，创造了大额财富。总的来说，射阳依托得天独厚的自然条件和政府支持，规模化、专业化、绿色化生产发展，重视品牌形成、塑造、保护与宣传。

（三）水稻绿色高效优质种植技术

在水稻品种选择上，射阳县主推南粳 9108，示范种植的南粳 2728、南粳 505、南粳 46 等，也是优质食味水稻新品种，此外还有搭配种植的淮稻 5 号、苏秀 867、华粳 5 号、连粳 10 号、武育粳 3 号等。为提高南粳系列的种植覆盖率，有以下举措：一方面是政策扶持，按一定标准对种植南粳系列优质水稻的规模种植户进行良种补贴。另一方面是拉长服务链，农技人员主动与县种子公司联系，购买正宗种子。对合作社、种植大户等开展集中培训、入户指导。积极对接后续稻谷销售，与镇县相关公司企业联系，促进公司与种植大户面对面对接，签订收购协议，按照比市场价高 0.2 元/千克收购，实现优质优价，这有效促进了南粳系列优质水稻品种种植面积的增长。

绿色优质高效关键种植技术的集成与推广，是“射阳大米”高质量发展得以持续发展的关键。以下介绍五种主要技术：一是麦秸秆机械化全量还田技术。麦秸秆机械化全量还田技术是一种新型农业种植技术，符合保护生态、秸秆“双禁”的要求。该方式的运用利于转变施肥方式，提高施肥质量，射阳县仅新坍镇的麦秸秆机械化全量还田就达 6 万公顷，覆盖率达 92.7%，机插稻集成技术应用率也已达到 86.7%。二是上毡下钵穴盘培育壮秧技术。上毡下钵穴盘培育壮秧技术包括秧池准备、拌种处理、秧田管理、施好断奶肥、防治病虫害、适时炼苗等，该技术按照大米种植技术应用需求，优化插秧技术，调整了水稻育苗方式，利于提高水稻发芽率。实践已经证明，上毡下钵穴盘培育壮秧技术的应用能够有效提升水稻种植质量。三是科学高效高密度机插秧技术。传统水稻种植所需劳动力多，生产效率低，利用机插秧技术，可有效提高生产效率，降低劳动力成本，进而提高水稻产量。应用科学高效高密度机插秧技术，提高了插秧种植效率，有利于提高农业种植水平。四是肥药双减大田管理技术。应用肥药双减大田管理技术，农技人员应重点把握水层管理、控肥管理、病虫草害绿色防控技术三方面，优化管理、提高效果、绿色健康。五是稻田复合种养技术。射阳稻田复种养殖模式有稻田养鸭、稻田养小龙虾、稻田养泥鳅、稻田养蟹等，将稻米种植和养殖结合起来，两者互惠互利，达到一水多用、一地多收的效果。通过举办培训、现场观摩等方法，传授稻田复合种养技术，推广稻田复合种养，促进水稻绿色优质发展。射阳大米的绿色高效种植技术，一方面符合绿色环保、生态农业的理念，另一方面有效促进了稻米质量产量提升。而通过这些技术的集成推广，有利于整合协同当地水稻种植力量，有效推动射阳大米产业化发展。

（四）标准化生产

射阳县把农业标准化作为推动农业工作的重点，通过制定、引用并组织实施一系列的技术规程及标准，使标准应用覆盖生产的全过程，使水平种植水平显著提升。射阳县先后制定了省级地方标准 1 个，县级地方标准 3 个，收集整理国家和行业相关标准 28 个，编印成册后发放到各镇各村的农技人员和种植大户手中。以镇为单位建立生产技术指导小组，配备 2～3 名技术指导员，做到了县有指导小组、镇有技术人员、村有示范户的三级标准化生产网络，完善标准体系。优化服务指导，组织培训班，发放优质水稻标准化生产技术规程，水稻节水灌溉技术，水稻栽培技术要点等各类技术资料。并与南京农业大学、扬州大学农学院等高校科研处编制了“苏中地区粳稻亩产栽培技术图”，将技术图发到农民手中，农民只需要按图施工，栽秧时间、施肥时间规范标准，一目了然。此外，射阳县海规范投入品使用，做到县镇村三级技术管理部测齐全。农户按技术规程操作，并做好水稻生产记录，经过点点滴滴的付出，射阳县收获了国家农业部表彰的“全国农业规标准化示范县（水稻）”荣誉。

射阳县持续改善粮食生产的硬件，不断建设高标准粮田，改造中低产田，提高农田的标准化率，并将所有田块逐步改造成符合现代化作业标准的田块。此外，射阳县还开展了农村环境的整治行动。清理陈年垃圾，整治河道，移位草堆，整治养殖场，使得农村生产生活环境明显改善。

升级粮食生产软件。推广联耕联筑秸秆全量还田，稻米种植主打新品种南粳 9108 和淮稻 5 号，完全符合“射阳大米”加工要求。稻米种植普遍采用绿色高效的集约技术，生产率高。巧用项目资金，对用“上毡下钵”集中育供秧基地，按照规模和面积，无偿提供一定数量的秧盘、无纺布等育秧材料，对机插秧田块每亩作业补助一定数额的现金。通过一系列举措，“射阳大米”从生产元素投入到种植技术与方式，标准化程度显著提升。

（五）产业化经营

射阳县发展大米精深加工，促进水稻原料生产基地向精深加工基地转变油和大米，农业向大米工业转变，赢得了市场。江苏省农业产业化重点龙头企业——宏健粮油科技发展有限公司，与中国科技大学苏州研究院硒与人体健康重点实验室、苏州硒谷科技发展有限公司进行合作，在洋马镇和 500 多农户订单种植富硒水稻 2000 多亩，仅有机硒肥料一项公司每亩投入就达 400 多元。在生产全过程中接受科研人员监控，确保原粮选用上突出一个“严”字，加工上突出一个“精”字。精包装的“苏宏”牌有机硒米，在中国国际米业博览会上获“中国十大地域品牌”称号，使企业的发展实现由初级加工扩张型向精深加工效益型转变，成熟的生产加工工艺，为公司的销售编织起“畅通”之网，产品销售已从“集市”走向“超市”，产品连续几年经质检部检验，合格率达 100%，被中国质量检验协会评为“全国质量诚信承诺优秀示范企业”，年总产值 3 亿多元，加工大米 5 万吨，每年税收约 130 万元，利润 1500 万元。2018 年，射阳大米产业已发展成 60 家大米加工企业，年 200 万吨生产能力，80 万吨产销量的产业集群。开发了有机米、胚芽米，有真空包装、精品包装，大米产业延伸至米制品、年糕、五谷杂粮系列产品。在上海、浙江、广东等 10 多个省市有 300 多个直销窗口，已进入二十多家国内知名和跨国、跨地区超市、卖场。品牌代表竞争力，是占领市场的“通行证”。在提升“射阳大米”集体商标的同时，全力培育江苏射阳米业有限公司的“云香玉”“梦香玉”“品香玉”，射阳圣阳米业有限公司的“盛阳”，射阳沈氏副食品有限公司的“清依食”等产品品牌，2017 年，圣阳米业公司，沈氏副食品公司，被中国首届大米品牌大会授予“公用品牌核心企业”

称号。“生态射阳、天下粮仓”，2017 年，射阳新增高标准粮库 10 万吨，国有总仓储量达 40 万吨，社会点仓储量近 200 万吨，2018 年，还将新建 35 万吨低温冷储库，为射阳大米品质稳定、新鲜上市、持续供给提供保障。

在经济新常态的时代背景下，射阳大米以转方式、调结构、提品质、促结合等为主要内容实施供给侧结构性改革，构建资源节约、优势互补、价值提升的新型农商融合新模式，即农业全产业链增值模式。产业链上游生产环节建设示范基地和实施订单种植，所有大米加工企业都有千亩到 1 万亩的优质稻米种植基地，与稻农联耕联种联营。与合作经济组织建立订单种植收购关系，实现稻米生产集约化、优质化和规模化；把推进产中加工流通环节加工标准化、品牌化作为重点，坚持低温储存，精度加工，多样包装，绿色健康。2018 年 12 月 1 日在上海举办的射阳大米新闻发布会上宣布，射阳大米团体标准再提高。据了解，此次不仅局限于大米的加工质量，而是覆盖了种植、仓储、加工一系列标准，逐步建立可溯源机制和完整的标准体系。该标准将于 2019 年正式在射阳全域组织实施。

（六）射阳大米协会

射阳大米协会在射阳大米的发展过程中发挥了重要作用。在成立初期，协会通过实地走访、征求意见、考察市场等方式提出了聚合稻米种植、收购、加工、经营等多方面力量，创立射阳地区优质大米品牌，发展优质大米产业的实施意见。并在后来的实践中，不断提出新观点，采取新举措，着眼于提高射阳大米的品质，大力发展品牌战略，推进产业化，逐步完善发展优质大米产业的意见。

射阳大米协会通过走访专家，综合考察分析，论证得出了射阳大米特有品质的科学依据。射阳大米被称为“天、地、人合一”的精品。这是由于射阳县得天独厚的地理位置：海相沉积平原的土壤呈碱性，且富含钾，水土资源优越；位于江淮气旋的入海口，为海洋性湿润气候，气候环境独特；科学高效的绿色种植技术，“稻米 + 养殖”等无公害，标准化的绿色生产模式，种植技术先进。

自射阳大米协会成立以来，紧紧抓住实施品牌战略这一关键战略。统一射阳大米的包装标准，使用射阳大米协会推荐的产品标签；积极组织相关企业参加有公信力的粮食评审活动，并获得多个荣誉称号；重视品牌宣传，先后在上海、南京、苏州等地举办大米品尝、经贸洽谈等活动，邀请当地各界人士参加，并邀请新闻媒体介入。制作播出“射阳大米”专题片，以较强势头确立品牌；注册射阳大米集体商标，自 2003 年 8 月起，射阳大米协会向国家商标局申请注册了“射阳大米”集体商标，这有利于维护射阳大米信誉，打击假冒活动。此外，射阳大米协会还注册了射阳大米原产地标记、组建专卖店、打击假冒射阳大米品牌，这些措施在维护射阳大米品牌信誉度方面发挥了良好影响。

射阳大米协会紧抓射阳大米整体品质的提高。根据大米品尝会反馈，结合考察、广泛征求意见，确定了射阳大米的稻谷品种，努力提高供种纯度和整体品质；致力于改善米业环境，促进龙头企业发展壮大，帮助龙头企业协调矛盾，争取政策上的优惠，引导其提高水平；及时传递商品经销信息，推进射阳大米进超市，确保向主要粮食批发市场的配送；倡导企业建立优质稻米生产基地，与家庭农场，种植大户等签订合同，促进订单农业发展。

通过射阳大米协会的努力，射阳大米价格稳步提升，并推动了农业产业结构调整，增强了射阳县稻谷产业的市场竞争力。并推动了大米加工业的迅速发展，实现了农民增收，农业增效。

四、展望

“射阳大米”生产潜力大，品牌效应不断增强，但仍存在一些问题，面临着机遇和挑战。“射阳大米”创建品牌已久，但其品牌知名度和影响力仍不及东北大米。稻米品牌多而杂乱，一品多牌。加之稻米加工企业实力较弱，加工能力提升空间大，优质稻米市场化程度不高，优质优价难以实现。“射阳大米”品牌市场价值的提升存在困难；绿色高效配套种植技术难到位，如化肥农药过度施用，破坏了稻田生物种群平衡；土地零散小户给规模化种植管理带来困难，阻碍了规模化生产、新技术应用，水稻种植规模难以扩大。针对这些问题，一些学者探究“射阳大米”发展的对策与新路径。

优化布局，包括优化区域布局，进一步加大对优质大米生产的扶持力度，确保规模化、区域化发展。优化品种布局，稳定推广优质品种种植。继续推广稻田复合种养，实现水稻绿色种植；推广新型技术，实现优质化生产目标。包括推广绿色优质高效栽培技术与品质调优栽培技术，减少施氮量；推进产业开发，提升产业发展水平。强化龙头企业培植，通过联合、兼并、重组，结合企业产权制度改革，重新整合产业资源，发挥射阳大米企业集团优势。改良加工技术，着重绿色优质稻米适期收贮—加工—包装—产品深加工技术的开发与研究。研发新产品，提高射阳大米产品档次。组建合作组织，推进射阳大米产加销衔接，扩大品牌影响力；强化品牌建设，向周边县（市）延伸射阳大米地域范围，逐步实现射阳大米百亿元产业目标。有效运用品牌，运用商标开拓市场。重抓品牌保护，积极研究探索大米产业发展的全方位、系列化的工作思路和关键举措。

将射阳县打造为上海农产品基地。射阳县打造为上海优质农产品基地的优势主要有三个方面：一是政策机遇。射阳县地处江苏沿海开发和长三角一体化两大国家战略叠加区、长江经济带和海上丝绸之路经济带交汇区。盐城市委书记提出“两海两绿”路径，为本县接轨上海指明了方向。射阳县政府也积极重视接轨上海这一战略，出台了《射阳县深化接轨上海工作实施意见》《射阳县接轨上海推进“一区三基地”建设三年行动方案》等一系列文件。区域、市、县三级政策叠加聚焦，为打造上海农产品基地迎来了难得的发展机遇。二是独特的区位交通、资源禀赋、产业、生态等优势。区位交通上，射阳县地处中国南北地理分界线的东部起点，处于江苏省沿海的中心，承南接北，区位条件优越，交通便利。资源禀赋上，土地资源丰富且土质优良，自然条件优越利于农产品生产。生态上，射阳县空气优良，多林地湿地，生态环境一流。产业上，特色农业初具规模，品牌农业初具影响，对沪农业输出已有一定成效。三是独特的人缘优势和人力资源优势。人力资源上，射阳县劳动力廉价丰富，且素质不断增强。人缘关系上，自古以来射阳县与上海便联系密切，人际交流频繁。

借上海人才之力汇聚全县农业发展之智，创新方式引才建立产业链引才。借上海开放平台唱全县农业发展之戏，借上海企业平台实现沪射企业的合作，进而推动全县农业发展，借助上海会展平台开展常态化、系列化的宣传推介活动，全方位推介宣传射阳农业和农产品，不断提升射阳农产品在上海市场的占有率和美誉度。借助上海科技促进射阳县农业进一步发展，依托其科技链建强本县产业链，围绕其人才圈构筑本县科研圈；在融入上海中拓展打造优质农产品基地高质量发展新路径。打造本县农业产业园，打造农业交通线，发展特色优势产业，满足上海人个性化需求。促进农业基础设施标准化建设、生产过程标准化建设、主体操作标准化建设，满足上海人高品质需求。做好展销、直销、网销，立体化营销，做大品牌农业。提升、拉长、加粗产业链，精细加工，提升入沪产品附加值。信息化管理，发展智慧农业，做到生产智能化、管理数据化、销售信息化，提升入沪产品科技含量。

进一步整合现有大米加工企业，射阳县要大力培植国投射阳大米集团，争取利用三年时间将国投射阳大米集团培植成省市乃至国家级农业龙头企业。条件一旦成熟，就鼓励国投大米集团以收购、参股等形式进一步优化整合我县众多小型大米加工企业，从而使该企业成为全国大米行业企业中的翘楚。进一步实施质量提升工程，建立产品来源可查明、流向可追踪、信息可查询、全程质量可追溯体系，为消费者提供实时、可靠的射阳大米质量安全信息可追溯公共服务。争取到 2021 年 10 月底前，射阳大米集团公司生产的“射阳大米”产品实现质量安全全程追溯；到 2022 年 6 月底前，全县所有大米加工企业生产的“射阳大米”产品质量安全全程追溯覆盖面达 100%。

第八章　洞庭山碧螺春

一、品牌简介

苏州市吴中区西山碧螺春茶厂是一家以传统工艺和现代科技相结合，集种植生产、加工销售、市场推广、茶文化传承发扬为一体的综合性洞庭山碧螺春茶企业，创建于1993年，位于美丽的苏州太湖洞庭西山岛。岛上物产丰富，四季花果飘香，为国家级森林公园，空气新鲜，四季分明，雨量充沛，适宜的气候、湿度、雨水极适宜。在这得天独厚的自然环境中企业拥有绿色食品认证茶园200亩，并通过SC认证以及中国绿色食品发展中心认证审核，获得绿色食品标志使用许可。

洞庭山碧螺春公司秉承碧螺春茶的传统工艺。全面吸收引进了国内最为先进的现代化制茶技术和设备，并且实行标准化操作，始终如一保证了茶叶的优秀品质。目前，公司生产的碧螺春品牌是作为苏州市的重点农产品名牌。洞庭山茶厂还积极采用现代质量管理和现代化企业管理制度，下设行政、销售、财务、技术质量、生产基地、技术研发、加工车间七个部门。拥有一支优秀的管理团队和技术队伍，公司中的骨干全部都由中级、高级茶艺师、园艺师和20~30年以上的经验丰富的制茶大师组成。成为国家洞庭山碧螺春示范基地。公司一贯重视质量管理，以提高产品质量和茶叶的口味来赢得市场。通过ISO国际质量管理体系认证，获得国家原产地域保护产品。洞庭山茶公司不满足取得的成绩，在产品技术和产品质量不断进取的同时，在绿色化、有机化和环保上也走在了前列，大范围参与绿色种植与加工示范项目，顺利完成专家验收。该项目促使公司碧螺春种植基地茶植和加工实现全程绿色和清洁化生产，取得了良好的生态效益、经济效益和社会效益。荣获国家绿色食品，江苏省质量诚信企业等荣誉称号。

公司在碧螺春原产地拥有碧螺春茶叶生产基地550亩，在国家5A级风景区东山拥有绿化和莫厘两个茶叶加工基地，总建筑面积达20000平方米。公司旨在狠抓质量、提高服务，使客户得到更为满意的产品和称心的服务。公司将秉承一贯企业理念，以农业现代化和产业化的模式构建企业，以高要求、高标准的品牌主张，致力于制作、传播品质更为优秀的碧螺春茶叶。企业生产的“咏萌”牌碧螺春茶生产全部采用由基地生产的模式，基本形成了统一投入品供应和使用、统一采摘、统一加工、统一生产操作规程、统一包装、统一检验、统一销售的产业化经营模式，并朝着洞庭山碧螺春茶的生产标准化、产品系列化、营销规范化的目标不断完善。

二、成长和运行机制

（一）成长历史及品牌获奖情况

洞庭碧螺春产自太湖洞庭东、西山，是全国十大名茶之一，以其悠久的历史、美丽的传说、优良的自然品质闻名遐迩。唐朝茶圣陆羽在《茶经》中记载："洞庭出名茶，旧入为贡……，当地人称'吓煞人香'。"清康熙三十八年，康熙皇帝南巡，以该茶"汤色碧绿，外形如螺，采制早春"而钦定茶名"碧螺春"，其为历代进贡之茶叶珍品。

从碧螺春的产生到20世纪70年代，约300年的历史中，产地仅限于洞庭东、西山，其产量1949年11.8吨，1983年也只有17.4吨。20世纪80年代初，东山、西山的邻近地区，苏州的天平山、光福、常熟等地开始仿制，宜兴、溧阳、无锡也进行生产。在20世纪80年代，除洞庭东、西山外，其他茶区虽按碧螺春工艺生产，但在市场销售时并不使用碧螺春的名称。到了20世纪90年代初，随着市场经济的发展，碧螺春茶需求量大量增加，苏州及江苏其他茶区的茶叶经销者带人去浙江丽水地区及四川峨眉、宜宾等地生产加工碧螺春，同时，江苏的常熟、宜兴、溧阳、无锡等茶区也开始批量生产碧螺春，正式以碧螺春名称在市场上进行销售。20世纪90年代中后期，几乎各产茶省都生产碧螺春。为了维护东、西山碧螺春的传统风格及优良品质，防止外地碧螺春仿冒洞庭山碧螺春，苏州市吴中区人民政府在2002年开始成立了洞庭山碧螺春原产地域产品保护办公室。2002年12月8日经国家质量监督检验检疫总局批准，正式对原产地域产品洞庭（山）碧螺春进行保护。苏州市吴中区人民政府一方面采取一系列措施，如发放茶农信息卡、防伪标志、二维条码等对洞庭山碧螺春实施原产地域产品保护，另一方面大力开展洞庭山碧螺春的一系列茶文化活动，加强宣传和推介力度，扩大洞庭山碧螺春的影响，提高洞庭山碧螺春的声誉。

2003年春在东山开展了"碧螺姑娘"评选活动。2004～2006年连续三年在洞庭东、西山两地举办了"洞庭山碧螺春炒茶能手擂台赛"，以及"苏州吴中洞庭山碧螺春茶文化旅游节"，表彰了"十佳炒茶能手""十大生产基地""十大名牌企业"。

（二）运行机制

1. 组织运行

首先洞庭山碧螺春以典型示范为龙头，推广茶树无性栽培技术。近年来，吴中区把茶树无性栽培技术作为重点推广的新技术。从1998年起，通过广泛宣传、发放技术资料等形式，使茶农逐渐认识到无性栽培具有早产、高产、优质的优点。目前，茶树无性栽培技术已成为广大茶农共识，东山、西山大部分茶农已初步掌握该项技术，推广种植面积达

1.3 万余亩。

洞庭山碧螺春茶厂还以基地建设为抓手，推进标准化绿色食品生产。吴中区突出以碧螺春绿色食品基地和标准化示范区建设为抓手，以提高质量为目标，严格规范生产技术和管理要求，通过基地示范带头和辐射推广，大力推进全区茶叶生产的标准化绿色食品进程。在标准化示范区建设。1999 年经国家技监局批准，吴中区西山镇包山坞 60 多亩茶园被确定为全国碧螺春茶标准化示范区。2002 年制定了洞庭碧螺春茶国家生产标准。在示范区建设中认真按标准实施，一是通过重修剪、深翻土、重施有机肥、完善排灌系统、间作果树等措施，改造低产衰老茶园；二是推广茶树无性栽培技术，发展良种无性系茶园；三是肥料施用上将以往以施化肥为主改为以施有机肥为主，配施茶叶专用肥；并将以化学防治病虫害为主改为以综合防治为主。在此过程中，洞庭碧螺春还提倡绿色食品基地建设，根据绿色食品操作规程具体要求，适时适地指导茶农严格按规程要求操作。一方面严格把关肥料施用，在生产管理中全面推广应用增施有机肥、不施或少施化肥的施肥技术，促进茶叶品质的提高；另一方面又严格把关农药的使用，严禁在茶树上使用高毒、高残留农药，少量合理使用广谱、高效、低毒、低残留农药，大力推广农业和生物防治。还有就是注重茶产品的加工流程，结合原产地保护对碧螺春生产加工就锅灶、包装材料、运输工具等制定的相关技术标准，坚决按绿色食品操作规程实施，较好地维护碧螺春绿色食品标志。

以项目实施为契机，提高产品生产技术含量通过江苏省农业三项工程项目《适制碧螺春良种茶树品种筛选及绿色食品生产技术开发》的实施，解决了全区碧螺春品种混杂问题，实现了茶树品种改良、早产、高产目标。以部门协作为合力，做好原产地的保护工作。为做好洞庭碧螺春原产地保护工作，相关部门密切配合、通力协作。一是进行绿色食品操作规程和标准化生产技术培训指导；二是从源头抓起，抓好适制碧螺春茶树品种筛选，为保证长远生产质量打好基础；三是做好东、西山洞庭碧螺春面积、产量调查摸底和防伪标志设计发放工作；四是做好原产地保护宣传、洞庭碧螺春茶王评比和拍卖等工作。

2. 品牌化运营

茶叶行业的无序经营，主要是由于茶叶销售的主体以散茶形态出现，一方面消费者选购时没有信得过的品牌选择，另一方面出现质量问题很难确认责任主体。而苏州市洞庭山碧螺春茶叶有限公司意识到必须实施名牌战略，首先要品牌化经营，否则师出无名。在 1998 年公司成立之初，就设计了以传统如意图形为标识的“玉品”牌商标，并在经营中一律以品牌包装形式销售，为实施名牌战略作铺垫。在 2003 年 4 月 1 日洞庭山碧螺春茶实施原产地域保护后，“玉品”是首批使用原产地域保护标志的品牌。经过几年的市场运作，“玉品”牌洞庭碧螺春成为苏州洞庭碧螺春茶最早使用绿色食品标志的产品，多年来国家绿色食品例行检查中，各项指标均完全符合绿色食品标准，是消费者心目中真正的放心茶和健康茶；先后被评为“江苏名牌”和“江苏省著名商标”，并且成为茶叶行业中唯一的“江苏重点名牌”，行走在茶叶行业的前列，从而带动了茶叶及农产品品牌化的发展道路。

20 世纪初，碧螺春获得了南洋劝业会和巴拿马博览会金奖。20 世纪 50 年代末，被国家商业部评为中国十大名茶。1968 年、1990 年获商业部优质奖。为加强对传统茶叶产业的保护，吴中区政府成立了苏州市吴中区洞庭山碧螺春茶业协会，并于 1998 年 3 月 28 日，在第 30 类茶叶上注册了“洞庭山碧螺春”地理标志证明商标，注册证号第 1163958 号，为我国茶叶类首件地理标志证明商标。2000 年编制了洞庭碧螺春系列化省级生产标准，2002 年编制了洞庭碧螺春系列化国家标准，规定了洞庭碧螺春茶叶生产必须实施标准化生产。根据《原产地域产品保护规定》，国家质量监督检验检疫总局批准自 2002 年 12 月 9 日起，对苏州市吴中区东山和西山镇（现金庭镇）现辖行政区域范围实施洞庭山碧螺春原产地域产品保护。2003 年，经省农业三项工程办公室批准，《适制碧螺春良种茶树品种筛选及绿色食品生产技术开发》立项运作，该项目将在洞庭东西山群体种茶树品种中筛选出早产、高产、小叶种茶树品种，建立良种母本园，通过无性繁殖，形成东西山统一的良种茶树，并在吴中区逐步推广。2009 年 4 月 25 日，“洞庭山碧螺春”商标正式被国家商标局认定为中国驰名商标，成为中国十大名茶第二件、全国茶叶类第三件地理标志驰名商标，同时也是江苏省首批、苏州市首件获此殊荣的农产品商标。2011 年洞庭山碧螺春手工制作技艺列入国家级非物质文化遗产名录。2017 年洞庭山碧螺春被中国茶博会授予“中国优秀茶叶区域品牌”称号。2018 年获评最具资源力和溢价力品牌。

2018 年，吴中区茶园面积共计 3.41 万亩，茶叶总产量 334 吨，其中碧螺春产量为 107 吨。全区共有 107 家茶叶企业、72 个茶叶专业合作社，其中 56 家茶叶企业拥有注册商标，38 家茶叶企业获得 QS（企业食品生产许可证）质量认证。全区茶农户数共计 17458 户（其中，东山 8532 户，西山 8926 户）；共有 23 家合计 19750 亩茶园通过绿色食品茶园认证：9 家合计 1560 亩茶园通过有机茶园认证。苏州政府为保护和开发碧螺春茶品牌倾注了大量心血，采取了一系列的措施，并取得引人注目的成效。其首要的工作就是颁布了一系列的制度法规，提供制度层面的保障。吴中区政府于 2017 年 11 月制定发布了《关于进一步加快洞庭山碧螺春茶产业保护与发展的实施意见》，提出了要用三年时间建立 1 套质量监管体系、建成 2 个种质资源保护基地、建设总面积不低于 3 万亩的茶园、产业产值 3 亿元以上的总体目标；明确了品种选育、品质提升、品牌发展的工作思路，强调了要发挥行业协会的组织作用，加快碧螺春茶产业转型升级和健康可持续发展。意见中明确了要成立洞庭山碧螺春茶保护与发展工作领导小组，负责全区碧螺春茶保护政策制定和产业发展相关工作，成员单位的职责分工也进行了明确细化。

除了监管体系的建立，吴中区政府还提出建立标准体系来实行规范化生产。根据国家有关技术规范，结合实际情况，设计了《DB32/T396 洞庭碧螺春茶茶园管理技术》等共计 28 项标准，切实加强了生产过程中的规范指导，有效提升碧螺春种植、采摘、加工、管理的水平。鼓励广大茶农、茶企对碧螺春茶园推行绿色有机种植方式，以施用有机肥为主，提倡茶园物理防治、生物防治等绿色生态防控技术，减少农药使用数量和使用次数，提升整体水平。

开展品种选育和改良也是洞庭山碧螺春可持续发展的催化剂。区政府整合资源，洞庭山碧螺春能够长期与中国茶叶科研院、中国农业大学、南京农业大学等国内知名科研院所开展技术合作，按照科学程序和方法，注重引进和育种相结合，有序开展品种选育选优。

坚持好中选优，在开展品质与适应性对照驯化推广试验基础上，采用组培、嫁接等多种方式，逐步淘汰和改良现有品质低下的茶树品种，不断提升洞庭茶树良种率。按照体现区域代表性要求，兼顾光照、气温、湿度等地理环境要素和早生、晚生等品种差异性现状，在东山、金庭设立若干个群体小叶种茶树生长监测点，强化监测和保护力度。

区政府还注重加强茶叶质量安全管控，整合了农业、市场监管等职能部门的力量，加大对种植、采摘、加工、销售各个环节的质量监管力度。完善监测和检测设备，优化检测手段，建立茶叶源头管控监测预警处罚机制。加大对茶叶加工、生产、销售产品的质量安全检测查处力度，加强生产过程控制，强化原料和成品的两端检测，有效控制茶叶灰分、有害微生物。在稳定茶叶感官理化指标的基础上，进一步明确生产工艺流程，改善茶叶拼配时混等混级的情况，推进茶叶标准化、规范化生产，确保每批产品达到国家标准相应的等级要求。加大抽检力度和范围，对不合格产品企业依法给予查处，切实提升碧螺春茶叶的品质。以 2018 年为例，全年共组织茶叶企业各类专项检查 58 次，组织国家、省、市、区四级抽查 85 批次，合格率达 99.4%。

夯实基础查验管理也是在政府的扶持之下有条不紊地保持着高质量管理。按照“生产有记录、信息可查询、流向可跟踪、责任可追究、产品可召回、质量有保障”的总体要求，以产品全程追溯和主体标识追溯为载体，建立了洞庭山碧螺春防伪保真查验系统，通过扫描二维码，可查验纳入保护范围的 1.7 万多户农户的基本信息以及 107 户纳入地理标志保护范围的生产经营企业的基本信息。其中，可查验的农户信息主要包括：身份证、家庭地址、土地亩数以及交售情况；可查验的生产经营户信息主要包括：法人、证照、许可或资格证明、茶叶的生产日期、茶叶质量等级、执行标准、采用工艺、最小包装单位情况。2018 年共发放 2018 版国家规定格式的保护专用标志 21.07 万枚，系统自动接受全国消费者扫描查验 5464 次，接受消费者人工答问 500 余次，洞庭山碧螺春茶的地理标志保护对促进生产销售和消费的效应比较明显。

除了制度保障和生产监管之外，加强外部性建设也是洞庭山碧螺春产业兴旺的重要原因。在政府的帮助下，加强了洞庭山碧螺春茶业协会及洞庭东西山分会的建设，进一步选优配强协会会长、副会长、秘书长，充分发挥协会在行业自律、合作交流、相互促进和共同提高等方面的积极作用。同时牵线金融机构。确保碧螺春的收购资金，牵线与珠江银行等金融机构合作，取得收购茶叶短期借款数百万元，保证茶农可以及时兑换现金，保障了茶农的正常收入，让茶农得到了放心，也进一步加强了茶农与企业之间的互信度。此外也定期开展培训合作，组织开展协会会员和企业的考察、培训、合作和交流，促进在茶树种管、茶叶制作、生产营销等全程管理水平和能力的共同提高，实现会员和企业模范遵纪、合法经营。开展《洞庭山碧螺春良种茶树选育》《洞庭山碧螺春高效栽培模式》《洞庭山碧螺春茶树病虫害防治技术》《洞庭山碧螺春茶树生物防治技术》等各种生产技术培训，共培训茶农 18000 人次。向东、西山茶农发放《洞庭碧螺春生产技术手册》《茶树主要病虫害防治手册》各 18000 册，做到每个茶农人手一册。

3. 产业发展与推广

为了进一步提升洞庭山碧螺春的品牌影响力，首要的就是加大宣传营销，充分挖掘洞庭山碧螺春历史文化，加强茶文化研究，提高茶产品的附加值。通过制定公益广告，大力宣传洞庭山碧螺春文化品位和独特品质，特别是群体小叶种碧螺春外形品相和内在品质特征，提升消费者甄别原产地碧螺春能力。通过近些年的努力，消费者对于地理标志产品碧螺春的认知也得到了提升。此外，每年还举办吴中区洞庭山碧螺春茶文化旅游节等相关活动，传承和弘扬洞庭山碧螺春非手工制茶非物物质文化遗产，赋予茶叶更多的文化内涵和价值“灵魂”。支持和鼓励有关茶叶生产或销售企业参加全国各类茶叶展销、茶叶质量评比，提高洞庭山碧螺春品牌影响力和市场占有率。目前全区茶企（厂、经销部、专业合作社）已有5家获评省著名商标、7家获评省名牌产品、28家获评市名牌产品、1家获评中国名牌农产品、3家获评中华老字号的荣誉称号。

除了单一的品牌宣传推广以外，区政府还进一步扶持，积极鼓励茶企业参与茶叶评比，打响产业名气。组织了区内优秀茶企积极参与“中茶杯”“国饮杯”“陆羽杯”全国和省级名优茶评比，历届全国和省名优茶评比共获得3个特等奖和16个一等奖。首届“国饮杯”全国茶叶评比，洞庭山碧螺春共获得3个特等奖、7个一等奖，特等奖数占全国总数的1/10的好成绩。

在品牌推广的同时，洞庭山碧螺春还注重拓展销售市场，推进碧螺春专卖店、连锁店、电子商务等一体化营销网络建设。2016年，吴中区积极探索农村电商新模式，打造东山电商园，形成合力打造“互联网+农产品+旅游”的电商经济。以东山镇农产品电商产业园为基础，加强洞庭山碧螺春产销对接体系建设，打造专业化电商服务团队，建立形成覆盖东山、西山的仓储中心和物流配送网络，逐步树立了洞庭山碧螺春优质高价的“精品”电商平台形象，促进品牌与效益的双赢，电商园建成后茶叶销量比往年增加了15%，在2018年中国茶叶区域公用品牌价值评估中，洞庭山碧螺春品牌价值为42.06亿元。通过各项有效措施的实施，吴中区洞庭山碧螺春茶产业取得了突飞猛进的发展，在关于取得地理标志保护资质对市场营销的影响的问卷调查中，有91.49%的茶企表示获得地标保护后，销量和产值得到提高。碧螺春产地平均收购价从2008年的325元提高到2018年的610元，增长87.7%；茶叶总产值从2008年的1.2亿元提高到2018年的2.69亿元，增幅高达124%。

4. 营销现状

洞庭山碧螺春公司现在拥有两大主打品牌碧螺春绿茶和碧螺小叶种红茶，其中，碧螺春绿茶销售量占公司总销售的70%，年销量约1000千克，碧螺小叶种红茶作为近几年新研发的品种，近几年有很好的发展态势，并有逐渐上升的趋势，占公司总销售额的30%，年销售量在500千克以上。产品价格涵盖180~5000元价位，低价位产品包装采用PV塑料袋装，中价位产品包装使用铁罐礼盒装，高价位产品使用瓷罐瓶装。从产品分类上看中、高价位产品在市场销售情况较好占整体产品贡献率的80%。公司现有专卖店30家，落户我国主要城市，但是将近80%的专卖店设在苏州、上海、南京、杭州等长江中下游地区。

当前消费者对洞庭山碧螺春公司品牌认识度尚浅，整体市场份额所占比例不高，与销售同类型碧螺春产品的其他专卖店相比较，售价略低10%，但销量要少20%~30%，尤其在高价位产品尤为明显。公司对于碧螺春的促销也并非单纯地在专卖店零售，每年新茶上市前期，公司在报刊的分类广告和软文广告加大投入，大力宣传推销公司产品。在每年春季徒步健走中，公司碧螺春作为奖品专项提供，增加公司品牌认可度，更通过加设茶艺学堂，宣传碧螺春茶文化。在洞庭山碧螺春茶叶文化旅游节上，增派30年以上炒茶大师参加炒茶比赛，推广公司品牌。在陆羽杯、国饮杯等多个国家级、省级评比活动大赛中积极参加，并取得一定奖项，扩大公司知名度。在专卖店不定期推出特价产品推荐，增加茶叶销量。在网上季度月度推出团购和秒杀项目，扩大了中低价位碧螺春的销售量。在老客户维护上，采取价格优惠和优惠券、买一送一等模式，给老客户以大力度的价格优惠。在销售接待客户服务上，从单纯的推销茶叶转变为满足茶客对茶的品饮的需求的同时欣赏茶艺表演，增加对茶文化的了解，实现对茶叶价值认可的终极目标上。

三、亮点与特色做法

（一）战略模式

1. 营销战略

洞庭碧螺春自1915年在巴拿马万国博览会中被列为中国十大名茶，此后的历次十大名茶评比中，洞庭碧螺春都赫然在榜，如表8－1所示。1998年，洞庭山碧螺春经国家工商总局商标局批准注册为全国首件茶叶类地理标志证明商标。2002年，国家质检总局通过了洞庭山碧螺春地理标志保护产品的申请，这也是江苏省第一种地理标志保护产品。2009年，洞庭山碧螺春荣获中国驰名商标称号。而洞庭山所在的吴中区也获得了“中国名茶之乡”的荣誉称号，并被列为全国重点茶产区。

表8－1 洞庭碧螺春所获相关荣誉

年份	荣誉	所属
1915	中国十大名茶（巴拿马万国博览会）	洞庭山碧螺春
1998	地理标志证明商标	洞庭山碧螺春
2002	地理标志保护产品	洞庭山碧螺春
2007	中国名牌农产品	玉品牌碧螺春
2008	中国南北极考察特供产品	吴侬牌碧螺春
2009	中国驰名商标	洞庭山碧螺春
2009	中国名茶之乡	吴中区

洞庭碧螺春对地理标志的重视使其迅速为广大消费者所接受。具体来看，农产品地理标志指标识农产品来源于某地区，该产品的特定质量、信誉或其他特征，都是由该地区的

自然因素或人为因素所决定的标志。这样的标志具有真实性、特定性和永久性。洞庭碧螺春利用洞庭山自身的公有性特征和良好的声誉特点，有利于获得消费者心中一致的认可。

在地理标志品牌营销下，洞庭碧螺春采用了区域品牌模式，即大品牌下冠名生产主体各自小品牌的“母子商标”形式。因而洞庭碧螺春下涵盖了众多小品牌。其中，玉品牌碧螺春茶被评为中国名牌农产品，吴侬牌碧螺春茶被评为“中国南北极考察特供产品”，洞庭山牌碧螺春茶被评为江苏省著名商标，还拥有古尚锦、碧螺、古涵等6个江苏省名牌产品。目前，碧螺春名茶已有12个品牌通过了农业部产品质量安全中心认定，有7个品牌被中国绿色食品发展中心批准使用绿色食品标志，有4个品牌获得了有机食品标志使用权。

2. 多元主体

采取龙头企业、股份合作、家庭作坊多元并行的经营方式。截至2018年，全区产茶企业107家；碧螺春茶专业合作联社2个，碧螺春茶专业合作社36个；茶农户数共计17458户（其中，东山8532户，西山8926户），其中共有23家合计19750亩茶园通过绿色食品茶园认证，9家合计1560亩茶园通过有机茶园认证。

现有的主要组织形式为“龙头企业+合作社+茶农”和“生产基地（合作社）+茶农”两种。在具体实践中，龙头茶企作为品牌建设的引导者参与市场竞争，农户作为生产主体，进行茶叶的种植、培养和采摘，合作社搭建起两者间的桥梁，执行简单的包装、加工和储运等运销职能，同时，为茶农提供必要的农资支持和技术服务。“龙头企业+合作社+茶农”的组织方式有效提升了产品的集约化生产和企业化管理，进一步促进了生产上的标准把控和销售上的规范进行，使碧螺春茶产业向现代化茶产业升级转型。同时，合作社在抵御风险和降低交易成本上相比小农户更具优势，这有利于保障生产的可持续性和稳定性，促进品牌发展的同时为茶农带来更多稳定性的收益保障，如表8-2所示。

表8-2 洞庭碧螺春生产主体情况　　单位：个/户

生产组织名称	数量
企业	107
专业合作联社	2
专业合作社	36
农户	17458

注：统计时间截止到2018年末。

资料来源：范佳尔．地理标志产品保护中的政府行为优化研究［D］．苏州大学，2019.

（二）自然条件

茶厂产地位于苏州太湖西山（洞庭山）岛，是太湖水域第一大岛，也是我国淡水湖泊中面积最大的岛屿。1997年12月，太湖西山岛经原国家林业局批准为国家级森林公园。这里拥有着得天独厚的适宜茶叶生产的气候条件和土壤条件。

在水热方面，太湖流域年平均气温 16.5℃，4 ~ 10 月月平均气温均高于 15℃，气温较恒定，年降雨量分配适宜，少低温冻害和高温干旱等天气；云雾较多，光照适宜，有利于优质茶叶的生长。丘陵山地的地形使茶园排水顺畅，渍害较少。碧螺春茶采用了茶果套种的方式，即将茶树间套在枇杷、杨梅、桃树等果树花丛中。间种套作的方式不仅使碧螺春茶带有独特的花果香气，还有利于改善土壤营养状况。

（三）生产管理

1. 生产工艺

洞庭碧螺春茶采用了纯手工炒制，工艺流程十分复杂，主要包括茶叶采摘与摊放、高温杀青、揉捻成形、搓团显毫、文火干燥等步骤，形成了“手不离茶、茶不离锅、揉中带炒、炒中带揉、连续操作、起锅即成”的独特环节，其加工工艺已被列入非物质文化遗产候选名录。经过数代炒茶匠人的传承和创新，碧螺春已形成一套科学化的工序，各个制作环节都有诸如温度、茶叶含水量及制作时间等参数标准，如表 8 – 3 所示。

表 8 – 3 洞庭碧螺春生产工序

工序	制作要点
采摘与摊放	春分到清明期间，一芽一叶或二叶采摘，芽叶长度 1.5 ~ 2.0 厘米，百芽质量在 3.3 ~ 3.5 克，500 克鲜茶叶中约有 6 万个鲜叶；放置在干净卫生的簸箕中摊晾 4 ~ 6 小时，质量减少 8% ~ 12%
高温杀青	在平锅内或斜锅内进行，锅温 190℃ ~ 200℃ 时，投叶 500 克左右，以抖为主，双手翻炒，做到捞净、抖散、杀匀、杀透、无红梗、无红叶、无烟焦叶；历时约 5 分钟
揉捻成形	控制锅温 70℃ ~ 75℃，采用抖、炒、揉三种手法交替进行，边抖，边炒，边揉，随着茶叶水分的减少，条索逐渐形成；历时约 10 分钟
搓团显毫	控制锅温 50℃ ~ 60℃，边炒边用双手用力地将全部茶叶揉搓成数个小团，不时抖散，反复多次，搓至条形卷曲，茸毫显露，控制茶叶含水量 20% 以下；历时约 15 分钟
文火干燥	采用轻揉、轻炒手法，达到固定形状、继续显毫、蒸发水分的目的。茶叶含水量约 10% 以下时起锅；将茶叶摊放在桑皮纸上，连同桑皮纸一起放在锅上文火烘至足干，控制锅温 30℃ ~ 40℃；整个干燥过程历时 6 ~ 8 分钟

2. 质量管理

按照消费者获得商品信息的途径，食品质量可以分为搜寻品、经验品和信任品。诸如茶叶类农产品，消费者只有在购买和消费后，才能对其口感、鲜嫩程度、香味进行判别，而涉及食品安全的农药残留则极难被发现，因而存在着较为严重的信息不对称。针对这样的问题，洞庭碧螺春建立了一系列统一的产品质量标准和监督制度，旨在通过完善茶厂的声誉机制来吸引消费者。

在质量分级和标准化方面，碧螺春根据国家相关标准，依感官指标分为特级一等、特级二等、一级、二级、三级 5 个等级，通过质量分级来体现出产品价值的差别。其显著的特征是芽叶随级别逐渐增大，茸毛逐渐减少，汤质、叶底亦有变化。通过标准化，实现分等分级，优质优价，将使目标市场同产品更好地衔接起来，减少由于质量争论所引起的交易成本，提高价格形成的效率，从而实现洞庭碧螺春的品牌价值最大化，如表 8－4 所示。

表 8－4　洞庭碧螺春感官品质特征

级别	外形				内质			
	条索	整碎	色泽	匀净度	香气	滋味	汤色	叶底
特级	纤细卷曲呈螺，白好披覆	匀整	银绿隐翠	匀净	嫩香清鲜	清鲜甘醇	嫩绿明亮	嫩幼多芽，嫩绿明亮
一级	紧细卷曲呈螺，白好披露	匀整	银绿显翠	匀净	嫩香清高	鲜醇	嫩绿明亮	茶叶嫩幼，嫩绿明亮
二级	紧细卷曲呈螺，白好显露	匀尚整	绿翠	尚匀净	清香鲜爽	浓厚	绿明亮	嫩略含单张，嫩明亮
三级	紧结卷曲呈螺，白好尚显	尚匀整	绿润	尚匀净	清香	醇厚	绿明亮	嫩略含单张，绿尚亮

在质量安全和监督方面，茶厂采用了以 B/S 架构为基础的碧螺春茶二维码追溯和防伪系统，通过信息化管理，实现了从种植到采摘到流通一体化的监督和控制，消费者可以通过多个平台进行质量回溯查询，政府相关部门可以得到大量的基础数据以形成决策参考。

（四）运销活动

1. 包装设计

农产品包装是农产品商品化过程中的一项重要营销活动，包含设计、生产产品的包装物和包装产品的活动。好的包装不仅在实体方面对产品的品质起到保护作用，对方便消费者对商品的识别和消费也有很大影响。因而，一个好的包装有利于产品的销售和推广，体现对产品风格和品牌的准确定位以及扩大品牌的传播力和知名度。对于茶叶这种兼具物质和文化双重属性的农产品而言，合理的茶包装会成为推广茶品牌的重要物质载体。

洞庭碧螺春的包装设计通过运用水墨画、文化传说、诗词歌赋以及茶道精神等元素，从文化角度展现了与洞庭碧螺春相关的物态文化、历史文化和精神文化。这些设计有效地传达出了产品的价值定位与风格特色，提升了洞庭碧螺春的品牌认知度和影响力。随着“互联网＋”的日益普及，洞庭碧螺春还顺应大众需求，推出了中国茶的跨界融合，创新发挥农产品的包装职能，塑造了一个更加与时俱进的绿茶品牌。

2. 茶艺设计

中国是茶叶的故乡，也是生产和消费第一大国。“君作茶歌如作史，不独品茶兼品士。”茶礼茶艺，古已有之。茶在中国人心中不仅仅是一种饮品，它还是一种文化，亦是众多精神内核的象征。

碧螺春茶厂通过对茶礼茶艺的精心设计，有利于塑造品牌形象，增加品牌历史厚重感，丰富文化内涵性。具体来看，有以下三个方面：第一，提炼文化性的茶艺主题。例如，以“吓煞人香”这一传说作为原型进行茶艺主题的设计。第二，编排具有文化内涵的茶艺形式。即将具有地方特色的文化习俗、诗词歌赋、琴棋书画等艺术形式有机融合入茶艺欣赏。第三，选择具有文化性的茶具和音乐。不同的茶艺需要匹配不同的茶具。如在洞庭茶俗姜盐豆子茶中，唐代风格的茶具是符合其差异特点的。

3. 文旅活动

洞庭茶厂利用了较好的生态环境实现茶叶生产的同时，积极向文化旅游业态拓展。洞庭山是国家级森林公园，环境优美；茶文化旅游资源丰富，包括贡茶院、康熙皇帝御码头、水月禅寺、茶圣陆羽像、茶文化博物馆等建筑以及茶文化节等特色人文体验活动。游客在观光的同时，可以购买茶产品，体验茶文化。茶厂通过延伸产业链，不仅提升了洞庭碧螺春茶的知名度，还增加了多项附加收入，带动了当地人就业，实现人与自然的和谐发展。

四、展望

（一）品牌推广，落实地理标志保护

洞庭碧螺春是我国首个申请茶叶地理标志证明的茶叶品类，也是江苏品牌化程度较高的一种农产品。但由于地理标志自身的公有性特征和良好的声誉特点，往往会导致柠檬市场，破坏市场秩序，为消费者造成利益损失。因而，洞庭碧螺春需要在明确品牌定位的前提下，有效开展品牌保护，探索地理标志产品的品牌支持性运营，如对产品基地进行有效的建设和保护，建立严格的质量标志体系和监督体系，继续完善产品质量追溯体系等。同时，树立大品牌观念，注重品牌整合，这有利于市场形成统一的品牌声誉。

（二）整合资源，提升产业化水平

2018 年，洞庭碧螺春虽实施了品牌战略，但地区茶企多达 100 余家，知名的规模龙头茶企较少。茶企作为直接参与市场竞争的主体，散而不强的分布制约着碧螺春茶业的集约化发展。应通过整合现有小型的茶企，组建大型股份制集团，建立统一高标准茶园和加工园，实现洞庭山碧螺春茶的集约化生产、企业化管理、机械化加工、市场化运作。保障高素质的科研力量。茶市场准入门槛低，市场竞争度高，必须每年从营收中拿出一笔钱作为产品的研究开发经费，支持新产品开发、新技术的贮备和顾客需求的研究。以确保在市场竞争中处于优势地位。

（三）合理利用自然条件

针对特殊的偏酸土壤条件，因地制宜制定施肥技术方案，探索创新性的施肥方式和土

壤养分管理机制，促进碧螺春茶的高产优质生产，促进太湖流域的可持续发展。针对茶园单产低，良种普及率低的问题，茶厂要协同农林大学院所等科研机构积极开展良种选育和推广工作，促进碧螺春茶产业化发展。同时，积极促成现有茶园集中连片发展，实现茶园生态化、管理标准化。积极推广绿色防控技术，注重茶园绿色可持续发展，减少农药化肥的使用，增加生物治理办法，提高茶园的绿色有机水平，兼顾茶叶产量与质量的科学平衡，实现茶叶生产效益最大化。

有条件的地方要与旅游观光相结合，建设一定的文化休闲设施，积极改善茶园生态环境，使茶园经济属性同生态属性和文化属性相结合。洞庭山茶文化旅游资源存在的意义不仅是供人们欣赏茶园自然风光、品茶饮茶、陶冶情操、放松身心，更重要的是让人们感受和体验传统文化的魅力，发挥其历史价值、科学研究和教育功能。

（四）运用加工规范，提高生产标准化水平

良好农业规范（GAP）是一套主要针对初级农产品生产的操作规范，强化农业生产经营管理行为，实现对种植、养殖全过程控制，从源头上控制农产品质量安全。我国部分先进茶厂已经通过了 GAP 的验收。碧螺春茶在不断扩大产量约束的同时，必须严格控制质量标准，因而可借鉴现有国内外成熟茶厂的经验，实施良好农业规范管理措施，关注污染控制，保障农产品质量安全。要兼顾茶产品的内在质量与外在形象。好茶既体现在色香味等外在品性的优良，更要以安全健康和绿色为目标。要积极运用现有的成熟的加工规范，保障碧螺春茶的质量问题。

（五）增强跨文化营销意识，提高国际竞争力

当前洞庭碧螺春茶企普遍小而分散，规模化龙头企业少，外销出口少，精细化加工少。跨文化营销意识淡薄，大打价格战造成无序竞争使产品同质化严重，国际市场竞争力不足。因而，在未来的经营中，洞庭碧螺春应该积极调研国外市场情况，研究中外消费者心理文化的差异，借鉴立顿红茶的成功案例，形成自己的出口运销策略，提升在国际市场上的竞争力。

（六）注重品牌定位，加强碧螺春文化内涵建设

品牌文化的内涵是指企业传达给消费者是一种什么样的品牌文化，由消费者对这个品牌进行认知的现象。借鉴一些世界名茶的文化品牌建设经验。如立顿红茶，其塑造的“从茶园直接进入茶壶的好茶”品牌形象，使立顿在短时间内将优质红茶推向全球。并在随后获得“世界红茶之王”的美称。又如世界级的著名品牌茶“Harney & Sons”，以名贵和高级著称，主打拼配茶；德国的花果茶“Seasons Tea”以新颖时尚的独特口味风靡欧洲，也是德国人精益求精的完美体现。这些世界名茶都通过准确的品牌定位，形成自己独特的品牌文化，在各自的细分市场中获得消费者的喜爱。碧螺春品牌在产品宣传的同时也要对产地和生产工艺积极推广，让消费者了解“品牌背后的故事”。积极开发碧螺春茶叶文化周边产品，继续完善茶文化节、茶艺展览等品牌文化营销活动，增强品牌厚度。

第九章　邳州白蒜

一、邳州白蒜品牌简介

江苏省邳州市拥有银杏、大蒜、食用菌、高品质棉、优质稻米、无公害创汇蔬菜等主导产品，其中大蒜产业经过邳州市多年大力推广，在全国具有较高知名度，其盛产白皮大蒜，已有2000多年的种植历史。如今邳州是全国重要的大蒜产业发展中心，大蒜种植规模庞大，种植面积已经超过60万亩，年产量超过70万吨，涉及农户、企业众多，是邳州农业的支柱产业。拥有60万亩大蒜标准化种植示范基地，“邳州白蒜”品牌评估价值140多亿元。拥有国家级大蒜研发中心和大蒜出口基地，在大蒜种植、研发、仓储、冷藏、物流等方面掌握成熟经验和先进技术。

邳州产蒜区属黄泛沙土平原，地处黄河、淮河之间，是半湿润暖温带季风气候，四季分明，日照充足，冬季干寒，夏季温热，年平均气温13.9℃，年平均日照2350小时，一年中无霜期可高达211天；同时境内雨量充沛，年平均降雨量可达903.6毫米，雨热同季。充足的日照和雨量使水土能稳定地保持潮湿状态，为白蒜的生产提供了充足的资源；农田覆盖着微碱性的黄河泥沙，经过长期耕作和改良培肥，形成了养分齐全、理化性状好、有机质含量高的肥沃土质，适合大蒜生长。正是由于其特殊的区位优势和产业的持续推动，邳州市逐渐成为全省最大、全国有地位、国际上有影响的大蒜产业基地。“邳州白蒜”是邳州大蒜的主打品种，应用的栽培技术在中国处于领先地位，被誉为白蒜中的上品，深受国内外商家青睐，素有“中国白蒜”之称，具有个大、皮色白、肉质脆、抱头紧、蒜瓣少、易贮存、含油高、辛辣程度适中、口感微甜、质优高产、耐储运等特点。另外，白皮大蒜为食药兼用佳品，含有丰富的维生素、氨基酸、蛋白质、大蒜素和碳水化合物，其中富含17种氨基酸，包括8种人体必需氨基酸。《本草纲目》中对大蒜的药用价值有很多记载。邳州民间对大蒜药用价值也有很多的说法：“只要三两瓣，痢疾好一半”“大蒜熬稀饭，降压是秘方”等。具有较高的药用和营养价值，集调味和保健于一体。

2002年，邳州白蒜通过了江苏省级无公害农产品的认证，打造了“宿羊山白蒜”“车夫山大蒜”“黎明牌大蒜”等优质品牌，其中黎明大蒜先后被评为中国名牌农产品、江苏省名牌产品。2008年12月17日，原国家质量监督检验检疫总局批准对“邳州白蒜”实施地理标志产品保护。2009年，邳州白蒜标准化示范区被江苏省外经贸厅、财政厅认定为江苏省大蒜出口基地。

近年来，邳州市立足生态优先、绿色发展、产业富民的理念，依托邳州白蒜生态资源，坚持用工业化概念，着力把发展核心从“一头蒜”转型成“一头蒜的保健”，推动大蒜产业向高端化攀升，一二三产业融合发展。迄今邳州共拥有大蒜中国驰名商标 1 个、中国名牌农产品 1 个、省名牌产品 5 个、省著名商标 5 个，制定省级地方标准、企业标准近 20 个。先后获批全国绿色食品原料标准化生产基地、国家级出口大蒜质量安全示范区、全国外贸转型升级专业型示范基地、首批江苏省农产品加工集中区、国家农业产业化示范基地、江苏省现代农业产业示范园、国家现代农业产业园区等，“邳州白蒜”获批地理标志产品、国家生态原产地保护产品，品牌价值 142 亿元；相继荣获 2017 全国十佳蔬菜地标品牌、2017 供给侧改革领军品牌、2018 全国绿色农业十佳蔬菜地标品牌，邳州大蒜入选中国农业出版社《中国绿色农业发展报告 2018》品牌篇。邳州的大蒜出口企业建立并运行 HACCP、ISO14000、ISO9001、ISO22000 等管理体系。黎明食品、恒大食品等 13 家企业基地通过了 GAP 认证，出口备案基地实现 GAP 认证全覆盖。其中黎明食品的“ZLM”大蒜商标被认定为“中国驰名商标”，在境外实现国际注册，相继在越南、巴基斯坦、泰国等成立了分公司。

二、邳州白蒜成长及运行机制

（一）成长历史

邳州市自古就是著名的“四辣”——大蒜、辣椒、生姜、大葱种植之乡，邳州白蒜为“四辣”之首，栽培历史悠久，始于汉代，盛于元、明。据东汉崔寔《东观汉记》记载，东汉章帝时，兖州刺史李恂曾将大蒜带到山东，开始只在官府后院种植，后慢慢在民间传开。后传遍山东全境及河南、江苏邳州、安徽等周边地区。清时邳州境内蒜田良多，比比皆是。

2002 年，邳州白蒜通过了江苏省级无公害农产品的认证。到 2003 年，仅一年的时间，邳州市颁布实施大蒜生产系列标准 30 余项，基本覆盖整个产业的各个环节；累计编印生产技术手册 5 万余套发放给蒜农，集中培训技术人员、生产大户 3000 多人次，严格按照无公害化栽培规程，实施大蒜规范化生产，干蒜头单位面积产量在 1300 千克以上，蒜头直径 5 厘米以上的出口级蒜占产量 85% 以上，单位面积经济效益平均在 4000 元以上。

位于邳州西部的赵墩、碾庄、宿羊山、车夫山等镇已形成连片种植 30 万亩的规模，特别是起步较早的宿羊山镇不但 7 万亩土地全部种植了优质白蒜，而且建成了占地 50 万平方米的苏北最大的大蒜专业批发市场、30 座吨级恒温保鲜库、40 多家深加工企业及与外商合资兴办的四条大蒜口服液、胶囊等产品生产线。为了更好地保护这一特色品牌，邳州市大蒜协会制定了统一的大蒜质量标准，规定所有出口大蒜必须经过商检局的检验后方可使用“邳州大蒜”商标。2007年3月，“邳州白蒜”开始申报地理标志产品保护。2008年8月21日，由国家质检总局牵头，多家单位专家组成的审查委员会，在北京召开了“邳州白蒜”地理标志产品保护审查会。同年12月17日，原国家质量监督检验检疫总局发布公报，批准对“邳州白蒜”实施地理标志产品保护，保护范围为邳州市现辖行政区域。“邳州白蒜”也成为徐州市第一个地理标志保护产品。为了增加大蒜出口，邳州还在家门口自建市场，形成了以宿羊山为中心，占地1000余亩的中国最大大蒜交易市场，年交易量高达100万吨，交易额在20亿元以上。2007年启用的苏北宿羊山大蒜网上交易大厅，可以使客商上门拿货，做到让蒜农不出家门，就把蒜卖掉。同时大蒜协会还建立了邳州大蒜网站，将邳州大蒜特有的生产优势、品质特征及大蒜生产加工企业进行网上推介，方便企业与国内外客商进行网上交易。为了应对外国的进口门槛，在农技部门协助下，邳州蒜农们使用大蒜专用肥，降低大蒜农药残留，使大蒜生产标准和国际接轨。与此同时，邳州尝试将大蒜进行深加工，从而延长拓展产业链，目前已形成了一条从冷储、保鲜到深加工出口的完整产业链，蒜片、蒜粉、蒜粒、蒜米、蒜油、蒜素、蒜液、大蒜胶囊等20多个深加工产品已投放市场。经过深加工的大蒜产品，大大提高了附加值，在国内外市场上升值几倍甚至十几倍。2009年，邳州白蒜标准化示范区被江苏省外经贸厅、财政厅认定为江苏省大蒜出口基地。2020年7月20日，邳州大蒜入选中欧地理标志首批保护清单。

近年来，邳州市加快大蒜产品的高端研发和精深加工，与江南大学、南京工业大学、山东农业大学、中国农科院、南京农业大学等科研院所建立合作关系，全国共有40多名专家、教授加盟邳州大蒜的开发。通过多方的不懈努力，邳州建成了首批省级农产品加工集中区、国家农业产业化示范基地、省级现代农业示范园区，入选国家现代农业产业园；建成省级以上研发中心和工程技术中心5个，其中黎明食品国家级大蒜研发中心和绿之野食品国家地方联合工程研究中心，在产品研发和食品安全检测等方面走在全国大蒜产业的前列，科研产品创新层出。目前全市拥有黎明食品、绿之野生物食品大蒜深加工生产企业38家，年生产能力20万吨，产品主要有黑大蒜、大蒜素、大蒜油、大蒜胶囊等，畅销国内国际市场，出口到世界100多个国家和地区，与茅台集团合作的白金黑蒜酒也在市场上热销。邳州市在加快研发大蒜高端产品的同时，也积极争取向国家主流媒体推介邳州白蒜，宣传邳州白蒜。2017中国大蒜年会暨首届国际大蒜产业峰会、2018第二届国际（邳州）大蒜产业峰会、邳州绿色农产品南京展销会、邳州名特优农产品上海展销会、邳州优质农产品（北京）展销会、优质农产品进南京高校推介会和良中控股旗下农淘优选邳州白蒜原产地直供电商平台开通的一县一品“邳州馆”等活动，以蒜为媒，创造“海陆空”全渠道的营销场景和空间，带动邳州白蒜整个产业链的发展，进一步提升“邳州白蒜”品牌影响力。

（二）邳州白蒜品牌现状

邳州是全国四大大蒜主产区之一，也是全国大蒜产品出口示范区。凡在邳州市范围内，依法取得工商登记注册的下列经营单位或组织，均可申请获取“邳州白蒜”品牌使用授权：凡申请使用“邳州白蒜”品牌的经营单位或组织，均须向邳州市政府指定的“邳州白蒜”品牌运营主体领取《“邳州白蒜”品牌使用申请表》，据实填写有关内容并准备有关材料。品牌运营主体对申请使用“邳州白蒜”品牌的各类单位进行比较并审核，并送至“邳州白蒜”品牌建设领导小组权使用合同，办理许可手续，获得“邳州白蒜”集体商标准用证编号，使用有效期为两年，同时由品牌运营主体将获得相应授权的各个单位汇总后报市工商局备案。凡获得许可使用“邳州白蒜”品牌的经营主体，邳州市政府网站将统一向社会公布，以接受广大群众的监督。获得品牌授权的单位须导入质量溯源管理体系，严格执行物流及贮运标准、产品检测标准，按照销售渠道匹配相应包装标准，使用“邳州白蒜”统一设计的包装，加贴对应的二维码，并获得品牌运营主体提供的宣传物料设计和政策扶持。“邳州白蒜”使用统一的品牌包装形象体系，由品牌运营主体提供设计稿，各使用单位须严格按要求印制，在指定位置添加自有品牌及企业信息，不得擅自随意更改其他设计内容。在印制后，使用单位须将修改后的设计稿及包装实物照片电子稿交品牌运营主体备案。

目前，邳州市大蒜产业龙头企业以出口为主，在国内市场邳州白蒜消费者认知和互联网品牌影响力还比较低，比如，百度搜索关键词“大蒜节”“白蒜”，出现的词条大部分为金乡大蒜和杞县大蒜信息，邳州白蒜信息较少。而百度指数反映出一个品牌的关注热度，也是品牌影响力的最直接体现。通过邳州白（大）蒜和金乡大蒜的搜索，可见两者的品牌热度相差近 6 倍之多。邳州大蒜产业急需优化升级，加强品牌核心价值打造、加大产业深度规划、培育更多主体、提升商品流通标准化建设。

（三）邳州白蒜品牌运行机制分析

1. 管理分工机制

在由邳州市领导牵头的市政府相关职能部门的主管下，“邳州白蒜”品牌管理工作由市政府指定的“邳州白蒜”品牌运营主体具体负责，其以集体商标为抓手，做好“邳州白蒜”品牌的主要管理工作，邳州市其余有关单位则通力协作，各司其职，全力做好协同工作。

相关监管部门负责做好邳州市特色农产品的监督管理和市场准入工作。负责农产品的质量安全检测，禁止不符合国家质量安全标准规定的农产品流入销售环节；负责把好本地农产品市场准入关，对不符合国家标准的，质监部门检验不合格的，不予开具合格证，并采取有效措施，禁止其流入市场。同时负责做好以下工作：积极做好品牌推广使用的宣传、组织、培训和考核考评工作；组织和引导生产经营主体申请使用“邳州白蒜”品牌；负责落实品牌的使用申请、初审推荐、审核批准等工作。在生产包装等初加工环节，由相关部门负责牵头做好监督管理工作。负责使用“邳州白蒜”品牌的产品进入生产包装等初加工环节至进入流通环节之前的质量监督管理；负责落实监管专门队伍，实行任务、责任、奖惩三到人，对生产包装等初加工厂进行具体指导和监督。进入流通环节，由相关部门负责牵头做好监督管理工作：负责将邳州市本地公司许可使用“邳州白蒜”品牌的经营主体上报国家商标局备案，并通报全国各省（市、区）、地级市和县级工商部门备案存查；负责联络和配合全国各地工商部门提请的“邳州白蒜”品牌的打假维权事宜；负责受理“邳州白蒜”品牌使用者和消费者向工商部门提请的投诉事宜；负责配合、支持政府部门在全国各地销售市场开展的“邳州白蒜”品牌授权农产品打假维权活动；加强对包装印刷厂的监督与管理，依法对未经许可擅自印刷“邳州白蒜”品牌形象的行为进行查处。

2. 品牌资源分析

邳州市大蒜产区约有12.6万农户，且全市拥有黎明食品、绿之野生物食品大蒜深加工生产企业38家，企业周边的农民逐渐转化成了产业工人，直接提供就业岗位5200多个。邳州市目前拥有国家级出口大蒜质量安全示范区1个、省级出口大蒜示范基地15个，具备自营出口权的企业33家，省级以上研发中心和工程技术中心5个。邳州市委、市政府制定了大蒜产业发展规划，出台人才引进、劳动用工、招商引资、项目建设等一系列扶持政策。农业部门采取多种措施，密切关注市场行情，搞好市场调查，加大宣传和推介力度，发布相关信息，科学引导蒜农适价分期销售。加大基础设施投入，积极整合农业、自然资源、水利等涉农项目资金集中投入基地，进一步强化农田水利和桥涵路闸建设，推广水肥一体化、有机肥替代化肥、氮肥减施、病虫害绿色防控等绿色栽培技术，积极探索大蒜机械化收种。围绕大蒜食品、保健品、生物制药等方面，加大招商引资力度，搞好对外联合，吸引国内更多的精深加工企业入驻产业园区。

邳州市加快大蒜产品高端研发和精深加工，与江南大学、南京工业大学、山东农业大学、中国农科院、南京农业大学等科研院所建立合作关系，全国有40多名专家、教授加盟邳州大蒜的开发。依托科研院所，加快引进示范推广新品种，重点打造大蒜良种繁育基地的建设，全市良种覆盖率达95%以上。创新种植模式，推行标准化管理。全市拥有大蒜中国驰名商标1个、中国名牌农产品1个、省名牌产品5个、省著名商标5个；“邳州白蒜”获批地理标志产品、国家生态原产地保护产品，品牌价值142亿元；相继荣获2017全国十佳蔬菜地标品牌、2017供给侧改革领军品牌、2018全国绿色农业十佳蔬菜地标品牌；黎明食品的“ZLM”大蒜商标被认定为“中国驰名商标”。

3. 品牌现行战略分析

（1）产品开发战略。

邳州白蒜品牌现在拥有的产品非常成功，但已处于生命周期中的成熟阶段。采用产品开发战略——如开发保健品或生物制药产品，可以吸引老顾客尝试新的（改进后的）产品，因为他们对企业现有的大蒜产品或服务有良好的感受。邳州白蒜依据其丰富的技术资源与政策支持，拥有强大的产品独立研发能力。结合“邳州白蒜”统一的品牌管理标准和品牌形象体系，作为加强“邳州白蒜”品牌建设和管理的主线，把产前、产中、产后管理贯通起来，打造“邳州白蒜”科学的品牌管理体系。将品牌形象统一的产品包装箱和具有质量追溯信息的二维码作为品牌管理的重要抓手，将邳州白蒜品牌与其他地区产品区别开来、与假冒伪劣产品区别开来、与“三无”产品区别开来，广泛深入开拓邳州大蒜市场空间；运用质量追溯信息，维护广大从业者和消费者的合法权益，保护“邳州白蒜”品牌，促进产业可持续发展。

（2）关于邳州白蒜市场营销现状的STP战略分析。

邳州白蒜品牌将潜在的消费者群体进行了定位：他们选择按照消费者的消费动机和处于的消费场景细分市场，大致将潜在的消费群体分为以下几个部分：①产品加工原材料：目前全市拥有黎明食品、绿之野生物食品大蒜深加工生产企业38家、年生产能力20万吨，产品主要有黑大蒜、大蒜素、大蒜油、大蒜胶囊等40多个品种，对大蒜需求量十分庞大。②调味品：普通居民或饭店在各零售点购买适量大蒜用作制作食物及调味品。③保健品：大蒜具有延缓衰老、预防铅中毒、降低血脂、防止血栓、调节胰岛素、抗癌防癌、抗炎灭菌等功效，因此可加入研发保健品或生物制药产品的成分中，需求前景十分可期。

目标市场是根据竞争者在市场所处的位置，针对顾客对产品的重视程度强有力地塑造本企业产品与众不同的给人印象鲜明的个性或形象，从而使本企业在市场上处于恰当的位置。随着日益激烈的竞争，品牌差距日益缩小。为了区分自己的产品，邳州白蒜在不断地修改完善自己的目标市场，紧随消费者的需求和竞争对手战略的变化，从产品特点和种类上看，邳州白蒜当前的主打产品是保健类产品，营销的重点在于怎么让消费者喜欢你的产品，在这点上，邳州白蒜需要不断开发新产品来满足顾客偏好需求。①顾客价值分析：大蒜作为产品加工原材料和日常做饭的调味品，在低端消费市场具有稳定且大量的需求量；而大蒜保健品和生物制药用品的推出，会吸引收入较高的人群好奇消费，从而开拓大蒜市场的中高端消费。②竞争分析：邳州白蒜目前的强势的竞争对手以金乡大蒜和杞县大蒜为主，两者均以白皮大蒜和紫皮大蒜为卖点，与邳州单一的白皮大蒜相比，其产品品种更为丰富，且金乡大蒜出口量占中国大蒜出口量的50%以上，其国际影响度更高。因此，从整个大蒜市场来看，邳州大蒜缺乏竞争力。但由于农产品有着独特的地域优势，江浙沪一带对于邳州白蒜的需求量依旧很大，如何保持并拓展江浙沪的大蒜销量以及如何提高品牌声誉及国际影响力，是邳州白蒜品牌下一步需要做的。

通过大数据分析，深度研究大蒜产品在线上线下渠道的消费需求。以调研分析为数据支撑，优化邳州大蒜产品线，采取“拳头产品+腰部产品”开发思路，即线上线下渠道各开发2~3款高性价比拳头产品，培育爆款，重点打造口碑和品牌影响力；腰部发展丰富产品线，支撑消费者多样化需求。同时，品牌核心价值挖掘和塑造是打造一个区域公共品牌的前提和基础。针对邳州大蒜进行品牌价值挖掘和塑造，将邳州定位为中国大蒜健康产业发展地，确定其品牌核心价值“大健康，绿色产业”，并通过第一阶段的品牌沉淀，让消费者感受邳州大蒜的品牌理念，并重点研发生产黑蒜、白蒜保健品等大健康工业化的产品。

三、亮点与特色做法

（一）品牌发展优势

1. 生产成本较低

大蒜是一种劳动密集型栽培农作物，我国的劳动力相对便宜，种植一亩大蒜需要的人工劳力费用约1000元，大蒜总体生产成本比发达国家要少得多。邳州地处江苏北部，整体经济实力不强，主要以第一产业为主，劳动力数量较多，截至2018年，人口为194.36万。劳动力数量的充足与劳动力价格的低廉为邳州提供了良好的种植大蒜的环境，有利于提高邳州白蒜产品在市场上的竞争力。

2. 地理位置便利

邳州地处江苏省徐州市，位于长三角、环渤海、中原三大经济圈交汇处，是淮海经济区中心地带重要的节点城市之一。其东接新沂市，西连徐州市铜山区、贾汪区，南接睢宁县、宿迁市宿豫区，北邻山东省枣庄市台儿庄区、兰陵县、郯城县。周边与境内拥有京沪、京福、霍连、宁徐四条高速，徐州观音、临沂、白塔埠三个机场，一个年吞吐量达600万吨的内河港口。邳州市2020年计划将高铁综合客运枢纽和连徐高铁同步建成投入运行，真正把高铁开到邳州老百姓家门口，使邳州正式迈入“高铁时代”；并尽快启动台睢高速和连霍高速公路邳州高新区互通建设；在市内交通方面，邳州市计划年内先期建成城区9座铁路立交，有效打破陇海铁路穿城而过造成的交通瓶颈；为使城乡公路贯通，邳州市全力推进344省道邳州段和国省道干线连接线建设，进一步提升城市交通内通外联能力，完成新改建农村公路45千米，改造危桥29座；围绕“公铁水”连通，邳州加快港搬迁工程建设，一期PPP部分6月份进场施工，二期政府自建部分年内完成投资1亿元。总体来看，邳州交通网三横六纵，交通运输极为便捷，为邳州白蒜出口提供了良好的条件。

3. 产业基础雄厚

首先，宿羊山镇作为中国大蒜第一镇，坐拥苏鲁豫皖接合部最大的大蒜交易市场，具有传统产业优势。其次，近年来邳州市加快大蒜产品高端研发和精深加工，目前邳州市拥有各类研发机构10余家，专业技术人员2000余人，并与江南大学、南京工业大学、山东农业大学、中国农科院、南京农业大学等科研院所建立合作关系，全国有40多名专家、教授加盟邳州大蒜的开发，运用科研技术力量带动大蒜产业发展。除此之外，邳州白蒜注重品牌度建设，建成了首批省级农产品加工集中区、国家农业产业化示范基地、省级现代农业示范园区、入选国家现代农业产业园，其中黎明食品国家级大蒜研发中心和绿之野食品国家地方联合工程研究中心，在产品研发和食品安全检测等方面走在全国大蒜产业的前列，科研产品创新层出。目前，全市拥有黎明食品、绿之野生物食品大蒜深加工生产企业38家、年生产能力20万吨，产品主要有黑大蒜、大蒜素、大蒜油、大蒜胶囊等40多个品种，产品畅销国内国际市场，出口到世界100多个国家和地区，与茅台集团合作白金黑蒜酒目前在市场热销；邳州市拥有大蒜中国驰名商标1个、中国名牌农产品1个、省名牌产品5个、省著名商标5个，制定省级地方标准、企业标准近20个；“邳州白蒜”获批地理标志产品、国家生态原产地保护产品，品牌价值142亿元。

4. 良好的政策引领

邳州地处江苏北部，目前仍属于欠发达地区，近年来邳州市坚定实施乡村振兴战略，加快推动“三农”发展，注重农业现代化发展，并采取灵活优惠的政策配套，尤其是对大蒜产业，各级政府都予以高度重视。进入21世纪以来，宿羊山镇对大蒜市场进行全面改造，先后建成大蒜综合贸易市场、恒温冷库及网上交易市场。市委、市政府制定了大蒜产业发展规划，出台人才引进、劳动用工、招商引资、项目建设等一系列扶持政策。农业部门采取多种措施，密切关注市场行情，搞好市场调查，加强宣传和推介力度，发布相关信息，科学引导蒜农适价分期销售。加大基础设施投入，积极整合农业、自然资源、水利等涉农项目资金集中投入基地，进一步强化农田水利和桥涵路闸建设，推广水肥一体化、有机肥替代化肥、氮肥减施、病虫害绿色防控等绿色栽培技术，积极探索大蒜机械化收种。依托项目加大对重点龙头企业及营销大户加大引导扶持力度，促进其发挥模范带头作用，具体表现为在外向型基地建设、现代农业示范园建设、品牌创建、产品研发、一二三产业融合等方面加大扶持力度，进一步提升大蒜产业化水平。

5. 发展空间广阔

大蒜营养成分相当丰富，常食大蒜能延缓衰老，并且具有很好的食疗以及药用价值。其主要功效包括抗炎杀菌及防止血栓的形成。大蒜是天然的植物广谱抗菌素，约含2%的一种叫“硫化丙烯”的辣素，其杀菌能力是青霉素的1/10。对多种致病菌，如葡萄球菌、脑膜炎、肺炎、链球菌及白喉、痢疾、伤寒、副伤寒、结核杆菌和霍乱弧菌，都有明显的抑制和杀灭作用；大蒜还是有效的血小板解聚剂，能使血流畅通，大蒜中的有效成分具有明显的降血脂及预防冠心病和动脉硬化的作用，并可防止血栓的形成。长期食用能使血清总胆固醇、甘油三酯和β-脂蛋白明显下降，促进新陈代谢，对预防动物心血管疾病有一定作用。大蒜中含有的辣素其杀菌能力可达到青霉素的1/10，对病原菌和寄生虫都有良好的杀灭作用，可以起到预防流感、防止伤口感染、治疗感染性疾病和驱虫的功效。并且，大蒜能保护肝脏，诱导肝细胞脱毒酶的活性，可以阻断亚硝胺致癌物质的合成，从而预防癌症的发生。大蒜中的锗和硒等元素还有良好的抑制癌瘤或抗癌作用。近年来，由于人们的膳食结构不够合理，人体中硒的摄入减少，使得胰岛素合成下降；大蒜中含硒较多，对人体中胰岛素合成下降有调节作用，所以糖尿病患者多食大蒜有助减轻病情。

大蒜还起到增进食欲、改善畜禽产品品质、改善动物的生长环境等作用。随着经济迅速发展，人们对食物的需求不再停留在“饱腹”层面，对营养与保健也有了更高的要求，国内外对大蒜加工品的需求逐渐增长，大蒜加工的发展前景十分广阔，这也为邳州大蒜产业发展提供了新的机遇。由于大蒜属于劳动密集型产业，这一产业的兴起可以带动分拣、运输、餐饮、服务等行业的发展，同时也能吸引大批劳动力来此聚集进行就业创业，对于邳州白蒜品牌本身以及当地经济发展都具有良性效应。

（二）品牌特色做法

1. 突出精深加工，延伸产业链条

邳州大蒜产业经过多年的发展，已经形成了集种植、深加工、贸易、研发、市场服务等为一体，一二三产业相融通的一条百亿级的完整产业链条，要撬动这百亿级的产业链，仅靠原蒜的交易量远远不够，高附加值大蒜深加工产业的发展起到了至关重要的作用。因此，在推进发展上，依托国家级农业产业化示范基地、省级现代农业示范园区和国家现代农业产业园等，外引与内培并举，集中打造黎明食品、恒大食品、国伟食品、天源蒜业、沙明食品等一批本土深加工龙头企业。围绕大蒜食品、保健品、生物制药等方面，加大招商引资力度，搞好对外联合，吸引国内更多的精深加工企业入驻产业园区。充分利用省级以上研发中心（工程技术中心）科研优势，加大与高校、科研院所合作力度，开发生产一批大蒜保健、生物制药产品，进一步提高农产品附加值；稳步推进有机大蒜及功能大蒜（如富硒大蒜等）产品开发，形成系列功能各异的保健大蒜产品，增加市场卖点，提高综合效益。

2. 不断完善营销体系

邳州市先后投资 1.5 亿元，实现了以宿羊山、车辐山、碾庄为中心的大蒜产业区内的“五通一平”，即通电、通水、通信、通管道、通网络和道路平，建成以宿羊山为中心的大蒜交易市场，年交易量 100 万吨，交易额 50 亿元，成为全省 30 家重点农产品流通市场之一、全省农副产品批发十强市场和全国唯一一家大蒜贸易定点市场。全市从事大蒜简单加工企业 100 多家，其中，以徐州黎明食品、绿之野食品、天源蒜业、恒丰宝食品等为龙头的大蒜深加工企业发展到 36 家，精深加工企业 8 家。目前已经建成省级以上研发中心和工程技术中心 5 个，其中绿之野食品公司的国家地方联合工程研究中心和黎明食品的国家级大蒜研发中心，在产品研发和食品安全检测等方面走在全国大蒜产业的前列。同时，邳州市重点龙头企业积极与南京工业大学、山东农业大学、中国农科院、南京农业大学、江南大学等科教机构建立长期合作关系，不断开发出新的大蒜产品。目前大蒜产品已有保鲜蒜、大蒜素、大蒜油、脱水蒜片、蒜粒、蒜粉、糖醋蜜蒜、黑大蒜、大蒜胶囊等 30 多个，销往广东、深圳等全国 20 多个大中城市，出口到东南亚、中东、巴西、南非等 30 多个国家和地区。

3. 积极宣传，开发国际市场

为扩大品牌知名度及品牌影响力，积极争取国家主流媒体推介邳州白蒜，宣传邳州白蒜。2017 中国大蒜年会暨首届国际大蒜产业峰会、2018 第二届国际（邳州）大蒜产业峰会、邳州绿色农产品南京展销会、邳州名特优农产品上海展销会、邳州优质农产品（北京）展销会、优质农产品进南京高校推介会和良中控股旗下农淘优选邳州白蒜原产地直供电商平台开通的一县一品“邳州馆”等活动，以蒜为媒，创造“海陆空”全渠道的营销场景和空间，带动邳州白蒜整个产业链的发展，进一步提升“邳州白蒜”品牌影响力。自从建立网上交易平台后，邳州坚持与国际蔬菜市场、食品市场、保健市场与药品市场保持联网，利用自有资源积极开发高科技含量的深加工产品，抢占大蒜衍生品的市场高点，实现与国际市场的出口对接。同时收集发达国家如美国、日本农残限量标准与检测方法，及时掌握大蒜出口农残情况，为大蒜出口做足准备，也为完善疫情期间综合防治贡献了力量。

4. 建立大蒜种植基地

种植大蒜之初，邳州传统农业多为散户种植，种植方式和化肥投入都比较随意，监管力度也很小。一种农产品若想走得长远，那么规范化种植与标准化建设是必不可少的。近年来，邳州市开始尝试建立食品质量安全规范基地，把农户集中起来种植大蒜，并成立大蒜合作社，采取“公司 + 合作社 + 基地 + 社员”的模式，按照有机产品生产标准实行统一种植、统一施肥、统一管理、统一收购。近年来，每年示范推广面积达40万亩以上，化肥用量同比降低30%以上，有机肥用量同比增长36%以上，土壤有机质含量较基础量平均提高6%以上，全市畜禽粪便综合利用率提高6.6%，有机肥与无机肥施用比例达3.5∶6.5，实现了增产提质、节本增效的目标。同时依托科研院所，加快引进示范推广新品种，重点打造宿羊山白口、苏口和贾家农场大蒜良种繁育基地建设，引导全市新品种更新换代，全市良种覆盖率达95%以上。不断创新种植模式，推行标准化管理，实行“轮、控、改、替”全程绿色高质高效生产技术体系，推进大蒜产业向标准化、绿色化发展。加速扩大有机肥替代化肥实施覆盖面，实行以“替”为主，“精、改、培、保、控”相结合。在标准化建设方面，近年邳州市政府牵头制定《黑蒜》国家标准和《地理标志产品 邳州白蒜》等省级地方标准。全面推广种植、加工、管理等标准体系，做到种植有规范，质量有标准，生产有流程，产品有标志，市场有监测，不断提高产品竞争力、提升企业话语权。除此之外，邳州市加快建立健全大蒜重点基地档案和可追溯制度，推行生产、加工、包装全产业链监管，巩固壮大其优质大蒜原料供应基地、绿色食品原料基地地位。

5. 建立“三位一体”监管模式

为了加强邳州白蒜出口竞争力，邳州建立优质规范的出口示范基地，并采用“三位一体”监管模式，即以建设出口示范基地为抓手，地方政府、出口企业、检疫部门三方联合行动，强化责任担当，狠抓质量安全。地方政府充分发挥管理职能，认真负责区域安全建设，相关企业坚持出口量和基地质量相对应，承担基地建设的社会责任，并且紧抓政策扶持，制定政府示范出口食品的绿色通道制度、预检制度、政府检疫担保制度等。“三位一体”监管制度使邳州大蒜实现了绿色生产，加快了大蒜整体流通速度，降低了出口货物的成本，用质量与速度创造了更大的效益。

（三）产业亮点

1. 高度外向，自营出口

以宿羊山为中心的国家级大蒜专业市场常年交易量100万吨。建成国家级出口大蒜质量安全示范区1个、省级出口大蒜示范基地15个，具备自营出口权的企业33家，大蒜出口量和出口额实现持续增长。常年自营出口量35万多吨、出口额4亿美元，连续9年位列全省农产品出口县（市）级第一，出口总量全国领先。在市政府及相关部门的带领下，出口企业积极建立运行HACCP、ISO14000、ISO9001、ISO22000等管理体系，建成“江苏省出口大蒜基地”“国家外贸转型升级专业型示范基地”等出口农产品示范基地，宿羊山大蒜基地还被国家质检总局批准为“国家级出口农产品示范区”，成为全国唯一镇级出口农产品示范区。

2. 企业带动效应明显

2019年，全市大蒜常年种植近60万亩，亩产1210千克，比上年增20千克；总产70.9万吨，比上年增0.8万吨；5厘米以上优质蒜占比提升5个百分点达到90%，亩均效益7000元以上，带动大蒜产区12.6万农户人均增收3700元。全市国家级农业产业化重点龙头企业1家、省级6家、徐州市级10家，黎明食品成为“中国食品土畜进出口商会大蒜分会”理事长单位。黎明食品、宿羊山大蒜批发市场公司进入2019农业产业化龙头企业全国500强。充分发挥龙头企业的示范作用，带动全市200多家大蒜深加工及配套企业集聚集群发展，冷库储藏能力达45万吨，极大延长了大蒜销售期，为蒜农规避了市场风险，也实现了大蒜常年不间断供应。同时，将企业周边的农民转化成了产业工人，直接提供就业岗位5200多个，月工资4000元以上。

3. 市场建设趋于完整，销售空间大

邳州市按照产业集聚区建设标准，加快农业农村部定点市场——宿羊山大蒜市场提档升级，完善碾庄黄滩桥大蒜交易市场，建成集大蒜系列产品交易、检验检测、仓储物流配套的大型专业批发交易市场。加快营销模式的转型升级，鼓励企业自建或依托第三方大数据网络平台，建立大蒜的“智慧”供应链，实现产品销售从线下到线上的转变。鼓励企业设立境外营销中心，开设直营店、直销店，在巩固对东南亚市场出口的基础上，积极开拓欧美等发达地区以及新兴经济体市场，实现销售市场多元化。

4. 农户综合实力强，农村科技发展快

邳州大蒜产业的快速发展对当地农村农业技术发展起到很大的促进作用，激发了邳州地区农业的行业活力。从事大蒜农业合作社的管理人员和组织人员综合素质和技术能力较强，比单一农户承担风险的能力更大更有效，并且他们拥有丰富的市场信息，能够帮助农户增加销量，提升收入。在经济效益的激励下，农户愿意参与合作社组织和技术培训，使农户综合实力不断提升。邳州大蒜行业的蓬勃发展也促使农村科技健康发展，在大蒜产业发展进程中，农民了解了先进的农业技术知识，掌握了政府优惠政策，提升了自身科技素养。科技教育是邳州白蒜产业发展的一大亮点，通过在农民中推广技术，使得理论和实践的关系更加紧密，产业发展意味着科学技术的提高，科技促使农民增产增收，提高农民素养，这又进一步促进大蒜产业发展，形成良性循环。

四、展望

（一）关于邳州白蒜产业的SWOT分析（见表9－1）

1. 外部机遇

历年来，党中央一直把解决好“三农”问题作为重中之重，2021年中央一号文件中提出要依托乡村特色优势资源，打造农业全产业链，构建现代乡村产业体系，并加快健全现代农业全产业链标准体系，推动新型农业经营主体按标准生产，培育农业龙头企业标准“领跑者”。邳州为江苏省徐州市下辖县，以第一产业种植业为主，2021年邳州可借助这些优惠政策进一步发展大蒜产业，打造大蒜行业龙头产业品牌，提高农民收入，促进邳州经济发展。随着国际国内农产品形势变好，加之近几十年国内经济实力稳步上升，人们对“绿色”“有机”“保健”农产品的关注度提升，大蒜本身就是营养价值与药用价值双高的农作物，邳州白蒜应抓住当前良好市场形势，大力发展大蒜的各种衍生品，尤其是附加值高且受消费者喜爱的产品。

表 9-1　邳州白蒜产业 SWOT 分析

内部能力 / 外部因素	优势（Strengths） 地理位置好，自然条件佳； 与科研所建立联系，产品科技含量高； 邳州市给予政策优惠	劣势（Weaknesses） 抗风险能力仍较差； 加工品附加值低，无溢价； 优良品种退化严重； 仍未形成统一品牌； 种植户观念意识老化
机会（Opportunities） 消费者观念转变，对有机农产品关注度增加； 大蒜药用价值开发前景好，加工前景好； 能够吸引人才前往就业创业； 中央政府重视“三农”问题	SO 战略 以自身产品优势为基础进行品牌建设，利用科研力量发展高附加值大蒜加工品； 与政府协商对邳州白蒜加大宣传力度，加深品牌在消费者心中的印象	WO 战略 建设良种引进繁育体系，加强新品种培育； 依靠前来创业就业的青年人群带动种植户吸收新的理念；研发蒜制品，开发大蒜药用价值，提高产业溢价
威胁（Threats） 发展空间受到挤压； 市场价格波动较大； 竞争对手如金乡大蒜较为强势	ST 战略 依托自身科研力量发展，研制以蒜为主体的保健食品，形成竞争优势； 依托自身优良的自然环境，尝试引种新类型大蒜以抵抗市场价格的波动	WT 战略 推广大蒜种植合作社，提升农户抗风险能力； 加快品牌建设，增强农户品牌意识

2. 外部威胁

大蒜市场近几年价格不稳定，农产品的市场预警机制不够健全，不能很好地指导蒜农，导致蒜农种植积极性时高时低。大蒜产业竞争对手较为强劲，虽然邳州是大蒜四大主产区之一，也是全国大蒜示范出口区，但山东金乡大蒜在 1998 年就已荣获“中国名牌产品”“A 级绿色产品”等荣誉，知名度与影响力都要高于邳州大蒜，百度搜索“大蒜节”“白蒜”等关键词时，大部分为金乡大蒜和杞县大蒜，邳州白蒜信息较少。

3. 内部优势

邳州地理位置好，自然环境适合大蒜种植，且大蒜种植为传统产业，种植面积大，品质好，资源禀赋优势明显。邳州拥有十余所科研机构，近年来与各大高校建立科研联系，产业科技力量雄厚，为其研制优良品种及蒜制品衍生品提供了良好的条件。邳州政府在市场管理、规划建设等方面制定了一系列优惠政策，对邳州发展大蒜产业具有良好的引领和推动作用。

4. 内部劣势

邳州建立合作社的年份较少，有一些蒜农仍是散户，由于大蒜市场价格起伏波动较大，农户抗风险能力仍然较差，有待进一步提高。且种植户老化严重，与国内其他大蒜产区一样，邳州大蒜产业面临种植户老龄化问题。品种不够多元化，自主创新能力尚且不足，优良品种退化严重。当前市场上与大蒜相关的新品种层出不穷，邳州白蒜目前加工品附加值低，溢价较少，竞争力遭受一定幅度地削弱。邳州白蒜目前仍未形成一个完整的区域品牌，导致宣传力量不够集中，没有最大化地挖掘产品潜能。农产品品牌化是当前农产品市场上的潮流与趋势，邳州白蒜建立起自己的口碑品牌对未来发展至关重要。观念意识老化，邳州市从事种植、加工的农户、企业，仍存在重种植、轻营销，重产品、轻品牌的经营意识；观念老化，种植户的老龄化与陈旧的意识导致邳州白蒜的发展观念亦趋老化，由此产生产品开发困难、生产技术更新缓慢等问题。

（二）邳州白蒜未来发展对策

1. 丰富邳州白蒜品牌内涵，增强农民品牌意识

建立品牌并宣传推广是当前首要任务，邳州白蒜在国内外就有一定的知名度，加强品牌化建设可以使消费者更了解邳州白蒜。当前消费者发生消费行为时往往代表着对其文化价值的认同，邳州白蒜产业可以利用该种消费心理，在当地建设与白蒜相关的特色园区，挖掘邳州本地风俗人情与原生文脉，将品牌与地域特色联合起来，吸引创业者及游客前来参观，增加消费者黏度，扩大品牌影响力并获得较高品牌忠诚度。

2. 继续加大农产品科研投入，扩大农产品生产规模

科技为第一生产力，当前农产品市场已不再拘泥于基础农产品类型了，农产品品牌化后的发展应依靠优质、有特色的、附加值高的农产品，邳州白蒜已获得绿色农产品、ISO14000、ISO9001 质量管理体系和安全食品体系等认证，这些认证更易于获得消费者信赖，因此品牌已拥有一定的竞争优势，在扩大生产规模时遇到的阻力应当较小。

3. 加强政府扶持力度，保障大蒜产业健康发展

当前邳州已有许多针对性优惠政策，后续可以着手建立大蒜生产的预警发布机制，形成较为完善的收储体系，确保在大蒜市场价格波动较大时准确指导农民种植安排，避免出现恶性循环的局面。可以逐步发展农超对接这样的订单农业，在农产品经营达到较大规模时，农超对接的农产品流通模式可以减少流通环节，降低生产成本，其获得的利润是大于以批发市场为核心的农产品流通模式的。且农超对接可以实现风险共担，三方共赢，信息的闭路回流也保证了农产品市场的稳定。除此之外，政府应积极参考我国粮食收购保价政策，建立大蒜风险调节基金，保障蒜农的基本利益，让蒜农放心学习新型种植技术，安心生产。

第十章　淮安大米

淮安，地处长江三角洲地区的苏北重要中心城市，因土地肥沃、水源充足、适合农作物生产而有“水东南第一州”之称，故而产生了众多著名农产品品牌。其中一个重要的品牌——“淮安大米”，因其高明的栽培技术、完备的加工标准、成熟的销售过程、强力的品牌效应、清香微甜的产品特点等，统一了当地的大米品牌，将优质稻米带入终端市场，成为了当地重要的地理标志之一。

一、品牌简介

作为淮安市著名的地理表示之一，“淮安大米”的存在不仅是一个大米品牌那么简单，它还是淮安地区市政府努力将“农业大市”建设为“农业强市”的愿望的体现，以及当地在农产品生产方面的优质性的一个重要亮点。

（一）地利

作为江苏省淮安市特产，“淮安大米”有着米粒椭圆、外观晶亮、饭粒微甜、富有弹性、粥粒清香、口感软糯等特点。从价格到价值，“淮安大米”在消费者那里，都有着优质的口碑，这也使它获得了大量荣誉，如首届与第二届中国优质稻米博览交易会“金奖大米”的称号，第十三届、第十四届、第十五届和第十六届中国国际粮油产品及设备技术展示交易会“金奖大米”称号，“江苏省名牌产品”“江苏省著名商标”“我最喜爱的江苏商标”“中国稻米产业融合发展示范市”等，其品牌价值的评估结果甚至接近40亿元。这些成就一方面源自当地优质的地理条件，另一方面也和“淮安大米”严格的种植制度与加工标准息息相关。

“淮安大米”的种植区为江淮、黄淮处的冲积平原，土地肥沃、地势平坦，弱碱性土壤上。种植区贴近水源，古运河、里运河、京杭运河、盐河、白马湖、宝应湖、洪泽湖、高邮湖皆在“淮安大米”种植区境内或是穿过，自流灌溉面积达50%以上。这些水域盛产鱼虾鳖蟹，这些淡水产品与稻米共同生产，稻花成为鱼虾饲料，而鱼虾又反过来为稻米提供肥料，两者相互促进生长，这种特别的生长环境又成为了淮阳大米品牌特征的一部分。当地属于苏北腹地，为北亚热带和北温带的过渡气候，四季分明、雨量充足、雨热同季、冬冷夏热、光照充足，特别是8月下旬至10月中旬的时期，光照充足、昼夜温差较大，有利于植物营养成分积累和水稻灌浆成熟，极适合粮食类作物种植。

优质的地理环境让淮安一直是水稻的重要产区，自古有“稻种长淮边，百口无饥年”“淮河熟，天下足”的说法，是长江中下游地区著名的鱼米之乡。这里是国内著名的粮食加工销售基地和江苏省优质稻米主要产区，常年种植面积达到406万亩，亩产500.3千克，总产220万吨，占江苏省全省水稻种植面积的1/5，获得无公害认证的稻米生产面积有267万亩，是江苏省第二大的水稻生产基地与第一大的无公害稻米生产基地。

淮安市现有水稻万亩示范田37个、96%的优质水稻种植率、三大优质稻米生产区（环白马湖优质中粳稻区、淮南优质中籼稻区、淮北优质中籼稻区）、各类稻米类农产品品种（2个有机农产品、16个绿色农产品、428个无公害农产品）（林中正、何朋蔚，2014）。这些种植区与稻米品种的建立，特别是袁隆平院士在淮安创办的国家水稻科研基地，都成为了淮安市农业发展的重要动力来源。“淮安大米”的品牌为当地农民的生存状况带去了福音，全市20余家稻米系列工业企业，年实际加工30余万吨，稻米加工空间达100万吨，形成了当地农业事业发展的巨大资本，这一品牌每年可为农民多带去3亿元以上的收入。

（二）人和

不仅是天时地利，淮安市在稻米实际品质的提升上也下足了功夫，以示范基地为重点，全面进行统一的种植模式，保证产品质量的统一和产出的稳定。截至2018年，淮安市已经完成了50万亩的优质稻米基地的建设，其中一半为示范基地，这之中还有2万亩的核心示范基地（该示范区中，育秧完全实现了工业化，也有着全过程统一的稻米生产流程。测土配方施肥统一，病虫害统一防范、统一治理等），该示范基地还建立了质量可追溯体系。是未来高质量农业生产发展的方向。

2002~2004年，淮安举办了三届中国优质稻米博览交易会，在当地政府主持下，在淮安市287家大米加工企业择优录取，之后对这些优质企业进行市场、基地和公司等方面的一体化方向的引导。最后20多个优势稻米企业和稻米批发交易市场组成了一个松散的产业集团，形成了以“淮安大米”为品牌形象并进行扶持利用的体系。除了整合大米品牌，当地政府还鼓励企业创新，对那些获得一定级别名牌称号的单位奖励。五年的时间，淮安市出现了7个产品荣获稻米博会金牌奖。

品牌包裹下的大米对市场有更强的影响力，加上绿色有机等标签的稻米，价格更高，销量也更好。即便是普通的大米，价格也要比同期同质量的散装大米高出1~1.5倍，且2008年，首批整合的五家企业销售大米就有10万余吨。在国家工商总局注册过“淮安大米”认证商标后，“淮安大米”的产销途径逐步开始规范化、统一化，水稻销量一路飙升，成为了当地农业的优势产业，根据淮安市人民政府官网发布的消息，“淮安大米”年带动农民增收2亿元，品牌价值38亿元。是当地特色农产品产业的一大核心，也是带动当地农民致富的一大法宝。现在，随着“淮安大米”的品牌价值日益提升，其销售也遍布全国各地，云南、福建、黑龙江等地都有“淮安大米”的销售区，这个品牌甚至走进了第36个世界粮食日和第26个全国爱粮节粮宣传周活动主会场，总量近4吨，包装近50

种的“淮安大米”在活动上的亮相，不仅是淮安市粮食局和“淮安大米产业联盟”努力宣传，提升自我品牌形象的行动，也是“淮安大米”优质品牌效应已然体现出来获得大众高度认同的一种体现。

（三）天时

“淮安大米”产业联盟的创立，是由淮安市粮食局一手推动下建立的，一方面是为了给当地稻米产业的良性发展打基础，另一方面也是为了给予当地农民增收的能力，加快当地农村地区的发展。有了这些目的，政府自然不会对这个产业联盟撒手不管，事实上，这个联盟当中的企业，就有不少当地市政府控股存在，保证淮安市由“农业大市”向着“农业强市”快速发展。2020 年，淮安市建成优质稻米基地 300 万亩，建成以白马湖、洪泽湖等湖泊在周边地区为主的优质稻米核心基地百万亩，50 万亩的绿色稻米及 1 万亩有机稻米。年品牌创建政策扶持资金投入超 800 万元。

淮安市推进“淮安大米”的产业融合发展，不仅是产业联盟的进一步稳固，还包括产业的“升级换代”，将推销与销售模式进一步推向电子化，搭建更完善的电商平台，利用网络，进一步扩大产品的销售地区，完善整个产业链条，为“淮安大米”未来的产业发展打好基础。

二、运行机制

淮安市市政府带领当地优秀企业共同打造出了“淮安大米产业联盟”以带动当地大米产业链的兴盛，而该联盟在运行过程中，也将企业整合的范围与方向进行调整、扩大，并着重于抓好品牌形象的塑造和维护，以优质品牌为媒介进行外联内引，“加固”整个产品链，对优秀企业与企业家进行调研，以此提升整个企业联盟的运作效率。同时，因其有“只要农民按照‘淮安大米’的一整套流程进行种植，授权企业都会上门进行收粮，收粮价格肯定高于其他品种的价格。种子、肥料由各个合作社统一提供，从源头上减少农民的风险”等有利于当地农民、企业以及消费者的运作方式，和当地市政府构建了良好的关系，进一步加深了该产业联盟在当地的生存力。

（一）企业整合

优秀的产地培育出大量的水稻品种，但大而全不如少而精，287 个水稻品种虽然扩大了种植户的选择面，却也导致了农民选择时的迷茫。水稻的产品性质偏向于信任品，品牌与知名度的重要性比起水稻本身的口感、营养价值等更能影响稻米销量。但不够强劲的产业链无法让稻米的质量与形象完成统一，大米良莠不齐，种植户形同一盘散沙，削弱了“淮安大米”的竞争力。“淮安大米”的地理标识因为各企业的滥用使其失去了原本的品牌价值，无法为当地带去实际的经济效益。当地政府的粮食部门为了保障“淮安大米”

这个招牌真正发挥出它的作用，发起了整合淮安市进行各稻米生产、加工、运输、销售等活动的小种型企业，将它们组合成一个相互联系、相互帮助的“联盟”。这一整合，使各个企业之间可以组成一个巨大且全面的利益相关集团，加深了各个环节企业之间的联系，取长补短，共享部分信息，减少了企业为搜寻合适的合作者而产生的资源的浪费，扩大了企业的净收益，整合了企业的各项资源，减少了不必要的设备购置费用。

作为低利润的农作物，农地较为狭窄的生产者并不偏好于稻米的生产，小型的生产者更喜欢经济类作物，稻米的生产要让农民获益就需要进行规模化生产。同样地，对于小型企业来说，独自在稻米行业中获得收益很困难，而在政府的带动下，通过这种让企业抱团取暖的方式，创造出统一的，拥有较强实力的“淮安大米”产业联盟，推行生产、存储、加工、销售的规模化、标准化、数字化、品牌化和联盟化，通过实际的利益来激励和约束集团内的企业，再通过大型企业在市场上更大的影响力及稳定性，躲避与低端大米产品之间的恶性竞争，同时规避风险。再以这种方式稳定地生产高质量大米，通过联盟作为大企业创造出的品牌效应满足更高端市场的需求，进而为联盟内的企业获得更多的利益，反过来进一步促进联盟内企业的联系紧密度与联盟对整个市场的影响力。

为了保证“联盟”生产过程与生产结果统一高效，企业邀请了市农科院专家对稻米品种进行评选，并经由粮食局联合多个部门进行稻谷质量与品质指标的检验分析，最后决定对“淮稻 18”“淮稻 5 号”“南粳 9108”“武育粳 3 号”“苏秀 867”等优良品种进行培育。并推行产业链，包括“良种选择、种植要求、收储时间、质量标准、包装规范、品牌宣传”在内的统一化管理执行。联盟内部的企业也已经发展为 29 家，年产 30 万吨“淮安大米”，为稻农增收 5000 万元，是当地农民致富的一大动力来源。当然，除去直接带来的水稻价格的上涨，“淮安大米”的招牌还为当地其他农副产品，如“盱眙龙虾”“金叶梗米”“金康达”等品牌的形象带去了福音，富有当地特色的品牌共同作用，一同树立起了当地农副产品的品牌形象（宋莹莹、张晓红，2019），通过产销一体化的完成，“淮安大米”也实现了联盟、企业、合作户、农民等融合共赢发展。加强了当地经济体系之间的联系，推动了社会经济的发展，稳定了农民的收入。

（二）品牌管理

优质的品牌形象的塑造，已经成了产品市场上的企业们占据市场，留住消费者的重要手段。像是 19 世纪末，可口可乐与百事可乐相继成立之后，两家企业之间的广告战争便开始了，比起自我宣传，两者更加卖力地在抹黑对方的品牌，对于这种产品相互之间差异化并不大的市场，一个优秀的品牌形象往往能让企业更具市场竞争力，这也就导致了这场“广告竞争”持续了百年依旧不断，产品的配方没有变过，品牌形象却一直在紧跟着时代的潮流，“健康”“梦想”“运动”“怀旧”，一边“互相撕扯”一边“更新换代”。

好的产品是留住消费者的基础，却难以帮助企业获得消费者的关注，特别是在这个信息爆炸的年代，消费者面对种类繁多的产品，对哪个是自己的最优选择往往没有一个清晰明确的判断。而让消费者愿意去选择自己的产品，就是品牌的作用，因为品牌可以让消费者与感受过，甚至未感受过的服务与产品体验连接起来，更加直观地建立起消费者与产品、服务之间的情感桥梁，构建更加牢固的消费者忠诚度。一旦消费者选择了自己的品牌，想要留住他们就简单多了。在差异不大的情况下，人们往往会觉得第一次的选择是最好的，所以提前建立品牌掌控市场才会显得重要。

特别是在粮食供给侧结构性改革的大背景下，越来越多的粮食企业开始进行产业的转型升级、塑造品牌、开拓市场。毕竟对于大米这种产品特性介于经验品信任品之间的商品品牌，好米与劣米在市场买卖时上难以直接区分，勤恳种好米的农户们与认真销售优良大米的企业们挣不到钱，便会出现劣质米驱逐良米的现象。但是在如今，人们摆脱了温饱问题，专注于如何吃得更好、吃得更放心的社会环境下，建立一个优质品牌并贴上各种认证标签，“镀上金”并提高价格，远比减少生产成本来得划算。毕竟绝大多数消费者没有能力对自己购买的农产品进行优劣的区分，只能靠着产品自己贴上的标签和各种认证进行判断，此时，作为树立品牌形象一环的产品包装就显得特别重要，在面向年长的消费者群体时，选择更简洁的标签，更大的字体都是对较年长的消费者的购买意愿有提升作用。而在影响消费者群体的购买意愿的因素中，艺术感与实物展示对消费者的购买意愿有显著影响（张欢、姜在新，2020）。这也是近年来“淮安大米”的产业联盟一直在做的，将产品展销活动进行推广，涉及更具艺术性且更为清亮的网络平台。以此推广自身品牌在消费者社交圈内的知名度，加强自身品牌在青年消费者群体中的认知度，提升未来自身企业形象在社会上的接受度，提高消费转化率。

作为由市粮食局主导下组建而成的企业联盟，且部分企业由当地政府控股的情况下，“淮安大米”并不缺少正式的宣传机会与机构认证标签，这也是“淮安大米”优质形象的来源之一。经过一番包装后，“淮安大米”的价格是普通大米的 1.5 倍，再加上诸如“有机米”“无公害”等标签，受到不少消费者的青睐（王滨，2017）。当地市粮食局也在另一方面建设着“淮安大米”的品牌形象管理，为避免“短板效应”“淮安大米”的品牌的使用会在企业的加入申请得到产业联盟的审核通过后才能下放，同时，企业还会保有原商标，确保各个企业之间的品牌在统一的情况下，保有一定的独立性，一旦单个企业的问题产品不小心流入市场，能够在短时间内将该企业的产品与整个“淮安大米”的品牌分离开来，减少整个产业联盟的名誉受损程度，毕竟“好事不出门，坏事传千里”，一个品牌形象的损毁远比建立简单得多。联盟中还建立了“信用黑名单”制度，加大了联盟内企业的不良行为的成本。而经过对企业生产规模、市场信誉、产品质量的评定，足够优秀的企业，其加盟时，甚至可以免除商标使用费用，以产品形象而非直接收益为产业联盟构建的目标。联盟内也会随机抽检产品，且消费者可以通过二维码对产品溯源，既增强了对企业的监管力度，又增强了消费者对产品的信赖程度，一举两得，提升了联盟形象的整体水平。

为了帮助树立“淮安大米”的品牌形象，联盟下足了狠功夫，包括创建网站、设立网站、拍摄相关宣传短片、在当地的市报纸上开设专栏、在当地电视台投放广告。值得注意的是，电视广告投放特地选在了本地电视台，这不仅是在成本利用上有好处，也使观众更能集中在当地人，也就是最容易与联盟的销售端产生接触的人群。而且，选在了新闻联播播放前的时间段，这使得“淮安大米”的广告更能让那些关注日常生活中柴米油盐的人更容易看到，进而提高消费转化率。稻米的种植、生产、加工、消费环节相互脱节，各个环节之间产生高额的信任成本，也严重阻碍了市场运行效率，损害了各个经济体之间的利益。为了提高产业运行效率，就需要解决这个市场本身存在的诚信与信任问题，解决市场本身的问题，就需要政府的主导。而经过当地粮食部门的深入调研，当地政府决定，走一条组织联盟化、基地规模化、品质绿色化、种植标准化、储存数字化、营销品牌化的全产业链融合发展的道路。市粮食局在完善品牌建设的过程中，从市场端一步步引导整个产业的升级，不断提高“淮安大米”的影响力和社会认知度，进一步完成“淮安大米”在市场上的融入程度。

（三）产销结合

2008 年，“淮安大米”就与盱眙龙虾等三个农产品获得地理标志证明商标和中国名品牌农产品称号。次年，“淮安大米”上市供应，农业综合开发投入 2.18 亿元，当时政府规划的工作实施情况是“着力发展搞笑规模产业，新农村建设迈出新步伐”。为了让“淮安大米”能真正地被市场所认同，品牌形象的维护一直是“淮安大米”的工作重点，为了提升品牌的影响力，也为了防止“搭便车”者对品牌形象的损坏，2016 年，市粮食局带动全市 150 多家拥有注册商标的大米运销企业中，在不同方面有着独特优势的佼佼者，组成一个类似于生产合作社的，名为“‘淮安大米’产业联盟”的利益集体，实现部分信息共有，优化资源配置，在生产、加工和营销方面发挥了各自长处，同时开始整合了各个中小型企业，共同致富，开发出了一个有着高风险抗击能力、优质市场竞争力、良好的品牌形象和过硬的基础设备的新产销平台。不仅是加工和销售环节，该联盟如今的经营范围还包括水稻的种植、培育和贮存。在生产环节，发展推广稻田养虾（蟹）、稻田养鸭的种养结合的生产方式。对生产者而言，虾蟹与鱼鸭的养殖可以增加农户的收入来源。对于进行稻米收购加工的部门而言，这些水生生物的生存状态可以作为农户是否按照企业的标准进行生产、是否过量使用化肥的判别标准之一。对于销售商来说，他们也可以将此作为卖点之一，进行稻米“有机”和“无公害”的宣传，拔高“淮安大米”作为“优质大米品牌”的形象。

将品牌意识浸入稻米生产的各个环节之中，打造高品质的全产业链。拉长整个产业链，增加对产品进行增值的环节并使其规范化，构建更加稳固的品牌链，确保消费者对“淮安大米”品牌优质形象的认知以抬高消费者对“淮安大米”的支付意愿，提升最终产品价值。除去产业联盟的硬实力的提升，品牌形象的包装推广也不可或缺，在知名形象设计公司的策划指导下，“‘淮安大米’产业联盟”明确了“现代稻米产业领头雁”的新发展定位，以“好土、好水、好味稻”为中心形象。为了让“淮安大米”在市场上显得更加亮眼，产业联盟开发出了 24 个系列 63 种包装，将“淮安大米”包装为“网红”产品。为了加强宣传力度，扩大品牌受众面，该产业联盟还采用了“母子商标”模式，企业在“淮安大米”的母商标下注册自己的品牌，提高了企业品牌的宣传效率，也使“淮安大米”对不同的群体能创造出更具针对性的品牌形象，实现“淮安大米”在市场上竞争力的大幅度提升。

与当地政府的密切关系也是淮安大米平稳运行和快速发展的重要保障之一，通过对统一工厂化育秧环节进行补贴，惠农补贴统一发放，三麦、水稻保险参保面超过86%，产业化水平、农机服务、农资配送、测土配肥覆盖均有明显提升，进一步完成了政策红利的释放。在当地政府的帮扶下，“淮安大米”还与宁淮优质稻米基地建设合作项目，学习先进优秀的经验，建设更加优秀的稻米基地、塑造新品大米品牌形象、提升耕地质量、推广精品大米的开发，完成“淮安大米”品牌形象的进一步扩展、推广与稳固。在销售端的创新上，“淮安大米”产业联盟在市区大运河文化广场北边建成了900平方米的淮安大米展销中心，其一楼用于精装大米、油脂、面粉等农产品展示的场所，二楼用于联盟内各企业办公互动的场所。通过独立出来的整洁、明亮、宽敞的环境，提升了产品在消费者心中的形象，也成为了消费者与企业之间的桥梁，拉进了两者之间的关系。

通过提升品牌形象以提升销售端的产品价格，进而提升整个粮食行业的利润，由于产销都是产业联盟的组成部分，故而每个联盟中的人都能受益，减少了上下游行业剥削对方的现象。除了进行当地的相关产业整合外，“淮安大米”产业联盟还走出淮安，和电子商务服务公司开展合作，引入“互联网+”的经营理念，打造绿色无公害优质大米的培育基地。“淮安大米”产业联盟成立时，就对产业链条进行完善，对生产、加工、销售环节进行整合，但这并不是结束。该联盟甚至还有部署类似“最后一公里”的销售计划，构建“社区农业”，将产品和消费者一对一直连，进一步拉近产业联盟与消费者之间的联系，同时还能开展“副业”，将大米以外的农副产品销售给消费者，提高固有资本利用效率，扩大企业获得的利润。

近年来，在淮安市是邮政管理局在“邮政行业服务乡村振兴、助力精准脱贫”的部署要求下，联合了交通部、农业农村部、商务部等部门，持续推进“乡村服务升级”和“邮政在乡”的行动计划。“淮安大米”也参与其中进行重点销售，强化“一村一品”战略规划，推动形成“农民受益、企业增效、行业发展”的合作共赢模式，加深“寄递+农村电商+农特产品+农户”的扶贫模式推广应用。而作为农产品的收购者，又在加工环节成为农村劳动力雇用者，在扶贫工作中，进一步加深了自身产业联盟与行业内不同区域的相关者的联系，同时帮助政府完成了脱贫工作的执行。这种将社会关系运营代入每一个运作环节的做法，大抵也是“淮安大米”多年来的发展越来越兴盛的源头。

三、亮点与特色做法

（一）淮安大米四大亮点

1. 产地亮

根据研究，水稻在生长过程中对于自然条件的要求相当高，气温的高低、降水量的多少、土壤湿度以及日照强度等都将直接影响其生长情况（杨晓春，2019）。而淮安作为一个水稻生产的地域，其最大的独特性在于处在中国地理南北分界线，属黄淮和江淮冲积平原，四季分明、雨量光照充足、兼顾南北，既能生产优质粳稻，也能生产优质籼稻，完美契合稻米生长所需的所有优质自然条件。加之淮安境内河湖交错，水网纵横，京杭大运河、苏北灌溉总渠穿境而过，全国五大淡水湖之一的洪泽湖和资源丰富的白马湖均在其境内，更是为淮安大米的蓬勃发展锦上添花。放眼全国，像淮安这样一马平川、湖泊交错、土壤肥沃的地区可谓是少之又少。

2. 底蕴亮

每个地方的本土文化，都是具有浓郁地方特色，无法被剥夺，独一无二的，淮安也不例外。早在5000年前，淮安人民的祖先就开始在这片土地上种植水稻。明清时期，淮安成为南北漕粮转运中心，有着“天下粮仓”之美誉。作为稻米主产区之一，“淮上江南”“鱼米之乡”，既是这座城市的历史名片，更折射了淮安大米的重要地位。另外还有一个典故，一个传说，也反映出淮安大米浓厚的历史底蕴。典故指的是《史记》上的漂母对韩信的一饭之恩。《史记》载曰：“信钓於城下，诸母漂，有一母见信饥，饭信，竟漂数十日。信喜，谓漂母曰：‘吾必有以重报母。’母怒曰：‘大丈夫不能自食，吾哀王孙而进食，岂望报乎！’”后来，“信至国，召所从食漂母，赐千金”。传说即为“马良独修金山寺，不用江南一锹泥”。相传淮安区马塘有个善人叫马良，生前独修金山寺积劳成疾，在临死前喝了有七粒米的家乡米汤，让他对家乡的留恋又增加七分，该他转世时就不能转世，他娘难产七天，生下来以后就是雍正皇帝。典故与传说，都涉及淮安大米，这个米中饱含深厚爱心（汪静等，2019）。而淮安大米，也将“爱”这一历史底蕴融入品牌发展之中，为消费者提供优质的产品，吃得放心舒心，也是一种爱，让消费者感觉购买的不仅是优质大米，更是一种关于爱的传承的文化。

3. 质量亮

放眼全国，“淮安大米”在质量上，可谓是独树一帜。根据江苏高校粮油质量安全控制及深加工重点实验室于2018年对淮安大米的含水量、直链淀粉含量、蛋白质含量、整精米率、崩解值等理化指标进行分析所得出的结论，淮安大米具有出糙率高、整精米率高、不完善粒率低等优点，大部分淮安大米样品的出糙率和整精米率都符合国家一级标准。并且“淮安大米”含水量与直链淀粉含量偏高，重金属含量低于国家标准。值得注意的是，在崩解值这一项检测中，崩解值越大，消减值为负值时，米饭软而黏，适口性好，且色泽也好；相反，崩解值低，消减值为正值时，米饭硬而糙，黏性低，适口性差，且色泽度差。而淮安大米的消减值都为负值，且9种样品的崩解值都不低于1000cP（段传玲等，2016），甚至略好于黑龙江著名品牌稻花香稻米（吴浩，2016），这也解释了淮安大米食味品质良好的特点。此外，苏产淮安大米经瑞士SGS权威检测机构检测，318项农药和重金属含量，远远低于304项的日本检测标准，综合品质远超“日米”，打破“日标”大米安全标准最高的神话。正是如此具有特色亮点的大米标准，才造就了“淮安大米”的成功。

4. 形象亮

在品牌形象上，“淮安大米”采用“企业商标＋‘淮安大米’”的母子商标方式，商标形象简洁独特，含义隽永，并且该商标设计带来了独特的管理模式，其内涵为："母商标"主要用来树立品牌形象，子商标主要明确生产者的职责。这种形式既调动了企业参与积极性，又带动了淮安稻米产业提升，为淮安大米的发展做出了巨大的贡献，给淮安大米带来了众多荣誉。在近十年里，"淮安大米"多次在中国优质稻米博览会上被评选为"金奖大米"，先后成为"江苏名牌产品""江苏省著名商标""中国驰名商标""中国地理标志证明商标""中国十佳粮油地理品牌"。2017 年，淮安被评为全国首个"中国稻米产业融合发展示范市"。在 2019 年新华报业传媒集团举办的"我最喜爱的江苏商标品牌"公众评选活动中，"淮安大米"在入选的 50 个品牌中位列第 30 名。

（二）特色做法

1. 产业融合发展

"淮安大米"是区域公共品牌，全市水稻种植面积超过 440 万亩，优质稻米产业高质量发展不是一个企业单打独斗能实现的。"淮安大米"在产业融合发展的问题上，走出了一条以全产业链深度融合发展、区位特色多维度融合绿色发展为主，多措并举的产业融合发展之路（秦习农，2011）。

（1）全产业链深度融合发展。

为进一步加快淮安大米全产业链深度融合发展，淮安市紧紧围绕"淮安大米"品牌建设的目标，践行五大发展理念，策应农业供给侧结构性改革，融合式发展"淮安大米"产业，其中建立"淮安大米产业联盟"为其特色之举。2016 年 7 月，由市粮食局牵头组建的"淮安大米产业联盟"正式成立，涵盖了科技型育秧企业、大型加工企业、粮食收储企业、粮食贸易公司和品牌策划公司，是一个"从田头到餐桌"的全产业链型战略联盟。其目的是借助联盟科技平台，延伸产业链条，提高产品附加值，扩大产业利润空间，为联盟内企业的发展提供良好机遇，并通过联盟的作用激励约束集群内企业，以最低的柔性成本对外部需求做出敏捷的反应，实现资源的最佳配置和企业间的"强强联合"，从而规避市场风险和低层次恶性竞争，促进联盟内各企业良性合作发展，实现优质稻米行业的抱团集群发展。该联盟由全体联盟成员组成，以联盟成员大会的形式行使联盟权力，决定联盟技术发展方向与重点工作任务，协调资金筹措、使用、成果转化及收益分配方案等联盟重大决策事宜（胡长青，2018）。联盟咨询机构（专家委员会）由来自成员单位的管理、技术专家以及从外部特聘的技术和经济专家组成。委员会负责研究联盟的技术发展方向与重点研发项目。联盟执行机构（秘书处）是联盟常设的工作机构，负责联盟日常事务。联盟工作组根据产业发展需要而设立的联盟专业工作组，如政策研究组、标准工作组、项目管理组等。截至 2020 年底，联盟企业已达 29 家，并且仍在不断发展壮大中。以此为依托，淮安政府聘请知名形象设计策划公司对"淮安大米"进行重新包装策划，明确了"现代稻米产业领头雁"发展新定位，以"好土、好水、好味稻"为卖点，采用"母子商标"模式，企业在"淮安大米"母商标下标注自己的品牌，实现协会、企业、合作社、农户等融合共赢发展。随着淮安大米知名度、美誉度不断提升，目前，"淮安大米产业联盟"年产大米 76 万吨，每年为稻农增收 3 亿元。

在“淮安大米产业联盟”的基础上，淮安市有关部门还创新性地提出了“六点统一，三链融合”特色完善方案。在“三链融合”方面，一是拉长产业链。以加工业为切入点，向前与种植业联结，向后与市场流通业联结，构建一条从田头到餐桌的全产业链条。二是提升价值链。“淮安大米”产业链每个环节通过无缝对接和抱团发展，创造价值、提升价值、传导价值，实现价值增值和多方共赢。三是筑牢品牌链。在每个环节都树立品牌意识，以品牌企业提供品牌服务、生产品牌产品，确保“淮安大米”质量过得硬、品牌叫得响。在“六点统一”方面，一是统一良种。主推“南粳9108”“两优688”等优质水稻品种。二是统一种植。组织企业自建基地、统一育秧，规范化、科学化种植，提升稻谷品质。三是统一收储。选择仓储条件好的粮库，建立淮安大米优质稻谷专用储存点。四是统一质量。参照国家有机、绿色等食品标准，编制修订“淮安大米系列标准”。五是统一包装。为便于消费者认定和选购“淮安大米”，淮安设计了统一的“淮安大米”形象识别系统，制定了《“淮安大米”产地证明商标管理使用办法》，“淮安大米”商标、包装必须获得淮安市粮食行业协会许可。目前“淮安大米”已先后设计印制24个系列63种包装，市场价比一般大米高约0.2元/斤，有机“淮安大米”售价已达20元/斤。六是统一宣传。由淮安市粮食局、大米产业联盟统一组织，专业策划品牌定位，设计广告语，建成“淮安大米展示厅”，通过报纸电视、户外广告、网络微信、展会展销、现场推介等多种方式对外宣传（帅强、王伟，2017）。

另外，淮安又推行了两项粮食产业融合措施，为全产业链深度融合发展添砖加瓦。一方面是引导建设粮食产后服务中心。根据《江苏省粮食产后服务体系建设实施方案》相关要求，淮安市积极引导淮安区国有粮食企业和非国有企业进行产后服务体系建设，以整合盘活现有仓储设施等资源为重点，在保证必要的服务功能前提下，结合实际需要，进行改造建设。建立了专业化的经营性粮食产后服务中心，有偿为种粮农民提供“代清理、代干燥、代储存、代加工、代销售”等“五代”服务。另一方面是新建“淮安大米”直销店。以市场为导向，以企业为主体，以质量安全为核心，以“淮安大米”直销店建设为目标，不断提高“淮安大米”产品现代化流通水平，使“淮安大米”直销店成为消费者满意、政府满意、企业满意的“民心工程”（章安康，2010）。目前，在市内已建成4个“淮安大米”直销店，在市外已建直销店4个，其中淮安上洋米厂在南京市高淳区、秦淮区各新建1个直销店；江苏鼎丰米业有限公司在南京市栖霞区新建1个直销店；淮安市恒晟米业有限公司在南京市江宁区新建1个直销店。全年销售“淮安大米”8.7万吨。

（2）区位特色多维度融合绿色发展。

淮安也探索出了一条结合区位特色多维度融合绿色发展的体系。淮安地处中国南北分界线，位于全国籼稻最北种植带，相当于籼稻、籼米的“北极”。境内青莲岗文化遗址出土6000多年前碳化籼稻粒，证明淮安是少有的“籼稻圣地”。经试种比对，同一籼稻品种在淮安种植出产的籼米明显优于南方，通过进一步引种实践，筛选出“苏雨禾香1号”“苏雨禾香2号”等优质品种，籼米品质明显优于泰国香米，深受珠三角经销商好评（徐春山、戴耀峰，2009）。此外，由于“盱眙龙虾”“洪泽湖大闸蟹”等淮安特色农产品在全国声名远扬，2018年，淮安市政府大力推广“稻田综合种养百万亩行动”，提出以水养虾，虾食害虫灭杂草，消化稻田秸秆，虾排泄物肥稻，全程不施农药化肥的创新思想，“淮安大米”联盟企业纷纷响应此号召，采取“稻虾共生、稻蟹共育”等绿色环保创新种养方式生产“虾田米”和“蟹田米”，到2019年底，全市交出了亩产优质稻米500千克以上、小龙虾超100千克，亩均综合效益2500元的优秀答卷。由此可见，绿色日渐成为淮安农业的“主色调”，也正得益于此，淮安大米等品牌价值增长到了38.6亿元，进一步彰显绿色、安全、放心可靠的品质内核。

2. 品牌建设

“淮安大米”品牌建设的主要特点是政府牵头，企业参与。除了在前文产业融合发展中所提到的产业联盟运作机制，淮安大米品牌建设还有以下几点特色做法。

（1）强力的政策支持。

淮安市政府建立了产业发展引导资金，市财政每年安排5000万元，要求各县区每年安排不少于500万元，重点支持以优质稻米产业为第一产业的“4+1”现代农业产业和重点片区、重大项目建设，并将这些现代农业产业发展工作纳入全市年度目标考评。一是确定补贴方向。引导资金主要对淮安大米品牌共建企业在优质稻米基地建设、耕地质量提升、淮安大米新品和精品开发推广、品牌建设等方面进行资金补贴支持。二是实行差别化补贴。为壮大产业规模和提升产品质量，将企业的规模和产品质量进行分级，等级越高，补贴越多，扶优扶强。三是先建后补。企业在项目完成后申请补助，但补助必须在项目经过一定时间没有出现质量问题。

（2）健全的标准化体系。

淮安结合其地理优势和“淮安大米”优质特点，率先在全国初步制定了最完整五大系列标准——“淮安大米标准”。该标准体系由淮安市粮食局组织编制、淮安市粮食行业协会发布，2018年10月1日起正式实施。系列标准包括产地环境要求、稻谷生产技术规程、大米加工技术规范、稻谷、大米五个部分五个标准，可以说做到了“五项全能”（查学东，2014）。第一部分“产地环境要求标准”，对淮安区域内的土壤环境质量等制定标准要求，包括农田灌溉质量指标、土壤质量环境指标和大气环境质量指标，从标准上要求好土好水好环境保障。第二部分“稻谷生产技术规程标准”，规定了“淮安大米”加工用稻的生产技术及收货等要求，包括产地环境、品种选择、肥料使用、农业使用准则、有害生物控制原则、育秧技术、机插技术、田间管理、适时收割、种子贮藏等标准要求，适用于大米加工用常规粳稻及杂交籼稻生产，从标准上要求稻谷生产科学技术保障。第三部分“加工技术规范标准”，规定了“淮安大米”加工质量要求和生产企业的基本条件、加工卫生控制要点、生产过程监控、人员要求、质量管理、成品包装、标识及运输，用于“淮安大米”加工过程控制，从标准上规定了大米加工技术规范质量保障。第四部分“稻谷标准”，标准规定了淮安大米、稻谷的定义、分类，质量与安全要求、检验方法、检验规则、标签、包装储备和运输及追溯信息的要求。从品种、食味品质、新鲜度、一致性、分类质量指标、食品安全指标、判定规则等方面规定，从原粮稻谷上规定了生产“淮安大米”的品质保障。第五部分“成品米标准”，这是通常大米标准。标准规定了淮安大米定义、分类、质量与安全要求，检验方法、检验规则、标签、包装、储存和运输以及追溯信息的要求，规范了大米垩白度、不完善粒、杂质、食味品质、新鲜度、质量指标、食品安全指标等要求。同时对“淮安大米”粳米、籼米质量指标要求分三个等级，从成品米标准上规定了淮安大米的色泽、气味、口感等品质质量保障（包志强，2014）。更形象地说，“淮安大米标准”就如同一个用圆规画的标准圆，从田头到餐桌全产业链各环节都有明确规范要求，在规定范围之内的才是真正的“淮安大米”。该标准也从根本上保障了淮安大米品质，提升了“淮安大米”品牌建设的执行力，让市民吃得健康，吃得放心，吃得安全。

（3）完善的基地建设。

基地是优质稻米产业化开发的基础，也是保证产品质量的关键。在“淮安大米”产业联盟中，各企业以市场引导为原则，在坚持“与资源特点相适应，与市场需求相吻合，与龙头企业相配套”的前提下，自愿建立种植基地，并制定统一标准，如基地生产区应远离污染源；生产基地与常规农业区之间必须有隔离带（如山、河、道路、人工林带等）或设立不少于 8 米的缓冲带，隔离带或缓冲带应有明显的标志；核心基地单个连片不少于 33.33 公顷，总面积控制在 800 公顷以内。紧密基地单个连片不少于 133.33 公顷，总面积约 6666.67 公顷等。同时，政府也在资金上给予支持，并出台相关政策，积极推行先进农业理念和技术，培养更多优质人才。截至 2020 年，全市已建成优质稻米基地 300 万亩，建成优质稻米核心基地 100 万亩，绿色大米、有机稻米基地分别达到 50 万亩、1 万亩。不仅为市场提供了绿色安全的放心粮，还把地方资源优势转化为产品优势和品牌优势，更提高了水稻单产和效益，带动了农民增收，提升了区域经济效益。

（4）强力的品牌宣传。

为了擦亮“淮安大米”这一名片，强力的品牌宣传也必不可少。淮安市大致有如下几点做法：一是确定品牌定位。公开征集了“淮安大米”品牌策划方案，确立了“淮安大米——现代稻米产业的领头雁”的品牌定位。二是开展公开征集活动扩大影响。策划出了“好水、好土、好味稻”“天下粮仓，淮米飘香”等“淮安大米”品牌广告用语。开展“淮安大米杯·稻香千年”征文大赛，征集撰写“淮安大米”赋，同时还邀请到了袁隆平院士亲自撰写寄语。三是利用各类媒体全方位宣传“淮安大米”品牌。设立“淮安大米”微信公众号，创建“淮安大米”网站，制作“淮安大米”宣传画册和电视短片，在淮安日报开辟“产业新模式，中国好大米”宣传专栏，淮安电视台新闻联播前黄金时段推出“淮安大米为您报时”广告，在交通要道、轻轨黄金站台、商场电子大屏同步推出“淮安大米”形象广告，对样板示范基地和核心企业的淮安大米宣传牌统一形象设计等。四是建立展示展销中心直观宣传。由政府扶持产业联盟建立起了“淮安大米”展示展销中心，产业联盟内的企业可将各自的产品放在展示展销中心集中展示和销售。五是积极参与各类大米展示展销活动。由市政府出面，既邀请相关组织到淮安市举办各类大米展示展销活动，又带领相关单位和企业负责人参加全国各地各类大米展示展销活动。

四、展望

“淮安大米”这一区域公共品牌至今已取得了非常辉煌的成就，但是仍需不断向前，完善自身，因为淮安大米品牌建设不仅是商业行为，也是一件真正为耕者谋利，为食者造福的公益之事、民生大事。以下是对“淮安大米”品牌的几点建议与展望。

（一）进一步加强政策制定

品牌创建以企业为主，但是离不开政府推动，应将政府与市场这“两只手”有机结合。一是做好深入调研，围绕政策扶持，深入基层开展走访调研，做好政策顶层设计，不断提高政策资金引导实效。二是明确目标方向，围绕基地打造、实体店建设、质量可追溯体系、品牌创建等，有计划地制定推进方案，加强重点项目建设扶持力度。三是务求落地见效，加快完善优质稻米产业财政引导资金分配实施方案，可从市优质稻米产第业发展资金中专门切出一块，用于优质稻米基地建设、仓储物流、品牌推广、市场开拓等，并进一步探索实行政策资金的差别化补贴机制等制度，积极发挥政策的引导支撑作用。

（二）强化稻米品种技术支撑

要牢固确立“稻米优质化，品种要先行”的理念，坚持引进、选育、推广并举，确保优质稻米产业化经营从源头培优。全面推行水稻主导品种和主推技术发布制度以实施水稻良种补贴为契机，积极引导农民种植优势品种，促进水稻品种改良。在把现有品质优、产量高、抗逆性强、销路畅的“南粳9108”“两优688”等优质品种作为主推当家品种的同时，注重对优质品种的提纯复壮。围绕在品种熟期上实现早、中、晚茬相搭配，在市场销售上实现抢早上市、均衡上市，瞄准国际、国内市场前沿，充分发挥淮安市农科院在优质稻米选育上的优势，加强与科研院所的协作和联合攻关，加速引进筛选一批优质、高产、多抗、符合市场需求的优新稀品种，建设一批“淮安大米”优新稀品种试验示范和繁育基地，为市面上用种提供保证，为品种提升提供储备。

（三）加大营销创新力度

近年来，“互联网+”农产品的销售模式已被消费者熟知，网络打破了地域与时间上的束缚让消费者们能更好地了解“淮安大米”这一品牌。在此基础上，营销部门也要关注热点话题，“网红”话题，让“淮安大米”也成为“网红”。所谓“网红”即能吸引大众的眼球的网络热点，这无疑是当下最有效直接的一种营销方式。

1. 打造品牌专属IP

在高级阶段，品牌超越了普通意义上的事物概念，在消费者的心目中有自己的位置，甚至有自己的文化形象。Intellectual Property是互联网时代的产物，字面直译为“知识产权”，特指多媒体内容的开发，且具有长期的生命力和商业价值（高明，2015）。它的特点是能够创造吸引力，在不同的媒介平台上转化为流量，成为一种个性化的可转移的精神消费产品。创建一个品牌 IP 不但有利于品牌的传播与推广，同时在软实力上可以塑造城市形象，帮助城市获得知名度、赞誉度，这将有助于城市吸引投资和人才消费（郭彬，2020）。例如，日本的经典 IP——熊本熊。在没有熊本熊前，日本的熊本县只是一个不知名的小地方，是以农业种植为主要经济收入的地方，而在熊本熊这一个“憨态可掬，抹着腮红，笨手笨脚”的大黑熊形象被创造出来后，已从一个穷苦县摇身成为具有影响力的国际知名旅游胜地，极大地带动了当地农文旅业的发展。淮安市也可以模仿日本熊本县的做法，为“淮安大米”设计一个既有地方特色又符合世界审美的 IP 形象，一旦成功，“淮安大米”这一品牌将世界驰名。

2. 赋予品牌热点话题

当今社会人类饮食从“吃饱”向“吃好”转变，对自己的身体健康越发重视，开始重点关注农产品的营养和保健价值。现在市场有很多新型米种，如“竹营养米”“麦饭石米”“海鲜米”等品种。无一例外的是，它们都挂上了“营养大米”的标签，具有一定的“保健”功能，价格更是水涨船高，有的甚至翻了一番。虽然这些大米噱头大于功效，但却带来了难以衡量的市场关注度以及潜在的经济效益。“淮安大米”同样可以抓住这一热点话题，利用自身过硬的科技实力，积极开发“专用稻米”以及保健药用米饭、高档米糠油等“营养大米”制品，进一步抢占市场。

通过多种多样的企业管理与生产运营模式，“淮安大米”获得了众多消费者的青睐，给当地的农民带去了切实的利益，稳固了淮安地区整个大米生产、加工、销售行业，并制定了规则。将声誉以及企业生存环境置于企业利润之前的做法，是“淮安大米”越来越繁盛的原因。

参考文献

[1] 林中正，何朋蔚．“淮安大米”产业发展的 SWOT 分析 [J]．中国农业信息，2014 (10)：47－49.

[2] 宋莹莹，张晓红．淮安“地标”产品逾百件 [J]．食品界，2019 (10)：82－84.

[3] 张欢，姜在新．基于不同人群的农产品电商界面设计研究 [J]．轻纺工业与技术，2020，49 (04)：114－115.

[4] 王滨．淮安大米：彰显品牌的力量 [J]．黑龙江粮食，2017 (01)：46－48.

[5] 杨晓春．气象条件对水稻生长的影响分析 [J]．南方农业，2019，13 (29)：157－158.

[6] 汪静，章铖，邢常瑞，鞠兴荣，袁建．淮安大米质量分析的研究 [J]．中国粮油学报，2019，34 (04)：1－6.

[7] 段传玲，赵琳，张瑞英，张宏坤，兰静．黑龙江省稻花香品种品质现状分析 [J]．中国稻米，2016，22 (01)：39－42＋47.

[8] 吴浩．“宝应大米”路在何方［N］．粮油市场报，2016－03－19（B03）．

[9] 秦习农．淮安市品牌农业竞争力研究［D］．南京：南京农业大学，2011.

[10] 胡长青．“三链融合”创建产业新模式“六点统一”打造中国好大米［J］．江苏农村经济，2018（10）：22－25.

[11] 帅强，王伟．淮安优质稻米生产基地建设初探［J］．上海农业科技，2017（06）：53－54＋65.

[12] 章安康．淮安稻米产业链开发战略［J］．江苏农村经济，2010（05）：15－16.

[13] 徐春山，戴耀峰．强力推进链式开发做大做强稻米产业［J］．中国稻米，2009（04）：71－73.

[14] 查学东．淮安米市网建设探讨［J］．农业网络信息，2014（05）：110－111＋114.

[15] 包志强．实施地理标志新战略打造淮安农业新名片［J］．中华商标，2014（06）：39－40.

[16] 高明．淮安市稻米产业化组织模式比较分析［D］．南京：南京农业大学，2015.

[17] 郭彬．农产品区域公用品牌建设的应用设计研究［D］．青岛：青岛大学，2020.

下篇　知名农业企业品牌案例研究

第十一章　南京桂花鸭集团有限公司

一、企业简介

南京桂花鸭集团有限公司（以下简称桂花鸭集团）是创立于20世纪60年代的一家地产品牌企业，作为久负盛名“南京盐水鸭”的代表，“桂花鸭”一直受到南来北往食客的推崇。“到南京要吃盐水鸭，要吃鸭首选桂花鸭”，这种口口相传的褒奖体现了桂花鸭的魅力所在。1982年，桂花鸭集团的前身——国营南京腌腊卤菜商店申请注册了“桂花”商标，也让桂花鸭这一传统美食正式走上了品牌经营的发展道路。南京桂花鸭（集团）公司是江苏省一家重点名牌生产加工企业，也是全国商业信誉企业和连锁经营百强企业，在国内外享有较高声誉。公司已通过ISO9002国际质量体系认证。拳头产品“桂花鸭”有400多年历史，以选料精细、工艺严格、风味独特而行销海内外，曾先后荣获江苏省名牌产品，中国食品行业名牌产品，中国绿色食品和全国首批“原产地标记产品”。进入市场经济以来，公司遵循“立足南京、辐射全国、走向世界”的经营思路，推行产品经营、地区总代理、总经销的经营策略，产品已基本覆盖全国市场。

自2003年以来，桂花鸭集团通过产权制度改革，逐步发展为集拥有6家子公司的国家级重点龙头企业，产业链覆盖养殖、加工、物流配送、连锁销售和电子商务，年加工桂花鸭近1000万只，集团销售产值近4亿元，成为营销网络辐射长三角地区和国内主要城市，还建立了对香港出口业务。此外，桂花鸭集团的产品获得了国家“绿色食品”和“有机产品”认定，取得了“中国驰名商标”“中国肉类食品行业50强”“中华老字号”“中国十大优秀特许加盟品牌”等荣誉称号，在同行业中处于领先位置。在近50年的发展长河中，桂花鸭集团坚持走品牌经营发展道路，依靠“诚为本，信为源”的经营理念，将“桂花”品牌打造成为同行业的一面旗帜，以深厚的社会责任感树立了品牌公信力和良好形象。

二、成长及运行机制

自2003年开始，桂花鸭集团在南京的溧水县和苏北盐城的响水县分别投资兴建了养殖基地。良好的生态资源和得天独厚的自然环境，加上集约化的养殖小区、科学的高床养殖方式、标准化的养殖技术，保障了每只桂花鸭都能得到健康成长。多年来，桂花鸭集团坚持所有原料都从自有基地和定点合作企业采集，绝不在市场上收购一只肉鸭。以南京桂花鸭所命名的“南桂”标准已经成为同行业肉鸭养殖公认的最高标准。同时，桂花鸭集团坚持订单合同价高于市场价，在保障农户受益的同时，进一步保证了桂花鸭独有的品质。现在，桂花鸭集团以生态养殖为起点，已经将生产加工、物流运输、连锁经营等环节串联成一条高品质、高效率的产业链，成为企业绿色发展的重要基石。通过发展农业产业化经营，桂花鸭集团肉鸭养殖规模从2004年的300万只上升到目前的1000万只，自有基地面积从不足200亩（1亩为0.067公顷，下同）扩大到1100亩，与河南华英等一批国内大型养殖企业实现了跨省合作，带动农户由最初的每年700户上升到6500户，基地农户年人均养殖收益从2004年的3500元上升到目前的1.26万元，翻了3.6倍。桂花鸭集团的产品在江苏市场占有率由2004年的不足10%上升到目前的30%以上，由省级骨干龙头企业成长为国家级重点龙头企业，由一个地方特色品牌跃居成为全国鸭行业的知名品牌，充分体现了产业化发展成效。

在规模效益不断扩大的同时，依靠功能不断完善、品种不断丰富、质量不断提升的桂花鸭生态产业链，企业的品牌价值也得到了市场检验和显著提升。在养殖环节上，桂花鸭集团按照国家级标准建立了质量检验中心，具备对重金属、农残药残和多项理化指标的检测能力，为桂花鸭使用放心原料增添了更加科学的保证。2013年桂花鸭产品出口至中国香港，当地的检验检疫部门对农产品所制定的是高于欧美发达国家的“37+7+7”检测标准，即37项农药兽药残留、7项重金属残留和7项违禁添加物检测，而桂花鸭集团则是国内首个通过上述检验的鸭制品生产企业，充分体现了对于食品安全的保障能力。

在生产加工环节上，桂花鸭集团在率先实现工业化生产的基础上，严格遵守生产许可管理规范和HACCP管理的要求，建立了标准化作业，5S管理等配套管理规范，严格执行进货查验制度和过程控制、出厂检验记录，并运用信息化技术实现了精益生产和远程控制，以工业化设备实现流水线作业，有效减少了生产中的手工作业和交叉污染。在物流配送环节上，各加工厂的产品由配送中心统一配发至各销售网点。不仅拥有良好的冷链储运硬件保证食品安全，还建立了完善的信息数据库，为产品实现可追溯性提供条件。在销售环节上，企业建有社区店、品牌店、旗舰店的三级连锁经营销售模式，在冷链贮藏、冷鲜保存、现场卫生等方面均有完备的配套设施，将商品日龄管理纳入了信息化管理系统，以保证食品安全。

绿色天然的生态养殖示范区、工业化精益生产模式、全程冷链物流系统和专业化品牌连锁经营，共同构建成桂花鸭的安全屏障；从鸭苗的购进到成品销售，桂花鸭一共要经过多达26道的检测程序，而其中相当一部分都采用了严格于国家标准的强化控制，使桂花鸭的生产加工安全受控。同时，桂花鸭集团还把信息化技术应用于质量监管过程中，建立了质量追溯系统，运用电子标签扫码技术，让消费者更加直观、清晰地了解桂花鸭的生产加工过程，感受到企业对于食品安全的保障能力，从而真正实现了对消费者的放心承诺。

"领先的高品质"是桂花鸭集团一直以来着力打造的核心竞争力。对于桂花鸭集团而言，安全放心是基石，而高品质则是与品牌价值相对应的长远诉求，也是桂花鸭集团推动传统鸭产业升级的核心理念。支撑这种理念的精髓，就是科技与创新。2009年，历时5年研发建设的桂花鸭集团滨江生产加工基地正式投入运行，这也是目前江苏省内规模最大、自动化程度和工业化水平最高的熟禽深加工基地，还被农业部认定为"国家禽类技术研发分中心"，有8项新技术已经获得了国家实用新型专利，并且正在申报发明专利。在节能降耗、确保产品品质、提升生产效率和管理水平、"以人为本"降低作业强度等方面，滨江生产线均体现了行业内技术的前瞻性和先进性，改变了传统食品企业依赖于经验和"人"的管理模式，以物联网技术实现了对生产线的精益管理和远程控制，体现了传统食品企业由经验型、粗放式向技术型、精细化生产方式的转变。

多年来，桂花鸭集团坚持以市场和顾客需求为导向，通过产品种类的创新研发，将原有的中式卤菜扩充到生鲜、熟食以及调理食品七大系列128个品种，并通过高温食品向低温冷藏食品的产品结构转型，通过低钠、有机等健康食品的推出，平衡了人们的膳食需求，丰富了人们的消费选择，让桂花鸭集团真正成为消费者的家庭厨房。桂花鸭集团还通过营销模式的创新，积极介入网络营销电商平台的开发，成立了自己的电商公司，为企业开展数据分析和产品研发提供了有力依据，以新型营销方式不断适应市场变化和消费需求，真正体现了"人们的生活品位更高"经营理念。桂花鸭集团作为一个发展中的食品企业，连续多年纳税额进入南京市百强和"纳税大户"的行列，被评为3A级纳税诚信企业，而且成为江苏省食品工业企业诚信体系建设第1批试点单位。在服务"三农"方面，作为国家级龙头企业，桂花鸭集团一直通过产业辐射带动基地农户增收致富，每年有近7000户农民通过订单养殖取得显著收益，人均增收都在1万元以上。同时，桂花鸭集团还通过对农村公共设施的投入，在产业发展中节能减排、环保措施的大力推行，充分体现了为"三农"事业所做的贡献。

南京桂花鸭同时向上端、向下端延伸产业链。在供应链处，由于禽制品生产链较长，环节多，食品安全风险更大，桂花鸭集团便自己来当自己的供应商，从养殖屠宰着手开始严格把控。在下端的终端销售处，每个电商平台和实体店铺都由总部直接管理，虽然管理成本较大但严格把持品控问题。在波特五力模型里，供应商的讨价还价能力与购买者的议价能力因为产业链的延伸变弱，从而使南京桂花鸭集团自身的竞争能力提高。

三、亮点与特色做法

盐水鸭是南京的地方特产，迄今已有400年的历史。“金陵八月时期，盐水鸭最著名，人人以为肉内有桂花香也。”——这是《南京文献·白门食谱》中的一段文字记载。这段话，作为南京“桂花鸭”名称的由来，使原本显得平常的盐水鸭有了较耐人寻味的文化依托。桂花，一个香气四溢的名称，它与鸭香的感觉互通后，使人想到清雅、洁净、美好，想到秋天那散发着芳香的馈赠，引导消费进入“艺术通感”的境界。公司确定了这一极富文化内涵的产品名称，后和东南大学的教授联手，对产品的标识进行了形象设计。经过研究和比较，采用独特的“SD”符号为基本图形，用鲜艳的合成极富韵律、极富流动感的桂花鸭图案和品牌名称，使产品的形象在一种文化和审美意识的映照下，产生让人过目难忘的视觉冲击力。

依靠丰厚的文化底蕴构建产品的品牌形象，这是一个产品得以产生较大社会影响力的基础条件，而要使品牌真正地在市场上“靓起来”，还需要管理、质量等方面的协调运作。为此，公司从强化管理入手，对桂花鸭的商标、原料、工艺、价格、管理及宣传实行了“六统一”；从提高质量入手，在产品的选料、加工、包装、运输等各个环节上都严把质量控制关；从开拓市场入手，构造起连锁经营网络，实行了产品快速配送……这些有力的措施极大地支撑和强化着“桂花鸭”的文化品牌，使其很快成为消费者眼中的亮点。

品牌是一笔无形的资产，其附着在产品中，能得到有形的体现。桂花鸭的市场份额不断扩大，至今已占据了南京鸭市场的40%，南京桂花鸭集团年产桂花鸭达到了650多万只，不仅在南京开了100多家连锁店，而且在全国60多个大中城市设立了300多家连锁店，还在日本、韩国、新加坡、马来西亚、泰国、瑞士、法国等11个国家和地区注册了自己的商标。“桂花鸭”这一响亮的品牌由此成为南京对外交流与沟通的一张名片，被国内外很多消费者所认同。桂花鸭实施的是名牌战略。企业形象体现为产品形象，在大力推进名牌战略的过程中，公司极为重视从整体上提升企业和产品的文化档次，注意利用符合时代要求和市场特征的企业理念去构筑面向未来的、开放辐射的战略发展平台，为已经形成的企业文化注入更多思想的、理论的活力。1998年9月18日，桂花鸭（集团）公司全面导入CI战略，这标志着企业就此以一种统一的风格、鲜明的形象进入一个更高层次的发展阶段。如果说当年“美国有肯德基，中国有桂花鸭”这一有着特殊亮度的广告语让人们在惊诧中发现“桂花鸭”的勃勃雄心和产品潜力的话，那么，现在的“让人们的生活品位更高”则在一个新的层面上让人们体会出“桂花鸭”志存高远的文化和精神探求，体会出公司情系大众的社会责任感。

开发新产品使南京桂花鸭公司找到了新的经济增长点。在金融危机来袭之前，该公司主要加工和销售的是深加工的熟制品，包括南京盐水鸭和肉鸭身上的其他部位的产品，售价较高，销售对象定位在中高档收入人群。金融危机发生之后，许多人的收入降低，许多人减少了在外用餐的次数和消费金额，购买包装熟食制品的数量也有所减少。在收入减少的情况下，许多居民自己到超市或农贸市场购买生鲜食品，回到家里烧饭做菜。为适应这一市场变化，桂花鸭公司利用自己饲养的肉鸭和屠宰厂，增设了许多新设备，并采用先进技术，开发出了新产品冰鲜鸭肉，消费者买回家后，可以按照自己的需求进行烹煮。桂花鸭公司在江苏、河南、山东等地采取“公司 + 农户 + 基地”的集约化养殖模式，建立了多个肉鸭养殖基地，从种苗孵化、饲料生产、饲养、防病、宰杀等过程都进行严格的科学管理。建立养鸭基地，既降低了该公司的原料成本，又从源头上保障了鸭肉的质量。

冰鲜鸭肉类似于猪肉产品中的冷鲜肉，在加工、贮藏、运输和销售过程中，都要使用冷藏设施，即全程冷链控制。开发冰鲜鸭肉具有这样几方面的好处：第一，冰鲜鸭肉的产销均在冷链条件下进行，可有效抑制微生物的生长，保障食品卫生质量。第二，采用冷链模式，可有效保留鸭肉食品中的营养和风味成分。第三，冰鲜鸭肉实行工厂化生产，并采用科学的管理体系。在热鲜肉的产销过程中，要对动物活体（活猪、活牛等）进行运输，但活体运输会带来动物疫病传播、环境污染、动物福利等方面的问题。冰鲜鸭肉采用的是宰后的畜禽胴体的冷链运输，可减少疫病传播的风险和环境污染，并可提高动物福利。桂花鸭公司一方面将冰鲜鸭肉送到其在南京的 100 多家连锁店销售，另一方面将这种鸭肉送到南京的大卖场和超市销售。由于冰鲜鸭肉比热鲜鸭肉具有更好的营养、卫生和风味质量，因此，该产品自今年 6 月上市以来，就受到消费者的青睐，销量增长很快。

桂花鸭集团坚持树立自身的行业发展责任。在遭遇 H7N9 型流感危机时，在《南京日报》上整版刊登了“桂花鸭不关门”的公益广告，提振了市民的消费信心，带领南京鸭业成功走出低谷。在抗击新冠疫情之时，向湖北防控指挥部捐赠了价值 126 万元的桂花鸭产品，向南京市鼓楼医院和江苏省人民医院的一线抗疫医护工作者各捐赠 100 箱桂花鸭。通过校企合作的形式，在南京工业大学设立桂花鸭奖学金，资助贫困学子和品学兼优的在校大学生。树立了良好的具有社会责任感的企业形象，提升了投资回报率。加强品牌形象的建设，赢得顾客的信任，带来了更高的二次回购率。桂花鸭还会同产业链上下游企业每两年举办一次桂花鸭文化节。通过带领同行业更加聚焦于提升品质的发展主题，树立质量诚信的发展责任。桂花鸭的发展目标就是要做一个百年企业，实现“百年桂花缔造民族食品”的百年品牌，推动旅游行业发展。除此之外，南京是以景点和大学闻名的城市，桂花鸭与南京旅游行业协同发展，在旅游景点与交通站点（如火车站、机场）等以特产店的形式开设店铺出售桂花鸭。

四、展望

一个企业的长足发展取决于它的品牌文化积淀。产品基因对品牌的生命至关重要。作为一个食品企业，质量创建了品牌，质量不过关便是自毁品牌。“从鸭苗的购进到成品销售，桂花鸭一共要经过多达 26 道的检测程序，而其中相当一部分都采用了高于国家标准的强化控制，使桂花鸭的生产加工万无一失”“桂花鸭实行以销定产，但产品一到保质期前一周，就必须下架”，这是桂花鸭定的“铁律”。百年桂花，百年已明确传达了桂花人创立百年品牌的企业梦想。为了实现这个梦想，桂花鸭除了坚持技术创新和严把质量创品牌，他们已经尝试与更大的国际市场接轨。2012 年末，3.2 吨产品进入香港后销售一空，这是南京盐水鸭近 10 年来首次进入外销市场。为满足香港方面的盐水鸭订单，还不具备出口备案资格的南京桂花鸭（集团）有限公司在南京检验检疫部门的协助下，第一时间完成了出口食品生产企业卫生备案的所有手续，并对出口产品实施检验检疫。香港市场对于盐水鸭的检测指标高达 30 多项，此次为进入香港市场，桂花鸭连闯企业自检、法定机构检测、第三方检测 3 道检测关。此批 3.2 吨桂花鸭入港，40 天便销售一空。桂花鸭（集团）有限公司总经理王进表示，桂花鸭准备进军东南亚市场，将南京盐水鸭带给更多的华人品尝，共同见证百年桂花鸭圆百年品牌梦。

参考文献

［1］夏青．走绿色发展之路　创百年诚信品牌——记南京桂花鸭的魅力所在［J］．农产品加工，2014（08）：66－67.

［2］李祝义．百年桂花　百年品牌梦［J］．中国品牌，2013（04）：76－77.

［3］梁庆华，邱德生．南京桂花鸭灵活应对度危机［N］．中国食品报，2009－12－10（006）.

［4］姚晓梅．在市场竞争中构筑企业文化高地［J］．改革与开放，2002（09）：34－35.

［5］姚晓梅．调整结构创名牌连锁经营增效益［J］．江苏调味副食品，2000（02）：23－24.

［6］於慧，董钢，闫燕．聚焦食品安全供应链之南京桂花鸭：携手 Intertek　共创传统食品质量新高点［J］．食品安全导刊，2010（01）：64－66.

第十二章　南京奶业（集团）有限公司

一、企业简介

南京卫岗乳业有限公司始于1928年，其前身是宋庆龄、宋美龄姐妹共同创建的国民革命军遗族学校实验牧场。历经90年的传承创新，卫岗乳业现已成为国家农业产业化重点龙头企业、中国食品百强企业、优质乳示范工厂、奶牛标准化示范牧场、江苏省先进乳品生产企业，卫岗牛奶成为中国优质农产品、江苏省名牌产品。2011年，卫岗乳业荣获“中华老字号”称号，是国内首批获此美誉的乳品生产企业。卫岗乳业获得国家资质认定的“中国学生饮用奶定点生产企业”，为广大中小学生生产在校饮用的优质牛奶。在2014年，卫岗乳业成为南京青奥会的乳品供应商。

企业先后在苏皖鲁地区建设多个生态科技牧场，饲养了超4万余头纯种荷斯坦奶牛。企业投入数千万元引进优良的检测仪器，产品历经28道严格检测，从而保证每一瓶牛奶的品质安全。有电商、特渠、烘焙、KA、分销、订户六大主要销售渠道，拥有6000多个销售网点，产品覆盖江苏、安徽、山东、福建、浙江、河南、上海、海南等地区。卫岗乳业与众多大型企业建立了良好、长期的合作关系。卫岗长期为星巴克、COSTA、巴黎贝甜、85℃、蓝色牙买加等国内外品牌提供新鲜的牛奶，卫岗产品也广泛进驻沃尔玛、家乐福、苏果等大型卖场。

二、成长及运行机制

（一）企业的成长历程

1928年，当时的国民政府决定为在辛亥革命和北伐战争中为国捐躯的烈士遗孤创办一所子弟学校，定名为国民革命军遗族学校。由宋庆龄出任校长，宋美龄任校董事会主席，同时创办了实习牧场。宋氏姐妹通过加拿大友人的关系，从大洋彼岸进口了60多头黑白花奶牛，供学生课后实习。这是当时南京最大的官办牧场，也是卫岗乳业的前身。

南京解放后，军管会接管了遗族学校及实验牧场。1949 年 6 月，实验牧场和其他几家奶牛场合并组建南京乳牛场。1950 年，又在卫岗童卫路开设新场区。因为地点在卫岗，南京人通俗称之为卫岗乳牛场。20 世纪 50 年代，乳牛场的生产技术得到了较大发展。“大跃进”时期，南京乳牛场合并到地方国营南京农场，成为地方国营南京农场的下属单位。1963 年，地方国营南京农场撤销，下属单位独立核算自负盈亏。“文革”前，南京市又成立了牛奶公司，负责销售。卫岗乳牛场当时已改称卫岗牛奶厂，主要负责牛奶的生产。“文革”期间，由于经营受到极大干扰，全市的奶牛只剩下不到 1000 头，卫岗牛奶厂的生产和经营也陷入了困境。

改革开放后，随着下放人员陆续回宁，大批知青返城，恢复高考的大学生进入校园，市场经济逐渐复苏，市民生活水平改善，对牛奶的需求量大增，出现了“吃奶难”。对此，牛奶公司通过在栖霞区和江浦县“养牛为主，牛鱼结合，综合经营”的实践，走出了一条“以牛养鱼，以渔保牛”的新路，并在南京经济协作区内得到了推广。1990 年，南京全市奶牛存栏首次突破了万头大关，年产鲜奶 3244 万千克。困扰南京人多年的“吃奶难”问题终于得到了缓解。

2002 年，南京奶业有限公司成功组建，第二年，设立南京卫岗乳业有限公司，实行专业化生产与销售。21 世纪，历经 90 年的传承创新，卫岗乳业现已成为国家农业产业化重点龙头企业、中国食品百强企业、优质乳示范工厂、奶牛标准化示范牧场、江苏省先进乳品生产企业；卫岗牛奶成为中国优质农产品、江苏省名牌产品；卫岗品牌成为江苏省著名商标。2011 年，卫岗乳业荣获了“中华老字号”称号，是国内首批获此美誉的乳品生产企业。卫岗乳业获得国家资质认定的“中国学生饮用奶定点生产企业”，为广大中小学生生产在校饮用的优质牛奶。在 2014 年，卫岗乳业成为南京青奥会的乳品供应商，并被授予青奥会食品供给与安全保障先进单位。2020 年 12 月 14 日，卫岗乳业被中华全国工商业联合会评为“抗击新冠肺炎疫情先进民营企业”。

（二）运行机制

从牧场建设、奶牛饲养到牛奶加工，从供应链建设到六大渠道销售，卫岗乳业有一条完整的产业链条。

卫岗乳业秉持“先建牧场，再做市场”的理念。先建智能化牧场，再建数字化工厂：卫岗先后在苏皖地区建了数十个生态科技牧场，并积极践行种养结合的循环农业生产方式，种养结合、草畜一体发展，既让奶牛吃到绿色、安全、优质的青贮营养饲料，又使牧场、草场、自然融为一体。直接饲养及管理超过 4 万余头的纯种荷斯坦奶牛，每一头奶牛都有专属的电子身份证，专业的牛群改良系统，精细掌控每一头牛的健康状况与营养需求，通过自动饲喂系统，对每一头牛的饲料、营养、配比区别配置，保障奶牛最佳健康状态。

在牛奶加工环节，卫岗乳业投资了数亿元，在苏皖两省建立起四大现代化的乳品生产加工基地，引进数十条国际先进的生产设备及最前沿的加工技术，保证全程自动化生产线的安全高效运转。从分离、均质到升温、杀菌、罐装各个环节，严苛的检测贯穿全程，从生产到出产，每一批次牛奶都经过28道工序严格检测，以确保产品质量。2018年，卫岗乳业通过标准严苛的“国家优质乳工程”验收，鲜奶已经达到国际优质乳营养品质和卫生安全水平。

在产品供应环节，为了让消费者随时随地随心享受新鲜，卫岗乳业出重资为所有车辆配备全制冷独立机组装置和全天候GPS装置，建立了完备的冷链运输体系。卫岗乳业在全国有1万多个供奶点，每日需加工鲜奶600多吨，产品销售覆盖华东地区200多个市县。为提高劳动生产率，增强企业市场竞争力，卫岗乳业率先进行智能化改造升级。从生奶到工厂直至最终灌装出来，全部实现智能化，在中央控制系统中完成。通过智能化管控，卫岗乳业实现8小时内产品从源头到用户手中的“绝对新鲜”，全程恒温4℃冷链物流配送，从牧场到工厂2小时新鲜直达，自有冷链5小时新鲜保障，有效保证了产品质量安全。卫岗乳业自建的“最后一公里”城市毛细冷链物流配送体系，已经全面覆盖华东订户网络，为千万家庭提供当日鲜奶配送到户服务。目前，卫岗乳业冷链网络已覆盖全国72个城市，自有及可支配仓储资源21个，市内配送重点城市16个，整个华东区域设有4个DC、15个RDC。同时，卫岗乳业还布局奶站和生鲜冷链市配前置仓。通过前置仓，辐射周边订户终端及销售网点，形成中心仓到前置仓2小时，前置仓到终端15分钟必送达配送网络。全国网点联动，达到最优辐射半径，形成运输共配、对流，降低成本，提升配送效率。此外，为保障产品在途的新鲜度，卫岗乳业还有整套的预防“B计划”。比如为预防制冷设备失效，卫岗乳业采取了每天每车配发5~10块大冰块的措施预防，确保产品在可控的温度下安全运行。同时，为确保精准的配送体验，卫岗乳业合理划分了配送区域，设定每部车配送半径在250千米左右，确保产品3小时左右到户。

卫岗乳业拥有电商、特渠、烘焙、KA、分销、订户六大主要销售渠道。卫岗乳业从最原始的凭票限购到街边打奶，慢慢到商超货架自主购买，在学校北门苏果超市的乳制品冷柜区，卫岗乳业的产品已经与伊利、蒙牛、光明三大乳制品巨头企业分庭抗礼。卫岗乳业坚持线上线下的销售布局。线上重点打造“卫岗乳业天天订”平台，推进卫岗乳业牛奶进入CBD及各大社区家庭，保证送货上门。同时还布局了京东、天猫旗舰店、盒马鲜生等多种形式，让人们足不出户，即享新鲜营养。线下，卫岗乳业创新开设自动贩卖机，更倾力打造了“牛牛的店”线下乳制品轻食坊，以健康、绿色的轻食主义，建立符合现代人消费模式的新鲜零售。卫岗乳业2015年还开始启用与第三方合作做O2O的业务模式，与苏果便利店合作打造订户渠道。所谓“乳企自己打造网络订奶平台，与第三方合作做O2O”，即是指乳品企业自建网络订奶平台，消费者在线上进行订奶，然后在线下就近门店进行取奶的业务模式，其中第三方是指线下取奶门店。

三、亮点与特色做法

（一）优质安全奶源

卫岗乳业的长盛不衰得益于拥有优质、无污染的奶源，一直坚持“先建牧场，再建市场”理念，以新鲜奶源为企业的核心竞争力，先后建立的汤泉奶牛场、仙林第一牧场、西岗奶牛场、泰州奶牛场、芜湖奶牛场等大型奶牛基地，饲养健康纯种荷斯坦奶牛 4 万余头。每一头奶牛都有专属的电子身份证，专业的牛群改良系统，精细掌控每一头牛的健康状况与营养需求，通过自动饲喂系统，对每一头牛的饲料、营养、配比区别配置，保障奶牛最佳健康状态。奶源基地是奶业发展的基础，正是安全的奶源才使卫岗在“三聚氰胺事件”爆发后销售量依旧上升。2015 年上半年，原料奶价格不断上涨，企业不得不通过产业链、各销售环节要求的基本毛利进行加价，导致产品终端零售价格上涨，在此种情势下，卫岗凭借自己安全新鲜的奶源，有效地降低了产品的成本，在价格竞争中能够有回旋的余地。80 多年前，卫岗乳业就规定天热要每天给奶牛洗澡。温度达到 30 度以上，要给奶牛洗澡，超过 35 度，一天要洗两次。

为了让消费者近距离感受卫岗牛奶的生产全过程，卫岗乳业还向媒体和公众开放了牧场及工厂的实地参观项目——“万人看卫岗”，其牛奶生产的安全与优质已数亿次地被家庭和媒体所见证。

（二）产品营销组合

卫岗乳业以市场消费为导向，迎合互联网时代下消费者多元化、品质化、高端化和健康化的消费趋势，在坚守新鲜战略、深耕巴氏奶生产、制作与销售的同时，不断创新升级产品品类，全面实施品类定制化战略，因需定制，因需开发，形成从覆盖年轻群体到中老年群体的完整产品谱系，满足消费者的个性化需求。卫岗乳业将自己的产品分为订户、特通、基础酸奶、高端酸奶、常温牛奶五个领域，订户一般是卫岗的巴氏奶，特通的客户主要是在上海的咖啡店和冰激凌店，在基础酸奶中，卫岗不断扩大自己产品线的长度，市场上销售的有卫岗淳、塞纳河 8 号、南京味道、低脂酸奶、红枣酸奶、低脂无蔗糖酸奶等，常温牛奶中，卫岗研发出既能补钙又能锁钙的黄金钙奶，并有香蕉牛奶、椰子牛奶、学生专属牛奶等细分产品占领市场。

南京味道作为南京地区旅游必喝的酸奶，已经成为南京的一大特产，产品采用 200 克玻璃瓶包装，透明的玻璃衬托着南京味道的古典特色，使产品更显出大气，深受高端消费者推崇。谷粒酸奶和果粒系列都采用杯式，在超市一般是三连杯一盒的销售；更有 90 克八连杯酸奶，满足喝酸奶次数多又不想每次喝太多的消费者。塞纳河 8 号酸奶作为高端低温酸奶，号称“酸奶中的爱马仕”，它以享受舌尖上的法式浪漫为定位，包装采用深邃蓝的盒式包装，营造一种神秘浪漫的感觉，深受年轻消费者青睐。

高端低温巴氏奶“至淳鲜牛奶”，采用进口苜蓿草喂养和82℃15秒巴氏杀菌法，更大程度地保留牛奶活性营养成分。弗瑞希首次尝试低温领域，推出广西百香果、荷兰芝士、马达加斯加香草和墨西哥青柠四种口味，激发年轻群体需求新鲜的生活方式。最新推出的轻气风味发酵乳，这款酸奶源自卫岗特殊的搅打充气工艺，拥有绵软的慕斯口感，每100克含有4.8克蛋白质，热量却只有100克蛋糕的1/3，不仅满足年青一代消费者对甜品的热爱，更提供了一个可取代甜品的健康选择。

（三）价格

通过对官方网站、网购网站、线下超市这三个渠道的产品价格进行对比，可以看出相比于伊利、蒙牛、光明这三家乳业巨头，卫岗乳业为了增强自身的竞争力，相同定位产品的价格总体处于平均水平及平均水平以下。同为最基础款的玻璃瓶装鲜牛奶，卫岗牛奶为3.2元/195mL，光明牛奶为3.9元/220mL，卫岗乳业的单价更加低。同为250mL普通款纸盒装纯牛奶，蒙牛与伊利牛奶的价格均为3.2元一盒，而卫岗牛奶为2.7元一盒，每盒牛奶的售价更低。南苑教育超市的同一货架，同为250mL普通款纸盒装纯牛奶，蒙牛牛奶的价格为3.5元一盒，卫岗、伊利、光明牛奶的价格均为3元一盒，卫岗牛奶的售价较四种产品的均价低。

综合上述三个销售渠道中卫岗牛奶的售价情况，可以看出卫岗牛奶在普通纯牛奶的营销方面主要采取低价策略。但由于乳业企业的产品品类众多，本章未对卫岗乳业的其他产品进行价格情况分析，所得结论有较大的局限性。

（四）线上线下销售渠道组合

卫岗乳业现今已成为苏果、大润发、家乐福等卖场的常驻品牌，并占据了世纪华联、好又多等社区便利店一半的货架。随着互联网的发展，卫岗乳业开启“新零售”创新模式，以“互联网+”为技术手段，整合天猫、京东旗舰店、牛小淳de奶吧、天天订等原本独立的线上线下零售渠道，让O2O模式全面覆盖社区。互通线上销售，线下配送渠道，帮助消费者做到随心买、随心订、随心送。2015年，卫岗乳业将微信订奶与苏果便利店系统相结合，首次实现消费者线上订奶、线下就近门店自取的业务模式。虽然目前电商平台的销售占比不是很大，但随着网络的进一步发展，销售贡献也将进一步加大。卫岗乳业通过对报刊亭和自动贩卖机的改造，实现平面媒体和牛奶的双向销售，在1021个新华书店设立奶吧，通过创新服务提升消费体验，带动线下客流。

（五）事件营销与关系营销

1. 事件营销

营业推广应该说是卫岗乳业采用的主要促销模式，卫岗乳业充分利用5月20日这个年轻人浪漫契机进行促销，参与活动并被幸运选中就可以和当红直播女生一起约会，共进浪漫烛光晚餐。第二季《中国新歌声》江苏赛区海选赛由卫岗弗瑞希全程赞助，在比赛期间，卫岗乳业免费饮品大派送，让观众能够倾听好音乐，畅享弗瑞希。在合肥中环城和港澳广场举行的卫岗乳业 & 美食来了“健康美味快乐行”活动，活动让合肥的小伙伴们在尽兴的玩耍中充分了解卫岗，并忠诚于卫岗。

2. 关系营销

卫岗乳业在经营产品的时候，处处体现着亲情，不管是举办的亲子活动还是广告的宣传，这与卫岗乳业将近百年的历史是分不开的，历史文化的积淀让卫岗乳业更加注重与客户关系的经营，送奶入户的服务从卫岗建立就一直延续至今，可以说卫岗乳业在消费者的心中已不单单是一个品牌，更像是一个朋友。当一个品牌与消费者建立了深厚的关系之后，逐渐就形成了对产品的忠诚。

（六）技术创新

1. 供应链建设

近年来，随着生活水平日益提高，人们更加注重食品营养和安全。消费者对于鲜奶、乳制品、绿色有机食品的质量要求越来越高，低温奶成为未来市场的主流已势不可当，不过低温巴氏鲜奶对处理工艺要求更高，更需要完善的冷链保障。

卫岗乳业率先布局冷链项目建设，目前已经初具规模，成为商务部全国农产品冷链流通监控平台的第一家乳制品企业，获得了“冷链全覆盖企业”的特殊身份认证。现阶段，卫岗乳业可通过乳品冷链流通信息码，实现 RDC 中转、奶站直配和自动贩卖机直配业务的流通全程可视，未来将在生产端进行赋码，实现一件一码，实现乳品全程冷链环境数据可视、可控、可信。这意味着，未来消费者可以通过扫描包装上的冷链流通零售码，追溯产品从奶源、加工到运输、终端每一道冷链环节的细节过程，从几点出厂、几点配送、几点到达超市……全程清晰可见。

卫岗乳业在全国有 1 万多个供奶点，每日需加工鲜奶 600 多吨，产品销售覆盖华东地区 200 多个市县。为提高劳动生产率，增强企业市场竞争力，卫岗乳业率先进行智能化改造升级。从生奶工厂到最终罐装出来，全部实现智能化，于中央控制系统中完成。通过智能化管控，卫岗乳业实现了 8 小时内产品从源头到消费者手中的“绝对新鲜”——从工厂到饮户，全程恒温 4℃冷链物流配送。得益于覆盖全国 72 个城市的冷链网络，以及自建“最后一公里”城市毛细冷链物流配送体系，卫岗乳业实现了从牧场到工厂 2 小时新鲜直达，自有冷链 5 小时新鲜保障，有效保证产品质量安全，保障消费者饮食安全和身体健康。卫岗乳业在智能化方面的发展与进步可以说是走在行业的前端，作为全国 50 家通过两化融合体系贯标的示范企业中唯一的乳品企业，卫岗乳业已逐渐从“两化”向智能化方向发展。

2. 现代农业建设

不同于在时代的车辙中逐渐沉寂的中华老字号品牌，卫岗乳业始终积极求变，以科技驱动创新牢固树立“绿水青山就是金山银山”的绿色发展理念，积极探索促进农村一二三产业融合新路径，以实现经济增长与生态保护的长期协调发展，助力农民分享产业融合带来的红利，减轻环境压力打造美丽乡村，真正走出一条“既富又安且美”的富民之路。

乳品行业横跨农业、工业、服务业，在产业链最前端牵涉千万家奶农和他们的合作牧场。密切与种养户的利益联系，牧场稳定发展，奶农持续增收是建立优质奶源基地、拓展产业价值链的前提。

为推进江苏奶业振兴，卫岗乳业凭借其供应链上拥有雄厚的技术沉淀和领先优势，分别与江苏省农科院建立起全国首家“奶业产业研究院”，同时与江苏省气象局合作共建全国首家“应用气象研究院”，以大数据为传统农业赋能，增强农业抵抗自然灾害的能力，从源头上强化食品安全监督管控，加强农业自然资源的合理利用，保护农业生态平衡，真正实现农业增效、农民增收、农村增绿。

（七）企业文化与社会责任

1. 企业文化

卫岗乳业的企业文化是“因爱而生，为爱传承”。现如今，大爱融为点滴服务。在全国的乳业企业中，可以和千万用户依旧保持亲情零售的配送体系，每天上门送奶、上门收瓶，还顺便代买代卖的乳业，唯有卫岗。

2. 社会责任

因博爱精神而诞生并发展的卫岗乳业，时刻没有忘记自己传承爱并传递爱的社会责任，多年来积极投身公益事业，让“因爱而生”的理念代代传承。

疫情期间，卫岗乳业向湖北武汉、江苏、安徽等地抗疫一线捐赠物资累计超过 2600 万元。而为了保障市场牛奶正常供应，保证市民每日的鲜奶供应不断档，卫岗乳业迅速行动起来，在最短的时间内制定出周密的疫情防控方案，各项防疫措施有条不紊地迅速铺开，全方位做好防疫准备，保障安全生产，让鲜奶供应不断档，展现出百年乳企的责任与担当。基于此，卫岗乳业在 2020 年 12 月 14 日，被中华全国工商业联合会评为“抗击新冠肺炎疫情先进民营企业”。卫岗乳业在 2017 年成立了江苏省“同心·贻芳行”慈善基金会；投身于国务院农业农村部、教育部等 8 部委及中国奶业协会共同发起的“中国小康牛奶行动”；每年开展“奖教助学”活动；第一时间为汶川、玉树、九寨沟等受自然灾害影响的地区捐款捐物；在 2016 年通过江苏省儿童少年福利基金会为 3000 名留守流动儿童捐款及捐赠牛奶；将乡村振兴、精准扶贫作为长久的使命，包括重点扶持奶牛养殖小区、合理保障奶牛利益……

不忘初心、回馈社会，做好公益路上的践行实践者，这是卫岗乳业 90 余年来不变的坚持，也是未来道路上卫岗乳业继续前行的准则。除了积极投身公益事业，卫岗乳业还通过整合自身的牧场资源带动地方经济发展。卫岗乳业与日照市、新沂市、淮安市进行农业产业合作，推进当地的现代化畜牧业发展，并积极推动农业合作社，形成“农民 + 合作社 + 企业”的订单式种养殖模式，带动农民增收。

（八）产品文化属性

早年，卫岗乳业就开始探索如何为产品附加文化属性，从而推动消费升级。2017 年 5 月，在江苏发展大会召开前夕，千名海内外江苏籍人士再回家感受乡音乡情之际，卫岗特别推出限量装“南京味道‘金陵盛景’”酸奶。家乡是童年的回忆。环保玻璃瓶复古包装，独一无二的城市元素，唤醒了很多人的成长记忆，成为江苏人特殊的情感符号。承载文化元素的“城市记忆”一经推出，便受广大消费者的追捧，小小的酸奶瓶成为时代脉动的缩影。卫岗别出心裁，联合了南京市博物馆总馆，以南京市博物馆镇馆之宝“萧何月下追韩信”青花梅瓶和六朝博物馆中极其少见的“人面纹”瓦当，以及南京独有的云锦为主题，创作了一套联名国潮新品——卫岗定制款“老味道新国潮奶瓶”。把南京的历史文化以新的方式来重新表达，体现东方美学。卫岗还携手 YOHO！有货定制了牛奶帽子、包包、袜子等限量款时尚单品。这样的跨界，让消费者一改对卫岗的固有印象，“酷炫”“时尚”“潮”成为卫岗乳业的新标签。

在成立 90 周年之际，卫岗乳业推出品牌独有卡通 IP（牛小淳家族）。使品牌用拟人化的新鲜形象与受众进行更加近距离的沟通，并通过“牛小淳”形象产生大量的自制内容，如实物雕塑、四格漫画、文创产品等，让品牌更好地进行内容传播。

四、展望

卫岗乳业作为一家有 90 余年历史的“中华老字号”乳品企业，发展到今天，已从一家完全地产地销的本土企业，发展成一家在全国有一万多个供奶点、产品销售覆盖华东地区 200 多个市县的区域型企业，这与其自身在坚守产品质量、不断进行技术创新、不断制定适合市场的生产营销方案等方面做出的努力密不可分。卫岗乳业的不断成长有许多值得同行借鉴学习的地方，但同时卫岗乳业自身在品牌建设等方面也有较大的发展空间。品牌是企业的一种重要无形资产，除了本身具有经济价值（可以估值）之外，还可以为其带来稳定的超额收益，是企业创造经济价值不可缺少的一种资源。本章通过对 40 位 20～50 岁的南京本地青壮年市民的问卷调查，对卫岗乳业的品牌资产进行了简单分析。

卫岗乳业作为在南京扎根已久的本土企业，所有受访者都知道这个品牌的存在，说明卫岗乳业在南京本地具有很高的知名度。接近 80% 的受访者家庭长期（半年以上）订购过卫岗乳业的产品，但只有 40% 的受访者相对于伊利、蒙牛等大品牌更加偏好于卫岗牛奶，说明卫岗乳业凭借地产地销的模式，其订奶业务上在南京本地具有很大的优势，但未能完全将这种优势转化为顾客对其品牌忠诚。接近 70% 的受访者了解弗瑞希酸奶是卫岗的产品，而对于塞纳河 8 号、悠畅、整谷专家这三种产品，分别都只有不到 30% 的受访者了解它们是卫岗的产品。另有少数受访者以为伊利的安慕希、蒙牛的特仑苏是卫岗的产品。说明消费者对卫岗的品牌认知度并不高。60% 的受访者并不了解卫岗乳业的历史，37.5% 的受访者只了解一些卫岗乳业的历史，只有 1 位受访者表示很了解卫岗乳业的历史，可见卫岗的品牌联想度较低。

问卷调查虽然未了解到 50 岁以上的中老年人对卫岗的品牌认知情况，但是 20～50 岁的人群作为乳品消费的主力军，问卷的结果可以在较大程度上反映卫岗乳业在品牌建设方面的问题。针对上述品牌建设方面的问题，为卫岗乳业提出了以下几点建议：

在设计产品包装时，使“卫岗”的 Logo 更加醒目。让对塞纳河 8 号、悠畅等产品的购买者在对塞纳河 8 号、悠畅等产品本身产生偏好时，也能了解到这些产品背后的“卫岗”品牌，从而加深对“卫岗”的品牌认知度。将卫岗 90 余年的悠久历史作为一个营销点，宣传卫岗乳业近百年来传承爱与创新的历程。此外，虽然卫岗乳业在 2020 年与投石科技合作建立了南京卫岗乳业历史多媒体展厅，但卫岗乳业还缺少一个可以更加长期地、全面地展现自身历史沉淀、百年传承创新与发展的场所。建立一家独立门面的卫岗乳业历史博物馆，不仅可以为消费者提供一个了解卫岗、感受卫岗的场所，增加消费者对“卫岗”的品牌认知度和品牌联想度，也可以为公司今后开展文化营销活动提供场所。在销售范围内的大城市繁华地段建设卫岗周边文创店。卫岗曾与 YOHO！携手订制过帽子、袜子等限量单品，但线上限量销售的方式不能长期地吸引到消费者的注意。在人流量大的地段建实体店，在地铁站、公交站台等场所做好广告宣传，利用好“牛小淳”这个可爱的专属卡通 IP，可以长期、大范围地吸引消费者眼球，且在实体店参观购物，可以更加直观地让消费者了解卫岗文化，从而提高卫岗牛奶的知名度以及消费者对卫岗牛奶的联想度，增加品牌其他资产。

第十三章　南京远望富硒农产品有限责任公司

一、企业简介

南京远望富硒农产品有限责任公司成立于2001年，主要从事粮食种植和加工、仓储、购销、肥料生产、农资经营等，是集团化运作的江苏省农业产业化科技型龙头企业，现为江苏省军粮大米供应单位和中国农业发展银行重点支持粮油产业化龙头企业，江苏省首批20家“苏米核心企业”之一，六合区“中国好粮油”行动示范县示范企业。

自公司成立以来，始终以创农业国家品牌、建设全国一流企业、为“人类健康和农业增效农民增收”做贡献作为企业的使命，始终以引领农业发展方向作为企业愿景，在发展中壮大、在壮大中做强，成功开发“远望”牌富硒大米、发芽糙米、富硒发芽糙米米粉等富硒农产品等，实现了龙头企业产前科技研发、产中规模经营和产后加工流通等全产业链延伸，2019年度实现主营业务收入2.33亿元。公司注册的“远望”商标在2015年被国家工商总局商标局认定为中国驰名商标。公司在发展过程中十分注重科技创新及资金投入，拥有22项专利。公司致力于生产绿色优质富硒农产品，产品通过了食品安全质量管理体系、HACCP体系和无公害、绿色食品等认证。公司先后获得“南京好大米金奖”“江苏好大米十大品牌”“全国放心粮油示范工程示范加工企业”“农业产业化国家重点龙头企业”等荣誉称号。

二、成长及运行机制

为解决卖粮难和农民增收农业增效的问题，董事长尹正丰决定采用富硒技术，生产富硒农产品。硒是全球最受关注的微量元素之一，是人体必需的微量元素，既能提高人体免疫力，又具有抗衰老作用。随着社会经济的发展，人们对科学膳食的要求越来越高，在吃饱的基础上追求绿色安全，在绿色安全的基础上追求营养。正是这种消费需求，催生出现代农业中的功能农业运行和发展。远望公司研发核心技术，在水稻种植过程中喷洒硒肥，解决大米缺硒的问题，提高了农产品品质和农产品附加值，在满足了市场需求的同时又可以解决农民增收农业增效的问题。

南京远望富硒农产品有限责任公司自成立以来，在上级各部门的大力支持和强力推进下，始终坚持以中央“三农”指示精神为指引，以新时代企业有担当为己任，以品牌农业发展为方向，以环境保护种植为纽带，以市场开拓创新为手段，以铸造“远望”品牌为目标，推进农业一二三产业融合发展，探索出以科学农业发展为途径的富硒产业发展之路。在2011年公司已发展成为全国规模较大、专业从事富硒大米生产开发的农业产业化省级重点企业，是全国农产品加工示范企业和技术创新机构。2015年，“远望”商标被国家工商总局商标局认定为中国驰名商标。凭借着长三角发达的市场经济状况，产品优质安全和较高的科技含量，适宜的营销手段公司成功创出远望富硒大米这一品牌。

（一）技术机制

科学技术创新是企业的内生动力，公司主要基于核心技术——外源性硒处理技术，将技术应用于农场中，在保证水土不受污染和人类身体健康的前提下，达到提高大米和其他农作物有机硒含量的作用。远望技术团队以探索科学和尊重自然为准则，力求科学严谨，在稻田和实验室中往返，成功解决了有机硒投入量这一难题。公司通过产学研合作的方式来实现创新驱动。为加快富硒农业科技的成果转化，公司与相关高校和科研院所联合成立了远望富硒研究所并建立人才培训基地，推进了富硒大米朝规模化、标准化方向发展。现代科学技术的支撑促进了公司新产品的开发，大大增加了产品的附加值，也为公司拓展富硒大米高端消费市场奠定了基础。企业的核心技术和科技研发创新能力使企业能够实现可持续发展。

（二）质量机制

公司在生产过程中追求高标准高品质，全程严格监控富硒水稻的生产过程，以保证生产出含量达标的富硒水稻。远望公司遵照国家食品安全标准，制定和规范了多项企业标准，严格按标准进行生产、加工，对种植、生产、加工等过程实施全面质量监控。公司不断加强原粮、产品检测，保证消费者吃到“放心米”。在种植阶段，公司特别制定了质量保障的具体措施：一是牵头种子、农资公司与订单基地对接，确保种子、农资安全；二是邀请水稻领域的专家，对订单基地农户进行培训，提升种植水平。此外，公司与两家权威第三方检测机构合作，对稻谷中的硒含量进行严格检测，检测合格才方可进入加工环节。在加工阶段，公司对大米加工设备进行提档升级改造，优化工艺流程，实施智能化自动化生产，提升产品质量。远望公司加快远望富硒农产品数字平台建设，实现“一物一码”，富硒大米等农产品全程配置二维码终端系统，链接平台生成二维码，打印粘贴在产品包装袋或产品宣传页上，为合作伙伴、代理商以及终端消费者提供原产地出品质量保障。

（三）营销机制

为了提高远望牌富硒大米的知名度，远望公司利用多种媒体开展了全方位的宣传并且积极参加农产品展销会和优质农产品进社区促销活动。在销售渠道上，远望公司在保留传统销售模式基础上，紧跟时代发展，发力专线配、同城递、特产寄以及社区店、商超等新渠道，同时与苏宁易购合作加大网络平台销售建设力度，做好线上线下互动。随着自媒体营销的兴起，公司积极迎接转变，组建营销团队尝试直播领域，由南京向全国各地辐射推广，扩大富硒农产品的销售业绩。除此之外，通过网站、微信公众号等方式宣传科普富硒农产品的作用，增强消费者对富硒农产品的认知。为解决生产者与消费者之间信息不对称所带来的问题，公司在销售产品时向消费者出具相关检测报告，并不断完善产品防伪与质量跟踪服务体系，让消费者放心购买。远望富硒能赢得市场，与公司致力于完备的售后服务是分不开的。公司组织售后服务人员进行技术培训，提高他们的服务意识和服务质量。

（四）社会战略机制

企业是个社会组织，企业成长依赖于社会发展，社会的进步为企业提供了发展动力。远望公司在关注经济利益的同时又注重社会利益，积极承担服务“三农”、回报社会的社会责任，满足社会和经济的发展需要，通过发展富硒农业实现了社会效益和经济效益同步增长。通过订单生产种植进行精准扶贫，帮助农民科学种植改良水稻，为农民提供种子、硒肥，给予生产指导，带动农民亩增收100元以上，增加了农民的收入。除此之外，公司履行社会责任，支持慈善事业和红十字人道救助事业，赢得了良好的声誉，形成了独特的品牌资产和品牌形象。

公司持续加大研发投入，不仅在自己的稻田种植出成功的富硒大米，还针对全国各地土壤的不同酸碱度，针对不同作物吸收的不同硒含量一一研发出解决方案，将社会责任整合进企业社会战略，促进全国农业的发展，真正做到“为耕者谋利，为食者造福”。

（五）企业文化

良好的企业文化可以增强企业自身凝聚力和可持续发展动力。远望公司以稳健、创新、快乐、责任为企业核心价值观，以引领农业发展的方向作为企业愿景，以创农业国家品牌、全国一流企业、为“人类健康和农业增效农民增收”做贡献为企业使命。在远望富硒公司的企业文化中，突出了责任和创新精神，这种企业文化将创新观念和责任意识深入到每位企业成员中，促进企业品牌做大做强。

三、亮点与特色做法

（一）进行产业化经营生产

在做强做大自身富硒品牌的同时，远望公司着眼于“大农业”领域，将产业链不断延伸，实行“依托主业，上下延伸，一二三产融合发展”的经营方式。依托富硒大米的生产，带动以肥料、种子等供应为主的产业链上游和以富硒产品深加工及分销为主的产业链下游双向拓展，形成相对完备的产业链，实现农资供应、生产、加工和销售环节的有机整合。通过产业化经营，带动农户、企业、产业的共同成长，为市场提供更多优质的绿色、健康产品，推动富硒产业整体发展。

（二）实行订单生产，加强配套服务

远望公司按照“公司＋家庭农场＋基地＋农户”的订单生产模式，在水源丰富、生态环境友好的区域，建立了全国绿色标准化生产基地20余万亩，按照订单种植、标准化生产、全程质量监控追溯的种植方式，确保生产基地产出的粮食安全、优质、绿色，为提高产品品质、适口性，创响“远望”品牌。这种订单生产模式，解决了农民小规模生产经营所带来的生产决策难、品种更新难、新技术推广难、农产品销售难等诸多难题，提高广大农民种田积极性，有效推动了农业订单的发展。农民通过订单种植富硒水稻，可免费领取富硒肥，喷施富硒肥，订单生产模式助力农民增收，促进农业经济发展，开创农民增收、企业盈利、产业发展的新格局。

公司充分利用“科普惠农兴村”平台，以公司科普惠农服务站为桥梁和纽带，以水稻订单生产基地为服务点，全面开展“五统一”科普惠农服务，加强配套服务，努力开创产业发展新路。为确保富硒水稻稳产高产，公司统一提供良种。公司对所涉及农民进行统一培训，聘请农业专家采取集中上课和巡回讲座相结合，发放科技资料和田头现场指导。在生产过程中统一施肥喷药。除了协同街镇农服中心开展全面技术指导外，还专门派出农业技术人员深入订单农户的田间地头，跟农民进行面对面的统一技术指导。公司负责上门统一收购农户稻谷，加工成富硒大米以后，以“远望”牌商标统一对外销售。

（三）“质量”与“科技创新”双轮驱动

公司始终追求高品质，全程严格监控富硒水稻的种植、生产、加工等过程实施全面质量监控过程，以保证生产出含量达标的富硒水稻。与此同时，公司积极利用科技创新推动产业升级，调整产品结构，为品牌注入新的血液。一是依托南京市富硒农产品深加工工程技术研究中心，以市场为导向，努力提升科研能力，不断开发新产品，提高产品附加值，增强企业核心竞争力。二是充分利用年产400吨发芽糙米深加工生产线，迎合现代消费者对主食稻米产品的营养、健康方面的需要。三是深化与高校科研合作，共建江苏高校现代粮食流通与安全协同创新中心，加快富硒科技成果的推广和运用，致力于现代富硒农业产业的产前、产中、产后的技术研发和产业化。目前公司已经成为南京财经大学、南京林业大学、南京农业大学等高校产学研基地。通过技术承包、技术入股、技术转让等形式，公司不断促进产学研深度结合，推动科技创新，提高企业竞争力。在专利成果上，公司已经拥有《一种富硒米的制备方法》《一种富硒米粉的制备方法》等国家专利技术18项；《富硒农产品产业化》《富硒生物技术在优质稻米上的应用及产业化开发》《优质富硒发芽糙米产业化开发》先后被科技部列为星火计划项目；“富硒肥研制及富硒大米开发项目”获南京市科技进步一等奖、江苏省科技进步三等奖，“富硒发芽糙米关键技术研究与开发”

获中国商业联合会技术进步一等奖，“富硒农产品的生物强化及其加工技术应用”获教育部科技进步二等奖。

坚持科技创新，增强了企业内生动力和竞争动力，促进一系列带有科技含量和特色的深加工产品的开发。科技创新为富硒产业提供了产业支撑、市场支撑和人才支撑，促进了富硒产业的分化和整合，推进了富硒产业的规模化、集约化、标准化方向发展。

四、展望

在激烈的市场竞争中，公司深知品牌就是企业核心竞争力的道理，将政府关心支持和企业使命作为动力，逐步提升和完善其品牌资产和品牌价值。公司努力践行“为食品安全、人类健康做贡献”，始终坚持以中央“三农”指示精神为指引，以新时代企业有担当为己任，以铸造“远望”品牌为目标，推动现代化农业高质量发展，推进农业一二三产业融合发展，提升新阶段农业技术推广与服务水平，促进农业经济的发展。可以看出，远望富硒在每个层面都突出创新与责任。凭借着创农业国家品牌、全国一流企业、为“人类健康和农业增效农民增收”做贡献的企业使命，在持续发展的订单农业和功能农业的道路上大步前行。

2020 年突如其来的新冠肺炎疫情给社会造成巨大的损失，消费者开始更加关注食品安全和自身的身体健康。而绿色健康、营养均衡的饮食，对增强人民体质、提高大众免疫力有着重要的作用。在这样的时代背景下，南京远望富硒农产品有限责任公司应加大研发力度，不断改良创新，以最优质的品种加上公司核心富硒技术再加上更加严格的规程，向社会提供更加优质的产品，满足市场更高层次的需求，造福大众健康。

在现如今的自媒体时代，公司要在迎合大众需求、调整营销方式和渠道、稳固老市场的基础上开发新市场，加大电商网络销售平台的参与度，建立远望旗舰店自营电商平台，深化第三方平台合作，提升远望品牌认知度和知名度，实现线上和线下的全面营销，进一步扩大市场。

参考文献

[1] 周应堂，欧阳瑞凡，尹正丰．基于资源比较优势的江苏省农产品品牌战略分析——以南京远望富硒农产品有限责任公司为例［J］．江西农业学报，2009，21（04）：144 - 150.

[2] 周应堂，赵晓伟，尹正丰．农业企业市场营销工作中的问题与对策——以南京远望富硒农产品有限责任公司为例［J］．生产力研究，2007（21）：27 - 29 + 147 + 161.

[3] 陈大明，白斌．“远望”正在崛起的中国“绿色”名牌——记南京远望富硒集团品牌创建之路［J］．中国品牌，2007（08）：150 - 152.

第十四章　江苏苏北花卉股份有限公司

一、企业简介

江苏苏北花卉股份有限公司位于全国的花木之乡——沭阳，是国家园林绿化一级资质企业，是集花木研发、繁育、销售，园林绿化设计、施工、电子商务、农业生态于一体的国家林业重点龙头企业、国家级农业产业化重点龙头企业。自公司成立以来，依靠科技创新，先后取得国家园林绿化一级、风景园林专项设计甲级和市政建筑综合二级资质，共获得各种专利26项，承担省部级以上科研项目18个，并有着雄厚的资本、人才、科研、商誉等优势。

江苏苏北花卉股份有限公司注册资金5208万元，总资产14.66亿元。现有员工746人，建成和拥有标准化优良品种苗圃基地面积6000余亩，依托产业基地42万亩。公司主要经营园林绿化工程规划设计、施工、养护；市政工程设计、施工、养护；花卉、苗木、盆景栽培、销售；花肥、花药、园林器械销售；花卉新品种及技术开发；自营和代理各类商品及技术的进出口业务。

公司2010年即为国家级高新技术企业，每年研发投入不低于销售收入的3%。近三年，江苏苏北花卉股份有限公司承担省级成果转化项目1项，拥有12项植物新品种、21项专利、3项企业标准，科技创新水平不断提高。除此以外，在产品特性上，公司拥有3项植物新品种保护、9项国际登录品种、13项江苏省高新技术产品。公司近三年销售收入都不低于5亿元，2019年销售收入为54417.56万元。公司产品销售渠道包括批发市场、电商平台等，还应用自身的设计资质直接设计到绿化公司项目。在环保方面尽职尽责，公司经营范围为种植花卉、苗木及园林绿化，无环境污染且起到环境保护作用，有利于产业的绿色可持续健康发展。

二、成长及运行机制

20世纪90年代初，沭阳县花木种植面积只有几千亩，基本上都是一家一户经营。江苏苏北花卉股份有限公司现任董事长李生在那时候发现，花木业要想尽快发展就必须摆脱小农经济模式，走公司化发展的路。1993 年夏天，他创办了苏北花卉盆景有限公司，打破了沭阳没有实体性花木公司的历史。1994 年，沭阳县苏北花卉有限公司正式成立。

1994 年春，公司告别了从栽植到销售的传统模式，开始承揽绿化工程并逐步成为公司的经营重点。1996 年，李生结合当时的产业情况敏锐地察觉到沭阳需要进一步调整种植结构、加快花木发展。为此他向沭阳县委县政府递交了一份建议书——《关于沭阳发展 10 万亩花木粗浅看法和建议》，这份建议书得到了县委县政府的高度重视。很快，沭阳便出台了一系列加快发展全县花木种植的政策。在公司发展过程中，针对沭阳花卉苗木品种少、档次低的现状，李生引导苗农引进苗木新品种。经过多年努力，共引进 120 多个适应苏北地区生长的新品种，特别是近年来引进并推广的日本红枫、美国红栌等树种，逐步成为市场抢手货。为引导苗农向规模化发展，李生还建设了一个 1500 多亩的苗木示范基地，彻底改变了过去“小而全”“乱而散”的经营方式。

2003 年，受“非典”的影响，沭阳花卉苗木销售量直线下降。经过分析与思考，李生将全县所有即将出售的花卉苗木假植在营养钵中，外销时带钵运输，大大地提高了苗木成活率，为当地的苗木赢得了市场。2010 年，江苏苏北花卉股份有限公司通过了 ISO9001：2008 质量管理体系认证、ISO14001：2004 环境管理体系认证、OHSAS18001：2007 职业健康安全管理体系认证。2016 年，公司与院校等科研部门合作，研发引进的月季、鸢尾、萱草三类 12 个耐寒耐旱“宿根花卉新品种”，成功获批江苏省科技厅重大科技成果转化项目。2017 年，公司荣升风景园林工程设计专项甲级资质，公司花卉产业持续向好发展。

2020 年 8 月，江苏苏北花卉股份有限公司获得了江苏省科技成果转化专项资金——“耐寒耐旱宿根花卉新品种繁育技术研发与产业化”项目。通过项目的实施，培育了适合江苏及周边地区的节水型新品种并建立了栽培模式，为发展节约型园林建设提供了新型的绿化材料和关键生产技术，推动了当地花卉产业结构调整，促进了区域经济协调发展。

江苏苏北花卉股份有限公司在发展过程中，紧紧围绕每个阶段制订的工作计划，积极开展各项工作，稳步推进业务布局。在确保工程质量的同时加快了项目实施的进度，持续优化了管理模式，激发基层员工工作活力，管理水平逐渐走向规范成熟，实现了企业的持续稳定健康发展。至今，公司有 5 个苗圃，拥有花卉苗木实验基地 2800 亩、扦插池 4000 多平方米、智能温室 11000 多平方米、组织培养室 1000 多平方米。公司现有的 1500 多亩集观光旅游、休闲、健身、餐饮于一体的旅游区中心景点，被授予了“全国农业旅游示范点”“省级农业观光园”等称号。在苏北花苗产业共生成长过程中，花卉产业结构不断地被优化和改进。既着重培养主导产业特色，又支持完善配套产业，形成因地制宜的产业链，提高了区域经济的竞争力。

苏北花苗产业共生的成长离不开共生创新网络的进步。各类企业间的联系逐渐变得密切，产业链上中下游分工趋于专业化，企业、大学、政府、研究机构等基于共生而存在的组织建立起了完善的信息网络。江苏苏北花卉股份有限公司经常与南京林业大学、北京林业大学、江苏省农科院等科研院所进行产学研合作，先后联合共建了江苏省博士后科研工作站、江苏省研究生工作站、江苏省观赏植物工程技术研究中心等。公司的研发项目不仅有科研院校作为技术支撑单位，也拥有一支高水平的研发团队，并且充分发挥了公司多年积累的育苗经验，公司的科技力量不断提升。项目研发的新品种不仅提升了公司产品结构档次，也增强了公司的市场竞争力。

江苏苏北花卉股份有限公司持续进行战略纵深布局，不断扩大项目承接区域，提升综合实力，持续加快市场资源整合，完善、提升公司的园林设计、建筑施工等行业发展密切相关的核心资质，切实提高公司的核心竞争力。公司还依托技术优势，不断加强在生态景观建设施工工艺和生态修复治理领域核心技术的研发力度，持续不断地满足客户的个性化需求和生态领域项目拓展所需要的核心竞争力，逐步实现各个项目全生命周期内各项数据的储存、分析、共享等信息化管理能力，为项目方案优化和经营决策科学化提供了有效的支撑。在管理方面，公司以培养高层次、高技能人才为重点，统筹完善各类人才队伍建设，全面提高了公司人才队伍整体素质。2014 年，公司从加强内部管理、提升企业形象、打造“苏花品牌”等方面开展了一系列工作。公司组建“青年突击队”，吸纳公司各部门工作主动、积极进取的青年职工，作为公司各项工作的执行推手，有力地推动了公司各项制度的执行。同时，把青年突击队作为公司管理人员提拔的储备库，保证了公司的人才梯队建设。公司持续优化管理，加强内部管理体系系统化、标准化建设，在材料把关、管理控制、细部处理等每个环节层层把关，以品牌赢得市场。

三、亮点与特色做法

（一）诚信经营、承担社会责任

沭阳全县拥有花木种植面积 28.5 万亩，名列江苏榜首。由于市场越来越大，竞争越来越激烈，沭阳出现了销售不讲诚信的现象，严重影响了当地苗木业的信誉。在江苏苏北花卉股份有限公司董事长李生的倡议下，当地成立了花木经纪人协会，制定了销售章程，倡导成员按合同经营，并设立了举报电话，很好地规范了当地苗木的交易秩序，树立了良好的形象。在加快企业发展的同时，江苏苏北花卉股份有限公司还积极带动周边群众致富。除建好的公司基地外，公司先后在沭阳新河、庙头等乡镇建立了占地 2800 多亩的 5 个花卉生产示范基地，并与周边 4 个乡镇的 20 个村 5000 多户花农建立扶帮带、产供销密切关系。在公司的带动下，沭阳县从事花木贸易的经纪人有 2 万多人，并且年收入全部超过 10 万元。从事花卉苗木种植年收入超万元的有 5000 多户，经公司培养选送出去 3500 多名园林工程绿化养护技术工人，人均年收入都在 3 万元以上。

在广大农户取得可观经济效益的同时，李生又带领村党总支一班人，把改善群众生活环境摆上了重要位置。在保留村内原有的水系环境和花木生态特色的基础上，依托老村建设新村。在老村，加大环境整治和基础设施建设，整治疏浚村内现有水系河道，建设沿河风光带和景观桥。在新村，建设造型新颖、品位高雅、环境怡人的康居示范村，极大改善了村民的居住条件和生活质量，并节约了土地，使乡村乡貌焕然一新，为群众营造了良好的生活环境。公司还通过村企共建，与所在地的聚贤村实行结对帮扶，发展花卉苗木产业。由企业负责农户的技术指导苗木供应销售渠道、信息提供以及经纪人培训。同时，加快花木中心区基础设施建设，加快改善群众生产生活条件。在服务村域企业和村民创业过程中，村集体经济也得到了长足发展。

公司自成立以来，诚信经营、依法纳税，切实承担起了企业法人所应承担的社会责任。同时公司积极开展就业扶贫工作，解决了附近数百名百姓就业，作为龙头企业在公司的项目上优先选购贫困户的苗木等。公司还适时走访慰问贫困户、老党员、留守儿童等，给予必要的帮扶。公司堪称旅游景区的苗圃地及办公场所对所有人员免费开放，对丰富附近居民的休闲生活起到了积极的促进作用。公司始终秉持对员工负责、对股东负责、对社会负责的理念，把履行社会责任放在公司发展的重要位置，积极承担社会责任，与社会共享发展成果。

（二）创新发展道路

江苏苏北花卉股份有限公司拥有专业的植物引种驯化、种植养护方面的园艺技师和技工，对苗木的培育、栽种、养护、施肥、打药、节水灌溉等环节实行科学化管理，按标准化流程作业，并定期邀请专家学者来进行技术培训，培育出的品种丰富美观，成活率高。在经营方面，董事长李生十分注意跟随市场的变化而变化，走出了“公司+苗圃+农户+联营+园林绿化施工”的发展新路。

2006年，经过详细的考察和评估，李生将公司总部落户到聚贤村，在综合考虑聚贤村的地理位置和发展基础后，决定引导群众发展花木产业。公司总部进驻后，在村里承包土地1000多亩用于发展花木产业。公司负责花农的技术指导、苗木供应、销售；村党支部为企业提供土地和基地支持，加快对花木区的基础设施的配套建设。公司重视新品种、新技术的引进与研发，近年来先后承担了多项国家级、省部级农业新技术新产品开发项目，获得了丰厚的成果，并获得植物新品种五年独占经营许可权6项；拥有一种花卉培植装置花卉定时浇灌装置等专利25项；江苏省高新技术产品13项。江苏苏北花卉股份有限公司还重点提供有效的技术支持。针对苏北花卉苗木品种少、质量差、经济效益不高的现状，李生倡导成立了沭阳县花卉苗木研究中心，帮助周边群众攻克花卉苗木培育、栽种等技术难关。普及了塑料温床育苗、组培无土育苗、温室促控反季节栽培、喷滴灌、防治病虫害和花土、花肥、花药的应用等11项栽培技术；研究并推广了乔木移植穴盘栽种法，不仅提高了工程苗木的成活率，而且还减少了工程投入。

公司以市场为导向、效益为中心，引导地方花卉苗木种植结构调整，增加了农民的经济收入，充分发挥了“南花北移、北木南迁”的中介作用。同时，公司引进、培育、示范大规格绿化苗木和名特优新品种，是苏北地区花卉、苗木发展潮流的先行者与领导者。它积极引导花木产业结构调整，带动、新扩花卉基地5万余亩、花卉生产大户1.2万户的花木高效发展格局，每年消化周边富余农村劳动力2000多人，为地方经济和花木特色产业的蓬勃发展做出了积极的贡献。

（三）符合绿色发展理念

江苏苏北花卉股份有限公司切实践行“为人民的绿色幸福而努力工作”的宗旨，依托苗圃、园林设计、施工、养护全产业链的服务优势，发展“生态+文旅”“生态+体育”的理念，以“乡村振兴”、“美丽中国”、旅游景区、田园综合体等为载体，以“绿、土、气”的生态治理为抓手，在美化环境、生态修复与重构领域精耕细作。

四、展望

疫情给花卉产业带来了巨大挑战，花卉行业的经营模式、销售模式和用户需求不断升级，花卉产品质量、品牌影响力、产业竞争力还有待提升。江苏苏北花卉股份有限公司需要在新形势下把握花卉产业未来发展动向，打破行业发展制约。

近年来，国家出台了鼓励全域旅游、主体公园、特色小镇等发展的政策文件，旅游景区在资源规划设计、生态景观建设等方面与生态建设企业具有较高的协同发展性，这些都为园林绿化、生态建设产业带来新的发展机遇。随着美丽中国、生态文明建设逐步建立，生态建设行业的市场前景一片光明，旅游特色小镇值得期待。美丽中国建设评估指标体系及实施方案促进行业发展；设计、施工一体化经营将成为行业发展趋势；家庭园艺未来发展前景广阔。“园林+”大有可为。随着行业的边界不断扩大，“园林+生态”“园林+文旅”等综合体项目不断涌现，园林行业将迎来新的发展契机。如今，PPP监管政策带动传统业务未来，园林绿化有望重回传统业务模式。加上环境保护重视程度逐年提高，园林绿化作为城市自然生态环境的重要组成部分、城市唯一有生命的基础设施建设，将逐渐回归改善自然生态环境的实质功能。

江苏苏北花卉股份有限公司未来发展要符合国家创新需求，构建花卉创新完整链条，把握产业发展规律，将创新走在前端，完善生态治理与景观建设综合技术体系。在做强、做优、做精主营产业的同时，还要逐步完善生态运营产业链布局，为人民的绿色幸福奉献，既服务国家战略需求，又服务人民生命健康。

第十五章　江苏立华牧业股份有限公司

一、公司简介

江苏立华牧业股份有限公司成立于1997年6月，是一家集科研、生产、贸易于一身，以优质草鸡养殖为主导产业的一体化农业企业，是江苏省农业产业化经营重点龙头企业、江苏省农业科技型企业、国家级农业标准化示范区。公司现有员工6000多人，其中大专文化以上技术人员1000余人，含博士研究生10余名、硕士研究生150多名，中高级职称40多人，长期从事研发的科技人员逾百人。

公司与多家科研院所、高校合作，2004年共建江苏省优质禽工程技术研究中心，2007年成立江苏省农科院立华家禽研究所，2010年先后设立（扬州大学）研究生工作站和（吴常信）院士工作站，2012年获得江苏省博士后创新实践基地授牌。2019年2月18日，公司正式在深交所挂牌上市，成为江苏省首家上市的畜禽养殖企业、常州市首家上市的农业企业。2020年成立了江苏省农科院——立华农业产业研究院。

公司自主培育的当代草鸡优良品种“雪山鸡”于1999年投放市场，先后通过了江苏省畜牧品种审定委员会和国家畜禽遗传资源委员会审定，成为畜禽新品种（配套系）中的一员，是畜牧业优良推广品种，农业部认证的“无公害农产品”“江苏名牌产品”。自主研发的“江南白鹅”于2018年通过了新品种（配套系）的审定。公司自创建以来，始终坚持“诚信、合作、创新、规范”的经营理念，倡导“精诚合作，共同富裕”的企业精神。从2000年开始实行“公司+农户”的运行模式，2002年组建合作社，并异地创办子公司，大力推行“公司+合作社+农户”的发展模式，带动广大农民致富。

二、成长及运行机制

1991年，程立力在华南农业大学获农学硕士学位后，告别了研究所实验室的工作，回到了农村，从零开始一手创办了常州市立华畜禽有限公司，开始了他的创业之路。江苏立华牧业的发展路径主要分为以下两个部分。

（一）优质品种鸡的打造

1998 年，常州市立华畜禽有限公司从养殖白羽鸡转型开始生产、经营黄羽肉鸡。在当时肉鸡消费市场可粗略分为三个消费等级：一是初级的白羽肉鸡；二是中级的黄羽肉鸡；三是高级的优质鸡。随着人民生活水平的提高，优质鸡日益为消费者接受。公司在推广优质鸡消费的过程中发现，消费者一开始对优质鸡不甚了解，当优质鸡价格下跌至黄羽甚至白羽肉鸡价格时，消费者开始选择优质鸡，在他们吃了优质鸡感觉很好后，当优质鸡价格上升至应有价位时，这些消费者仍能接受，并真正形成了优质鸡的消费群体。在经过市场调查后程立力发现市场上消费意愿高的是 3 斤左右、毛色漂亮的鸡。因此，江苏立华牧业的创始人程立力分别从江西、四川、云南等省份引进了 4000 多只原种鸡。经过多方对比，最后决定将体型、口味的藏鸡作为选育的种鸡，但是由于藏鸡好斗，生长速度相对较慢，其经营成本会制约企业的大规模发展，因而常州市立华畜牧有限公司决定培育一个新品种。经过多次实验，公司正式培育出了当代草鸡优良品种“雪山鸡”，并于 1999 年投放市场。

在此之后，立华牧业始终坚持草鸡的优良品质的保持和打造。公司每年提取专项科研经费用于技术创新，建成了“江苏省优质禽工程技术研究中心”，在黄羽鸡白血病净化技术、抗菌药使用减量化、环境控制器等一系列研发上取得了显著成绩，确保了雪山鸡的优良品质。

（二）“公司 + 合作社 + 农户”的运行模式

江苏立华牧业采用的“公司 + 合作社 + 农户”的发展模式，该公司秉承的理念为“诚信为先”。为了避免“订单农业”的违约问题，立华牧业有一套自己的解决办法。在该模式下，养一只鸡的实际成本为 14 ~ 15 元，公司给农户提供苗鸡、饲料和药品，农户实际支出成本只有 4 ~ 6 元，而一只鸡起码可以卖 16 ~ 18 元，这种农户看得见的利益使农户可以放心地加盟养鸡合作社。同时为了避免农户失信问题，公司给予农户的收购价一般都高于市价，这有效地防止了农户“成群逃单”问题。至于收购价和市价之间的价差问题，由于公司向农户收取的饲料、药品等也收取高价，公司在这里就找回了自己的利益。立华公司不仅给农户提供优质鸡苗，而且还在农户中推广标准化生产，常年面向农户组织各种免费的技术培训。公司还起到了“兽医站”的作用，对禽病做了大量防疫、诊病、治疗工作。这一举措不仅减少了农户生产的风险，也从源头上保证了其草鸡的优良品质。

“订单农业”中最主要的就是公司与农户之间的合作关系。既然要合作，那么为对方着想就是为自己着想，公司相对于农户，明显处于强势的位置，因此更多的时候公司要为农户着想。在 2004 年的禽流感风暴中，公司始终坚持不管损失多大也要履行合同，农户因成鸡积压消耗饲料等造成的损失公司都给予了补贴，公司在禽流感中损失了 1000 万元以上，农户还是得到了每只鸡 1.3 元的赢利。在该次禽流感风暴中，公司承担了所有损失，保证了农户的利益。

三、亮点与特色做法

随着人们生活水平的提高，国家经济的迅猛发展，中国已逐步由加工生产转入到了品牌竞争时代。品牌竞争时代是历史发展的必然，当消费水平达到一定程度时，品牌的意识就会在短时间内被激活，这导致当下社会更多的企业和商家开始逐渐思考自己品牌化的使命。与此同时，当代人们生活水平在不断提高，消费能力得以提升，消费特征也逐渐发生了转变，在进行消费选择时，不会更多地再将关注点单单放在价格上，而是更加注重产品的品质和整体品牌的声誉，对于某些消费者而言，品牌的知名度和档次定位甚至可以成为其决定性因素，产品的品牌成为了其选择产品的第一要素。同时，随着行业内竞争不断加剧，同质化的产品及品牌越来越多，消费者在没有体验过实际商品的情况下，自然会选择知名度更高、信誉更好的商品。因为大家都认为品牌商品虽然在价格上会相对而言高一点，但是品牌商品在质量和服务上更加安全、更有保障，品牌就是实力和品质的保障，知名品牌很自然得到了广泛的传播和推广，因此得到消费者支持就成了理所当然的。由此可见，品牌策划成为了决定企业发展的一个重要环节。江苏立华牧业的品牌打造是其一大特色和亮点，其品牌建设主要分为以下四方面内容。

（一）以宣传为抓手，扩大品牌辐射力

2018 年，江苏立华的雪山牌雪地鸡成功入选常州市十大农产品知名品牌，对于江苏立华而言，此次入选不仅代表着常州市政府组织和机构对公司雪地鸡的认可，也代表着社会对公司雪山牌雪地鸡的接纳，在这种取得多方重视和关注的情况下，立华急需一套系统的品牌策划方案来打造出强势品牌，落实农产品知名品牌的称号。江苏立华积极参加了上海农产品展销中心展会、南京产品展销中心展会、2019 江苏畜牧业博览会等展会，通过产品展示、现场品尝等方式进行推广，让更多的客户认识、认可、认同公司产品，加强品牌影响力。同时江苏立华也积极拍摄宣传视频，借助新闻、视频等多种方式多方位展示企业形象，提升品牌知名度。

（二）以专业为导向，提升品牌科学化

在品牌建设方面，公司设立了品牌专项资金，以保证品牌建设所需。为了保证品牌建设的专业性和正确性，公司邀请华中农业大学专门编制了《立华雪山鸡品牌建设与推广实施方案书》，该方案结合当前国鸡行业背景，分析了立华雪山鸡品牌策划的背景和意义、立华雪山鸡品牌发展现状，对立华雪山鸡品牌建设与推广进行了战略规划与指导，促使公司品牌建设体系更加科学。江苏立华牧业也非常重视商标和产权的保护。自 2002 年开始，公司就开始对“立华”“雪山”等字样、图形进行商标注册。随着 2019 年公司上市，公司对知识产权进一步重视，自 2020 年开始，公司开始对整个商标系统进行防御性

及拓展性注册，目前第一批拟准备申请注册相关商标 136 个。商标的注册与保护，为品牌建设打下了坚实的基础。

（三）以技术为支撑，提升品牌质量

近年来，食品安全问题频发，消费者在进行食品消费时也变得更加谨慎，消费习惯也逐渐变为选择自己经常购买并信赖品质的产品，当农产品等食品有知名大品牌在背后做加持时，消费者会更有信赖感和信任。对于立华而言，公司每年有专门的专项科研经费用于技术创新，同时建成了专门的研究中心，下设品种选育、饲料营养研究、禽病诊断防治、技术培训推广 4 个研究室，各个方面保证了雪山草鸡的优良品质与食品健康安全。农产品品牌背后的强大技术支撑会使消费者对农产品的品质和安全信任大幅提升，从而更加信赖品牌。

为提升品牌质量，江苏立华牧业始终坚持绿色生态理念，逐年增加环保建设的项目数量和投资额，开展畜禽养殖粪污处理及资源化利用技术的集成、自主创新和系统建设，不断努力改进技术，提高自身生产水平，努力实现企业污染物零排放。这种社会责任的承担会给企业品牌树立良好的形象，为品牌的全方位推广打好基础。

（四）以渠道为依托，加强品牌营销

自 2019 年下半年开始，江苏牧业建设了生鲜市场销售渠道，线上线下齐销售。其成立的“朴获生鲜”零售团队，致力于提供以优质冷鲜鸡为主的生鲜产品，结合线上线下双渠道销售模式，为用户提供极致的生鲜服务体验。开通了淘宝商城、朴获商城、小程序等线上购买渠道，拓宽线上销售渠道；线下在常州地区设立了 4 家朴获生鲜超市，让更多的消费者通过更多渠道了解“雪山鸡”，通过更多渠道提升品牌知名度。

在疫情这一特殊时期，江苏立华也没有坐以待毙，而是组建了线上销售突击队，在常州市开启了线上冰鲜鸡全城无接触销售行动，成为了本地的“网红鸡”。为加强渠道建设，公司在销售突击队的基础上，组建了生鲜室，主要负责沪宁线生鲜直销业务开发与管理，将冷鲜鸡的送货范围拓展到了南京、无锡、苏州、镇江等周边城市。生鲜室还采用了“社区团购”的方法，完美结合了电子商务和团购模式的优势，进一步增强了消费者对“雪山鸡”的认知度。

江苏立华牧业通过自己较为完善的品牌策划，建立了自己优质国产鸡的品牌形象，也通过一系列举措创建了品牌鲜明的核心价值与个性，“雪山鸡”品牌的知名度、美誉度和忠诚度有了较好的提升。

四、展望

不可忽视的是，江苏立华牧业有限公司目前处在一个虽从市场占有率、销售量和出栏

量来看已成为国鸡行业巨头企业，但行业第二的身份和背景却并未被大众所熟知的情况，企业的知名度和品牌知晓度在消费者群体中并不够普及，立华企业的品牌和产品虽然有一个较为坚实的好基础，但如何将品牌塑造到最佳状态并扩大其品牌影响力仍需要进行一个较为系统化的规划和安排。

（一）深化市场细分

任何一个企业想要成功，都需要聆听消费者的声音，洞察消费者的实际需求，只有真正洞察消费行为背后的真实想法和需求，才能明确品牌传播应该对谁说些什么，从而把握住消费者的心智资源，对隐藏在消费者背后的行为和心理进行挖掘，从中发现消费者的真实需求与偏好，找到驱动目标消费者的购买因素。深化市场细分对于江苏立华牧业而言，可以帮助其更精准地定位不同消费者的消费需求，从而进一步抓住更多消费者，扩大品牌知名度。江苏立华牧业可以基于需求的差异化来进行产品设计。例如，不同用户对于鸡的不同部位有不同的需求，基于这种分割类消费的需求，立华可以基于不同菜品以及不同需求进行按需分割，按需销往市场，以增强客户黏性。同时立华可以对外寻求合作，对雪山鸡进行深度加工，形成烧鸡、盐水鸡等不同口味的熟食产品，扩大消费者的选择面。根据不同需求的产品，企业需要进行不同的包装设计，在体现产品差异化的同时，寻求美观、打造特色，进一步加强消费者对雪山鸡的认知。

（二）供应与品质保障

江苏立华可以进一步依托自身强大的技术支撑，进一步建设现代化养鸡场，保证环境干净卫生，注重饲养环境，利用大数据系统使管理人员能随时随地通过云端数据平台了解场内情况。在全系统配备专业的检验人员，在小鸡出圈、屠宰、屠宰后、包装前、包装后等各个阶段进行检验，保证产品的质量。结合目前立华的线上销售系统，整合现代物流以及冷链配送优点，寻找和开发适应公司的冷链配送系统。快速高效的运输配送体系，能够有效保证肉鸡的口感，进而增加消费者复购率。

（三）加强宣传渠道建设

目前立华的宣传和营销渠道都相对传统和单一，立华未来需要运用多种传播手段，缔造持久强势的品牌声浪，使消费者的反映反响效果达到最大，品牌辐射范围区扩大，强度增大，例如通过新媒体传播、流量影响、意见领袖引导、公关传播、虚拟社区等多维现代化新型传播手段来使累积效应达到最大，相互配合、相互影响、相辅相成，使品牌声浪的强度、范围和效果都达到最佳效果。针对线下传统消费渠道，立华可在常州及周边地区增设“朴获生鲜”门店，给予消费者更加直观的感受，增强消费体验。针对线上商务平台，立华在拥有“朴获商城”的基础上，可以开设不同渠道的电商平台，入驻天猫等大型平台，利用大平台的流量增加消费者的关注度和认知度。最后立华还可以广泛利用广告、促销活动、直播带货等方法进一步提升品牌的曝光度。

第十六章　金太阳粮油公司

一、金太阳粮油公司简介

金太阳粮油股份有限责任公司，是一家集研发、生产、销售为一体的农业产业化食用植物油企业。公司始建于1949年，与共和国同龄，公司一直专注于健康、高端的油脂生产和研发，目前该企业主要从事以葵花籽油、菜籽油为主的食用植物油的研发、生产和销售。

金太阳股份的集团总部位于有着“厚德笃行扶海越江”美誉的鱼米之乡——江苏省如东县岔河镇，公司是国内独创工艺生产精品葵油的专业厂家，葵油产销量位列全国前五，是中国粮油学会唯一监制的葵油品牌和新版国家葵花籽油标准起草单位。公司拥有年产能超过25万吨的精炼和年产能达到30万吨的灌装生产线，以及配套的注塑吹瓶生产线，并同时拥有独立的压榨生产线、浸出生产线。公司在保持传统产品加工项目的同时，相继开发出葵花籽油、亚麻籽油、茶籽油、米油、玉米胚芽油等绿色保健油品，使得公司成为江苏省最大的保健油生产基地，目前公司的产品已发展到10个系列，超过60个品种。

伴随公司不断发展，公司近年来也不断获得了社会、行业团体以及消费者的认可，公司陆续成为省、国家农业综合开发重点龙头企业，并多年位列中国食用油加工企业50强，成为全国粮油加工示范企业和中国粮食行业协会AAA级信用企业，并获得了国家计委颁发的国家设备管理金奖。公司“金太阳”“葵王”商标被认定为江苏省著名商标，“地中海”系列食用油品牌被认定为江苏名牌产品，“葵王”牌葵花籽油被认定为全国葵花籽油知名品牌，并获得国际IEOE食用油产业博览会金奖。

二、成长及发展战略

（一）金太阳粮油公司的成长发展

金太阳粮油股份有限公司，位于通江通海通上海的南通，创建于1949年。从1949年的私人作坊，20世纪50年代公私合营，1996年企业改制，2002年实施股份制经营，2016年进入资本市场，到2018年江苏农垦苏垦农发上市公司强势入驻，金太阳开启全新发展征程。金太阳业已形成数字化、智能化、自动化生产格局，拥有十二条智能灌装、机器人码垛生产线，日灌装1000吨小包装油，三条全自动智能精炼生产线，日精炼能力900吨，三条脱蜡生产线。建立全程追溯体系，配有瑞士氧化稳定仪、日本气质联用仪及气相色谱仪、美国高效液相色谱仪、美国荧光PCR油料及油脂转基因检测等先进检测设备。十项指标优于国标，成为国内十大油企供应商。1996年成功开发葵花籽精制油打入上海市场，并先后开发出玉米胚芽油、糙米胚芽油等10个系列近百个规格的油品。以年产10万吨葵油为拳头，以玉米油、浓香系列菜油为两翼，辅以亚麻籽油、橄榄油、核桃油、茶籽油、南瓜籽油、麻油、非转东北大豆油的有效组合。

（二）公司核心竞争力和发展战略

1. 发展战略

金太阳股份自成立以来，一直秉承打造百年企业，做中国健康特色粮油的龙头企业的企业愿景，并围绕这一愿景，制定了企业的发展战略和经营方针。以产品为导向，不断增加研发投入，提升产品品质和工艺水平，针对不同的产品制定不同的销售策略，做强做精产品，提高市场占有率；不断提高企业内部管理水平，全面提高公司财务指标，提高资产周转率，降低资金占用和生产成本，提高现金周转，保障企业正常运行；立足江苏，辐射全国，并逐步开拓海外市场，丰富产品销售区域，提升公司销售收入；注重人才培育，不断完善和丰富企业文化，积极引进专业人才促进企业持续高速发展。

2. 经营战略

（1）生产和技术水平提升。

金太阳股份拥有年超过25万吨的精炼产能和年灌装30万吨产能的灌装生产线及配套的注塑吹瓶生产线，拥有独立的压榨生产线、浸出生产线。这些主要生产线均采用先进的生产设备和工艺，2017年公司又成功新建炼油车间，生产线智能化程度高，实现了更高的生产控制水平。

产品关键质量指标（酸值、过氧化值、色泽、反式脂肪酸、AOM值、塑化剂、苯并芘、冷冻试验等标准）均优于国家标准。与此同时，公司配有进口气相色谱仪、进口高效液相色谱仪、气质联用仪及氧化稳定仪等先进检测设备，建立了全程质量控制追溯体系，确保食品安全。坚持产学研合作之路，与上海交通大学、合肥工业大学等高校建有长期的产、学、研合作关系。近年来，公司不断增加研发投入，研发费用逐年提升，2016年葵花籽油生产工艺的自动化升级、葵花籽油精炼工艺节能改造、食用油质量安全检验检测体系升级、食用油充氮保鲜技术升级、炒香葵花仁油新品种开发等研发项目相继启动，2017年则相继开展了葵花籽油氧化稳定性、高出油率冷榨介电干燥处理技术、食用油精炼尾气凝结回流技术、螺旋输送式均匀调质技术、食用油定量灌装自动化生产技术、菜油低温压榨与精炼关键工艺等研究项目。公司因此获得了多项专利，并建立了省级油脂加工工程技术中心、省级企业技术中心，创建了研究生工作站。

金太阳股份持续不断加大研发投入，从多方面优化公司技术，提高产品质量，从而提升品牌市场竞争力。

（2）完善管理制度并进行系统化管理。

2016年公司新上线了用友NC系统、OA系统投入运营，同时完善了各项制度及流程，全面推行6S管理，导入卓越绩效管理模式，清洁生产，标准化管理，有效保证了产品质量，保障企业高效运转，并同步建立了全程质量控制追溯体系，做到原料上每车每船每批检测、生产上每班每人每台检测、销售上每店每仓每瓶可追溯，检验项目除常规指标、油品纯度检验外，同时检测塑化剂、苯并芘、黄曲霉毒素、反式脂肪酸等特定指标，在最大程度上保证原材料和产品的质量。

（3）多种销售模式并行。

太阳股份的产品销售一般通过小包装事业部和经营部共同完成，其中小包装事业部主要负责小包装油品的销售，经营部则主要负责散油和中包装油品的销售。

公司销售模式主要包括以下三种类型：品牌销售模式。分现代直营渠道和经销商渠道。现代直营由公司直接供货到大润发、欧尚、苏果等全国性连锁商超，在商超A类门店中由公司招收专职导购员负责门店销售，与消费者实施一对一的销售模式，树立品牌、展示形象。渠道经销商是通过经销商在各自区域的商超进行铺市服务、销售，通过各个渠道经销商在各自区域拥有上百家的网点，实现较大市场辅市率及占有率。2019年公司在渠道经销商的开发上投入较大。

精品油销售模式。公司生产的精品葵花油等产品，因品质一流、专利技术、独创工艺和质量远远优于国标，销售对象主要为国内十大品牌的生产商，是首选供应商，销售地区覆盖江苏、上海、浙江、湖北、山东、广东、内蒙古等地。精品油销售价格每天根据市场行情变动情况以及国内市场供需情况确定，合同中约定质量、价格、结算方式、提货时间、运输方式、争议方式等条款。合同执行人员负责跟进后续发货数量、收货数量、开具发票、催收货款等事宜。

普通油销售及加工费收入模式。普通油销售收入主要来自一些粮油批发商消费客户的销售；加工费收入主要是来自利用公司品控管理的优势及灌装富余产能为一些品牌油提供灌装服务。报告期内，公司商业模式较上年度没有发生较大的变化。

三、亮点与特色做法

（一）打造百年老店

江苏金太阳油脂有限责任公司，始建于1949年，是一家与共和国同龄的民族传统粮油加工企业，67年来专业专注健康高端油脂生产、研发。集团总部坐落在集“黄金海岸、黄金水道”于一身的我国沿海首批开放城市，“中国近代城”——南通市中心位置。是华东地区开发早、品种全、质量优的非转基因保健特色油品基地，是国内葵花油产销量大的民营企业。

（二）打造品质之王

“质量是企业生命”，公司配有进口气相色谱仪、进口高效液相色谱仪、远红外分析仪等先进检测设备，从原料采购、生产加工到产品销售，建立了全程质量控制追溯体系，做到原料上每车每船每批检测、生产上每班每人每台检测、销售上每店每仓每瓶可追溯，检验项目除常规指标、油品纯度检验外，同时检测塑化剂、苯并芘、黄曲霉毒素、反式脂肪酸等特定指标，确保食品安全。公司通过了ISO9001、ISO22000、ISO14001、OHSAS18001等管理体系认证，质量与品控达到国内行业领先水平。“葵王”成为国内知名油企的供应商。

（三）打造葵王品牌

转型升级醒得早、调整结构起得早，公司从1997年开发精品葵花籽油、创立品牌打入上海市场，1999年着力突破传统菜籽、棉籽加工，致力于葵花油、玉米油、浓香非转压榨菜籽油生产开发，2003年又开发出稻米油、初榨农家菜籽油、亚麻籽油、茶籽油、橄榄油等健康油品，专注有机、绿色、健康、非转油品生产研发。把欧美人日常消费的向日葵油在国内大力推广，引领国人消费非转健康油品，“葵王”已在华东市场形成一定品牌知名度和占有率。致力打造中国葵油品牌，“葵王”“金太阳”食用植物油被认定为江苏产品；“葵王”牌葵花籽油先后被评为中国国际农业博览会金奖、全国葵花籽油知名品牌；“葵王”“金太阳”商标被认定为江苏省商标。

（四）科技领先，持续创新

长期与行业内知名大专院校合作，产学研相结合，创建了研究生工作站、江苏省米糠油加工工程技术研究中心。实践中不断创新，国内首创葵花油精脱倒置专利技术，开发出“微波、闪蒸膨化米糠灭酶保鲜方法”“超声波水解反应器”等多项专利技术。公司十分注重科技成果转化，其中“稻米油混合油精炼技术”获国家工商联科技进步一等奖。米糠油加工产业链获江苏省科技厅重大成果转化项目。

（五）投入抢先，抢抓机遇

常怀危机意识和优患意识，所以投入抢先、占领高地。公司仅近三年投入1亿多元用于技改扩产和品牌建设，拥有3条精炼生产线（600吨/天），3条脱蜡生产线（500吨/天），灌装各种规格小包装油能力达1000吨/天，储油罐总数达100多个、储存油品能力10万吨，建成4万吨/年小榨浓香油生产线。

（六）诚信为先，荣誉至上

始终坚持以“诚信为本，信誉”的经营理念，无论是亚洲金融危机，还是2008年金融海啸，公司多年来合同履约率达100%，树立了良好行业口碑和企业形象。先后荣获国家农业综合开发重点经营龙头企业、江苏省农业产业化重点龙头企业、中国油脂加工50强企业、全国葵油及玉米油加工企业10强、江苏省农业产业化辐射带动二十强龙头企业，中国粮食行业协会AAA级信用等级，企业获得“诚信粮油企业”称号、AAA建行信誉企业。曾获国家计委颁发的国家设备管理金奖。全国粮食行业先进单位。

（七）健康产业，持续发展

公司坚持以人为本，以市场为导向，大力实施人才立企、科技兴企、品牌强企的发展战略，勤奋拼搏，创新进取。用品牌提升农产品品质和价值，服务三农、回报社会，竭诚为消费者提供更安全、更健康的中高档特色油品。

四、SWOT分析

（一）优势分析

细分市场准确定位。随着我国人口城镇化进程的不断推进，越来越多的消费者从农村进入城市，从乡镇进入一二线城市发展。这部分消费者的食用植物油消费习惯从散装油逐步过渡到包装油，成为我国包装食用植物油需求增长的原因之一。另外，食用植物油食品安全问题越来越成为广大消费者关注的重点问题，也是促进我国包装油替代散装油的原因之一。近年来，中国食用植物油产业以年均5%~6%的速度增长，其中小包装油的市场份额占比仅30%左右，但以每年20%~30%的速度增长，小包装油将逐步扩大市场份额。我国目前的小包装食用油市场中大豆油类、玉米油类、花生油类食用植物油有明确的市场领导品牌，但是在葵花籽油领域尚未有全国性领导品牌。随着葵花籽油行业的不断发展，我国迫切需要葵花籽油领域的领导品牌引领行业的发展，市场前景广阔。金太阳公司的市场定位十分明确，自成立以来一直以包装油销售和葵花籽油类产品的推广两个经营核心。

质量控制优势。质量控制是企业的生命线，公司通过了ISO9001、ISO22000、ISO14001、OHSAS18001等管理体系认证，质量与品控达到国内行业领先水平。公司在购、产、销的全过程都实行质量管理。公司配备有油脂油料检测的各项专用检测设备如气相色谱仪、高效液相色谱仪、近红外检测仪、原子吸收分光光度计、原子荧光分光光度计、精密电子天平等，油脂油料的各项指标均能检测，同时公司配备专职检验员，完备的检测设备为产品质量保驾护航。公司自成立以来，未发生过重大产品质量事故。

销售渠道优势。公司实行区域经销商独家代理制。目前金太阳公司的销售主要通过分布在各省、市、县的区域经销商实现，公司对于区域经销商的管理和发展拥有独特的管理经验。

管理优势。公司的核心管理团队在业务至关重要的业务运营和财务管理领域拥有丰富的经验，熟悉市场经济规则和现代管理思想；对行业的发展现状和动态有着准确的把握，专业优势明显；熟悉区域市场，具有较强的市场开拓意识和能力。长期以来，公司的核心管理团队结构稳定、风格稳健，强调长期可持续发展、注重核心竞争力的提升，并结合公司实际情况在研发、采购、生产、营销、人力资源等方面制定相应制度，形成一套系统的、行之有效的经营管理模式。在日常生产经营中，公司的核心管理团队鼓励创新，并积极推进对工艺、产品的改进和创新，注重成本控制，有效地提高了公司的利润率和盈利能力。优秀的管理团队和先进的管理理念将继续带领公司在激烈的行业竞争中保持优势。

品牌优势。目前公司的金太阳品牌葵花籽油，在华东市场已经具有很高的声誉，深受消费者喜爱。“葵王”“金太阳”食用植物油被认定为江苏产品；“葵王”牌葵花籽油先后被评为中国国际农业博览会金奖、全国葵花籽油知名品牌；“葵王”“金太阳”商标被认定为江苏省商标。食用植物油的品牌是消费者选择食用油的重要因素之一，品牌普及度和认可度直接影响食用植物油的销售情况。

（二）劣势分析

1. 批发零售市场分类不科学

虽然公司近年来发展迅速，规模扩大较快，但产品销售仍以毛利较低的散油为主，以“葵王”“金太阳”“地中海”为品牌的中小包装油在同等市场的占比较低，影响产品竞争力与利润率进一步提升。横向对比，在食用植物油加工行业里，跟益海嘉里、中粮集团等国内较大的食用植物油加工企业相比，在规模和品牌知名度上都存在一定的差距，加之广告投放的力度明显不足，从消费习惯上来看，消费者往往会对知晓度和美誉度较高的产品存在习惯性消费，久而久之，势必会让公司在日渐加剧的食用植物油行业竞争中陷入恶性循环，因此，公司急需加大对自有品牌中小包装油品的宣传、推广力度。

2. 有效融资渠道单一狭窄

由于食用植物油行业的流动资金占比较高，对企业资金需求较大。公司存货占资产总额比重一直处于30%以上，随着公司产能不断释放、产业技术不断升级，需要持续地开展工艺和技术研发，以便提升产品质量，从而扩大销售，以匹配行业的快速发展，因此会产生大量研发支出、销售费用。由于公司的融资方式以银行短期现金借款、企业资产抵押的长期贷款、同业间的“货物拆借”为主，缺乏长期有效的“风投”以及相对固定的资金支持。

3. 企业管理体系结构欠佳

随着经营规模的不断扩大，公司在资源整合、市场开拓、区域经销商管理等方面对公司管理层提出了更高的要求，增大了公司管理与运作的难度。受企业背景影响，在内部体系中，既存在着20世纪老国营企业的体制弊端，又存在着部分民营企业中“作坊式”的管理模式。在今后的发展中，要以绩效考核为抓手进行管理，建立好梯队式管理，外抓市场、内抓管理，严格把控企业成本和费用，在适当情况下可以引入职业经理人，并与其签订销售责任状。

4. 全国销售网点布局不协调

从长江流域来看，太阳股份的产品在江浙沪等地市场占有率相对集中，且市场认可度较好，同时，在安徽、山东、福建、广东等省份部分县市有零星的销售网点。由于公司在产能、配送、售后等方面的能力有限，使得公司对这些零星网点在管理上有一种力不从心的感觉。但是，如果舍弃这些网点，等于对市场拓展的否定，持续经营下去又不能产生效益，所以，在大区的布点上，需要整体统筹，适时在大区内建立独立的来料生产、加工销售、配送售后团队，尽量做到“区内问题区内解决”。

5. 抵御行业风险的能力薄弱

近年来，受中美贸易摩擦的影响，国际食用油市场波动较大，在国内，公司已在江苏、上海、山东、北京等几个省份铺建了销售网络，并逐步向其他省份扩展。但是在食用植物油加工行业，虽然跟中粮集团、西王食品、鲁花等国内较大的食用植物油加工企业相比，在规模和品牌知名度上存在一定的差距，但公司是中粮集团、西王食品、鲁花等公司葵花籽油供应商，合作关系良好。未来食用植物油行业竞争会愈发激烈，公司如果不能有效推广自有品牌，拓宽营销渠道，在市场竞争加剧时可能会面临较大的风险。

6. 原材料价格受市场影响较大

葵花籽毛油、非转基因菜籽毛油是目前公司产品的主要原材料。目前，公司的葵花籽毛油、非转基因菜籽毛油主要来自国内市场和进口。受国家产业政策和国际市场价格影响，报告期内的非转基因菜籽毛油价格变动较大，政策和国际市场的变化都可能影响葵花籽毛油、非转基因菜籽毛油的市场价格。葵花籽毛油、非转基因菜籽毛油的价格如果出现大幅波动，可能对公司盈利产生较大的影响。

虽然公司一直根据订单情况制定较为合理的头寸区间，尽可能地减小原材料价格波动对公司利润的影响，但不能完全避免原材料价格波动带来的风险，原材料价格波动风险依然是公司主要的风险之一。

7. 行业内产品同质化严重

消费者在商场和超市选购食用油时，不能一目了然地找到以生产葵花籽油为核心竞争力的“葵王”“金太阳”色拉油。在比较完单位价格、外包装、使用便捷度等方面后，仍然选择公司产品的用户会大大减少。在保证产品质量的前提下，今后可在诸如外包装设计、“瓶口拉环”等环节上进行改良，与同类商品形成差异，从细节上胜出。

8. 存货管理体系不够健全

由于公司对市场需求、自身产能以及库存之间缺乏连贯性研判，因此公司常会出现供大于求或供不应求的局面。从太阳股份 2018 年半年报中可以看出，2018 年 6 月末，公司存货账面价值为 253106213.82 元，占公司资产总额的比例为 43.72%。公司存货主要包括原材料、半成品和库存商品。但如果未来公司主要原材料的价格继续下滑，而公司未能及时做出相应对策，则可能影响公司的经营业绩。如果公司产品的市场销售价格大幅下降，或者公司产品销售不畅导致原材料无法正常消化，公司将面临存货跌价的风险。

（三）机会分析

1. 国家政策的积极引导

食用植物油是城乡居民重要的生活必需品。发展食用植物油产业，保障供给安全，对促进经济发展和社会稳定具有重要意义。为促进我国食用植物油产业健康发展，保障供给安全，国家及有关部门制定出台了有利于粮油行业发展的一系列政策。国家的产业政策导向是国内经济发展的风向标，引导资源和人力物力向这些行业集中，从而促进行业长远发展。国家政策的支持对行业的发展至关重要，对金太阳公司的发展也有重要的指导意义。

2. 对食用油产品新的消费需求

随着国内经济的不断发展，消费者的消费需求也呈现出多样化、多层次的特征，逐步从低层次向高层次发展。一方面，我国消费者越来越重视食品消费的安全问题。尤其是地沟油进入餐饮行业的问题被屡次曝光之后，消费者对于食用油的安全性重视达到前所未有的高度。随着社会的发展，普遍使用散装油的餐饮行业在“禁散令”的影响下，逐渐向使用中包装植物油转移。另一方面，我国逐渐深化的“城镇化建设”对我国食用植物油的消费结构也有深远的影响。随着经济的发展，越来越多的农村人口成为城镇人口。这些人口原来使用自榨散装油的消费习惯逐步被从终端消费渠道采购包装油的消费习惯代替。

3. 互联网和信息技术的发展

电子商务作为一种新的销售模式和渠道在近几年异军突起，对传统的商场、超市、销售网点的销售模式都形成了较大的冲击。从短期来看，食用植物油由于产品单价较低，重量较重，利润较低，无法通过主流的物流快递的渠道进行分销受到电商销售模式的影响较小。消费者在互联网上消费的趋势已经形成，从长期来看，粮食、食用油和调味品等生活用品也必然被纳入电商消费的范畴。公司积极跟进电商模式的发展，成立电商运营部，将充分利用网络平台销售产品。

4. 居民消费习惯和观念的转变

葵花籽油因它所含的亚油酸等不饱和脂肪酸和维生素 E 等营养成分能很好地被机体吸收，具有一定的软化血管、延缓衰老的功效，其“健康”“营养”的特性受到了越来越多的消费者的认同。

（四）威胁分析

1. 原材料价格波动幅度过大

公司主要原料菜籽原油的价格波动受到多方面因素的影响，波动幅度大，对于公司的净利润产生重大影响。且公司在原材料采购上没有议价能力，十分被动。虽然金太阳公司一直根据订单情况确定较为合理的采购数量和采购时间，并利用国内期货市场对菜籽原油采用套期保值的经营策略，尽可能地减小原材料价格波动对公司利润的影响，但不能完全避免原材料价格波动带来的风险。

2. 食用植物油行业产能过剩

食用植物油加工行业属于劳动密集型行业，行业的技术门槛较低。由于我国食用植物油需求的刚性增长和国内经济刺激政策给产业带来加速扩张的机会，国内设立了大量初级压榨企业。相反，在全球范围内的原材料供应情况受自然环境、气候等因素的影响，原材料供给的增长低于预期，从而导致了我国食用植物油行业产能过剩。

3. 行业巨头占据我国植物油市场，行业进入规模化和品牌化的竞争阶段

目前，世界粮食交易量总量和中国食用植物油市场的原料供应的大部分份额均被ADM、邦吉、嘉吉和路易达孚等跨国粮商控制。在中国，三大食用植物油品牌（“金龙鱼”“福临门”和“鲁花”）占中国食用植物油七成以上市场份额。

4. 油菜籽加工企业面临重组整合

目前油菜籽加工行业特点十分显著，主要体现在：加工主体众多，但以中小企业为主；原料抢购现象普遍，原料价格波动较大；行业内低端产品较多，利润相对较低。随着行业内竞争的加剧，企业间的联合、兼并和重组等情况会愈加频繁，这有利于促进资源整合，优化调整企业结构和产品结构，淘汰落后产能，推动油菜籽加工业向规模化、大型化、集团化方向发展。综上分析，金太阳公司外部环境对菜籽油行业提供了有利机会，又形成一定威胁。较为明显的有利条件是国家政策的积极引导、对食用油产品新的消费需求、互联网和信息技术的发展、居民消费习惯和观念的转变。而威胁主要体现在原材料价格波动幅度过大、食用植物油行业产能过剩、行业巨头占据我国植物油市场、行业进入规模化和品牌化的竞争阶段、油菜籽加工企业面临重组整合。从企业内部来看，有利的方面是细分市场准确定位、质量控制优势、销售渠道的优势、管理优势、品牌优势、区域优势等；不利的方面包括食品安全因素、产能瓶颈、规模的劣势、设备老化、人力成本上升。

五、展望

企业使命是企业生存和发展的价值与意义。金太阳公司处于食用油加工行业，公司从成立之初就十分注重产品的质量与安全，通过了ISO9001、ISO22000、ISO14001、OHSAS18001等质量管理体系认证，制定了一系列的质量管理制度并严格实施，公司在购、产、销的全过程都实行质量管理。自成立以来，从未发生过重大产品质量事故。随着我国人口城镇化进程的不断推进，越来越多的消费者从农村进入城市，从乡镇进入一二线城市发展，消费层次不断提高，对食用油的要求越来越高。尤其是近年来媒体报道的地沟油、回收油事件频发，大大影响了消费者的消费观念。消费者将更加注重食用油产品的健康和安全品质。因此，公司将始终秉承自身的使命，即为顾客提供安全、健康的食用油产品。

企业愿景是指企业渴望实现的未来景象，是企业对未来长远发展方向的谋划。一般情况下，企业愿景应该考虑10年以上，甚至是20年以上的时间。金太阳公司成立于1949年，71年来专业专注健康油脂生产、研发。随着社会的发展，我国消费者对于食用油的需求量不断提升，对于食用油的营养水平和质量水平的关注也达到了前所未有的高度。葵花籽油、菜籽油作为非转基因产品，受到越来越多消费者的喜爱。葵花籽油行业将是一个

非常有前景的行业，预计未来十年内葵花籽油行业将保持平稳增长趋势，行业集中度将进一步提高，大量规模较小的油脂加工企业将被大型企业兼并或者自行淘汰。尽管目前我国食用油行业仍旧是外国品牌占据主导地位，国内葵花籽油行业处于完全竞争环境。在未来10~20年的时间内，公司将继续立足于小包装菜籽油的生产与销售。逐步将经营范围从华东地区扩充到全国，将金太阳品牌的普及率和美誉度提升到食用油行业领先水平，进一步扩充产能、扩大销售半径，逐步在行业中处于领导地位。由此，金太阳公司制定的企业愿景：打造百年企业，做中国健康特色粮油的龙头企业。

参考文献

[1] 范佳尔．地理标志产品保护中的政府行为优化研究［D］．苏州：苏州大学，2019.

[2] 董明辉，顾俊荣，刘腾飞，杨代凤，张国芹，陆皓茜，钱辉．洞庭碧螺春茶果间作园土壤矿质养分差异及其相关性［J］．浙江农业科学，2015，56（06）：812－816.

[3] 张冰，顾林平，化涵毅，成玉梁，郭亚辉，钱和．洞庭野生碧螺春茶树优质种质资源的保护与利用［J］．农技服务，2016，33（07）：11－12.

[4] 杨亦扬，胡雲飞，李荣林，朱永良．不同茶树品种的碧螺春茶适制性［J］．江苏农业科学，2015，43（09）：219－221.

[5] 韩颖，牛炳秉，童肖，樊潇潇．以茶文化促进茶品牌建设研究——以洞庭碧螺春为例［J］．农村经济与科技，2014，25（05）：29－31.

[6] 秦中春．农民专业合作社制度创新的一种选择——基于苏州市古尚锦碧螺春茶叶合作社改制的调查［J］．中国农村经济，2007（07）：60－66.

[7] 陈旭．洞庭山碧螺春茶产业化发展存在的问题及对策［J］．现代农业科技，2018（04）：271＋275.

[8] 季小明．洞庭碧螺春茶区茶树种质资源现状［J］．中国茶叶，2011，33（02）：4.

[9] 王永强，钱和．良好农业规范（GAP）在碧螺春茶生产中的应用研究［J］．中国茶叶加工，2013（02）：44－48.

[10] 周尚意，张晶．地方性对地理标识性产品垄断利润形成的影响——以苏州洞庭碧螺春为例［J］．地理科学，2015，35（11）：1357－1363.

[11] 孙志国，王树婷，张敏，钟学斌．洞庭山碧螺春茶的地理标志与文化遗产［J］．江苏农业科学，2011，39（06）：685－687.

[12] 冯卫英，王玉花，John Kipkorir Tanui，黎星辉．苏州洞庭碧螺春茶文化旅游资源的经济价值评估［J］．茶叶科学，2012，32（04）：353－361.

[13] 刘宗岸，房婉萍，张彩丽，朱世桂，黎星辉．碧螺春茶生产技术［J］．中国茶叶，2007（02）：28－29.

[14] 袁卫明，陈易飞，李庆魁，杨益花，韩仲伟．苏州洞庭山碧螺春发展的现状与对策［J］．茶叶通讯，2011，38（03）：42－44.

第十七章　江苏省大华种业集团有限公司

一、公司简介

江苏省大华种业集团有限公司成立于1993年7月，实行种子专业化生产、标准化加工、集团化经营、规范化管理，年种子销量30多万吨。公司注册资本5亿元，下辖拥有21家分公司、6家控股子公司，员工600多人，其中专业技术人员300多人。公司依托江苏农垦的土地资源，建成“旱涝保收”的标准化种子生产基地60万亩，对种子生产实行“统一连片布局，统一生产资料供应，统一生产技术措施，统一机械作业，统一质量标准，统一种子回收”的“六统一”规范管理，有效保证了种子的质量和数量。设有育种研究院、研究所、分子育种中心和生态试验站等，拥有研发人员60多人，学科交叉、搭配合理。每年承担国家和省级水稻、小麦、玉米等新品种试验50多项，与省内外20多家农业高等院校和科研院所建立了长期的合作关系，建立了“企业研究生工作站”。公司培育并通过审定的农作物新品种50多个，建成了可供品种改良应用的种质资源材料20000多份，后备品系2000多份。公司独立主持研究的科研成果也获得了多个奖项。

公司拥有30多条含种子精选、包装的种子成套加工线，配备各类种子精选机160余台，日精选种子能力达3500吨以上；具有日处理400吨种子的塔式干燥机14套，装备了“三久”和“金子”厢式低温干燥机近200台，日烘干种子能力达10000多吨；种子仓储面积9.2万平方米，拥有种子专用水泥晒场41万多平方米；种子检验室面积2000多平方米，拥有种子标准发芽室22个，配备各类种子检测仪器800多台。通过狠抓品牌创建，实现品牌不断升级。现有“大华牌”水稻种子、小麦种子、大麦种子3个“江苏省名牌产品”，2012年“大华”商标被国家商标局认定为“中国驰名商标”。在省内外建立各类销售网点3000多个，其中在江苏省主要地区已覆盖全部乡镇，临近省份也建立了相应的网络体系，常规稻麦种子市场份额约占江苏省的50%。“大华种子，放心种子”是广大农户的基本评价。连续19年被列为“江苏省农业产业化重点龙头企业”，2003年入选中国种业50强企业，2010年入选“中国种业骨干企业”；2011年被中国种子协会评为“行业信用评价AAA级信用企业”，同年被认定为“农业产业化国家重点龙头企业”；2013年被中国种子协会认定为“中国种业信用明星企业”，跻身中国种业十强；2014年被农业部认定为国家级“育繁推一体化”种业企业；2016年再次入选“中国种业信用明星企业”，排名第六；2017 年，公司当选为中国种子协会副会长单位及小麦分会会长单位；2019 年更上一层楼，入选“中国种业信用明星企业”，排名第四。

二、成长及运行机制

大华种业脱胎于江苏农垦农场集团，创业初期以单一的经营甜菜种子为主，以保障农场用种为己任，但缺乏市场竞争意识。而后进入 21 世纪以来，随着种业市场化、产业化进程的开启和公司体制改革得到推进，原有观念和措施不再符合发展要求、公司顺应时代潮流，打破“铁饭碗”的意识，开始主动投身市场，坚持以提质增效为主线，以常规种子经营为根基，以多元化经营和外拓扩张为辅翼，发展成为一家集专业化生产、标准化加工、集团化经营、规模化管理于一体的国有大型种子企业。近几年，大华种业集团年产销种子 30 余万吨，“大华”种子畅销华东、华中、西北等多个地区。2017 年，大华种业年销售突破 12 亿元，一举迈入全国种业销售收入前三行列，成为江苏乃至全国种业的领军企业。下设 23 家分公司，种子的生产主要靠各分公司所在农发公司的各个生产区。种子的质量是公司发展的保障。

（一）高标准的生产基地

种子生产依托各个分公司所在的农发公司的生产区，拥有标准化种子生产基地 60 万亩，相对其他公司通过土地流转或者自己承包生产基地，大华种业通过农发公司生产区对种子生产实行“统一连片布局，统一生产资料供应，统一生产技术措施，统一机械作业，统一质量标准，统一种子回收”的“六统一”规范管理，为生产优质种源提供了强有力的保障。公司实行统一连片布局，在布局上实现对种子纯度的理想控制，相同品种的种子田选择可以控制在指定的区域内，避免不同品种的混杂，往复使用的种子田，也控制种子混杂，从而从源头上保证了种子的纯度。对种子生产实行统一农资供应，保证每年的保种种源的质量，从根本上排除种子质量对未来种源收获的影响。对种子生产实行统一生产技术措施，统一机械作业，有效地节约资源，提高保种效率，控制成本，并能杜绝同一年品种质量的差异，从而更广地更安全地收获优质种源；不仅可以保证农民的丰收，也可以保证企业自身对未来种源收获的质量，提高企业的品牌质量保证，也促进了三农事业的发展，共担企业的社会责任。

（二）高素质的从业人员

现有职工 600 多名，专业技术人员 400 多名，其中研发人员 60 多人，高、中级职称 40 多人。研发人员分布在公司下设的 3 个研究所、1 个分子育种中心、2 个南繁基地和 15 个生态试验站。随着公司的生产销售规模不断壮大，设备更新也很快，这就需要一线操作人员短时间内对新设备掌握操作规程，生产出高质量的种子。近几年，新员工招聘学历要求也在提高，吸引大批有知识、有技术的大学生分配到各个分公司，为公司发展提供人才储备。高素质从业人员不仅在掌握技能上更快，本身关于质量意识教育也更能理解接受，能做好和质检部门交流沟通，在种子生产过程中质量意识理解更深刻，保质保量地生产合格种子。质检部门的高职业素质员工能更加准确地获得质量检测数据，这样对种子质量的控制能起到积极的作用。

（三）健全的种子质量管理体系

公司始终把种子质量放在发展的首位，从上到下始终贯彻保证种子质量的思想。公司每年定期组织开展田检，分公司抽调质检人员对其他分公司田间去杂工作进行检查验收。公司每年还会对各个分公司样品进行互相检测，数据和分公司上报数据进行比对，并将检测结果纳入各分公司年终目标考核。从根本上将质量意识列为各分公司头等大事来抓。每年生产质量月公司都会组织进行宣传教育，使广大职工都认识到种子质量是单位的生命，单位必须依靠提高种子质量来赢得市场。近年来公司为了加强质量管理特别建立了质量管理系统，将质量管理真正融入到公司每天的运行中，从种子生产基地的分布去杂开始，收购入库、加工入库、成品出库销售到农户手中，都有详细的记录，记录每日更新和质检部记录相对应，确保种子质量安全。

去杂登记可以明确去杂品种名称、去杂日期还有去杂阶段进展，去杂作业人，便于起到监督作用和后期的责任追究。加工线清理时，可以看出前加工品种，拟加工品种，清理人、验收人等，便于起到监督作用和后期的责任追究。种子销售时，具体到收货单位、销售日期、承运单位、规格、数量等情况。质量管理系统从种子生产、加工、仓储和销售各个环节都形成的监管和质量控制，质检部门全程监督。各部门分工明确强化联系，良繁部从种子生产全程跟踪，从源头出发，从种子田块开始，布局时应选择去年做过种子田的田块，收割前要认真核对品种信息，防止错收错放。收割后要及时取样交于质检部测定各项指标，合格后，开具检验单。良繁部根据堆放地点和检验单开具合格单，交由运输车司机运至公司，因为现阶段公司水稻、小麦品种较多，运输车的清理工作同样可以影响到种子质量，所以对运输车驾驶员加强质量意识教育，每次换品种前的车辆清理工作都非常重要。仓储部根据合格单进行指定堆放。加工部根据仓储部堆放记录单进行适时加工。种子加工过程中质检部还需抽样测定。仓储部根据加工记录单对成品种子进行有序堆放。销售部根据加工记录单和抽样检验单进行按需销售。仓储部种子贮藏期间实时监控种子间的温度，保证良好的通风可以有效地保证种子的质量。这样公司各个部门就能有序地联系起来，保证公司的正常运转。

三、亮点与特色做法

（一）技术创新着力打造核心竞争力

种业企业在品牌、价格、服务等诸多竞争中，品种是核心。为适应市场竞争需求，公司在以下三方面致力于全面增强品种竞争力。一是自主创新。公司在 1996 年开展常规稻麦品种选育，育种方向偏向于出米率高、稻米品质优的品种。2001 年开始杂交玉米、杂交水稻品种选育。整合各类育种资源，在内部建立完善的独立研发平台，形成“1 院 4 所 15 站”格局，综合科研实力在全国种企中处于领先地位，自主创新进入快车道。规范从事自交系选育、亲本提纯、外源基因导入和本土化适应性改良、杂交制种技术及配合力测试等科学试验研究，制定了可操作的制种技术规程，从而卓有成效地实现了科研成果的转化。目前，选育出的华麦系列小麦品种、华粳系列水稻品种等正展现出强劲的市场竞争力。二是合作创新。商业化育种初始阶段，科研机构依然是种业创新的主体，是企业品种创新的重要支撑。江苏及周边地区科研机构多、实力强，科企合作创新条件优越。多年来，公司逐步增加与机械设备健全、保种能力强、种子生产管理规范、质量更有保障的生产单位合作，共同育种、精准研发、共享成果。更好地控制了自身品种的质量和品牌。三是购买品种经营权。转化科研机构育种成果、购买品种经营权是企业最有效的品种开发手段。近些年，公司通过购买多个品种的经营权，迅速丰富了自身品种结构，增强了市场竞争力，为公司创造了很大的商业价值。

（二）良种繁育着力提高良种保障水平

良种保障能力。常规作物用种量大，据数据计算，全国所需粳稻种子约为 12 亿千克，但是品种适宜种植区域窄，所以这就要求繁种基地面积大、分布广、多生态区域。大华种业背靠江苏农垦百万亩种植基地，依靠优良的地理位置和适宜的气候条件，繁种保种优势明显。公司在垦区设立了 18 家分公司，依托基地资源开展繁种、保种事业，将资源优势有效地转化为企业核心竞争力。一是保种量大。基地常年有大量土地用于繁种，种植技术先进，品种特性发挥充分，产量水平高。二是适应性广。公司种子生产加工基地广泛分布在连云港、徐州、宿迁、淮安、盐城、南通等城市，遍及省内江淮和淮北所有农业生态区，凡适合的常规稻麦主要品种类型几乎都能繁育，广泛的生态区域保证了公司生产的种子产品能够满足不同细分市场的需求。三是抗风险能力强。多家司分布均匀、互相联通，形成统一布局，主副搭配、相互扶持、相互补充的生产格局。公司常年保持一定强度的基础设施投入，均衡提高各分、子公司种子烘干、加工、仓储能力，大大增强了抗险抗灾能力。

（三）经营推广着力拓展价值空间

随着农产品消费升级、农业供给侧结构性改革的推进，提质增效成为农业产业链发展的鲜明主题。种业作为农业先导产业，其自身的提质增效也是农业全产业链提质增效的重要组成部分。大华种业敏锐觉察到扩量增效潜能将尽，必须转变发展方式，培育新的发展动能。经过几年来理论研讨、趋势分析，终于打破了路径依赖，及时向提质增效发展转型。围绕“优质、高效”调整品种开发方向，增加种子的附加值。在种植过程中，高效生长技术的使用可以大大提升作物产量。选择优良品种是增效的基础，根据不同地区的海拔、气候特征、土壤肥力情况等选择高产品种。使用科学的栽培方法，充分发挥杂交种子的质量优势。

销售渠道宽，销售网络布局广。在传统种子营销链条中，种子生产商、经销商、零售商之间的利润比例为1∶2∶5，渠道的中间环节越多，种子价格越高。同时由于中间环节过多还会造成市场格局混乱，难以实现售后服务。在这一背景下，大华公司在线下设立实体专卖店、售后网点等，使得公司的品牌核心产品以及新产品能得到迅速的推广，减少了中间商的加价环节，提高了公司的利润空间。

（四）多元种业着力完善产业布局

公司成立之初以经营甜菜种子为主，甜菜种子经营量一度占到全国市场份额的50%以上，产品远销新疆、黑龙江等地，经济效益十分可观。当时，江苏还是产棉大省，在棉花种销售最高的年份，公司销量达3500吨，但随着国家产业结构调整，甜菜糖基本不再生产，棉花种植集中到新疆，红红火火的甜菜种、棉花种逐渐退出了公司经营范围。此后，公司在对自身研发能力、生产优势、江苏及周边省份的种植结构以及未来各类农作物发展趋势经过一番认真分析、研判之后，果断选择了常规稻麦种业作为公司发展方向。此后，公司发展成为全国常规稻麦种子生产经营量最大的种子企业。

公司以常规稻麦经营为主，经营结构较为单一，利润水平不高，随着种植结构调整的推进，常规稻麦种业经营瓶颈凸显，多元化经营势在必行。近年，公司依托成果转化和资本运作，主动介入、扩大杂交水稻种、杂交玉米种、大豆种、蔬菜种的经营，积聚资源，逐步培养多元经营自主能力，形成集小麦大豆良种，玉米、油菜、瓜果蔬菜杂交种等良种多元经营的新格局，抓抢住了更多的商机，增强公司长期发展动力，有效分散经营风险。

（五）落实质量种业，培育企业品牌信誉

产品质量是企业的生命线，是公司立业之基。一是建立全流程质量管理规范。从育种、引种、播种、田间管理、收获、运输、收购、烘干、仓储、加工、包装到销售等各环节实现规范管理，实现对种子质量的精准控制，减少生产者使用风险。二是建立实施质量追溯系统。现已在公司全部产品上实现应用，保证流入市场的每一包大华牌种子身份明确，都能追溯到全流程信息，实现源头可追溯、风险可管控、流向可跟踪、信息可查询、责任可追究，减少质量信息的不透明度，维护了农户对大华种子的质量信心。质量是品牌

建设的基础，提升种子质量，才能建立企业的品牌质量口碑。

四、展望

大华种业人尽其才，各展所能，员工队伍呈现出朝气蓬勃的生机活力，大华种业在创新发展和跨越发展的道路上坚持立足江苏，服务全国，走向世界的不变追求，进一步开阔视野、创新理念，聚焦新一轮跨越发展。充分发挥自身的科研优势、品种优势、基地优势和国企优势，通过区域拓展，整合更多资源，提升发展势能，加快开启多元发展的道路。面对当今种业市场的竞争与变局，大华种业在波涛汹涌中始终保持战略定力，时刻以育繁优良品种、保障粮食安全、增加农民收入为使命，以打造中国常规稻麦种子市场最具竞争力和品牌影响力的领跑企业为愿景，坚持以做大做强民族种业和服务“三农”为己任，以建设一流现代种业集团为目标，在奋进中再续新篇，于芳华中再创辉煌。为中国粮食、中国饭碗贡献大华力量。

第十八章　徐州银杏源生物工程有限公司

一、公司简介

徐州银杏源生物工程有限公司（以下简称为银杏源公司）成立于2006年4月，是一家以银杏、果蔬制品为主营，集自主研发、规模生产、市场销售于一体的综合型现代休闲食品企业。公司坐落于中国“银杏之乡”——邳州市铁富镇，东临海滨城市——连云港，西连五省通衢之城——徐州；产品取材于国家“地理标志产品”——邳州银杏，采用真空冷冻干燥（FD）和真空低温干燥（VF）工艺加工，主导产品包括冻干银杏、冻干草莓、开心银杏仁等20余种健康休闲食品和银杏胶囊、银杏干红等银杏保健制品。

银杏源公司历经十余年的发展，取得了显著的成就，近四年来先后荣获“农业产业化省级龙头企业”“国家林业重点龙头企业”“江苏省两化深度融合创新试点企业”“国家级产业星创天地”及“江苏省工业企业质量信用等级AAA级”等荣誉称号。公司注册的“三生友杏”商标荣膺江苏省著名商标（2015—2018）、江苏省农业品牌目录（2020），“三生友杏牌开心银杏仁”入选江苏名牌产品（2016—2019）、中国森林食品示范品牌（2017—2020）、长江三角洲地区名优食品（2016—2018）。

二、成长及运行机制

银杏源公司依托邳州银杏原产地优势，积极发展特色产业经济。2020年邳州银杏资源总量、加工产量和苗木交易量均位列世界第一。银杏作为邳州最具特色的产业资源，公司的成长与发展始终立足于邳州市60万亩银杏基地，通过大规模的种植和科学化的管理，依托丰富的银杏资源，在休闲食品市场和保健领域分别打造出“三生友杏”系列坚果产品及银杏胶囊、银杏干红等功能性制品。近年来，随着邳州连续多次举办银杏文化旅游节，银杏的特有生态景观成为邳州经济的新增长点。银杏源公司紧抓契机，立足于自身银杏产品，积极在景区建设“银杏源”产品体验馆、“三生友杏”体验中心等线下直销店及“三生友杏”银杏文化体验馆，积极推动公司的进一步发展。

公司的运行机制是指企业内部各个要素之间相互关系的总和，主要由决策机制、约束机制、营销机制和激励机制四部分组成，这四个子机制之间相互依存、互相影响，组成一个有机体。决策机制是公司运行机制的核心。银杏源公司始终坚持以“争创一流企业，做大做强银杏产业”为战略发展目标，以创新保持银杏源公司在行业内的技术优势，以高技术含量、高品质、低价位保持产品的优质形象。公司自创建以来，始终坚持以邳州丰富的银杏资源为依托，以发展高科技产业为目标，每年投入大量的科研开发经费，致力于推动传统中医药与现代生物技术相结合的保健食品、功能性食品和银杏深加工产品的研发。同时，银杏源公司始终坚信“质量是企业的生命，是企业发展的竞争核心”的价值观，在细化和规范品牌各个环节的基础上，严格把握从原材料进厂到生产、从产品出厂到用户反馈、从服务到员工再到管理人员等各个环节，确保产品的高质、员工的高效以及消费者的高满意度。银杏源公司采用冷冻升华干燥技术生产的冻干银杏休闲食品，已成为中国国际航空银杏源公司、东方航空银杏源公司、中国铁路总银杏源公司的指定产品。

公司部分产品的二次回购率达46%。营销机制是公司运行机制的关键。银杏源公司的产品具有原产地、生产工艺、成本、个性定制等多重优势，加之其形成的以市场为导向、以顾客为焦点、以服务至上的营销思想，及放眼市场、决胜终端的营销策略，使得公司的“三生友杏”品牌在国内市场上的影响力和知名度越来越广泛。在产品的取材上，银杏源公司的天然新鲜银杏原料都源于邳州当地的银杏基地，悠久的栽植历史和科学的种植管理使得当地出产的银杏果肉口感脆嫩、色泽鲜艳、果肉饱满。在产品的加工上，银杏源公司通过引进真空冷冻干燥（FD）和真空低温干燥（VF）工艺，结合公司发明专利及建有的江苏省银杏制品加工工程中心、江苏省银杏果叶保鲜与综合利用工程技术研究中心等现代化专业加工场所，进行银杏与果蔬的工艺加工，在确保出库产品质检合格的基础上，最大限度地保留果品的营养成分和微量元素。

在产品的定价上，银杏源公司通过原厂直销，从生态种植、基地采购和生产加工直接到终端销售，大幅度减少中间流通环节，在减少公司管理与物流成本的同时，确保了产品的高品质。官方线上销售渠道的数据显示，“三生友杏”牌500克开心银杏仁的定价为49.90元，虽然产品的溢价率并不高，但价格相对略高于其他品牌的同类产品。在产品的销售与服务上，银杏源公司将产品的目标市场细分为青年群体、中年群体和老年群体三大类。考虑到不同群体的消费习惯及产品偏好，公司采取差异化的销售策略。公司产品的销售渠道，主要以线下直营店、线上第三方平台商城及授权经销商等。线上平台的消费者主要面向青年群体，产品以银杏、果蔬制品为主；线下销售渠道主要面向中、老年群体，产品种类更为丰富，包装更为精美。在产品的服务上，公司高度重视产品的售后服务，建立了一套保证顾客满意的全过程服务管理体系，积极妥善处理客户投诉问题。同时，公司官网还推出了为顾客提供产品个性定制的服务。通过标准化的净化车间，进口的核心设备，小批量的按单生产，确保食品新鲜度的基础上，为消费者提供从产品研发到生产的整体解决方案。

在产品的营销上，银杏源公司建立起统一的外观形象，包括广告语、宣传片、日常用品、营销资料包、产品项目手册等在内，同时建立起统一的企业宣传标牌、广告牌的装置规格和设置区位，使公司的视觉识别系统、理念识别系统达到规范化、程序化和个性化。此外，公司在互动平台实行全员营销传播战略，由公司领导牵头带领公司员工、合作伙伴、授权经销商等进行公司和品牌的推广。辅之以《坚果》杂志、移动媒体广告的投放及行业活动的承办，最大限度地推进品牌的传播。

三、亮点与特色做法

（一）对公司产品的消费市场进行细分，实行差异化营销策略

银杏源公司将产品的市场根据年龄及需求的差异性细分为青年群体、中年群体和老年群体。公司认为，“90 后”“00 后”作为新一代年轻消费群体，占据消费市场的主导地位，他们重视消费的感受，强调自我，追求新颖、时尚、休闲和美丽健康；“80 后”作为成熟的中年消费群体，主要以馈赠、自我消费和保健为主；“60 后”“70 后”作为老年消费群体，更注重养生、健康和保健的功能。

银杏源公司针对青年、中年和老年群体三个不同的目标市场实行差异化营销策略。对青年群体来说，公司的银杏系列产品更偏向于经验品，这类消费者更注重产品口感的好坏，而非营养价值的高低，银杏本身的苦涩味在很大程度上影响着其购买的行为。银杏源公司研发的“三生友杏牌开心银杏仁”及果蔬系列休闲零食，以五香、原味、椒盐和香辣的传统口味及白桃气泡味、黄油芝士味等多样的新口味，采用独立的小包装设计，是针对年轻消费群体和休闲零食市场推出的重要产品之一。同时，考虑到青年群体的消费形式以网购为主，公司线上销售渠道以银杏、果蔬零食制品为主，主要面向 30 岁以下的青年消费群体。

对中年群体、老年群体来说，公司银杏系列产品更偏向于信任品，这类消费者更关注产品营养价值的高低，而营养价值等指标无法用肉眼观察、品尝口感来判断，导致公司与消费者之间会存在严重的信息不对称问题。公司研发生产的银杏胶囊、银杏片剂等产品，作为由银杏加工衍生出来的保健功能品，则主要面向中、老年消费群体，销售渠道也以线下直营店、体验馆等为主。

（二）注重技术的创新，走产、学、研相结合之路

银杏源公司始终坚持“立足资源、依靠科技、形成规模、跻身国际”的发展思路，走产、学、研相结合之路，先后与南京中医药大学、江苏省中医药研究院、南京农业大学、扬州大学、江南大学等十余所高校、科研院所建立合作关系，并聘请食品加工专家、院士、教授、博士等组成技术顾问团，参与新产品的研发工作。同时，通过设立江苏省研究生工作站、江苏省博士后创新实践基地等举措，先后承担多项国家、省、市级科技攻关、星火计划等项目，取得多项科技创新成果，其中“银芝堂”系列银杏产品的开发被

列入国家及江苏省科技攻关及星火计划项目。

2020年，银杏源公司拥有标准化厂房20000平方米，全部按照保健食品良好生产规范（GMP）的标准要求建设，空气净化级别为30万级，拥有六条自动化生产线和一处集生物检测、理化分析及新产品开发于一体的生物工程技术中心。公司2019年实际投入的科研开发经费达1215万元，占销售总收入的4%，同时从事研究开发工作的员工占员工总数的比例达16%。

（三）重视品牌战略建设，构筑公司核心竞争力

银杏源公司始终坚信品牌是企业竞争力的综合体现，是企业人格化的象征。通过品牌的创建，可以实现企业精神与企业文化的结合，提高企业的知名度和影响力，增加企业的综合实力和产品的竞争力，有利于打造银杏源品牌体系，打通银杏生产全产业链，形成上下游企业集群。

在品牌战略建设目标方面，银杏源公司将外部目标定为：打造“三生友杏牌开心银杏仁”中国驰名商标，将江苏省名牌产品推向更高追求；内部目标为建设一支创新、实干、开放、搞笑的专业化团队，建立先进的企业文化，实现企业品牌化道路。在品牌定位方面，银杏源公司将企业定位为“中国银杏系列产品生产加工企业第一品牌”，品牌定位为“做中国人自己的开心银杏果”，以高技术含量、高附加值、高品质的产品形象和价位优势满足消费者的需要，以规范有序的市场秩序保障品牌对于客户的利润优势。

在品牌战略建设方面，银杏源公司将品牌风格定位为“时尚、绿色健康与养生”。时尚，通过别具时尚感的外包装设计，主要考虑到年轻群体对前卫、时尚的新元素的追求；绿色健康，通过颜色设计的基准色调体现，向顾客传达出公司选材的纯天然；养生，通过产品特性的介绍、生产过程的控制体现。在品牌战略实施计划方面，银杏源公司积极推进官方网站的运营，在网站的架构上通过首页及二级页面展示公司简介、新闻资讯、产品系列等内容；在网站的建设上及时更新相关行业的新闻，跟进公司的最新动态及产品内容的展示；在网站的推广上通过百度竞价、谷歌广告联盟、百度百科等网络手段，共享企业动态，以此树立企业的品牌形象，实现与消费者线上交流的功能。

（四）积极承担社会责任，践行地方企业使命担当

银杏源公司在扩大企业规模和提高市场占有度的同时，积极践行企业的责任价值，在多项社会公益活动中贡献自己的力量。2013年银杏源公司在“孤独女孩关爱工程”中捐赠10万元，2014年公司为支持教育事业发展捐赠3万元，2017年公司向江南大学教育发展基金捐款10万元，2018年公司在“一日捐”活动中捐赠10万元，2020年公司为抗击新冠肺炎疫情向铁富镇捐赠口罩、消毒液等防护用品。

四、展望

（一）市场上部分消费者对银杏的认知存在误区

部分消费者由于受到传统认知的影响，存在认为食用银杏果会引发中毒、对身体造成伤害等误解，从而不愿意购买银杏制品。但在通常情况下，生银杏中含有氰化物和银杏酸等有毒物质，食用过量的、未经处理的生银杏果会出现头晕、恶心、呕吐等过敏或中毒症状，而经过加工炮制、熟透的银杏制品一般没有毒性。银杏本身具有温肺、益气等多种功效，公司如何通过多种渠道科普银杏的知识、纠正银杏的误区，对公司银杏产品的宣传及销售市场的拓宽都具有重要意义。

（二）品牌在全国范围内的知名度和影响力不高

银杏源公司设立的直营店、体验店等线下渠道主要集中在邳州当地，这阻碍了其他地区消费者线下购买行为的发生，也在一定程度上使银杏源公司的“三生友杏”等品牌的影响力有较强的区域性。线上销售渠道主要以淘宝的银杏源食品专营店、天猫的三生友杏旗舰店及京东的中国特产·徐州馆为主，但由于中国消费者对农产品的品牌认知比较薄弱，除三只松鼠、百草味、良品铺子等休闲食品巨头外，消费者在线上购物时一般不会以品牌为指向性，而是直接以农产品本身为搜索目标，这又进一步削弱了银杏源公司“三生友杏”等品牌影响力和知名度的提升。如何通过多种营销方式、销售渠道来提高银杏源公司产品品牌的知名度，尤其是在银杏源公司产品品类较少、销售渠道有限的情况下，是银杏源公司品牌建设战略的重要工作之一。

（三）公司产品品类较窄，线上销售量有限

公司线上销售的银杏及果蔬制品以银杏、草莓、板栗为主，相比三只松鼠、良品铺子等巨头覆盖坚果、肉脯、果干、糕点等全品类休闲零食而言，公司的产品品类较少。尤其是在三只松鼠等品牌通过铺天盖地的营销，比如促销、换购及发放优惠券等方式来实现产品销量转化的背景下，公司如何在这些寡头品牌强大知名度和影响力的笼罩下，积极迎合消费者的需求扩大产品的范围，使消费者形成较强的品牌辨识度，是提高银杏源公司产品销售量和品牌知名度的重要途径。

第十九章　南京老山药业股份有限公司

一、企业简介

南京老山药业股份有限公司（以下简称“老山药业”或“公司”）位于江苏省南京市浦口经济开发区天浦路18号（属南京江北新区自由贸易试验区内），占地面积100亩，是专业从事蜜蜂产品、真菌类药品的研制、生产与销售的国有控股企业。公司注册资本5318.58万元，总资产2.4亿元，目前公司国有股份占95%，5位自然人持股5%；拥有5家控股子公司、2家合作社。

公司以“科技创新、标准领先”的发展理念，组建了国家蜂产品加工技术研发分中心和江苏省蜂业工程技术研究中心，承担ISO/TC34/SC19蜂产品国际标准化秘书处工作，是全国蜂产品标准化工作组单位、国家级高新技术企业、江苏省农业产业化优秀龙头企业、江苏省高新技术企业、农业产业化国家重点龙头企业和全国蜂产品行业优秀企业，同时“老山”还被认定为“江苏老字号”企业。

（一）企业文化

多年来，南京老山药业股份有限公司一直传承着老一辈“匠心精神、科技创新”的发展理念，关注企业自身及蜂产业的发展，努力担负社会责任，并以争做“中国蜂业第一品牌，国际蜂业一流企业”为愿景，不断鞭策，砥砺前行。

（二）企业愿景

中国蜂业第一品牌，国际蜂业一流企业。

（三）企业使命

走生态之路，做健康产品，成就大众健康，引领中国蜂产业走向国际。

（四）企业价值观

诚信经营，遵纪守法；科技创新，精益求精；安全规范，环保健康。

二、成长与运行机制

(一) 历史沿革

1916 年 1 月，老山林场建场，时称“江苏省教育团共有林第一林场”，“老山”品牌诞生。

1957 年 4 月，老山林场为发展农业，创办了养蜂场。

1958 年 11 月，老山林场、棉场、永宁果场、江浦县茶果场等合并，成立“江浦县老山人民公社”。“老山”茶、“老山”米、“老山”果酒、“老山”蜂蜜、“老山”棉花进入公社统供统销。

1970 年 10 月，经干校批准，开始“江苏省五・七干校老山林场制药厂”厂房筹建工作。同年冬，试制成中药验方制剂“百参蜜浆”，并投入生产。

1971 年 3 月，经江苏省五・七干校批准，红光分场一队划出，“江苏省五・七干校老山林场制药厂”竣工。

1973 年 11 月，五・七干校二大队撤离老山林场，药厂更名为“江苏省老山林场制药厂”，并移植生产穿心莲胶囊，开始改变老山制药厂产品、剂型单一的局面。

1976 年 11 月，经市纪委批复，同意将“南京市老山林场制药厂”更名为“南京市老山制药厂”。

1977 年 10 月 26 日，经南京市革命委员会计划委员会批准，厂名改为“南京老山制药厂”。11 月，猴菇菌片试制成功，并向南京市革命委员会卫生局申请正式投产。

1978 年 4 月 27 ~ 29 日，由南京市卫生局主持，召开南京市“宁猴片”（脂溶片）鉴定会，通过鉴定，后改名为“胃乐宁”；同年，“胃乐宁片”获南京市科技成果二等奖。

1979 年 2 月，老山林场报请南京市农场管理处批准，“老山生物试验小组”并入老山制药厂，定名“南京老山真菌研究所”。12 月，江苏省革命委员会卫生局批复，同意老山制药厂生产胃乐宁片。

1980 年，开始加工生产鲜蜂王浆，首批出口日本，创汇 21.1 万美元。

1981 年 7 月 28 ~ 30 日，由南京市卫生局主持，召开“老山香云片”鉴定会，通过鉴定。12 月 6 日，江苏省卫生厅批复，同意南京老山制药厂生产老山香云片。

1984 年 5 月 29 日，南京市计划经济委员会批复，同意以老山制药厂蜂产品车间和老山真菌研究所为基础，扩建“南京老山营养食品厂”，并申请将项目列入 1984 年、1985 年市扩建计划。6 月，南京市计划经济委员会批复，同意老山林场与中国农垦农业生产服务公司合资经营南京老山营养食品厂。

1988 年，“南京老山制药厂”荣获市质量管理先进企业称号，“云芝多糖胶囊”获南京市优秀新产品奖，“南京老山制药厂胶囊车间 QC 小组”荣获市优秀 QC 小组称号。

1989 年，南京老山制药厂和南京老山营养食品厂合并，实行“一套班子，两块牌子”；年底，老山林场决定从 1990 年 1 月，南京老山营养食品厂月南京老山制药厂分成两个独立单位，各自独立经营，成为老山林场下属厂。

1992 年 10 月，南京老山制药厂被授予“1991 年度厅质量管理奖”。

1998 年，老山林场决定将南京老山制药厂、南京老山营业食品厂、南京蜂业公司，三厂合并南京老山药业有限公司。

（二）2000 年至今

2001 年，南京老山药业有限公司因经营需要，改制为南京老山药业股份有限公司，一直沿用至今。

2005 年，老山药业牵头制定了中国第一个强制性《蜂蜜》国家标准。

2008 年，老山药业牵头制定了《蜂王浆》国家标准。

2018 年，老山药业牵头制定了 ISO 全球首个《蜂王浆》国际标准。

2019 年，南京首个国际标准化组织食品技术委员会蜂产品分委员会化秘书处落户老山药业。

2020 年 5 月 26 日，中国绿色食品发展中心官网公布了“最美绿色食品企业”名单，老山药业榜上有名，成为全国 154 家获此殊荣的企业之一。其后，老山药业又荣获 2019 年南京市标准化项目二等奖。

2020 年底，农业农村部公布了第九次监测合格“农业产业化国家重点龙头企业”名单，老山药业顺利通过此次监测，成为南京市上榜的 4 家企业之一。

2021 年，老山药业被评为《扬子晚报》“2020 年度最具行业影响力品牌”，获得《扬子晚报》“2020 年度战疫先锋企业”称号，被南京市放心消费工作领导小组办公室授予“南京市放心消费创建示范单位”称号。

（三）运行机制（商业模式）

（1）重要伙伴：原材料供应商（子公司、合作社）、经销商。

（2）关键业务：蜜蜂产品、真菌类药品的研制、生产与销售。

（3）核心资源：蜂产品、真菌类药品的研究开发技术。

（4）渠道通路：经销渠道主要分线上和线下销售，线上平台有天猫、淘宝、京东、苏宁易购等网购平台，线下主要是大型连锁商超、经销商、医药连锁、专卖店等。

（5）客户关系：在公司官网设立“老山论坛”，有利于宣传产品并维护与客户的联系，增强客户品牌忠诚度。

三、亮点与特色做法

（一）标准的制定者

老山药业坚持做百姓信任的第一品牌，长期引领标准化战略工作，从 2005 年至今，作为全国蜂产品标准化工作组秘书处单位，已先后牵头制定了《蜂王浆》等 5 项国家标准，牵头制定了 ISO 国际标准化组织首个《蜂王浆》国际标准，并获得了“2017 年度南京市标准化项目”二等奖。

（二）科技的领先者

老山药业研发中心坚持“科技领先”的产品研发理念，长期与高校、检验检测机构、科研院所建立产学研检联合体，形成了由“老山生物科技有限公司”“江苏省蜂业工程技术研究中心”“国家蜂产品加工技术研发分中心”等机构联结而成的综合研发平台。蜂产品研发运用了先进的超滤技术、活细胞固相色谱技术和中药指纹图谱技术，开展蜂王浆、中蜂蜜等蜂产品在国际标准化方面的专业研究及深度开发；并将在创新成果基础上，开展对公司传统真菌系列药品的二次开发。目前公司拥有 6 个发明专利和 41 项实用新型专利。

（三）质量的把控者

老山药业历年来通过 ISO9001、ISO14001、知识产权、计量保证确认体系认证，药品、保健品通过食品药品监督管理局 GMP 认证，建立了全面质量管理体系，荣获“江苏省质量奖”。公司的质量管理方针是“老山药业，精益求精，安全规范，环保健康”，目前老山药业的综合实力处于国内蜂业前列。

同时老山药业作为农业产业化国家级重点龙头企业，积极发挥农业龙头带动作用。坚持“溯源管理、品质稳定”的质量管理目标，先后再江苏、安徽、陕西、新疆等优质生态区域建立绿色养蜂基地，并获得“全国蜂产品安全与标准化养蜂生产基地”“江苏省农产品出口示范基地”“绿色食品示范基地”认定。

（四）产业化经营者

老山药业成立江苏省首家蜂业产业化联合体，构建现代农业经营体系，提高农业综合生产能力，规范了蜂产品的生产管理流程。从养蜂生产、工业研发加工、经销零售服务等产业整合，最终形成了一条龙的产业化经营体制。

（五）产品的品牌化

老山药业生产胃乐宁片、香云肝泰片、蜂王浆冻干粉、蜂胶、蜂蜜等 20 多个品种、

70 多种规格的医药保健产品。公司老山“胃乐宁片”为独家生产品种，荣获国家“中药保护品种”称号；老山牌“蜂蜜”“蜂王浆冻干粉”等主要产品被认定为江苏“名牌产品”、南京“名牌产品”“绿色食品”和“高新技术产品”等；“老山”牌商标被认定为“中国驰名商标”、江苏省“著名商标”、南京市“著名商标”等；“老山”品牌曾荣获中国蜂产品“十大品牌”、江苏蜂产品“首选品牌”、江苏 25 大“功勋品牌”、“中国蜂产品行业影响力十大品牌”和“中国蜂王浆行业领军品牌”等荣誉称号。产品主导市场主要在江苏省，并辐射全国各省份。

（六）注重社会效益

作为中国蜂业龙头企业，老山药业早在 20 世纪 90 年代就开启了与《扬子晚报》的合作，推出大篷车、老山“健康之友”评选等活动，更一同深入社区和街道服务市民。

2020 年新冠肺炎疫情严重时期，老山药业在品牌影响力不断扩大的同时主动承担社会责任，支援疫情防控，守护大众健康：向江浦街道捐赠爱心蜂产品一批，包括蜂王浆冻干粉 1500 袋、洋槐礼盒 1500 盒、绿洋礼盒 1500 盒、天补胶囊 3000 瓶，用于街道抗疫一线的工作人员使用；志愿发起“免疫守护行动”，分批向防疫战线捐助以免疫调节为主要功能的蜂产品——为赴鄂医护人员、家属以及战“疫”一线工作者们捐赠出 1108 份价值 50 万元的爱心物资，为江苏省人民医院捐赠共 7500 余份总价值约 175 万元的蜂王浆冻干粉等老山蜂产品，向南京鼓楼医院及“最美逆行者”捐赠共 5957 份总价值约 139 万元的蜂产品。

四、展望

老山药业作为“江苏老字号”的国有企业，有着浓厚的历史积淀。老山药业未来的发展，离不开继续坚持高标准、坚持“走生态之路，做健康产品”的使命、坚持科技领先提升产品优势、坚持质量把控酿就一流产品、坚持产业化经营，综合运用价格竞争策略和广告、研发、并购等非价格竞争策略，谋求企业做大做强的同时注重社会效益，方能如其愿景一般“引导中国蜂产业走向国际”。

参考文献

［1］陈静. 南京首次制定《蜂王浆》国际标准［J］. 食品科技，2008（11）：69.

［2］南京老山药业股份有限公司［J］. 农产品市场周刊，2006（39）：34.

［3］周爱明. 敢于创新，造就“老山药业”［N］. 南京日报，2006-03-13（A01）.

［4］马广一，陈明虎. 酿造甜蜜的事业——记南京老山药业股份公司［J］. 中国检验检疫，2005（10）：55-56.

［5］陶隆福. 制度创新企业活力的源泉——老山药业改革发展的启示［J］. 改革与开放，2001（04）：14.

第二十章　江苏省农垦米业集团有限公司

一、企业简介

（一）企业基本信息

江苏省农垦米业集团有限公司（以下简称苏垦米业）成立于2002年，由江苏农垦着力发挥农业比较优势，提高稻米产业市场竞争力，整合垦区稻米产业资源组建而成，是一家包含农林牧渔、食品加工、贸易物流、医药制造等多项服务的综合性大型国有企业。公司总部设在六朝古都南京，旗下有淮海、临海、电商、粮贸等14家分、子公司，在南京、上海、苏州、杭州、海南设有五大销售办事处。

（二）企业实力与影响力

1. 规模与优势

苏垦米业是农业产业化国家重点龙头企业，华东地区综合实力较强的大米加工企业，中国综合实力最强的大米加工企业之一。

2019年底，苏垦米业注册资本为5亿元，资产总额达到16.4亿元。目前，企业以股东江苏省农垦农业发展股份有限公司所属的19个种植业分公司及外拓基地共计超百万亩的绿色良田为原粮基地，集科研、种植、收储、加工、销售于一体，打造了完善而成熟的稻米全产业链，拥有国际一流生产设备，大米生产线15条，稻谷烘干线18条，日烘干稻谷能力6050吨，总仓容能力40万吨，配套粮情自动预警、机械通风降水和低温储粮等先进设施，年加工能力超48万吨，单是2020年上半年就累计加工稻谷22万吨，生产大米14.7万吨。“苏垦”牌系列产品目前已经拥有100多个产品，市场覆盖全国各大城市。

企业也拥有众多发展竞争优势。首先，苏垦米业本身注重研发，科技创新水平较高，拥有知识产权著作权2件，商标31件，构建了苏垦农科院、院士工作站、稻米精深加工研究所为主的农业科研体系，且公司自身不断探索、尝试，运用全程质量追溯系统、结合全程可视化监控平台建立了完善的食品质量安全管控体系，完成了19个种植基地、10个生产基地的质量追溯体系全覆盖。其次，苏垦米业旗下产品具有“生态、新鲜、美味、健康”的产品优势，相较一般大米品牌更优质、营养、健康，更易受到消费者青睐并积累忠实客户群。再次，苏垦米业具有全产业链优势，将其种植业资源以及相关联的生产要素整合于一个公司内，从体制上保障全产业链所必需的各项要素的整合与最优配置。最后，苏垦米业机械化程度高，实行规模化经营，符合现代农业发展要求，有利于提高农业产业化水平，是企业加快现代农业建设进程的一大推动力量。

2. 荣誉与实绩

苏垦米业先后培育出了“苏垦”宝金玉、富硒米、有机米、真好吃、水谷原、泰舒清风等系列多个单品，满足了市场上不同消费者的需求。优良的生态环境、精湛的加工工艺、稳定的产品质量为其赢得了诸多客户之外，还为其赢得了多个知名企业抛出的“橄榄枝”，与五粮液、贝因美、洋河、青啤等执行企业签订了长期战略合作协议，保持稳定的战略合作伙伴关系和业务往来。2019 年苏垦米业年营业总收入 302911 万元，2020 年实现合并营业收入 14. 56 亿元，利润总额 6501. 27 万元。

作为农业产业化国家重点龙头企业，苏垦米业在 2006 年、2007 年先后获得“中国名牌农产品”“中国名牌产品”荣誉。企业同时拥有中国驰名商标、江苏省重点名牌、江苏省名牌和江苏省著名商标等荣誉，连续多年被中国粮食行业协会评为中国大米加工企业 50 强。2017 年入选江苏农产品品牌目录，获评“中国好粮油示范企业”“中国粮油领军品牌”。2019 年“苏垦”作为产品品牌入选“中国农垦品牌目录（第一批）收录名单”，获评“中国十佳粮油高质量发展标杆企业”和“中国百佳粮油企业”。

3. 企业影响力

苏垦米业凭借多年稳定、优质发展，除取得一系列成果与荣誉之外，也获得了不菲的企业影响力。

在市场影响力上，苏垦米业已经连续十年为南京市 140 余家中小学供应大米，其大米主产品还销往了全国 20 多个省市，在欧尚、华润苏果、沃尔玛、易初莲花、物美、浙江联华等大型连锁超市皆有上架，并获得了广大消费者的喜爱，销售状况一路向好，2019 年苏垦米业实现粮食购销总量 21. 99 万吨。此外，苏垦米业还是洋河股份、旺旺集团、百威啤酒、青岛啤酒等知名企业的优质供应商，更是亨氏婴幼儿米粉在中国的唯一大米供应商。在社会影响力上，苏垦米业曾获大众媒体多次报道，《扬子晚报》《新华日报》《紫金山新闻》等媒体都曾报道、刊登过苏垦米业相关信息和文章。2014 年，苏垦米业成为南京青奥会运动员“专用大米”指定唯一供应商，这是对其品牌质量和影响力的认可，也是其进一步扩大社会影响力的重要契机。

（三）品牌质量与品牌个性

苏垦米业在企业认证许可上通过了质量、环境、食品安全、职业健康安全管理四大管理体系认证，其旗下产品共获得国家绿色食品证书 13 项，有机米大米加工证书 3 项，有机基地证书 3 项，“射阳大米”地理标志证书 1 项，产品质量过硬。

苏垦米业迄今始终坚持科、产、加、销、贸、储一体化的发展思路和产业化运作、标准化控制、组织化保障、科学化管理、品牌化经营、科技化支撑的运行模式，多渠道丰富产业线。公司还牢固树立质量安全意识，积极与高校院所合作，广泛运用低温储粮、机械通风、粮情预警等先进的绿色、科学储粮技术，保证了同一产品同一质量。另外，企业还按照打造“苏垦”特色品牌文化的要求，坚持以“苏垦”及“苏垦+”商标为中心，赋予品牌文化内涵，并着力品牌文化传播，提升产品美誉度，使品牌文化成为公司重要的核心竞争力。在品牌宣传方面，苏垦米业重视广告宣传，在江苏新媒体、公交车身、地铁站灯箱、电视广告上都投放了宣传，努力提高品牌知名度。

（四）企业文化与社会责任

1. 企业文化

苏垦米业始终坚持将“安全、绿色、优质、健康”作为企业经营理念，营造珍惜每一穗粮食、认真对待每一粒大米的反浪费重质量的企业氛围，严格控制产业链的每个环节，全面保障食品安全。除了对员工进行文化培训、将企业理念渗透到工作中，积极参与爱粮惜粮等公益活动而达到企业文化塑造的目的外，苏垦米业还通过与南京沙洲街道中奥社区联动，给社区儿童上粮食科普课堂的方式将企业理念对外输出，润物无声中为孩子们种下珍惜粮食、重视食品安全等理念的种子。

2. 企业社会责任

作为颇具规模与影响力的国企，苏垦米业无时无刻不在履行自己的社会责任。2019年，苏垦米业通过推进“公司（公司项目）+村集体（合作社）+农户”的产业发展模式帮助乡村实现产业振兴，精准扶贫，建设循环式烘干加工配套产业帮扶项目，与六个县村精准对接产业帮扶收购其稻麦产品；2020年新冠疫情时期，苏垦米业除了派车运输物资驰援疫区之外，还为了保障大米供应克服多种困难，第一时间实现各分、子公司的复工复产，在2020年1~4月共加工大米约96000吨，为稳定粮油市场价格，满足市场需要，做好应急保供任务做出了应有的贡献；2020年7月，南京持续暴雨天气导致全市启动防汛应急响应，苏垦米业时刻心系防汛一线，携手沙洲街道中奥社区满载矿泉水、泡面、驱蚊水等物资慰问抗洪一线的工作人员，8月苏垦米业旗下洪泽公司的总经理沈文东趁八一建军节之际慰问洪泽区高良涧消防救援大队，为消防官兵们送去了大米、饮料和矿泉水等防暑降温品，彰显国企担当。

二、成长及运行机制

（一）企业发展历程

2002年苏垦米业在南京成立，同年，设立江苏省农垦米业有限公司三河米厂、江苏省农垦米业有限公司临海米厂，企业被省发改委批准为“江苏省农业产业化省级重点企业”。2003~2004年，苏垦米业主要通过收购其他公司达到扩张的目的，先后收购南通农场南通江花粮贸有限公司、射阳县淮海米业有限公司等。

初具规模后，苏垦米业开始大力进行产品研发和品牌打造，2005～2007年，企业不仅通过国环有机产品认证中心有机认证，获准生产苏垦牌有机米，还通过了中国方圆认证集团江苏分公司认证审核，在行业内率先获得食品安全管理体系认证，陆续推出了6个经中国绿色食品发展中心许可使用绿色食品标志的产品，企业被授予“中国名牌产品”“全国农产品加工示范企业”“农业产业化国家重点龙头企业”等多个荣誉称号。自2008年起，经农业部农垦局批准，公司开始建设农产品质量追溯体系，现已初步建成了具有先进水平的“生产可记录，信息可查询，流向可追踪，责任可追究”的现代化食品安全体系，目前可追溯面积达65万亩，满足了消费者的知情权、监督权，为构建我国农产品安全保障体系发挥了示范作用。2010年以后，企业不断完善体系，延长产业链，拓宽销售渠道，进行业务拓展，扩大企业影响力，举行新品发布会，在天猫平台上线“苏垦官方旗舰店”，2013年成为第二届亚洲青年运动会大米唯一供应商，并连续三年获得“全国大米加工企业50强”称号。2015年，“苏垦”商标被国家工商行政管理总局商标局认定为“驰名商标”。2016年，由苏垦米业主导和运营的江苏农垦“苏垦尚膳”自营电子商务交易平台正式上线，经营江苏垦区自有、全国农垦系统以及国内外优质农产品，填补了江苏省属企业大型农产品电子商务平台的空白。经过多年发展，苏垦米业已经成长为体系完善、知名度高、产品种类丰富且质量上乘的优秀企业，并仍在不断探索新的领域和发展方向，致力于攀上新的高峰。

（二）运行机制

1. 概念

企业运行机制是企业经营过程中的主体机制，指企业生存和发展的内在机能及其运行方式，是引导和制约企业生产经营决策并与人、财、物相关的各项活动的基本准则及相应制度，是决定企业经营行为的内外因素及相互关系的总称。企业运行机制是企业的经营系统、技术创新系统、财务系统等运行过程中各环节内部以及各环节之间本质的内在的相互关联、相互制约的工作方式的总和。

2. 苏垦米业运行机制

企业运行机制可以用于研究在运行过程中各生产要素之间相互联系和作用及其制约关系，是企业经营运行自我调节的方式，可以使企业经营活动协调、有序、高效运行，增强内在活力和对外应变能力。因此，成熟且良性的运行机制对于企业发展来说十分重要，而苏垦米业的运行机制或许大致可以从以下几个方面来阐述：

苏垦米业的企业组织架构大概如图20－1所示，可见苏垦米业组织体系架构呈树状，结构完整而清晰，支线各环节职能及从属关系明确，各司其职，发挥功能，保证苏垦米业组织整体顺利而稳定地运作。

苏垦米业的产品面向广大消费者市场，水稻作为中国重要的粮食作物，在大众日常消费中占据重要地位，各年龄层、各职业的消费群体的日常生活中都离不开大米这一主食，因此苏垦米业的客户群十分广泛。不过，苏垦米业在具体的品牌大米生产上会对所要面对的群体进行细分，除了常规的普通大米生产外，苏垦集团还会生产主要面向喜欢更为软糯

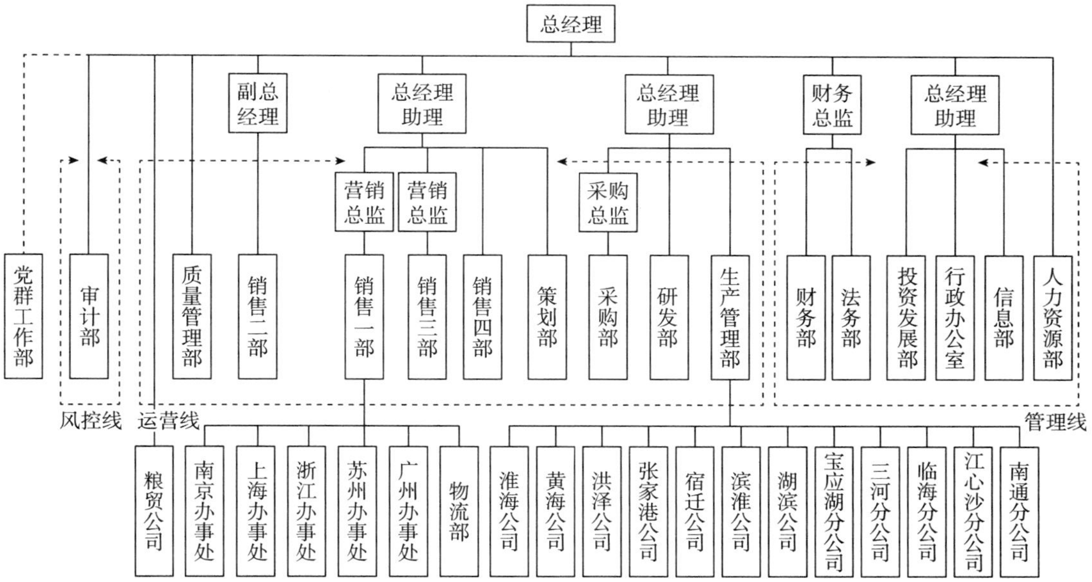

图 20－1　企业组织体系

香甜的客户群的清香糯米，对追求高营养高质量的较高消费能力的客户群推广中高端定位的精品大米，为家中有婴儿，需要易咀嚼易消化的大米的客户群研发出适合婴幼儿的宝贝米，在长期发展中一边拓宽市场，一边对已有和潜在客户群进行细分。苏垦米业和其客户之间的关系并不是单向的，购买苏垦米业旗下产品的消费者可以通过苏垦米业较完善的质量追溯体系对所购买产品进行追溯，了解其从田野到餐桌的全过程，更加放心地食用大米并增强回购欲，同时消费者在使用过产品后会对该产品有一定感知，如果有什么意见可以通过邮箱、官网等方式向企业进行反馈，而企业也会第一时间对客户意见做出反应，与客户形成双向的良性的关系。

苏垦米业的产品价值定位有着一套自己的标准和考量，不同类别的大米定位不同，价格也不同。以淘宝平台的物价为例，苏垦米业的大众性大米品牌价值定位与普通的常规大米无异，比如宝金玉大米售卖价格大概为 26 元 5 千克，渠星香米的价格大概为 69 元 10 千克，性价比较高，适合各类消费者；而质量等级较高、产品走中高端路线的大米价格就会相对较高，例如南粳 46 大米作为质量等级一级的大米，在淘宝平台上的售价大致为 30 元 2.5 千克，45 元 5 千克，而价值定位更高，面向高消费者人群，研发成本较高，科技含量和质量均优的富硒大米则售卖到了 98 元 5 千克，可见苏垦米业的产品价值定位大致视产品质量、成本、市场定位而定，较为科学且层次分明。

苏垦米业的产品销路大致分为线上和线下两种，线上依托京东、天猫、拼多多等平台，突破地域限制销往全国各地，线下主要通过企业内销售部进行销售，具体流向终端主要分为批发市场、零售店、大型商超，主要面向当地居民进行销售。苏垦米业作为稻米加工龙头企业，首要的核心资源便是其优质水稻原粮和完善的加工系统，其建设多年，领先同行的质量追溯体系和科研水平也是其在激烈的市场竞争里站稳脚跟、攀升高峰的重要核心资源。而优良的企业文化也是敦促其不忘初心、勤恳经营而多年不倒的法宝。

苏垦米业作为综合性大型国有企业，其产品生产的成本结构比较复杂，大致分为产前、产中、产后三个部分。产前部分主要成本是水稻种植、监管、收获、运输的直接成本和雇佣劳动力、开发和维持监管系统的科技投入等间接成本；产中部分主要成本为水稻原粮检验、存储，加工水稻的流水线雇工、机械使用水电消耗的成本，加工厂建造、土地租赁或流转的成本，前期完整加工流水线打造、机械购置的成本以及加工厂管理、安全防患等成本；产后部分主要是成品大米的存储、向各销售终端运输的成本，公司与各销售端达成协议的投入与维持费用，对企业员工工资支付的成本等。苏垦米业最主要的收益来源为大米产品及其深加工衍生品的销售收入，除此之外还有稻米加工全过程中的附加收益，比如检验不合格的水稻原粮可以售卖给饲料厂等。此外，企业兼营的农林牧渔、医药制造等营业收入也是企业收益的重要来源。苏垦米业牢记企业定位、责任与使命，积极与社会保持联系密切，多次与社区合作，除了前文提到的面向中奥社区的科普课堂、联合社区驰援灾区之外，还会经常与社区联动开展活动，如在端午节开展“粽香飘邻里党群共欢庆”活动，为社区的孤寡老人、残疾人、老党员送去节日祝福和党的关怀。

以上几个方面之间又两两存在着联系，如企业与客户的关系影响企业收益，产品成本结构直接影响具体收益，企业核心资源影响产品价值定位等，相互作用与交融间形成苏垦米业的运行机制。

三、亮点与特色做法

（一）细分产品主要面向群体，针对不同消费者进行产品开发

相比于一般稻米加工企业的产品无差别市场投放，苏垦米业会对其品牌进行功能性产品划分，从营养、专利产品、特殊人群入手，对产品进行细分并定位其面向的主要群体，针对不同消费者需求开发不同产品，除了前文提到的宝贝米、富硒米外，苏垦米业还研发了粥米、糙米等产品，从精准市场定位上获得竞争优势。

（二）注重打造产品特色与文化意象

苏垦米业在产品的研发与设计上格外注重产品特色和文化意象的打造，而这主要体现在产品的外包装上。一方面，苏垦米业的产品包装方式根据不同价值定位的产品而有真空包装与非真空包装、外包装用料不同和包装精细程度不同等差别，符合其产品的自身特性和定位，也会给消费者以直观感受，方便消费者进行需求判断；另一方面，苏垦米业会根据不同品牌的大米进行不同的外包装设计，利用手绘、PS 等技术，在赋予商品美观和谐的外观的同时还彰显了产品特色，例如对南粳 46 和有机米的产品包装美工设计就凸显了其原生态、富有营养、绿色健康的特点；苏垦米业还为产品设计吉祥物并附在产品包装

上，为产品添加了文创特色。

（三）拓宽宣传渠道，创新宣传方式

苏垦米业十分重视产品宣传，不仅通过电视、新媒体、公交车身、地铁站灯等进行广告宣传，还自建宣传窗口对产品进行专版宣传，在拓宽宣传渠道的同时也创新了宣传方式。

（四）致力于打造有温度的企业

相比于冰冷的资本至上的企业，苏垦米业的企业经营会更有“温度”一些。虽然企业的第一目的还是获利，但无论在经营理念还是经营方式上都不难感受出苏垦米业的“人情味”。在产品生产上，苏垦米业踏实敬业，不作假不滥造，从水稻种植到最终成品运输都严格把关，力图把质量最好、最满足消费者需求的产品送到客户手上。在员工待遇上，苏垦米业一是重视员工利益，采取合理公平的奖惩机制，并懂得如何激励员工，通过组织开展劳动技能竞赛、组织员工参加产品质量安全知识竞赛、组织评选企业“劳动模范”“最美员工”等方式充分激发企业内部活力，增进员工相互交流，激发员工提高自身技能、踏实工作的热情；二是关注弱势员工，逢年过节都会慰问困难员工；三是重视员工健康，不仅对员工提供社保，还会为员工开展“环保健康预防疾病”知识讲座等，增强员工的疾病防范意识。

（五）扶贫方式上独具创新

苏垦米业对企业社会责任的履行并不是老套的、僵硬的，而是创新的、灵活的、审时度势、顺应时代发展的。以扶贫工作为例，苏垦米业采取的是有针对性的特色扶贫模式，推动实施“一宅一花”项目，发展农业生产性服务业，开展甜瓜种植项目合作示范等，做精扶贫项目，争取从根本上解决“授人以鱼不如授人以渔”的问题。

四、展望

（一）绿色生产，节能降耗

在当下的稻米加工产业链中，影响加工成本的主要因素除了稻谷价格和人工工资之外，加工产生电耗所产生成本高居所有成本因素的第一位（龙训锋，2018）。此外，随着经济发展和城镇化速度加快，环境污染加重，实行绿色低能生产已成为现代加工业发展的必然选择。因此，苏垦米业要想在未来继续立于稻米加工企业的第一梯队，紧跟现代化浪潮，就必须走节能降耗的绿色生产道路。苏垦米业在将来应高度重视稻米加工的设备选择、生产管理、工艺操作、设备操作及电力配备等各环节的控制，在保证稻米加工精度、

出米率、安全运行等前提下，减少加工环节，降低加工损耗。

（二）构建自主可控、富有竞争力的现代稻米产业体系

完善而具有优势的现代稻米产业体系是企业在激烈竞争中“杀出重围”的重要武器，苏垦米业需要通过品质提升、结构优化、功能拓展、链条扩张等方式，提高综合水平，逐步建立起自主可控、富有竞争力的产业体系。除了选育优良品种、提升现代营销能力、推动科技创新以外，还应该加强质量追溯体系的完善。资料显示，运用可溯源系统对稻米产业链进行监管存在难度大、成本高、可操作性不强等特点（高艳、钱佰慧，2017），因此，苏垦米业需要进一步提高集成度、开放度、兼容度，构建自主可控的质量控制体系，辅助现代稻米产业体系的建成。

（三）着力吸引民间资源

苏垦米业在发展过程中必然会经历国企改革的阶段，而国企改革阶段需要大量吸引民间资源。随着我国经济发展的加速进行，民间资本力量逐渐提升，引入民间资本的方式逐渐成为了国企改革的主流方向，国家也在积极地出台相应的管理规定和意见，鼓励民间资本参与到国企改革中（唐赟，2018）。因此，苏垦米业可以通过产权交易等方式来吸引更多民间资本，从而实现产权结构的调整，提升综合竞争实力，使企业发展焕发新的活力，顺利实现现代化转型。

（四）做强品牌农业示范，做好特色农业帮扶

苏垦米业一直致力于帮助扶贫地区做好扶贫工作，彰显企业担当，目前苏垦米业已经走出了一条特色产业扶贫之路，在未来可以继续在扶贫上创新方式，做好带动、开展新品种、新技术、新模式、新装备试验示范，在扶贫地区通过土地流转等方式建立示范基地，做好品牌引领。此外，苏垦米业还可以发挥自身产业发展和资源整合优势，与地方政府合作，帮助经济薄弱村集体发展劳动密集型高效农业，带动贫困户脱贫致富，充分利用当地资源，做好特色农业帮扶。

参考文献

［1］龙训锋，李林轩，李刚．稻米加工企业节能降耗的控制途径［J］．粮食科技与经济，2018，43（02）：102－104.

［2］高艳，钱佰慧．稻米加工企业良好质量安全行为形成机制研究［J］．世界农业，2017（06）：82－89.

［3］唐赟．国企改革面临的困境及出路分析［J］．现代国企研究，2018（24）：6.

第二十一章　徐州佳合食品有限公司

一、公司简介

徐州佳合食品有限公司始建于2004年3月，注册资金2000万元，为有限责任公司，独立法人单位。公司总部位于江苏省丰县经济开发区河滨北路8号，是一家集种鸭养殖、苗鸭孵化、肉鸭养殖、肉鸭屠宰加工和饲料加工于一体的省级农业产业化重点龙头企业。公司占地1000余亩，员工1700余人，其中技术、管理人员150余人，其生产规模在徐州市同行业中处于首位。

公司下设八个分公司，其中，两个肉鸭屠宰加工厂，日屠宰加工10万只；两个鸭苗孵化厂，年孵化量2000余万只；三个种鸭养殖场，常年存栏量20万只；一个年出栏200万只的肉鸭示范养殖场，在丰县及周边地区拥有稳定合同鸭养殖户2000多户，肉鸭产业链不断完善。公司“众寻”牌商标被评为徐州市著名商标，产品被评为徐州市名牌产品，公司被评为市级质量管理先进单位。在全国各地建有完善的经营销售网点，“众寻”“丰沛”“彩虹桥”牌肉鸭系列产品畅销北京、上海、江苏、广东等20多个省份，产品得到广大消费者的厚爱，供不应求，市场占有率达8%。

二、成长及运行机制

（一）成长发展历程

公司于2006年1月通过ISO9001：2008国际质量管理体系认证；2007年5月通过农业部食品质量安全中心无公害食品认证；2008年12月被评为省级农业综合开发产业化龙头企业；2009年8月被评为江苏省省级农业产业化重点龙头企业；2009年12月通过市级“清洁生产”审核验收；2010年8月通过ISO22000、ISO14001国际食品安全管理体系和环境管理体系认证审核；2013年5月荣获江苏省著名品牌荣誉称号；2015年10月荣获“中国著名品牌”称号；2017年12月通过农业产业化国家级重点龙头企业认证；2018年

8月顺河养殖示范小区开始建设，同年10月华山养殖示范小区顺利投资。该公司连续多年来，荣获徐州市、丰县“重合同守信用企业”、江苏省质量诚信AAAA级品牌企业、公司资信等级AAA级等荣誉称号。

2017～2021年，该公司的经营范围总共变更了5次。从最初的畜禽屠宰、分割、冷藏、销售，自营和代理各类商品及技术的进出口业务（国家限定企业经营或禁止进出口的商品和技术除外）变更成为畜禽屠宰、分割、冷藏、销售，鸭养殖速冻食品、肉制品（熏煮香肠火腿制品、血豆腐、鸭血制品）生产和销售房屋、农副食品加工专用设备、水产品冷冻保鲜专用设备租赁自营和代理各类商品及技术的进出口业务（国家限定企业经营或禁止进出口的商品和技术除外）。（依法须经批准的项目，经相关部门批准后方可开展经营活动）许可项目：道路货物运输（不含危险货物）生鲜乳道路运输（依法须经批准的项目，经相关部门批准后方可开展经营活动，具体经营项目以审批结果为准）。2017年增加了肉制品（熏煮香肠火腿制品）生产和销售，房屋、农副食品加工专用设备、水产品冷冻保鲜专用设备租赁。2018年增加了速冻产品（血豆腐、鸭血制品）。2019年3月增加了鸭养殖，同年12月增加了速冻食品、肉制品。2021年2月，获得许可项目：道路货物运输（不含危险货物）生鲜乳道路运输（依法须经批准的项目，经相关部门批准后方可开展经营活动，具体经营项目以审批结果为准）。

公司对外投资有三家企业，分别为江苏丰县民丰村银行有限公司、江苏丰县农村商业银行股份有限公司和丰县农村信用合作联社，其中丰县农村信用合作联社已注销。该公司分别在南通、孙楼和高淳有三家分公司，其中孙楼和高淳的分公司已经注销。2019年进入《2019农业产业化龙头企业500强完整名单》第235位，2020年进入《2020（第四届）中国农业企业500强》第500位，2021年成为2020年度“中国肉鸭影响力企业”，此外，在2020年还以“众寻食品”该名称进入了“苏垦杯”江苏省农业企业知名品牌30强。

（二）运行机制

佳合公司按照国家食品安全管理体系、环境管理体系及鲜、冻禽产品等相关标准的要求，建立健全产品质量安全控制体系，并对其有效性进行评审，有完善的产品质量追溯制度，公司生产的产品经省、市食品质量检测部门检验，全部是优质合格产品。

公司内部机构健全，有完善的质量管理部门和先进的检验、检测设施和具有相关资质的人员，备查档案完整齐全，持续开拓的市场份额，使销售业绩连年上升，2009年实现销售收入26000多万元，2010年销售收入已突破45000万元。股东发起人为徐州苏北大地实业有限公司以货币方式出资2000万元。有限责任公司本年度并未发生股东股权转让，企业并没有投资信息或购买其他公司股权。核心人员为谢殿峰和谢子亮。公司利用泛微OA系统，利用流程管理，充分分析、优化现有工作流；实现无纸化协同办公提高工作效率，降低成本；逐步实现所有工作、任务可跟踪、控制；事务、流程可分析评价，并且持续改进；初步导入集团知识管理，所有文档方便存储、查询；利用平台管理，实现工作审批进度监控，并提供人员交流平台；实现集团统一信息门户，逐步实现全集团下属机构及部门信息门户。

公司对待员工，公司包住宿，每个宿舍配有空调、独立卫生间，让员工工作之余有一个干净舒适的生活环境。公司定期组织各项文体娱乐活动，丰富员工业余生活。为每位员工提供广阔的发展平台，采用专业技能和管理双通道的发展模式，定期组织培训，为员工成长、晋升提供广阔的空间。为员工提供城镇职工基本养老保险、生育保险、工伤保险、职工基本医疗保险和失业保险。

三、亮点与特色做法

徐州佳合食品有限公司在全国各地建有完善的经营销售网点，“众寻”“丰沛”“彩虹桥”牌肉鸭系列产品畅销北京、上海、江苏、广东、海南等20多个省市，产品得到广大消费者的厚爱。多年来，公司秉承“团结务实、开拓创新”的精神，坚持“质量第一、用户第一、信誉第一”的企业方针，保证了公司产品在同行业中处于一定的优势地位，实现了公司走可持续发展道路的战略目标。“众寻食品”是徐州佳合食品有限公司的开山之作，先后被评为“徐州市著名商标”“徐州市名牌产品”“中国著名品牌”“江苏省名牌产品”。“丰沛”是公司于2010年新厂启用后推出的新品牌。“彩虹桥”为佳合食品加工三厂生产的白条鸭、半片鸭及鸭副系列产品。该品牌2012年一经推出就以其先进的生产设备和产品工艺打造出了一个值得消费者信赖的品牌。

佳合食品有限公司经营的产品主要包括白条鸭、半片鸭及鸭副（鸭胗、鸭掌、鸭二节翅、鸭心、鸭肝、鸭头、鸭板油、鸭胗油等）系列产品，并可提供冰鲜鸭、西装鸭、无头鸭、全翅鸭等特殊产品定制。其中三个品牌，“众寻食品”主要产品为白条鸭、半片鸭及鸭副系列产品。采用徐州地区优质鸭源，以国内先进的加工工艺结合佳合独特的生产工艺，生产出来的白条鸭水分低，出成高，毛净度好，破皮少，尤其适宜烤鸭制作。产品畅销华南地区、苏南地区、华中地区、西南地区等地市场，深受广大消费者喜爱。“丰沛”产品采用徐州地区优质鸭源，结合公司现金生产设备和生产技术，使得白条出成更高，半片修建更细，鸭副色泽更鲜。其中，以4斤以上大白条、鸭胗、鸭小肚、食管、鸭翅等产品为特色产品。“彩虹桥”尤其以鸭、鸭食管、半片、鸭掌为特色产品。

白条鸭：水分少，出成高，毛净度好，为各地市场的大白条首选品牌。公司白条规格为2～5斤，其中3.5～4.9斤白条为主打规格。

半片鸭：修剪干净，水分少，瘦肉率高。可根据客户需求定制规格。

鸭胗：肉质紧密，解冻后鲜度较高，深受苏南地区、华南地区、华中地区销售者认可和喜爱。鸭胗分为特大、大、中、小四个规格。

鸭掌：采用非真空盒冻包装及真空包装两种，修剪干净，无杂质。分为大、中、小三个规格。

鸭心：采用非真空盒冻包装及真空包装两种，非真空包装1×10，真空包装0.5×20。

二节翅：肉质紧密，解冻后鲜度较高，毛净度好。分为特大、大、中、小四个规格。

鸭脖：肉质紧密，解冻后鲜度较高，无腔骨，修剪干净。分为5个、6个、7个和8个（每千克）四种规格。

2018年8月，公司推出了一款新产品——“致臻爽”牌鸭血，其全部采用佳合自采血源，品质保真，配合全国先进生产设备，一流生产工艺所生产。佳合食品有限公司已经形成了自己的闭环产业链，种鸭养殖、鸭苗孵化、商品鸭养殖、鸭肉屠宰加工、羽绒、饲料。产业链的延伸和衔接保障整个系统各个环节的运作质量，提高了公司的抗风险能力，为公司绿化、生态产品的生产提供了系统保障。公司内部机构健全，有完善的质量管理部门和先进的检验、检测设施和具有相关资质的人员，备查档案完整齐全，持续开拓的市场份额，使销售业绩连年上升。公司的发展，对周边地区的养殖业、种植业、运输业和服务业等相关产业有很大的带动作用，为本地社会的稳定、新农村建设、经济发展起到了重要的推动作用，把当地畜禽养殖业的发展推向新的高峰。

四、展望

回顾2020年，受疫情影响下的畜禽行业直接或间接地遭受到了巨大的冲击。全国整体消费环境明显下滑，终端消费需求大减，畜禽产品经营者艰难运营，生产厂家承受着原材料上涨带来的巨大成本压力，举步维艰。2020年对于肉鸭行业来说各环节都受到了冲击，不管是种鸭、鸭苗、屠宰还是经营，都是苦者多、甘者少。

在中国政府的坚强领导下，中国内疫情整体受到了控制，行情曾短期爆发了一波。临近2020年末，由于各地区陆续出现进口冻品接连查出阳性的情况国产冻品也受到了波及，反而促进了鲜品生意蒸蒸日上，无论从鲜猪肉还是冰鲜鸡鸭产品相比较往年同期都增加了不止一倍的消化量。对于生产厂家来说这也是被迫自救的方式之一。另外，考虑到后期疫情和行情的不明朗，厂家也多采取了减产能的措施，整体生产量被进一步压缩，而且今年生产厂家的春节假期都比较长，停产天数几乎都突破了各自的最高纪录。厂家从以上层面在相关环节带动了产品的消化，有效地降低了库存。从供需关系的转变来看，后期产品销售价格上出现价格回暖是存在可能的；从消费因素来看，畜禽消费端的刚性需求使当前的销售整体处于一个相对稳定的水平。而且随着大白条厂家的减亏和挺价的意愿进一步增强，市场因恶意竞争造成的鸭肉价格过低的情况有望得到缓解。近期猪肉价格持续攀高且临近年关的刺激还会进一步抬升猪肉价格。对于肉类替代品，新开产蛋鸡数量明显低于正常水平，老鸡的持续淘汰会使存栏量进一步下降，鸡鸭产品跟随猪肉价格回升将是大概率事件。目前，各品相鸭产品价格基本触底，经销商手中普遍库存不多，屠宰厂家生产量的压缩以及超长的停产假期等一系列因素，都已从侧面提醒各地区的经销商需要提前做好自己的备货计划。尤其是针对大半年时间均在被迫负盈利状态下维持运转的大白条鸭行业，未必有企业再愿意承受严重亏损的局面，由于疫情渐渐平息过去，大白条鸭行业的销售量也在蒸蒸日上。

第二十二章　南京樱桃鸭业有限公司

一、企业简介

南京樱桃鸭业有限公司成立于2002年，注册资本1000万元，现有员工300多人，是一家集研发、养殖、生产、销售、服务于一体的鸭产品深加工企业。产品以南京盐水鸭为主，涵盖禽肉制品、熟食卤菜、休闲小趣、烘焙面食四大系列。樱桃鸭业以“专注鸭产业深加工、做强区域特色品牌”为核心目标，致力于南京鸭文化传承和樱桃鸭品牌打造，全市有30多家连锁门店，200多个加盟网点。公司生产基地坐落于南京市江宁区江宁街道铜井工业集中区，拥有盐水鸭、熟食卤菜、气调保鲜、烘焙（鸭油烧饼）四条生产线。生产基地环境优美、车间布局合理、设施先进，已通过ISO9001国际质量体系认证和ISO22000食品安全管理体系认证。

2020年企业加大产业升级和技术创新步伐，克服疫情影响，实现销售收入1.38亿元，品牌知名度和市场占有率均跃居南京鸭业前列，公司连续被评为“全国主食加工业示范企业”“江苏省农业产业化重点龙头企业”“江苏省非遗传承生产性保护示范基地”“江苏省优秀品牌企业”等荣誉称号，成为南京鸭业行业活力最强、成长最快的企业。

南京樱桃鸭业有限公司自成立以来，一直以弘扬中国传统美食文化为己任，在传承和创新中不断快速发展，目标只为演绎出食尚和经典的金陵鸭韵，做最具南京——“中国鸭都”形象的一张城市名片，成为南京美食的延续者，让它去务实地触摸老百姓的生活，显示一个真实的南京、回味隽永的南京、魂牵梦绕的南京。

二、成长及运行机制

（一）成长过程

张建文，南京樱桃鸭的传承人，也是南京鸭业公司的创始人。南京樱桃鸭业有限公司成立于2002年，经过多年发展，目前是全国农业部主食示范企业和江苏省非遗实验基地。

1864 年，曾国藩犒劳犒赏三军，当时用了水西门家老张家的鸭子，众将士觉得特别好吃，要求曾国藩题几个字，当时桌上摆放着樱桃，曾国藩吃的时候感觉到皮白肉嫩，满嘴芳香，于是提笔写下张氏樱桃鸭，色如白玉，满口留香，故定名为樱桃鸭，一直传承到今天。南京樱桃鸭业有限公司一直坚持传统的工艺，传承 300 年。夫子庙、湖南路、中山陵等地共有 10 多家樱桃鸭业开设的以盐水鸭非物质文化遗产为主题的体验店，而在直营连锁、超市等线下方式外，樱桃鸭业于近年又在淘宝、天猫等电商展开线上销售。据透露，线上店铺的年销售额超 1000 多万元。

在这么多年发展当中，企业一直致力于盐水鸭文化的打造，推动行业的成长和发展，同时把鸭文化向市民们展示。2018 年，南京樱桃鸭业有限公司利用闲置厂房建立起四层的鸭文化馆，初衷是在公司客户中传播板鸭和盐水鸭非遗制作技艺。不承想在客户中反馈甚好，公司遂投资 1000 多万元建立了南京盐水鸭文化体验园，内含南京鸭文化馆、生产车间、产品展示及休闲体验区域，集盐水鸭生产工艺展示、南京鸭文化传播、鸭食品鉴赏销售于一体，致力于推广南京的鸭文化，同时把南京人的盐水鸭手艺进行传承。

（二）运行机制

企业运行机制是指推动、调节、制约企业系统各生产要素正常运转，以实现企业目标的功能体系。它构成企业经营机制的主体部分，涉及企业生产经营供、产、销的决策、计划、组织、控制等管理活动的全过程。企业运行机制表明企业运行的内在结构及运行的机理，下面将从生产、经营、管理三个方面对南京樱桃鸭业有限公司的运行机制进行分析。

1. 生产

南京樱桃鸭业有限公司生产基地坐落于南京市江宁区江宁街道铜井镇，工厂占地面积 30 亩地，厂房总建筑面积 20000 多平方米。2011 年新建的标准化、柔性化、自动化、“锁鲜记忆”禽肉制品生产线，被南京市指定为“南京市盐水鸭生产示范基地”，盐水鸭的制作依然遵循“炒盐腌、清卤复、晾得干、焐得透”的传统工艺，因此被任命为“南京盐水鸭非物质文化遗产传承人单位”。目前，工厂产品线已形成三大类别共 60 多个单品：以盐水鸭等禽肉制品为主的旅游食品、以熟食卤菜为主的餐桌食品、以气调和真空包装为主的休闲零食。工厂已通过 ISO9001 质量管理体系，公司在传承和创新中积极推动盐水鸭行业的技术进步，参与了江苏省食品安全地方标准《盐水鸭》（DBS 32/002—2014）的制定工作，自主研发的 800 只/小时标准化、柔性化、自动化盐水鸭生产线已获得国家实用新型专利（专利号：ZL201520566349. 1），申报的“茶香型盐水鸭的制备方法”实用专利也通过审核（专利号：ZL201410346408. 4），申报的产品外观专利已达 12 项，并被江苏省文化厅评为第一家省级南京板鸭、盐水鸭制作技艺非物质文化遗产保护性传承基地。

公司的原料光鸭主要来源于长期合作的苏北养殖基地，位于北纬 33°黄金养鸭带的射阳县新洋农场和响水县黄海农场，提供的原料光鸭均符合绿色食品养殖标准，其中每家的采购量均在 60 万只以上，通过长期稳定的原料采购带动当地养殖及屠宰农户相关就业 6000 人以上。

2. 经营

下面将运用4P营销理论对南京樱桃鸭业有限公司在经营方面的行为进行分析。

（1）产品。

产品方面要求注重开发的功能，产品有独特的卖点，把产品的功能诉求放在第一位。南京樱桃鸭业有限公司的主要产品以南京特产盐水鸭为主，酱卤肉制品为辅的食品加工企业及销售企业。其中南京板鸭、官礼贡鸭、老卤盐水鸭、桂花风味盐水鸭最受老南京人的青睐，Q味一族等休闲食品最受年轻人的喜爱，南京味道、金陵鸭韵则是老南京人馈赠的佳品。主导产品高级樱桃鸭系列选用高蛋白、低脂肪的廋型樱桃谷鸭为原料，率先采用领先的"瞬时热真空—巴氏杀菌"技术，锁住新鲜味道和减少营养损失，不但符合现代人对营养卫生、新鲜口味的更高要求，更代表中式卤味产品的未来发展趋势。

（2）价格。

价格方面要根据不同的市场定位，制定不同的价格策略，产品的定价依据是企业的品牌战略，注重品牌的含金量。南京樱桃鸭的产品价格处于居中水平，不打低价战，也不冒高价险。南京樱桃鸭业定位准确，在普通消费者中进行了布局。它的产品价格比较适中，没有采用高端的定价方法。能够在市场中被极高数量的消费者接受，保证每个消费者都能负担得起。线上线下各类促销活动频繁，折扣后价格低于日常同类产品商超价格。

（3）渠道。

公司营销的核心竞争力来自通过樱桃鸭的品牌带动，持续建设的多层次、多维度、线上线下一体营销渠道。线下营销渠道包括直营连锁、加盟连锁、KA超市、传统批发市场、授权经销商等，线上营销渠道包括淘宝、天猫、京东、微信等，线下销售网络遍布江苏、安徽、上海、浙江等省市，夫子庙、湖南路、中山陵等地共有10多家樱桃鸭业开设的以盐水鸭非物质文化遗产为主题的体验店；线上渠道销往全国各地。据透露，线上店铺的年销售额超1000多万元。

（4）促销。

柔性定制分销产品。南京樱桃鸭的互联网+销售战略，不仅可以拓展销售渠道，同时也能够对产品进行末位淘汰，每款产品进行线上测试，消费者好评的才可上线，不好则下线调整，仍不满意则下架，线上测试成功后通过线下模块推向全国市场。南京樱桃鸭尽可能地利用一切节假日进行产品促销，推出与节假日相契合的礼包，如回家过年、味觉情书、双旦礼包等吸引客户的注意力，"双11""双12""京东618"等网络购物狂欢节更是早早预热宣传。南京樱桃鸭的官方旗舰店经常举办各种抽奖让利活动，满减、买送、多件优惠、抽奖赢大礼、联合多品牌共同促销等各式花样，销售方式频出，刺激消费者的购买欲望。

3. 管理

企业运行的基本要素是劳动力、物资、资金和信息。劳动力要素包括参加企业运行的全部人力，这是运行的主体，南京樱桃鸭业有限公司总人数200多人，有社保人员112人。公司对企业员工进行定期培训管理，从而提高员工素质，打造企业文化，营造良好工作氛围。桃鸭业还致力于打造从养殖、加工、销售到文化、旅游的全产业链体系，走集约化、规模化发展之路。

三、亮点与特色做法

（一）打造“四合一”全新产业发展模式

樱桃鸭业是江苏首批非遗保护示范基地，一直致力于非遗文化传播，2019 年在市农业农村局的支持帮助下，建成全国第一家盐水鸭文化馆，并正在打造江苏省级工业旅游区。此外，樱桃鸭业还致力于打造从养殖、加工、销售到文化、旅游的全产业链体系，走集约化、规模化发展之路，目前已拥有苏北新洋农场、年出栏量300 万只的养鸭基地，以及现代化观光工厂和以直营连锁为主的立体销售网络，通过整合优势资源，企业竞争力不断提升。公司将继续深入推进产业融合，加快“文化型企业”和“科技型企业”建设，在推进非遗文化保护的同时，计划与南京农业大学合作建立南京盐水鸭研究院（所），打造产业、文化、科研、旅游的“四合一”全新产业发展模式。

（二）“厂区”变“景区”，提高经济效益

2018 年，南京樱桃鸭业有限公司利用闲置厂房建立起四层的鸭文化馆。鸭文化馆建立的初衷是在公司客户中传播板鸭和盐水鸭非遗制作技艺。不承想，在客户中反馈甚好，公司遂投资 1000 多万元建立了南京盐水鸭文化体验园，内含南京鸭文化馆、生产车间、产品展示及休闲体验区域，集盐水鸭生产工艺展示、南京鸭文化传播、鸭食品鉴赏销售于一体：15000 平方米的生产车间外，沿走廊边上的透明玻璃，可看到一只盐水鸭制作的全过程；1500 平方米的鸭文化馆内，全方位介绍南京鸭业发展的历史以及盐水鸭制作技艺的传承。

集参观、休闲、消费于一体的成熟旅游生态吸引多家旅行社前来接洽，仅一年时间，公司便打造出针对老年群体的樱桃鸭 + 牛首山、樱桃鸭 + 报恩寺、樱桃鸭 + 江宁乡村游等高性价比一日游路线，凭“一只鸭子”，他们轻松打进旅游市场。如今，在全国旅游业复苏的态势下，盐水鸭文化体验园 4 ~ 7 月接待 5 万多游客，每天保持最少 5 个团的游客量，最高峰一天接待 40 多辆大巴车、2000 多人。所有客人从进入园区到离开，不仅参观环节紧凑，还能了解盐水鸭非遗制作技艺、品尝美食，走时往往也会随手购买 50 元一只的盐水鸭、10 元一盒的鸭油酥烧饼等鸭制食品，因为参观流程的科学设定，公司每天仅派 8 位员工就搞定所有接待任务。

南京樱桃鸭业有限公司凭这一案例获颁南京市文旅局非物质文化遗产保护传承优秀案例。目前公司正申报省级工业旅游示范基地。

（三）非遗技艺和规模化生产相结合

非物质文化遗产技艺传承和成果惠及的广度一直是传承人和相关政府部门努力的主要方向。南京樱桃鸭业有限公司共有张建文、晏和波、高昌宝三位盐水鸭制作技艺非遗传承人，早在多年前，公司创始人张建文就带领传承人团队摸索非遗技艺规模化的研究。他清醒地认识到，只有当非物质文化遗产更大范围走进大众生活并带回经济效益，盐水鸭制作技艺才能更长远健康地传承下去。而非遗技艺和规模化生产相结合，是一条捷径。

规模化生产面临的第一个问题就是将传承人的“经验和感悟”量化、标准化。他们先从源头——养殖上确定鸭子的体重标准，确保送到工厂的每只鸭子重量相差在50克内。随后，再将技术标准化，如以往手工制鸭中的煮鸭环节需要不断观察、控制火苗大小才可揣摩温度，如今可让温度恒定；原先传承人是凭感觉根据不同空气温度估摸腌制时长，如今，空气温度与腌制时间的对应图表已知，工人只要知道当时室温，就能知晓鸭子的腌制时长。“也有仍不能被机器取代的部分。”晏和波说。采用“炒盐腌、清卤复、晾得干、焐得透”工艺制作的盐水鸭，在抹盐环节仍必须用人工，因为“人工抹得匀”，但在煮制等环节，已可用机器取代。与自动化生产设备的结合，使非遗技艺制作出的盐水鸭增加产量的同时，还保证了品质稳定，连生产线上第一只和最后一只鸭子做成的时间都是一样的。

（四）创新中传承

自动化生产设备的使用，使传承人无形中从大量重复生产中解脱出来。目前，三位传承人已通过手把手教授、开培训班等形式培养百余名徒弟。研发新品也是他们的主要任务。近年，他们将盐水鸭和雨花茶结合，制作出用雨花茶熏制、带着茶香的盐水鸭；随着少盐少油生活方式的流行，研发部门又主动降低盐水鸭的含盐量；新近推出的充氮锁鲜气调包装盐水鸭，7℃以下保存7天，留住刚出锅的新鲜味道。

优质产品离不开好的推广和销售渠道。夫子庙、湖南路、中山陵等地共有10多家樱桃鸭业开设的以盐水鸭非物质文化遗产为主题的体验店，而在直营连锁、超市等线下方式外，樱桃鸭业于近年又在淘宝、天猫等电商展开线上销售。据透露，线上店铺的年销售额超1000多万元。借助线上平台，盐水鸭非遗制作技艺的美味红利每日被天南海北的消费者点赞、共享。

四、展望

强化品牌营销，保持品牌独特性。互联网的普及人数越来越多，日益成为消费者日常生活中不可或缺的一部分。网购文化在全社会的兴起，是电商产业发展的大好时机。南京樱桃鸭业有限公司要抓住机会，利用电商的互联网广告转化优势，将营销平台分散化，不能仅依靠于天猫淘宝，要将微信、微博、视频网站等视作重要营销平台，全方位深入扩大品牌的影响范围。

预测消费需求，抢占未来市场。产品适销对路，就能不断扩大市场占有率增加营销额，有利于企业改变经营管理，提高经济效益。有利于企业有计划地开展营销活动，提高企业的管理水平。由于食品市场的竞争愈加激烈，市场的迅速变化发展，要求企业提前预测消费者需求。大数据时代到来，使预测消费者的未来消费需求更加成为可能。大数据时代的数据分析决定成本控制和投资回报率，在接下来的时间里，南京樱桃鸭业有限公司就需要进一步优化已有的数据资料，提前预测到消费者的需求变化，及时推出新产品安排生产，提前一步抢占市场，进而取得优势。

第二十三章　苏州口水娃食品有限公司

一、企业简介

苏州口水娃食品有限公司坐落于苏州太仓市，成立于2007年8月30日，现占地面积超115900平方米，拥有总资产规模达27783万元，2019年销售收入55121万元，实现利税6198万元。该公司是一家集休闲食品研发、制造、加工、营销为一体的农业科技型企业，在国内休闲豆类行业处于领先地位，拥有下属三家公司，其中上海喜事来食品有限公司主营品牌“口水娃”，上海红健食品有限公司主营品牌“月亮街”，苏州口水娃食品有限公司主营品牌“江南每食”。三大品牌同时服务于全国市场，产品涉及炒货烘炒类、炒货油炸类、膨化类、豆制品、肉制品、鱼糜制品等百余种口味，1200多种规格，销售网络覆盖全国近2000多个县市，与全国7万多家超市建立了良好的合作关系，以满足各类消费群体的需求。

公司推行农业产业化政策，实施“公司+基地+农户”模式，对原料供应进行质量把关，同时建造和使用万吨级原料恒温储存库，建立原料保鲜战略模式；建立以ISO9001和HACCP为基础的质量管理体系和食品安全管理体系，同时导入GB/T 19580标准管理模式，切实进行严格的质量管理。公司高度重视技术进步与创新，成立技术研发部门，与江南大学合作建立了江南大学食品学院口水娃研发中心，形成企校产学研合作模式，目前获得实用新型专利3项，发明专利11项，外观专利158项，先后获得“全国坚果炒货科学技术进步二等奖”“江苏省农业技术型企业”“中国坚果十大品牌”“苏州市十大自主品牌”等荣誉。

二、成长及运行机制

（一）公司成长过程

公司创始人谢东奎是中国最早的一批名牌食品销售人员之一，曾在上海代理可口可乐、阿尔卑斯、德芙、乐事等多个耳熟能详的国际品牌。多年的品牌营销经验使他对“品牌”的理念有了深刻的理解，同时让他看见了国内外食品行业的差距，从中发现了国内休闲食品市场的商机。随着人们生活水平的提高，我国的食品结构由原来的温饱型逐渐向风味型、营养型、享受型转化，休闲食品行业有很大的发展空间。在代理乐事薯片期间，谢东奎萌生了以自己身边的普通原材料做成同样口味丰富零食的想法；由于当时炒货市场的竞争较为激烈，尤其是瓜子、花生等产品比较普遍，且受其所在地的上海城隍庙五香豆的启发，考虑到蚕豆不施农药，不用化肥，内在品质好，营养价值高，且产地特别多，供挑选的余地大，再加上蚕豆价格便宜，城里人乡下人都买得起，是典型的大众消费，谢东奎决定以兰花豆作为经营方向，采取薄利多销的价格策略，做国人自己的兰花豆休闲食品。

谢东奎意识到，保障产品质量是建立品牌的前提。创业初期，他考察全国，将各地的蚕豆进行试吃和比较，最终确定采用青海的蚕豆作为制作“口水娃”兰花豆的原料。为丰富产品种类，满足消费者的需求，“口水娃”又研发出一系列兰花豆口味，综合从各地超市、商场反馈的信息，企业实施“先南方后北方、先城市后乡村”全面铺开的战略，陆续开发出了适合各种消费群体、满足各地市民需求的系列产品，相继推出了怪味豆、多味花生、五香花生、老酒花生、脆皮花生、膨化食品、瓜子等，慢慢形成以兰花豆打头阵，用兰花豆的知名度来推广“口水娃”其他炒货产品的局面。为扩大销售范围，增加销量，提升品牌知名度，谢东奎和其销售团队前往各省会城市、大型超市做免费试吃，进行产品推广，凭借其质量高、口味佳、价格实惠的特性赢得了各大超市的青睐，很快建立起“口水娃”独特的消费群体，在市场上获得一席之地。

（二）公司运行机制

1. 生产

在初具规模后，公司于2008年引进了国内最先进的全自动生产线，建立了5000吨的恒温专用储存库，8000平方米全封闭的现代化生产车间。此次大规模设备投资可谓是孤注一掷，好在成效显著，公司产值从2008年的700万元猛增至2009年的上亿元。随着市场需求的不断扩大，公司又建设了二期工程，自主研发设计并与国内知名厂商密切合作，完成了生产设备转型升级换代工作，设备投入6000多万元，年生产能力达50000多吨，业务逐渐拓展到炒货烘炒类、炒货油炸类、膨化类、豆制品、肉制品、鱼糜制品等方面。

2. 经营

为提升公司的经营能力，公司采取了一系列相应措施。

（1）严格把控产品质量水平。

公司切实将严格的质量管理落实到原料采购、产品设计、生产加工、产品销售、售后服务等各个环节。公司建立原料种植基地，对原料供应进行质量把关，同时建造和使用万吨级原料恒温储存库，同时建立原料保鲜战略模式。公司建立了以ISO9001和HACCP为基础的质量管理体系和食品安全管理体系，同时导入GB/T 19580标准管理模式，制定并实施严密的质量控制措施，质量指标作为各部门关键绩效最主要的考核项目，形成了供方管理、入厂检测、在线检测、产品出厂检测、市场售中检测（服务）的全流程质量监控及追溯体系。

公司高度重视技术进步与创新，通过提升加工工艺、改进加工方式的手段提升产品品质。公司统一制定各岗位作业指导书，规范和保障最优工艺作业流程的实施，并且定期组织各部门技术骨干参观优秀企业和接受技术培训；公司成立技术研发部门，建立以研发部为主体的技术评估体系，与江南大学合作建立了江南大学食品学院口水娃研发中心，并建立研究生工作站，形成企校产学研合作模式，大大提高了公司自主研发能力。

（2）实施薄利多销的价格策略。

“口水娃”之所以选择蚕豆作为主要的经营方向，原因之一就是蚕豆价格便宜，城里人乡下人都买得起，是典型的大众消费，这与公司的市场定位不无关系。“口水娃”精准定位于当下的主流消费群体，根据消费者购买力采取薄利多销的价格策略，旨在使得消费者有能力天天购买“口水娃”的产品。

（3）拓宽销售渠道。

采取代理商开发新市场的市场培育政策，为代理商进入大卖场或连锁超市提供一定的入场费赞助和优惠促销政策，帮助代理商做大做强。在严格的管理制度保障下，公司销售呈快速增长态势。目前，销售网络覆盖全国近2000多个县市、7万多家超市，实现全渠道铺货。互联网蓬勃发展时期，公司销售模式与时俱进，通过淘宝、拼多多、京东等平台进行网络销售，打造公司直营的口水娃快手小店，同时为其他企业提供代加工服务。

（4）重视品牌宣传与推广。

多品牌战略是公司品牌发展的重要内容之一，公司拥有下属三家公司，其中上海喜事来食品有限公司主营品牌“口水娃”，上海红健食品有限公司主营品牌“月亮街”，苏州口水娃食品有限公司主营品牌“江南每食”，三大品牌共同服务于市场。为进行品牌宣传与推广，每年“口水娃”都会拿出不低于销售收入的1%作为宣传和推广费用，在报纸、专业期刊、电视媒体、户外高速公路广告等大力宣传公司形象、主导产品和商标，从而使企业及商标的知名度不断扩大；各种大型的交易会，比如成都糖酒会、上海食品展销会、上海城市购物节等，“口水娃”都积极参与，通过展会结交大批客商，使公司产品源源不断销往全国市场，扩大“口水娃”品牌在国内市场上的影响力。通过多年的努力，企业的品牌建设已经取得一定的成就，荣获“中国驰名商标”“中国坚果十大品牌”“苏州市十大自主品牌”等称号。

3. 管理

围绕“以人为本，以质取胜”的理念，从重视人才、崇尚质量、追求卓越，形成了良好的企业文化氛围，并以科学发展观为指导，以领导力为核心，从宏观决策、管理行为、个人品质三个重要方面确立了公司的企业文化和发展方向。“创造价值、分享价值、驱动价值”是公司的价值观，同时也是企业文化建设的灵魂。公司贯彻“八荣八耻”的社会主义荣辱观，以此来发扬企业文化，弘扬企业精神。

从2010年开始推行6S现场管理，组织员工培训，不断提高员工素质，建立定位管理、定置管理、目视化管理等管理方法，使现场管理更加标准化。公司建立了月度质量分析会议、产销协调会议、成本分析会议，为实时掌握质量状况，及时实施质量改进创造了良好的条件。公司通过收集员工合理化建议、成立项目小组、QC 小组提升过程管理水平，根据绩效考核结果予以激励。

三、亮点与特色做法

（一）全流程质量监控及追溯体系

推行农业产业化政策，实施“公司 + 基地 + 农户”模式，在苏北、甘肃、青海、内蒙古等地建立原料种植基地，并建立原料输入环节的管控机制，确保了优质原料的供应。同时建造和使用万吨级原料恒温储存库，建立原料保鲜战略模式，收购时保证蚕豆的均匀度、色泽率达到标准，收购后马上存入保温库，在降低自然灾害带来的供应风险的同时，严格把控加工环节的首道关口。从蚕豆到兰花豆，整个生产过程由电脑控制的流水线完成，工人们的任务就是把小包装产品装入箱内，生产车间使用了量身定制、专门研发的加工设备，工人每次交接班的第一件事是清洗消毒，确保车间一尘不染。

以质量与食品安全管理体系为基础，推行 ERP、JIT、KPI 管理考核系统，建立了以 ISO9001 和 HACCP 为基础的质量管理体系和食品安全管理体系，同时导入 GB/T 19580 标准管理模式，根据公司发展战略、过程特点以及过程间的上下关系，制定清晰、具体、可测量的要求，主要包括原料质量、辅料检测、成品质量、感官检验、出票率等，制定并实施严密的质量控制措施、质量指标作为各部门关键绩效最主要的考核项目，形成了供方管理、入厂检测、在线检测、产品出厂检测、市场售中检测（服务）的全流程质量监控及追溯体系，切实将严格的质量管理落实到原料采购、产品设计、生产加工、产品销售、售后服务等各个环节。

（二）研发与技术创新支持

建立以研发部为主体的技术评估体系，并与各大专业院校建立合作关系，积极收集各类行业数据信息，积极学习并引用国内国际同行业的技术，以了解公司现有技术与国外标杆企业的差距，为公司制定战略提供了参考和依据。

高度重视技术进步与创新，成立了技术研发部，并与江南大学合作建立了江南大学食品学院口水娃研发中心，建立行业内人才储备库，根据企业战略需求，积极引进行业内技术领先水平的优秀人才，依靠技术进步增强企业可持续发展能力，以关注顾客为主导，追求卓越，注重了解市场现状与趋势，预测市场未来需求。坚持“走出去，请进来”，与国内技术力量广泛交流科研项目，建立合作伙伴关系，提升产品的科技含量。公司投入大量资金，自主研发设计并与国内知名厂商密切合作，完成了生产设备转型升级换代工作，目前产能配备合理。设备投入 6000 多万元，年生产能力达 50000 多吨。并建立了万吨的恒温专用储存库，具有全封闭的现代化生产车间，为本行业树立了标杆。由于优异的科技水平，公司参与制定了国内多个炒货行业标准，如国家标准《坚果炒货食品生产规范》、全国行业标准《熟制豆类》等，并于 2017 ~ 2019 年相继进行了 18 个项目的研发，2017 年公司研发投入达 1625 万元，2018 年达 1654 万元，2019 年达 1835 万元，此三年研究开发费用总额占销售收入总额的 3.21%。目前，公司获得实用新型专利 3 项、发明专利 11 项、外观专利 158 项，先后获得“全国坚果炒货科学技术进步二等奖”“江苏省农业技术型企业”等荣誉称号。

（三）多渠道销售

采用多渠道销售模式，建立品牌直营店江南每食生活馆，与各大商超保持合作关系，依托互联网电商平台，以 B2B、B2C 的模式进行网络销售，同时还为其他企业提供代加工服务。采取代理商开发新市场的市场培育政策，为代理商进入大卖场或连锁超市提供一定的入场费赞助和优惠促销政策，帮助代理商做大做强。在全国范围内，公司专门从事市场维护的人员就达 300 人，如果代理商违反公司价格政策或区域串货即罚款 5000 元，出现第二次类似情况立即取消代理商资格。在严格的管理制度保障下，公司销售呈快速增长态势。目前公司销售网络覆盖全国近 2000 多个县市、7 万多家超市，与大润发、欧尚、乐购、好又多、沃尔玛、永辉超市等保持良好合作关系，且实现全渠道铺货，除了大型超市，便利店、KTV、网吧等地均可以看见“口水娃”的身影。

在淘宝、拼多多、京东等网络电商平台均设有“口水娃”旗舰店，其天猫旗舰店目前已积累了 74.7 万粉丝，热销产品月销量一万件以上。同时公司打造了直营“口水娃”快手小店，成立“口水娃”微信公众，通过“口水娃”微信小程序进行销售。公司还为百草味、海底捞、三只松鼠、良品铺子、万达影院等提供代加工服务，以此拓宽公司销售渠道。

四、展望

公司采取代理商开发新市场的市场培育政策，对于代理商的管理不仅影响着新市场的开发，品牌形象的建立，还影响着“口水娃”的健康发展和平稳运行。代理商远离公司权力中心，有着一定的自主权，容易出现信息不对称和道德风险，可能会做出有损公司利益、形象和长远发展的行为。为规范代理商的市场行为，公司必须建立严格的代理商管理制度，并且强化监督。与消费者建立良好的联系能够帮助公司增强客户黏性，打造忠诚的客户群体，同时可以通过消费者的传播拓宽市场。“口水娃”建立了官方网站、微信公众号等用以强化与消费者之间的联系，但目前官方网站已无法访问，微信公众号推送也已闲置四年之久。对于当代年轻消费群体来说，通过网络认识品牌、与品牌进行互动已然成为非常重要、非常有成效的方式之一，“口水娃”作为休闲食品行业企业，年轻消费群体是其目标消费群体的重要部分。公司可以强化其网络建设，在宣传品牌、提升品牌形象的同时也能够使消费者产生信赖感，增强消费者忠诚度。

第二十四章　扬州市扬大康源乳业有限公司

一、企业简介

扬州市扬大康源乳业有限公司是2009年11月由扬州大学实验农牧场（建于1952年）在原扬大乳业的基础上申请注册成立的国有全资公司，公司主要从事饲料种植、奶牛饲养、乳品加工及销售服务，现已成为苏中地区规模最大、设备最新、环境最优的乳制品生产企业。公司职工220人，技术人员35人，其中高级职称10人，中级职称20人，拥有博士学历5人，硕士学历13人。公司加工基地位于扬州市食品产业园，主要生产巴氏杀菌奶、调制乳、酸牛奶、含乳饮料、奶粉五大系列二十几个品种，并通过了ISO9001：2008质量管理体系、HACCP食品安全管理体系、QS质量安全认证及食品行业诚信管理体系（QMS）认证。公司拥有江苏省生态健康养殖技术、现代农业工程技术、设施园艺成果转化基地，拥有绿色奶源基地16个，奶牛总规模3000多头，全部实现了规模化养殖、科学化饲喂、机械化挤奶、冷链化贮运和全程化监测。60多年来，扬大康源乳业有限公司大力发展奶牛产业，不断扩大乳业生产，带动了扬州农业产业结构调整，取得了显著的社会经济效益。

二、公司成长及运行机制

（一）成长过程

1902年，张謇创办通州师范学堂。1906年设农科，1912年设医科、纺科，1918年设畜牧、园艺科（1919年独立为南通农业大学，1930年更名为南通学院）。学院聘请李敏孚硕士担任农科主任，聘请美国康奈尔大学畜牧专业毕业的郭守纯担任畜牧系主任，并根据教学需要学校专门开辟了实验农牧场办起了养牛场。最早的20多头牛都是来自荷兰的优良品种，从此，它们在中国的南通安家落户繁衍后代。一杯牛奶、一片面包、一个鸡蛋，这在我们大多数人的儿时饮食记忆里仅仅是一种奢望的象征，可对张謇先生所开设的育婴堂里的孩子们来说，喝牛奶却已是日常的福利了。这可贵的福利便是来自通海农学堂的奶牛场，那里生产的牛奶会最先送到育婴堂，然后是老人院，如果还有多余才会轮到部分教职员工或是生了病的学生。1952 年，全国高校院系调整，南通学院农科与江南大学农科、苏南文教学院农艺系组成了苏北农学院，落户在古城扬州。于是，那些从荷兰来的奶牛们便也和他们的主人一道迁徙至扬州。据介绍，养牛主要是为了教学实验的需要，让学生亲身经历科学饲养的过程，懂得如何进行疾病防治，牛奶的生产只是个副产品，产量并不多，只有苏北医院的医生才有特权买牛奶，病人或是孕妇凭着医生的证明也可以买到农学院的牛奶。从实业家张謇先生 1918 年创办通海农学堂实验牧场开始，到 1952 年苏北农学院的牛奶，再到 1992 年扬农乳业成立，1995 年扬大乳业成立，2009 年更名为扬大康源乳业至今，扬大康源乳业已有百余年的历史。

（二）运行机制

企业运行的基本要素是劳动力、物资、资金和信息，企业运行过程中要素有机结合形成生产、经营和管理三大结构。下面将从生产、经营和管理这三个方面来分析扬大康源乳业有限公司的运行机制。

1. 生产

在饲料种植方面，扬大康源乳业向合作农户收购饲料，与农户之间的合约机制完善，能够有效保证饲料品质。在奶牛养殖方面，扬大康源乳业拥有自己的奶牛养殖场，公司奶牛场在饲养管理、生产设施、档案记录、防疫条件等多方面体系健全、制度完善；除了本公司的奶牛养殖场生产的，公司还会向合作农户收购牛乳，并且运用奖惩机制，高价收购优质奶源，退回不达标的奶源，严格把控收购得到的奶源质量。在乳品加工方面，扬大康源乳业拥有自己的乳品加工基地，乳品加工基地设备布局合理、设施完善、生产工艺科学，检验设施健全，是苏中地区规模最大、设备最新、环境最优的现代化乳制品公司。扬大康源乳业注重生产环节的资金投入，主要用于技术创新与产品研发，如“新型益生菌发酵乳业生产关键技术研究与应用”；同时该企业也注重生产环节下每一小环节的技术，在养殖、加工、包装、检验等各方面的技术都有所创新与提高。

2. 经营

4P 营销理论可知，在产品方面，扬大康源乳业注重开发的功能，要求产品有独特的卖点，把产品的功能诉求放在第一位。扬大康源乳业从生产环节严格把控产品质量，拥有良好的奶源和先进的生产设备和技术，并且有进一步提高产品质量的潜能；产品品种多样且全面，有酸奶、鲜奶、乳饮料 3 个系列近 30 个品种上市；扬大康源乳业的日产量达到 50 万份，其中 10 万份为学生奶，作为国家提倡推广的、专供学生的牛奶，以恪守宝贵的优良传统，始终坚持“安全、营养、方便、价廉”的方针；产品具有增强抵抗力、助消化等功能，出色的生产工序和独特的包装消毒净化保证了产品质量安全，满足广大消费者的各种需求。在价格方面，根据不同的市场定位，制定不同的价格策略，产品的定价依据是企业的品牌战略，注重品牌的含金量。总体来说，扬大康源乳业的产品价格较为适中，但部分产品的价格档次没有拉开，高价不够高，低价不够低，对消费者没有吸引力，发展潜力较低。由于在渠道方面，企业并不直接面对消费者，因而注重经销商的培育和销售网络的建立，企业与消费者的联系是通过分销商来进行的。扬大康源乳业在扬州市区设有88个直销点，基本覆盖整个城区，拉近了产品与消费者之间的距离；同时扬大康源乳业提供订奶、零售等多种销售方式，为消费者的购买提供了更多的便利。在宣传方面，宣传包括品牌宣传（广告）、公关、促销等一系列的营销行为。扬大康源乳业的营销行为主要有参加各项展览会、举办“巴氏牛奶节”、媒体广告宣传等。除此之外，扬大康源乳业积极支持慈善事业，增加了社会对品牌的认同感，树立了良好的企业形象，同时也对产品起到了宣传的效果。

3. 管理

扬大康源乳业在人力资源方面，有公司职工220人，技术人员35人，其中高级职称10人，中级职称20人，拥有博士学历5人，硕士学历13人。由此可见，扬大康源乳业注重人才招收。除此以外，扬大康源乳业还为扬州大学提供实践基地，促进了扬州大学人才培养，与扬州大学之间实现人才交流。在技术方面，扬大康源乳业注重资金和人才的投入，注重技术创新和产品研发，坚持“技术是第一生产力”，在生产、加工、包装、检验等方面都取得了相应的科研成果。在企业文化方面，第一，扬大康源乳业秉承创始人张謇先生的“大爱”，积极发展企业慈善事业，在每一份产品中都赋予了一份温暖；第二，扬大康源乳业坚持以诚信为本，多次荣获“市诚信单位奖”，劳动保障诚信等级为“A级”，诚信也成为了扬大康源乳业获得全市消费者信任的前提。

三、亮点与特色做法

（一）产业格局一体化

扬大康源乳业已形成饲料种植、奶牛养殖、乳品加工、流通与销售为一体的完整产业格局，其中奶牛养殖和乳品加工环节最为突出。

2000年前后扬州大学投资5000多万元在扬州西湖镇经纬村建成了国内一流的千头核心示范奶牛场，占地25万平方米，该牧场采用科学合理的TMR饲喂技术，引进国外先进挤奶设备，确保了公司最优质的奶源。公司奶牛场在饲养管理、生产设施、档案记录、防疫条件等多方面体系健全、制度完善，通过了“江苏省畜牧生态健康养殖示范基地”创建验收。同时依托学校科技优势，扶持农户种植饲料、养殖奶牛，已经建成合同规模牧场近20家，保证了公司优质奶源的提供。

从2007年起，扬州大学实验农牧场适应乳品行业发展、配合扬州市及学校总体规划，在扬州市广陵区食品工业园耗资6000万元，投资建设拥有新厂房、新设备、新工艺、新包装的现代乳品加工厂，成为苏中地区规模最大、设备最新、环境最优的现代化乳制品公司。乳品加工基地日生产各类乳制品150吨，乳品加工基地设备布局合理、设施完善、生产工艺科学，检验设施健全，得到行业同仁及主管部门领导的高度评价，成为江苏省省内低温乳制品生产企业的典范。拥有完整的一体化的产业格局能够提高资源利用效率、保证产品质量安全，这是扬大康源乳业的一大亮点。

（二）作为龙头企业，带动农业转型

扬大康源乳业与农户为合约制的合作方式，企业定期向农户收购达标的奶源，农户对奶牛进行自主化的养殖，扬大康源乳业为农户提供技术、卫生安全的支持，企业与农户在运营模式上是独立运营。

扬大康源乳业带动农业转型有三个途径：一是通过送奶工，将奶送到消费者家中，大概 300 人；二是奶牛的饲料养殖，以玉米为主；三是奶牛养殖，目前与扬大康源乳业合作的有 10 多个牧场。企业也本着保护农户的原则，对农户奶源全部收购，进行阶梯奶价，对合约规定的奶源全额收购，超额部分降价收购，在一定程度上保护了农户的利益，降低了奶源过剩损失的风险。让合作农户有基本的保障，促进农户在养殖上的科学化，做到龙头企业的社会责任。扬大康源乳业作为国企，在市场波动情况下，在合约范围内能够做到保护农户提供的牛奶收购价不受影响，由企业为农户购买食品安全险，为农户购买奶牛养殖意外险避免风险。扬大康源乳业在以合约式为主的利益联结机制中完善奖惩机制，农户在合作过程中若存在不符合规定的奶源（奶质黄曲霉素超标），企业将对违约行为进行退奶处理，并处以罚金；若农户提供优质奶源，企业将会提高价格进行收购，在很大程度上能够促进农户根据科学养殖规律培育奶牛。奖惩分明的机制能够有效地带动农户养殖奶牛，促进农民的新型职业化，改善传统的养殖方法，更科学、更便捷地提供优质奶源。

扬大康源乳业作为龙头企业，不仅能够带动当地农业转型，也能体现本企业自身能力之强、影响力之大。

（三）校企联动

扬大康源乳业是江苏省唯一的高校乳品企业。一方面，作为扬州大学的产学研基地，扬大康源乳业每年接待实践实习学生约 3 万人次，服务各类国家、省级科研项目 200 余项，促进了扬州大学人才培养工作的顺利进行。另一方面，扬大康源乳业也借助于扬州大学的人才力量与科研力量，进行企业的技术创新与研发工作。公司依托扬州大学农学、动物科学、兽医学、食品工程、乳品工程等优势学科和特色专业，在产学研上密切结合，坚持科技创新，与扬州大学建立了良好产学研合作，共建“扬州大学乳品研究所”“江苏省研究生工作站”等科技平台。公司同时还建有“江苏省乳业生物工程技术研究中心”“江苏省企业技术中心”“江苏省博士后创新实践基地”等创新研发平台。扬大康源乳业围绕扬州大学“双一流”高水平大学建设，树立新的发展目标，聚力人才培养，聚力科技创新，公司将进一步加强科技创新工作，加大产品研发力度。也正是因为扬大康源乳业拥有校企联动的优势，扬大康源乳业在产品技术方面较卫岗乳业更胜一筹。校企联动、校企合作的方式实现了双方互利共赢，使得扬大康源乳业能够具备同行业所不具备的独特优势，也成为了该企业的一大亮点。

（四）将“慈善”进行到底

扬大康源乳业始于实业家张謇先生1918年创办通海农学堂实验牧场，张謇先生兴办实业，创办育婴堂、养老院，体现了其爱国爱民的大爱之心。扬大康源乳业一直秉承先生的大爱之心，积极履行社会责任，长期支持慈善事业，近年来，高邮、仪征、广陵、邗江等地的贫困生以及扬州培智学校的学生每人每天都会获得一份来自康源人的暖意；在2020年新冠肺炎疫情期间，扬大康源乳业捐赠酸奶慰问抗疫工作人员。慈善事业能够提高社会福利，扬大康源乳业通过支持慈善事业能够增加社会认同感，树立良好的企业形象，同时也对企业的产品起到了宣传的效果，也增加了产品的附加价值；贯彻张謇先生的大爱之心也促进了良好企业精神与文化的形成。所以，将“慈善”进行到底也是扬大康源乳业的一大亮点与成功法宝。

四、展望

扬大康源乳业在常温奶的技术投入少，导致产品种类单一，缺乏市场优势；扬大康源乳业具有专业知识的人才占比为6.4%，在科研方面团队力量较为薄弱。因此，企业应当加大科学研究的投入，并且积极引进专业人才，为科研项目提供更多的人才力量，提高扬大康源乳业的创新能力，丰富产品市场，提升市场竞争力。扬大康源乳业作为当地的乳企，在市民中具有较大的影响力，其食品安全方面也得到了当地消费者的信赖，但是其产品直销点集中于扬州市范围，扬大康源乳业的品牌没有走出扬州，对周边城市的影响较小。因此企业可以通过加大资金投入、推动技术创新等手段提高市场竞争力，增设扬州市以外地区的销售点，以此来扩大企业的市场辐射范围；在获得当地品牌信誉的基础上，扩大品牌的影响范围，使品牌获得新的生命力。扬大康源乳业是扬州本地的校企，其第一职能并不是盈利，只有校企改革才会利于企业的规模扩大，因此应当强化与政府的合作，有利于带动企业从低效率、低创新向高效率、高创新发展，扩大企业的辐射影响力。

第二十五章　苏北粮油股份有限公司

一、企业简介

苏北粮油股份有限公司于2006年5月25日成立，是由苏州市久盛米业有限公司、苏州市粮食储运有限公司和泗洪县界集镇粮食储销有限公司共同投资创建的集仓储、物流、加工、江苏南北合作于一体的粮食大型化加工企业。苏北粮油股份有限公司的法定代表人是赵冬冬，公司注册资本为14239万元，公司2009年拥有固定资产1.2亿元，流动资金10.4亿元，占地面积200亩，员工560人。公司得到了宿迁和苏州两地政府的大力支持，是苏北、苏南两地的挂钩扶持示范性企业。企业位于江苏省宿迁市泗洪县新城工业园区1号。

该企业经营范围主要是：粮食购销、仓储；生产：大米；销售本公司生产的产品；预包装食品销售；搬运、装卸服务；机械设备租赁；房屋租赁；道路普通货物运输；货物进出口；技术进出口；进出口代理（依法须经批准的项目，经相关部门批准后方可开展经营活动）。苏北粮油股份有限公司于2019年8月14日在北京正式挂牌新三板上市成功（股票代码：873247），成为在新三板挂牌上市的江苏省稻米行业首家民营企业，泗洪县第一家上市企业。

苏北粮油股份有限公司承担“为更多人群提供安全、优质、生态大米”的责任，奉行“让更多人远离食品伤害，享受绿色生活”的使命，承诺以“专业、专注、专心”的态度从源头做起，严格把控栽培、管理、生产、仓储的每一道关卡。苏北粮油股份有限公司生产和销售的产品主要有三类：泗洪大米、蟹园春稻米油、蟹园大米。在2017年7月，经江苏省农业委员会审定，苏北粮油股份有限公司被评为农业产业化省级重点龙头企业。苏北粮油股份有限公司的明星品牌——“蟹园”牌大米被评为“江苏好大米”十大品牌的第一名。2020年，“蟹园”大米取得“江苏精品”认证。

二、成长及运行机制

（一）成长过程

江苏省位于我国大陆东部沿海中心、长江下游，东濒黄海，东南与浙江和上海毗邻，西接安徽，北接山东，全省耕地面积6874万亩。江苏省地处南北气候过渡地带，生态类型多样，农业生产条件得天独厚，粮食、棉花、油料等农作物几乎遍布江苏省，素有“鱼米之乡”的美誉。江苏是我国水稻生产大省，水稻年种植面积3300万亩、总产1900万吨左右，位居全国前列。单产560千克左右，居全国主产省第一，1998年历史最高单产达到588千克。此后，经过种植业结构的战略性调整，江苏省从1999年开始就把优质作为水稻育种的首要目标，到2019年，育成了通过江苏省审定的优质稻品种208个，其中达到国标一级优质稻谷标准13个、二级62个、三级106个、优良食味粳稻11个、优质糯稻16个，一大批优质、高产、抗病水稻品种在生产上大面积推广种植，为粮食增产、农民增收做出了重大贡献。特别是在优良食味粳稻新品种选育方面走在全国前列，育成了南粳46、南粳5055、南粳9108等优良食味粳稻品种15个，为供给侧结构性调整、乡村振兴奠定了良好基础。

江苏苏北粮油有限公司办公室地址位于西楚霸王项羽的故乡——江苏省宿迁市泗洪县界集镇工业园区。江苏苏北粮油有限公司于2006年5月25日在泗洪县市场监督管理局注册成立，注册资本为3400万元人民币，拥有固定资产2.1亿元，库容量10万吨，占地面积200亩，建筑面积8988平方米。日产200吨《家缘》牌系列大米现代化生产线，色选机、抛光机等设备一应俱全。生产《家缘》牌系列大米，在2006年度被中国大米协会评为全国十大优质产品之一；2007年度先后获得中国粮油协会无公害《绿色产品》《放心米》《宿迁市名牌产品》称号，2009年“家缘牌大米”被评为《江苏省名牌产品》，2011年公司被评为《全国放心粮油示范企业》，符合GB/1354－2009规定，达到卫生标准。畅销苏、皖、浙、滇、黔、粤等地区。

2010年，赵冬冬作为一名“80后”大学生，在大学毕业后接过父亲递来的接力棒，用青春和汗水把一个储粮小企业，通过金融杠杆和互联网思维用了九年的时间使得苏北粮油股份有限公司于2019年8月14日在北京正式挂牌新三板上市成功，成为在新三板挂牌上市的江苏省稻米行业首家民营企业，泗洪县第一家上市企业，同时将苏北粮油股份有限公司壮大成为一家集种、产、销于一体的上市公司，推动了宿迁市内乃至整个江苏省稻米产业的转型升级。

（二）运行机制

企业的运行机制是指企业生存和发展的内在机能及其运行方式，是引导和制约企业生产经营决策并与人、财、物相关的各项活动的基本准则及相应制度，是决定企业经营行为的内外因素及相互关系的总称。企业的运行机制包括：投入运行过程的基本要素；由要素有机结合所形成的结构；结构所发挥出的机能；运行的基本轨迹。

1. 企业投入要素

企业运行的基本要素是劳动力、物资、资金和信息。劳动力要素包括参加企业运行的全部人力，这是运行的主体，苏北粮油股份有限公司共有员工 580 人，其中管理人员 109 人，大专以上学历 58 人，专业技术人员 67 人，他们都有较好的文化素质和业务技能，敬业精神较强，为企业发展带来了勃勃生机，奠定了坚实的人才根基，从基层员工到高级技术、管理人才，覆盖面全；物资要素包括劳动手段和劳动对象，它们是运行过程中被劳动力所利用或作用的对象，苏北粮油股份有限公司 2009 年拥有固定资产 1.2 亿元，公司发展的物资充足；资金要素包括运行的全部资本垫付，苏北粮油股份有限公司的注册资本为 14239 万元，公司流动资金 10.4 亿元，资金要素丰沛；信息要素包括企业内部管理信息与外部市场信息等，它是连接企业内外关系，连接企业运行过程中人与人之间、人与物之间以及物与物之间关系的纽带。

2. 企业投入的结构

企业运行过程中要素有机结合形成生产、经营和管理三大结构。生产结构履行物资形式转换与产品价值和使用价值的创造职能。

在生产方面，苏北粮油股份有限公司实行“公司 + 基地 + 农户”的模式，在适宜生产的地方建立基地，带动当地的农民按照公司的要求进行农业生产活动，聘请了有关的农业专家进行现场指导，从源头上保证了最终产品的质量，提高了产品的标准化程度。同时，公司在生产方面投入大量的资金，用于产品的创新和品牌的建设，在“家缘”品牌发展起来后又推出了创新利用螃蟹进行稻米生产的“蟹园”牌稻米，并取得了巨大的成就。

在经营方面，经营结构履行对外联系的职能，完成生产要素以企业，以及生产成果流出企业的任务。通过“公司 + 基地 + 农户”的模式保证公司生产产品质量的基础，公司切实将严格的质量管理落实到原料采购、产品设计、生产加工、产品销售、售后服务等各个环节。公司建立水稻种植基地，对水稻进行严格的质量把关，同时建造和使用万吨级原料恒温储存库保证产品的质量。用优质的粮源、先进的生产工艺使得苏北粮油股份有限公司所生产的稻米质量在江苏省内处于顶尖地位，同时自主设计的精美包装、针对老百姓切实需求设计的恰当的营销策略。在互联网经济高速发展的时期，公司销售模式与时俱进，通过淘宝、京东、微信公众号等线上平台进行销售，种种经营战略的实施使得苏北粮油股份有限公司迅速打开了稻米市场，打造了优质的“蟹园”“家缘”稻米品牌，并不断开拓市场，实现了产品无积压、无退货、无欠资、产销量旺的经营方略。

在管理方面，管理结构履行协调各要素的职能，使运行过程中人、财、物和信息各要素之间保持最佳组合关系，发挥最高效率。在人力资源管理方面，北粮油股份有限公司共有员工 580 人，其中管理人员 109 人，大专以上学历 58 人，专业技术人员 67 人，他们都有较好的文化素质和业务技能，敬业精神较强，为企业发展带来了勃勃生机，奠定了坚实的人才根基。在公司文化管理方面，苏北粮油股份有限公司建立健全了安全生产、粮油保管、产品销售等一整套规章制度，并指定专业管理人才负责，建立了融收集、保存、加工、销售为一体的管理体系。

三、亮点与特色做法

（一）承担企业责任，彰显品牌形象

2020年初，苏北粮油股份有限公司与北京粮食集团签订首都北京大米与原粮保供合同，保证了粮食的稳定供应。同时，苏北粮油股份有限公司还成为江苏省军粮加工企业，在疫情期间保证了江苏省军粮供应。

在疫情期间，由于大部分农产品出现供不应求的情况，粮油价格在不同程度上都有所上升。在全省粮油加工企业中，苏北粮油股份有限公司率先发布“绝不涨价”倡议书，在一定程度上保证了江苏省内粮油价格的稳定。对于湖北省遭受的疫情，苏北粮油股份有限公司向湖北省捐赠了600袋“蟹园”牌大米，彰显了良好的品牌形象。在疫情期间，苏北粮油股份有限公司承担起了一个大企业应该承担的责任，彰显了品牌形象，体现了一个大企业该有的爱国精神和民族精神。苏北粮油企业在公益扶贫方面也做出了巨大的努力。苏北粮油公司编订扶贫手册，带动贫困户就业，带动订单增收。每逢新年佳节，苏北粮油会带着公司生产的“贤太太”稻米油、“蟹园”大米去看望贫困户，给他们送去温暖。对于因贫困而失学的儿童，苏北粮油为他们捐书，帮助他们复学。种种行为，彰显了苏北粮油的人文关怀精神。

（二）全流程质量安全把控

品牌的打造，工艺流程、生产环节固然重要，但根本还是从原料抓起，苏北粮油股份有限公司以建基地、带农户、壮龙头为出发点，实行“公司＋基地＋农户”的模式，与农户签订了2万亩优良品种种植基地，分布在界集镇、朱湖镇两地，聘请有关农业专家现场指导，从而保证了原料的质量，有了优质粮源，再加上先进的生产工艺，实现了产品无积压、无退货、无欠资、产销量旺的经营方略。自稻谷进入加工料口到一袋袋精美包装珍珠般的大米生产流水线，实行电脑操控、全自动化一条龙生产作业。为了粮食储备和生产，公司又新上一条烘干设备，为储粮安全提供了保障。

（三）创新生产销售模式，诚信经营

围沟积水，中间栽稻、围沟养蟹，在稻田里投放螃蟹爱吃的小鱼、螺蛳等，同时螃蟹爬行还可以促进水稻的生长发育，螃蟹的排泄物是天然的有机肥料，螃蟹吃稻田里的虫子，这样的生态环境种出来的稻米色泽透明，口感柔韧，清香可口，这使得苏北粮油股份有限公司生产的“蟹园”大米深受广大消费者的青睐。

董事长赵冬冬说：“诚信是一个企业最根本的生存之道。”“蟹园”的品牌效应核心是“生态”，必须要把它做成优质米、良心米，一定要让“蟹园”的每一粒米都折射出诚信的光芒，这也是苏北粮油成功的“秘诀”。2012 年 7 月，虽然苏北粮油取得了“蟹园”大米品牌的使用权，为了保证“蟹园”牌大米品质，苏北粮油拿到商标后，才开始种植生态米，等到一年以后，才能正式推出“蟹园”牌大米。消费者是冲着“蟹园”这个品牌来的，既然用了“蟹园”米的牌子，就要对得起“蟹园”品牌，对得起广大消费者，不能被眼前的小利迷惑。只有生产出消费者真正信赖的良心米，守得住诚信这个底线，企业才能走得更远。对于“蟹园”这个品牌，赵冬冬就像是呵护自己的孩子一样，绝不让“蟹园”品牌声誉受到一点点的损害。他经常告诫员工，一定要对得起消费者，哪怕是公司的利益受损，也绝不能以次充好，滥用“蟹园”品牌。

随着“蟹园”牌大米的热销，“蟹园”大米的货源成了赵冬冬一个棘手的问题。既要保证货源又要必须保证品质，就需要订单种植。但即使付了订金，稻子成熟时如果市场行情好，农户违约也会把稻谷卖给粮贩子。如果不付农户订金，他们又无本开展耕种。为了与农户之间建立良好的合作关系，几经周折，赵冬冬与京东建立了战略合作关系，打出了“农民种地不花钱”的大旗。为了打消农户的疑虑，赵冬冬找到当地的种植大户，耐心细致地进行解释说明“农民种地不花钱”项目，并签订种植订单，承诺只要农户按照公司的要求种植生态大米，不论受到气候、自然灾害或是收成不好影响，公司都会以高出市场价 2 毛钱进行回收，以保障农户的利益不受损失。赵冬冬的诚意打动了当地的种植大户，当年就有许多种植大户与苏北粮油签订了种植协议。“农民种地不花钱”模式让农户利益有了保障，却让赵冬冬承受着巨大的压力，为了保证“蟹园”米的品质，他默默地坚持着。苏北粮油提供的肥料、种子、农药都是免费的，这个项目让农户的收益得到了极大保障，越来越多的农户与苏北粮油签订合作协议，从种植普通大米到种植“蟹园”米，再到如今的稻蟹共作，农户的收入也逐渐提高。苏北粮油股份有限公司与当地的农户签订种植订单，订单签订后，通过京东和当地金融机构的介入，对农户进行信贷支持，打造“互联网 + 扶贫 + 销售”的电商销售模式，带动当地的农民增收致富。

四、展望

苏北粮油的技术投入较少，目前产品种类也不算丰富，如果想开拓全国市场，缺乏技术优势；苏北粮油股份有限公司具有专业知识的人才占比较小，科研力量较为薄弱，苏北粮油股份有限公司员工的学历大多不高。因此企业应当加大科学研究的投入，并且积极引进专业人才，为创新生产提供更多的科学技术，加快人员结构的调整，不断补充新的有新知识水平的年轻人才，使公司的人员结构年轻化，工作有创造性、开拓性。提高苏北粮油的生产销售能力，丰富产品市场，提升市场竞争力。苏北粮油股份有限公司在未来的发展中应该注重与老客户合作伙伴的关系，进一步巩固已占有的市场。加大市场的开拓力度，向新型领域开拓和培育，建立更大的市场框架。“蟹园”作为具有特色和质量的好品牌应该增强其市场营销力度，吸引到更大的消费者，发展更多的潜在顾客群，不断占据更大市场份额。

第二十六章　淮安天参农牧水产有限公司

一、企业简介

淮安天参农牧水产有限公司（Huaian Tianshen Agri – Aqua Co.，Ltd）是江苏省农业产业化重点龙头企业，是全国饲料工业百强、江苏省饲料行业20强企业，是淮安规模最大的民营科技企业，是绿色伟农联合体成员企业。创立于1994年6月，经过十余年的发展，目前已经发展成为江苏名列前茅的大型农牧企业。业务范围以饲料预混合饲料、浓缩饲料、配合饲料为主，以畜禽养殖、水产养殖、水产苗种繁育等为辅，涉足粮油储藏、金融担保、生物原料开发、农产品深加工等。

淮安天参农牧水产有限公司董事长陈亚清先生是江苏省粮食行业协会第二届理事会理事、淮安市青年商会副会长、淮安市饲料（兽医）协会会长。陈亚清先生所付出的努力及为社会做出的贡献，得到了社会的广泛认同。2005年10月当选“淮安市十大杰出创业青年”，多次被江苏省发展和改革委员会评为“江苏省农业产业化龙头企业企业家”。淮安天参农牧水产有限公司秉承“以人为本，务实创新，以诚服务，追求卓越”的企业理念，发扬“和、诚、干、学”的企业精神，立志奉献精品和追求客户满意最大化的质量方针，是江苏省最早通过ISO9001国际质量管理体系和HACCP食品安全管理体系双认证的饲料企业之一，是中国饲料行业信得过产品，于2008年荣获了“江苏省农业科技型企业”称号，并赢得“2008年度淮安市质量管理奖”，成为最早获此殊荣的企业。2005年，经市发改委牵头，由天参公司联合淮安市8家省级以上龙头企业共同出资，成立了苏北第一家龙头企业担保公司——淮安兴农担保有限公司，承接政府对龙头企业的支持，为企业的发展提供高效、优质的信用担保服务，有效解决了长期以来农业龙头企业融资难的问题。

二、成长及运行机制

（一）成长过程

天参公司创立于2000年，经十余年发展，由淮安天参饲料有限公司发展为淮安天参农牧水产有限公司、淮安大江水产饲料有限公司、江苏天参有限公司、淮安天参有限公司和池州天参饲料有限公司五大公司，三个生产制造基地，年产能达百万吨，是淮安先进、华东名列前茅的集水产饲料研发与制造、水产养殖和苗种繁育于一体的大型水产一条龙综合企业。天参公司秉承“和、诚、干、学”的企业精神和“做良心产品，服务零距离”的经营理念，产品涵盖鲫、草、鲢、青、鲤、鮰、鲈、虾、蟹、泥鳅、黄颡鱼等十余种水产生物的颗粒与膨化配合饲料，销售网点覆盖江苏、安徽、山东、天津、上海、浙江、河南、湖北、江西、辽宁等10余个省份，重点水产养殖市场占有率达到50%。2015年实现水产饲料销量25万吨，2016年29万吨，2017年将实现水产饲料销量35万吨，年均增长率近20%。

淮安天参在自身蓬勃发展的同时，一直密切关注农业产业化发展，通过各种方式与农民合作，不遗余力地帮助和带动广大农民致富。2006年公司投资数千万元建立了江苏淮安水产科技园区，水产养殖面积2200多亩，主要用于研发高效生态水产养殖专用性能饲料，同时探索产业链延伸和农业产业化经营模式。江苏省政协主席张连珍2007年视察天参农牧水产科技园区时指示：“加快发展现代农业，大力提高农业综合效益，把天参水产科技园区经验推广好！”省委常委、副省长黄莉新考察园区时要求：大力发展具有淮安天参科技园区这样特色的高效规模农业，促进农业增效，农民增收！作为农业产业化重点龙头企业，几年实践证明，把工业发展理念融汇到农业发展中去，通过产业集群拓展，提升区域高效农业竞争力，是壮大龙头企业自身快速发展非常成功的路径。淮安天参农牧水产有限公司将紧紧抓住国家加快发展高效农业的大好时机，走出一条具有中国特色的大型农牧企业发展之路。

（二）运行机制

1. 科技发展

天参公司坚持科技创新，持续推动工艺技术升级换代。率先全套引进丹麦安德里茨和瑞士布勒等国际高端水产饲料生产线（膨化生产线），采用全球先进的智能化设备和信息控制系统，配备高效液相色谱仪、氨基酸分析仪、梯度PCR仪、OLYMPUS显微镜成像系统、丹麦FS近红外检测仪、紫外分光光度计等进口仪器设备，高端的制造工艺、完备的检测保证，铸就天参饲料恒久品质。

2. 科研开发战略

天参公司拥有雄厚的科研开发能力，研发团队现有水产相关专业硕士、博士学位及具有中高级职称技术人员近百人，目前建立了曹文宣院士工作站、江苏省企业技术中心和水产饲料、水产养殖两大工程技术研究中心。自2005年起，天参公司先后在洪泽西顺河、涟水、盱眙、响水等地投资建设3万亩的高产高效标准化研发试验基地，相继与中国科学院水生生物研究所、中国水产科学院南海研究所、南京农业大学和苏州大学等科研院所建立了多种形式的战略合作关系，多年来在膨化饲料新产品研发和水产养殖方面取得了丰硕成果，并将新型膨化生物饲料生产与投喂技术、水质调控新技术、优质苗种养殖模式、疾病防控新技术等进行科研示范和产业化推广。最新建设的水质监测中心，引进荷兰skalar水质分析仪，可以为广大养殖户的塘口水质进行精准检测（氨氮、亚硝酸盐、总氮、总磷、pH值等多项指标），从而指导精准水质调控，为广大养殖户提供更高价值的服务。

3. 发展模式

发展最主要以产品为基础，以服务为导向，推广膨化料首先保障技术过关，产品质量过关，经销商养殖户有困难，公司会实实在在帮忙解决，形成一个良好口碑，诚信为主。公司每年会组织一批客户到亚洲、欧洲、美洲旅游，2012年天参就开始大量承包大水面，自己直接参与养殖，开业界先河，这种发展模式在饲料企业很少见，但如今看来非常高明。如今天参的养殖规模以及扩充至3万亩水面，承包养殖基地已经成为天参独特的发展模式，这样的发展模式其他企业很难复制。

4. 经营

运用4P营销理论分析淮安天参农牧水产有限公司在经营方面的行为可以看出：①在产品方面，淮安天参农牧水产公司以诚信经营为主，追求产品的质量，保证企业的产品质量在市场中是优质的。企业的产品分为四类：硬颗粒料、特种水产、膨化饲料和生物饲料。产品的生产涉及的理念与方法很多，“健康养殖，降低排放”的设计理念，采用优质原料，并同时加强了维生素、免疫多糖等添加剂；其产品富含蛋白质、精准氨基酸、多种脂肪酸、复合维生素、矿物质和免疫多糖等鱼类生长所必需的各种营养素，保障饲料的营养价值与质量。②在价格方面，企业对于不同种类的产品进行了不同的价格设定，并且向消费者提供不同时间、不同地域的水产市场价格，根据时间与地域的变化，进一步对价格进行调整，在实现公司盈利的同时，满足消费者对于价格的心理预期。③在渠道方面，淮安天参农牧水产公司的销售网络覆盖全国多个省份，目前天参网络涵盖：江苏、浙江、福建、江西、安徽、河南、河北、山西、山东、天津，最远已至陕西渭南。作为江苏省龙头企业，在销售渠道上并没有局限于江苏省内，而是拓宽至全国多个省份，将企业的饲料科技惠及更多的消费者，市场潜力无限。④在宣传方面，企业作为龙头企业，在江苏省内的水产行业中已经是声名远扬，在对外省宣传中，公司采用品牌宣传、价格促销、公关、参加各类赛事进行宣传，在参加的各项大赛中，公司赢得很多奖项，将自己的优点在行业中传播得更远，在市场中更具有竞争力，同时树立了良好的市场形象。

三、亮点与特色做法

（一）作为龙头企业，具有社会担当

淮安天参农牧水产有限公司作为江苏省农业产品化重点龙头企业，不仅在农牧水产饲料的销售上独占鳌头，更重要的是其所创造的社会价值是巨大的。企业以饲料预混合饲料、浓缩饲料、配合饲料为主，以畜禽养殖、水产养殖、水产苗种繁育等为辅，涉足粮油储藏、金融担保、生物原料开发、农产品深加工等，拓展了水产饲料的科技领域，对农牧水产行业做出了巨大的贡献。

企业 2018 年度带动农户就业 135 户，结对帮扶建档立卡贫困户 10 户，以合同联结带动农户 2411 户，带动农户增收 538. 7 万元，以合作联结带动农户 5932 户，带动农户增收 1663. 6 万元；收购小麦 3. 9 万吨，共涉及种植面积 6. 2 万亩，服务水产养殖水面 13. 3 万亩，涉及订单金额 10860 万元。2019 年度带动农民就业 120 人，结对帮扶建档立卡贫困户 10 户，以合同联结带动农户 2389 户，带动农户增收 505. 4 万元，以合作联结带动农户 5847 户，带动农户增收 1554. 9 万元；收购小麦 3. 6 万吨，共涉及种植面积 6. 1 万亩，服务水产养殖水面 12. 6 万亩，涉及订单金额 8211 万元。2018 年度公司按比例安排残疾人就业实际人数 6 人，抵扣残保金人数 7584 人，公司对于残疾人的就业问题也进行了一定程度的努力。公司在社会层面做出的贡献是巨大的，带动农民增收致富，实现共同富裕，解决农村劳动力剩余问题。公司在经营的同时，还积极投身农村的帮扶政策中，该公司成为龙头企业是必然的。

（二）校企合作，发展科技

自 2005 年起，天参公司相继与中国科学院水生生物研究所、中国水产科学院南海研究所、南京农业大学和苏州大学等科研院所建立了多种形式的战略合作关系，多年来在膨化饲料新产品研发和水产养殖方面取得了丰硕成果，并将新型膨化生物饲料生产与投喂技术、水质调控新技术、优质苗种养殖模式、疾病防控新技术等进行科研示范和产业化推广。在科学养殖方式中，企业所用的新型池塘工业化生态养殖系统是现代渔业重点推广应用的高效养殖技术，该技术利用循环水养殖原理，在传统养殖池塘中建设高效养殖水池，采用气提推水技术，保证高密度养殖水池里污物集中生物净化处理和溶解氧提升，营造流水养殖环境，实现增产增效、节地节水、生态环保、质量安全、便于管理的目标，是环境友好型和资源节约型养殖模式，已成为水产养殖新方向，是未来水产养殖方式转变的必然趋势。

（三）"防疫"阻击战

面对2020年初疫情，各行各业都在为打赢疫情防控阻击战贡献着自己的力量。淮安天参农牧水产有限公司作为淮安先进、华东名列前茅的集水产饲料研发与制造、水产养殖和苗种繁育于一体的大型水产一条龙综合企业，也是"国家级农业产业化重点龙头企业""国家级农产品加工创业基地""江苏省第一批农业科技型企业""第一批省级科技成果转化基地"，还是中科院在江苏省饲料行业唯一院士工作站。公司始终坚持"做良心产品，服务零距离"的经营方针，致力于为养殖户创造更大价值、为消费者提供更优质水产品，匠心打造全国领先的专业化水产集团。

为贯彻"持之以恒推进渔业供给侧结构性改革，持之以恒推进渔业高质量发展"的党中央工作要求，全力做好疫情防控期间水产品的稳产保供工作，天参公司有序复工复产，对生产员工建立了信息档案，员工到厂后首先进行自我隔离观察，再到生产车间工作。在厂人员做到人不离厂，生产、防疫全方位控制。此外，工作人员每天都要进行消毒、测温及相关信息的登记，在保障健康安全的前提下，有条不紊地推进生产，保证饲料随时需要、随时发货，第一时间安全送达。

四、展望

公司在水产科技方面已经取得一定的领先地位，在以后的发展中，公司依旧要发展水产科技，不能满足于现状，进一步提高水产饲料的质量。淮安天参水产有限公司与高校和众多科研人员合作，在未来的发展中，加强饲料的科技发展，更好地提高企业饲料的质量。企业目前的销售网络主要覆盖在我国东部地区，还有很大的市场地域空间进行扩展。因此，企业在未来的发展中，要进一步地了解其他省份的水产行业情况，利用自己在水产行业中龙头的资源优势，对其他省份的水产市场进行深度了解，进入新的省份的水产市场，将水产饲料的先进科技惠及更多的水产行业生产者，更大程度地发挥公司的行业领头作用。目前企业所涉及的领域还局限于水产饲料，并且已经取得一定的成就，在养殖饲料这块领域，除了水产之外还有很多行业与其相关，如果企业可以定期与其他相关产业的龙头企业进行交流学习，进一步改善公司的运作模式，取长补短，增加企业的视野，对其在今后市场中的发展有很多好处。

第二十七章　江苏沃田集团股份有限公司

一、企业简介

江苏沃田集团股份有限公司于2010年4月12日在连云港市工商行政管理局登记成立，2015年正式登录国家证监会全国中小企业股份转让系统（新三板），证券简称：沃田农业，股票代码：832139，是连云港市第一家获准挂牌于“新三板”的农业类企业。沃田集团股份有限公司位于赣榆区黑林镇、厉庄镇境内，是一家专业从事蓝莓种植、品种研发、苗木繁育、技术管理、果品生产、鲜果及深加工果品销售的大型国际化现代农业企业。其经营范围包括：农业科技的技术研发、技术咨询、技术服务、技术推广；农业项目开发；林木、谷物、蔬菜、水果、坚果、园艺作物种植、销售；中药材种植；水产品养殖、销售；水果加工、销售；蜜饯、果（菜）汁饮料、果糖、果脯、果酒、水果罐头制造、销售；自营和代理各类商品及技术的进口、出口业务，但国家限定企业经营或禁止进口、出口的商品和技术除外。（依法须经批准的项目，经相关部门批准后方可开展经营活动。）

目前公司总种植面积近万亩，年处理蓝莓原料能力超过2万吨，销售网络覆盖全国5000多家门店，总市值4.45亿元，是中国蓝莓行业首家上市公司、蓝莓行业首家国家级重点龙头企业，是中国市场优质蓝莓鲜果、蓝莓苗木和蓝莓深加工产品的主要供应商。“蓝宝宝”系列产品基地处于有机产品转换期，“蝶恋”品牌被评为江苏省著名商标。沃田集团股份有限公司秉持“以蓝莓鲜果种植和销售为核心和依托，选择性发展蓝莓上下游产品，打造优质蓝莓产业链，最终成为全国乃至全球著名的优质蓝莓鲜果专业供应商”的宗旨，不断追求“持续供应最优质蓝莓鲜果，打造成熟蓝莓产业链”的奋斗目标。

二、成长及运行机制

（一）发展历程

江苏沃田股份有限公司于2010年4月12日在连云港市工商行政管理局登记成立，徐烨为法人代表。2015 年正式登录国家证监会全国中小企业股份转让系统（新三板），证券简称：沃田农业，股票代码：832139，是连云港市第一家获准挂牌于“新三板”的农业类企业。2016 年 10 月 20 日，公司名称由江苏沃田农业股份有限公司变更为江苏沃田集团股份有限公司。近几年获得“农业产业化国家重点龙头企业”“国家一二三产业融合发展试点单位”“中国优秀绿色企业”“江苏省农业产业化重点龙头企业”“江苏省林业产业化重点龙头企业”“江苏省蓝莓产业协会会长单位”等多项荣誉。

（二）发展理念与战略

沃田人秉持“以蓝莓鲜果种植和销售为核心和依托，选择性发展蓝莓上下游产品，打造优质蓝莓产业链，最终成为全国乃至全球著名的优质蓝莓鲜果专业供应商”的宗旨，以生态链为核心驱动，坚持心中的纯净蓝，始终恪守“生态为根，品质为本”的初心，遵循“成就客户，和谐共赢”的合作理念。在生产环节中沃田公司实施全球布局、大田种植与设施种植并举的战略，目前已建成 10 个规模化种植庄园和 1 个培育苗基地、1 座园林式采摘观光园，总种植面积近万亩。流通环节中大型分选及加工中心、冷链物流中心已建成投入使用，并成为中国中部产区蓝莓相关产品的物流集散地。在零售环节与三只松鼠、恰恰食品、北大荒集团、光明食品集团等多家合作商实施战略合作，有效发挥各自的资源优势、产业特色及品牌影响力，深化合作、强强联手，进一步放大品牌效应，提升产业合力。

（三）产业链

沃田股份有限公司依托庄园基地生产模式，已形成集蓝莓种苗繁育、鲜果种植、深加工产品生产及销售、观光旅游于一体的优质蓝莓产业链。以发展“蓝莓品种选育—基地种植—鲜果销售—精深加工—品牌营销”的全产业链模式为思路，不断增强自主创新能力。在蓝莓产业链的上端，沃田目前组建了蓝莓育苗研发中心，聘请了专家作为公司的首席科学顾问。在蓝莓产业链的下端，公司采用委托加工的模式生产蓝莓果汁。随着未来蓝莓产量大幅增长，沃田农业正在根据发展战略，发展蓝莓酒、蓝莓果脯、花青素提取等深加工业务，并向国外出口蓝莓鲜果，填补市场缺口，逐步完善并优化公司产业链条。将打造成为“世界有影响力的蓝莓原料及产品解决方案服务商”。

（四）运行

江苏沃田拥有国内行业自营单体种植规模最大的蓝莓庄园，其种植庄园地处北纬 34.5°依山傍水的优质生态产区、土壤疏松的天然酸性沙壤土上，同时又是千库之地，拥有国家二级水源，是蓝莓生长的天然宝地。目前，在沃田种植的蓝莓品种有杜克（北高聪的早熟品种）、蓝丰（北高聪的中晚熟品种）和瑞奇（南高聪谱系的晚熟品种）以及部分适合在北方气候下种植的碧姬品种。蓝莓含有丰富的营养成分，具有防止脑神经老化、强心、抗癌、软化血管、护眼、增强人机体免疫等功效，深受人们喜爱。该公司旗下产品以蓝莓为核心，主要包括蓝莓鲜果、蓝莓果汁和蓝莓苗木三大系列。其中蓝莓果干甄选大粒成熟蓝莓，果实饱满均匀、品质上乘且全程人工采摘清洗，采摘当天运往庄园附近的加工点进行脱水加工，新鲜度高。

沃田蓝旗舰店于2020年正式上线，根据旗舰店价格：蓝莓纯汁250毫升×4瓶129元，250克×12瓶339元；蓝莓果干140克×1罐35.9元，140克×2罐69.9元，140克×4罐139.9元；蓝莓果干250克×1袋35.9元，250克×2袋69.9元；蓝莓果干80克×1袋19.8元，80克×2袋35.9元，80克×4袋69.9元等。相对于其他产品，该产品优质实惠并且实行量大更优惠的营销策略，除此之外，该官方线上店铺还会参与平台的优惠、满减活动等。

沃田蓝莓包装围绕环保、紧扣“源自一片净土，品味自然健康”的理念，营造和谐的田园风情，体现沃田产品的绿色天然，传递健康，传递快乐；由于蓝莓属于农产品，具有易腐、易烂、保存期短等特点，沃田集团采用冷链运输，极大程度地保持蓝莓的品质和新鲜度；销售同时实现蓝莓进出口，全面分布超市直销、城市配送、电子商务、团购、观光采摘等渠道。目前已建立与生产规模相匹配的销售体系和市场网络，实现全方位、立体化的销售模式，在华北、北京、上海、广州、深圳等一线城市以及华中、华东的省会城市拥有强大的经销商。且为了实现全年供应，除生产当地蓝莓外还与国际市场接轨，在南半球国家的生产季节进口大量智利蓝莓，在中国蓝莓高峰期价格缺乏优势时，会将蓝莓出口到更具竞争力的其他市场。

按照地区将目标市场定位为全国的大中城市，如北京、上海、广州、深圳以及省会城市，还有一些主要的、辐射性比较强的地区。

（五）发展现状

江苏沃田集团股份有限公司从建园选址、土壤改良、品种选择、栽培技术、苗木修剪、田间管理到果品采摘均严格按照美国的先进管理模式运作，并通过线上、线下、零售、大客户、出口贸易等多渠道、大范围进行销售。经过多年探索，从种苗选育、鲜果营销、原料开发到精深加工，沃田已实现速冻蓝莓、蓝莓果干、蓝莓冻干、蓝莓冻干粉、蓝莓浓缩汁、花青素等蓝莓原料及终端产品的全年不间断供应，完成了蓝莓从田间到商超、到餐桌的无缝连接。近年来在育苗种植、产品生产销售、科技研发、内部管理等方面也都取得了显著成效。但沃田集团2020年度报告显示：报告期内公司实现营业收入216575258.28元，同比下滑5.83%；归属于挂牌公司股东的净利润2610033.97元，同比下滑93.93%。净利润较去年同期下降93.93%，主要原因是受疫情以及蓝莓采摘期间气象灾害影响，公司自产蓝莓鲜果、自产蓝莓冻果收入出现较大幅度下降，公司深加工业务受主要客户采购能力下降影响，收入出现下滑。受整体市场影响，自产蓝莓鲜果、冻果、深加工产品的销售价格均出现下降，进一步影响了公司整体的业务毛利水平。

三、亮点与特色做法

蓝莓是半野生植物，病虫害很少，加之蓝莓又是寡肥，沃田集团股份有限公司蓝莓种植不使用化肥农药，使用有机肥料，覆盖园艺地布；剩余果渣用于花青素提取，真正达到0污染0排放（拥有SGS农业检测报告）。庄园种植采用大量天然有机物加全地沟改的种植技术，为国际、国内首创。同时引进美国的庄园管理模式和以色列的灌溉技术。并与知名高校、农科单位等形成一支强大的技术团队，对蓝莓产业进行战略性、前沿性研究和应用技术研发，推进人工智能、物联网、农业信息化等技术在蓝莓种苗组培、蓝莓食品精深加工、生物科技等领域中的应用，实现公司蓝莓种苗培育、蓝莓种植、蓝莓全品类产品、蓝莓花青素萃取的标准化、科技化。近年来进行了蓝莓自动筛选保鲜控制系统和蓝莓花青素智能萃取装置的技术创新，目前获得专利33项，其中发明专利1项，实用新型专利30项，外观设计专利2项；拥有行业标准2项。体现了沃田集团在蓝莓行业领域的发展水平和技术特色。

（一）优质品牌及顾客忠诚

沃田集团股份有限公司是专业从事蓝莓种植、品种研发、苗木繁育、技术管理、果品生产、鲜果及深加工果品销售的大型国际化现代农业企业。拥有“沃田蓝”“蓝宝宝”“蝶恋”三大品牌。该公司产品蓝宝宝蓝莓检测结果：具有本品种固有的形状和成熟时应有的特征色泽；果实完整，果形端正，整齐度好，无裂果及畸形果；新鲜清洁，无可见异物；无霉（腐）烂、无冻伤及机械损伤；无不正常外来水分；无病虫害、虫国、病斑，果肉无褐变等，符合《绿色食品温带水果》的要求。蓝莓干、黄桃果干以及混合果干检测均符合GB/T 10782－2006《蜜饯通则》标准要求。100%蓝莓纯果汁检测结果符合GB 7101－2015《食品安全国家标准饮料》、GB/T 31121－2014《果蔬汁类及其饮料》标准要求。沃田集团股份有限公司产品优质且通过有机产品认证，公司取得中国良好农业规范认证、食品安全管理体系等认证，并通过户外广告、网络以及与各个国家省级展销会、交易会、博览会等进行展示宣传。沃田集团股份有限公司以其“优质、绿色、有机、成熟、现代”等品牌形象获得了良好的业界口碑和顾客满意度、忠诚度，二次回购率达88%。

（二）与科研院所、高校建立合作关系

江苏沃田集团股份有限公司与南京林业大学、南京农业大学、中华全国供销合作总社济南果品研究院等多家高校、科研院所建立良好的长期合作关系。目前，公司已建设完成蓝莓深加工车间，年处理蓝莓冻果2万吨，年产1.5万吨NFC果汁、2500吨6倍浓缩蓝莓汁、1000吨蓝莓冻干粉，并与哈工大食品科学与遗传工程研究院携手，采用超声波逆流萃取技术提取欧标蓝莓花青素，实现了产业、技术、质量、效益的新跨越。

（三）履行企业社会责任，拥有良好社会形象

江苏沃田集团股份有限公司大力发展农业产业化经营，在全区农业结构调整、带动农户致富起到了很好的龙头企业带动作用。

依托农业专业技术人才队伍，先后组织特色农产品展销、蓝莓种植等培训 22 期，累计培训 800 余人次。针对种植户分散经营、种植成本高、生产效益低的问题，联合成立水果种植土地股份专业合作社，推动小芦山、大树、李良庄 3 个村集中流转土地，采取“大户带动 + 村民入股”的方式，大力发展蓝莓种植产业。2019 年，大树村村集体经济增收 60 余万元，种植户年亩均增收 9000 余元。

沃田集团与合作社签订保底收购协议，并提供上门指导、集中采收服务，打消农户后顾之忧，提振发展信心。2017 年带动全区 6200 户农民从事蓝莓种植，户均收入 10 万元。2018 年带动全区 8510 户农民开展相关产业的生产经营，通过提供物美价廉的蓝莓苗木、免费的技术指导、优先收购等帮扶方式，指导农民种植蓝莓，户均收入 10 万元。

自 2020 年以来，江苏沃田集团第一时间贯彻落实“万企联万村、共走振兴路”决策部署，坚持党建为纲、产业为链、阵地为基，秉持“真诚服务，创新优化”的宗旨，因地制宜发展特色产品，结对黑林镇大树村、富林村、兴林村、李良庄村，助力脱贫攻坚，助推乡村振兴。探索建立“支部 + 产业 + 农户”模式，在产业链上构建村企共建共治联合体，吸纳周边村庄 3000 余人“家门口”就业；探索教育扶志、就业扶贫、培训扶技“3 + X”扶贫模式，组织 13 名企业党员每人挂钩帮扶 2 ~3 户低收入户，建立个性化帮扶“套餐”，从就业创业、技能培训等方面，落实帮扶措施，带动 46 户贫困户脱贫摘帽。江苏沃田集团先后投入 20 万元，为大树村河道进行清淤，组织党员志愿者 400 余人次，开展人居环境整治活动，推进美丽乡村建设，极大提升了群众的获得感、幸福感。主动承担企业社会责任，“七一”等重大节日走访结对村留守儿童、孤寡老人等 20 人次，送去关爱资金 10 万元，传递社会温暖，彰显人文关怀。

作为江苏省级农业重点龙头企业的沃田，在注重企业发展的同时也在身体力行持续性地推广公益事业，关注儿童视力保护，发起护眼活动；走进敬老院捐赠物资照顾孤寡老人；关爱弱势群体等。

四、展望

继续加强与清华大学天津高端装备研究院、南京林业大学、南京农业大学等高校的合作，筹建蓝莓研发实验室；推行产品开发策略与成本领先战略并行战略，在组培、种植、保险、产品开发等方面进行深入的应用型研究和开发研究，提高产品差异化水平；在蓝莓相关产品的生产工艺方面深度开发，进一步降低产品生产成本，为企业持续、健康、快速发展提供技术支持，充分利用自身优势，提高自主创新能力，增强企业核心竞争力。

不断完善“种苗业务、鲜果业务、食品业务、原辅料业务”四大业务运营体系，围绕已经初步形成的全国鲜果销售网络，优化和提升渠道结构，降低批发渠道占比，提高连锁专卖及优质 KA 渠道的直供业务，保证鲜果业务的良性发展和核心品类价格提升。同时继续推进自营微商、社团、大客户等新通路新模式建设，快速完成渠道布建。实行前一体化后一体化或多元化战略，完善整合蓝莓产业链，提高自身竞争力；坚持环保无污染生产模式，促进公司可持续健康发展。沃田集团将在坚持产业化经营的同时不断完善改进创新，充分发挥龙头企业带动作用，推动一二三产业融合发展，积极贯彻国家农业供给侧结构性改革战略，带动农民增收致富、提质增效，为当地加快实现农业农村现代化贡献力量，促进区域经济进一步健康稳定发展。

第二十八章　无锡华顺民生食品有限公司

一、公司简介

无锡华顺民生食品有限公司为上市公司福建安井食品股份有限公司的全资子公司，是江苏省农业产业化龙头企业。公司成立于2005年，注册资本5000万元，公司使用“安井”商标进行生产经营活动，经营业务主要是速冻火锅料制品（以速冻鱼糜制品、速冻肉制品为主）、速冻米面制品和速冻菜肴制品等速冻食品的研发、生产和销售。品牌旗下包括近一百个产品品种，“安井”是鱼糜制品行业的奠基者和领军者，是米面制品的区域强势品牌，也是国内速冻食品大型骨干企业之一。

公司作为一家农副产品深加工企业，凭借准确的市场定位、高质量多样化的产品、良好的产品性价比及售后配送服务等，实现了产品销售额和净利润稳定且快速增长，2019年销售额突破10亿元，较2018年销售额同比增长10.58%，税后净利润5945余万元，为华东地区最大的速冻食品生产企业之一。无锡华顺民生食品有限公司已成为“国家农产品加工业示范企业”“江苏省农业产业化重点龙头企业”“江苏省农业科技型企业”“江苏省科技中小企业”。公司先后通过ISO9001国际质量体系认证、ISO22000食品安全管理体系认证，并获得“江苏省名牌产品称号”“第十一届国际农产品交易会参展产品金奖”等多项荣誉。自品牌成立以来，公司秉承“绿色、健康、安全”的企业价值观和“民以食为天”的品质管控理念，“安井”立志要做让消费者放心和喜爱的民族品牌，成长为中国速冻食品最具竞争力和最具社会责任感的食品企业。

二、成长及运行机制

（一）建立与发展

厦门华顺民生食品有限公司（后变更设立股份有限公司，并更名“福建安井食品股份有限公司”）持有的“安井”品牌在福建、广东、浙江南部一带具有较大影响力，但从全国范围来看，“安井”的品牌影响力存在地域局限性，与“三全”“思念”等全国驰名品牌尚存有较大差距，为进一步扩大市场、打开品牌知名度，厦门华顺集团作出了开发华东市场的战略决策。由于冷链运输成本高，需在销地建立市场，考虑到减少固定投入、降低投资风险，加快投产速度，公司选择租赁因经营不善停产两年的某食品冷冻厂的现成车间、冷库和生产设备，并设立无锡华顺民生食品有限公司分管华东地区生产。

无锡华顺最初的定位是公司总部设立在华东市场的加工车间，产品完全对标总公司，但由于缺乏知名度和竞争力，产品同质化严重，企业前期亏损严重。后来随着战略的及时调整和无锡安井食品营销有限公司的建立，公司逐渐调整市场定位，以市场为导向，开发新产品，用差异打破同质化，通过营销公司获取更庞大的信息流，安井食品在江浙沪才得以找到销路，扭亏为盈。安井集团近几年的收入利润复合增速保持在20%左右，2014～2018年营业收入年均复合增长率为18.18%，归母净利润年均复合增长率为18.10%，经营状况稳健。

（二）运行机制

1. 采购模式

公司根据当期生产计划制订采购计划，与供应商签订合同，并通过采购订单来进行采购，公司原辅材料采购主要分鱼糜、肉类、粉类等大宗商品，以及蔬菜、添加剂、调味品等小额原料两大类。其中，鱼糜、肉类、粉类等通用性大宗农产品根据生产需求批量采购或锁定价格，而小额原料按照年度计划，结合销售订单、库存管理进行采购。采购部门依据各部门提交的物资需求预算和申购单，通过比价、议价选定具体供应商并签订采购合同，以订单方式分批采购。在货款结算方面，公司在采购合同中订立了结算条款，规定公司在收取货物并验收合格后的一定信用期内，按照议定价格结算并支付货款。

2. 生产模式

公司营销中心下设营运部门，由营运总监根据销售预测、订单情况、产品库存等，每月定期召开“产销协调会”，各子公司生产部制订月度生产计划，并根据生产设备及一线员工人数及产品库存信息等情况，及时调整生产周计划，并经工厂总经理、营运总监审批确认、安排生产等相关部门进行生产、质检、入库等程序。采购部根据生产计划，通过系统运算用料需求，得出理论采购量，同时分析原辅料库存、各车间领用及请购情况，在询价对比后选择合适的供应商，负责各类物料的按时、保质、保量供应；生产部下属各生产车间按照接收到的生产任务单组织生产员工排班，负责原辅料的限额领料、现场生产秩序协调及卫生环境维护、劳动纪律及操作规范的检查纠正，并配合质量部对各生产工艺的过程进行检验，同时将生产过程中的各种信息及时、准确地反馈到相关部门；质量部负责对原辅料、在制品、成品在生产过程各节点进行质检监测；设备部负责生产设施、生产设备、生产工具的提供、维修及管理，保障生产正常无障碍进行；生产部下属仓储车间负责原辅料的数量验收、在库管理、安全库存等工作，同时负责成品的入库、在库、发货管理，及时将各类单据、数据录入生产管理系统。

3. 销售模式

建立覆盖全国的销售网络，形成了以华东地区为中心、辐射全国的营销网，企业拥有优秀、专业的经销商500多家，并在北京、上海、南京、杭州、宁波、温州、南通、合肥、徐州、武汉、长沙、大连等城市设立了分公司和直营办事处。

（1）经销模式。

公司在以“贴身支持”为核心的基础上实施经销商选择、经销商管理、经销商支持、经销商反馈，帮助经销商开拓C端市场、菜场等终端，协助经销商开设线上直播间等新兴营商模式。

（2）商超模式。

针对商超的销售模式主要有两种：一种是基于供销合同的标准销售，依照合同订单进行发货并进行对账结算；另一种是零售代销，依照代销合同分期送货，公司根据商超提供的代销清单进行收入确认。目前，公司与沃尔玛、麦德龙、欧尚、好又多、大润发、乐客多、易初莲花等国际零售巨头以及北京华联、上海世纪联华、永辉超市、华润苏果、江苏时代、杭州家友等国内大型连锁超市建立了长期、稳定的合作关系。

（3）特通模式。

特通渠道模式的目标客户主要覆盖酒店、餐饮、休闲食品等领域，安井产品在全国的加速拓展和品牌消费者认可度的持续提高也带动了餐饮等特通渠道客户对安井产品的青睐，目前，公司为呷哺呷哺、海底捞等餐饮品牌直接供应冷冻火锅料产品，建立起长期特供关系，拓宽产品销售渠道。

（4）电商模式。

公司大力拓展线上业务，通过“旗舰店＋自营”模式与天猫、京东、拼多多等平台密切合作，紧抓生鲜电商发展红利，与每日优鲜达成战略合作伙伴关系，在叮咚买菜平台上实现了销量快速增长，推广方式上紧跟直播风口，与薇娅、李佳琦等头部主播开展合作，收获销量积攒口碑。公司还持续进行新媒体营销，实现“种草＋养草”全营销周期。

三、亮点与特色做法

安井为何能够成功扩大国民度、成长为国内速冻食品行业巨头，本章将基于产品供应、研发和营销对其亮点进行分析。

（一）供应策略

1. 生产营销一体化，供应链企业与销售平台型企业共同发展

无锡华顺民生食品有限公司的母公司——福建安井食品股份有限公司下设多个生产基地及一个营销公司，形成了现代企业专业化分工，各公司定位及职能范围明确。截至2020年12月31日，福建安井食品股份有限公司的下设子公司如表28－1所示：

表 28-1 福建安井食品股份有限公司下设子公司

子公司名称
无锡华顺民生食品有限公司
无锡安井食品营销有限公司
泰州安井食品有限公司
香港安井食品有限公司
辽宁安井食品有限公司
四川安井食品有限公司
湖北安井食品有限公司
河南安井食品有限公司
广东安井食品有限公司
鞍山安润食品有限公司
厦门安井冻品先生供应链有限公司

安井集团采取“生产基地化，销售公司化”的经营模式，在投资多个生产基地的同时，专门设立营销公司负责市场定位、销售渠道等，典型地采取了前向一体化的发展战略：公司获得分销商或零售商的所有权或加强对其的控制，也是指企业根据市场的需要和生产技术的可能条件，利用自己的优势，把成品进行深加工的战略。当一个企业发现它的价值链上的前面环节对它的生存和发展至关重要时，就会加强对前向环节的控制。

近年来，现代化企业的商业思维发生转变，大批企业选择生产外包或营销外包的策略，将生产或营销委托给拥有专业技能和资源的外部机构，如耐克、阿迪达斯、匡威三大跨国公司在经济全球化的背景下，纷纷将传统上由本公司内部负责的不涉及核心技术的生产加工部分转交给亚洲工厂，由宝元鞋业代加工，以达到降低成本、分散风险、增强竞争力的目的，安井公司的决策层却始终坚持纵向一体化战略，自己建立生产基地并不断扩增，严格管控食品的深加工流程。因为无论是产品固有特性、市场环境、顾客忠诚度还是公司发展阶段，安井都相对更适合一体化战略。尽管生产或营销外包能有效降低成本，节省更多时间和人力资源投入到区别于竞争对手的核心技术研发上，但公司对外包给第三方的价值链上各环节的掌控力明显下降，信息不对称使得可获取信息的可靠性降低，增加了战略信息的易受攻击性。采取外包策略的公司通常处于相对成熟的发展阶段，已经具备了较强的市场影响力，拥有品牌忠诚度的消费者群体和庞大完善的市场信息网络，将外包可能带来的风险降到最低。而安井公司成立时间尚短，并未形成市场支配地位，市场份额可能会有明显波动。此外，食品行业产品差异化相对较小，同质化严重使得各企业缺乏核心竞争力，争夺市场一般靠价格战和产品口碑，质量品质在食品行业尤为重要，在行业大背景的约束下，食品加工公司想将品牌做大做强，通常需要建立一条完整的产业链，以便对生产运销环节的各个流程进行统一标准化管理，对产品质量严格把控，保质保效。

2. 多个生产基地服务多个区域

为开拓全国消费市场，安井股份公司在母公司所在地福建之外设立多个生产基地，在江苏设立无锡华顺民生食品有限公司、泰州安井食品有限公司，产品主要供应华东、华北地区；在辽宁、四川、湖北等多省设立子公司，分别管控东北市场、西部、中部等按地域细分的市场；在香港同样设有生产公司，降低运输成本，节省关税开销。其中，无锡华顺民生食品有限公司是福建安井最初为打通江浙沪市场而成立的第一个子公司，是将产品销往全国、打开安井品牌全国知名度战略的第一步，该公司多年来的稳健发展具有重要的战略意义。

（二）研发模式

速冻食品行业竞争激烈，产品大同小异，安井公司致力于产品多元化发展，研发新产品以打破同质化禁锢，寻找新的增长点。

1. 以市场为导向，推陈出新

安井及时获取市场信息，掌握客户消费偏好变化及最新市场趋势，并对竞争对手推出的新产品和促销策略及时采取应对措施，不断更新公司产品种类，目前安井旗下共推出过三百多种产品，主要有八大系列：鱼丸系列、仿蟹肉系列、其他鱼糜制品、肉制品系列、油炸系列、切片系列、面点系列和汤圆系列。

2. 研发具备地域特色的产品

无锡华顺食品有限公司通过对浙江沪地区的消费者行为和市场信息调研后，推出迎合该细分市场上消费者口味的具备传统特色的几款产品，如安井桂花糕、酒酿小圆子这类江南传统甜点，根据不同市场的消费者群体口味不同，调整产品生产。

3. 开创全新预制菜品系列

预制菜烹饪起来省时省力，在餐饮渠道和家庭消费场景中均呈现需求旺盛、快速成长的态势，公司顺势而为，定位餐饮市场中央厨房概念，以轻资产运作模式整合上游中小食材厂家为控股子公司“冻品先生”贴牌生产，按照“安井+冻品先生”轻重资产相结合的发展模式，不断开发及推广适合全国范围内多区域多渠道销售的“家喻户晓”预制菜肴业务，目前半成品菜、成品菜、厨师菜系列及调理肉片系列已陆续上市（见表28－2）。预制菜肴将主要目标客户定位在都市中高收入人群，这类顾客大部分工作繁忙，没有精致料理的时间，抑或结束工作后身心俱疲不愿做饭，又具备较强的经济基础，吃外卖或在外就餐频率高于其他顾客群体。预制菜肴定价较安井其他系列产品更高，但对于目标客户群而言，预制半成品菜的烹饪省时省力，比其他速食产品更具营养，口感色泽接近于餐馆菜品的水准，是极为合适的正餐选择。

表28－2　安井冻品先生预制菜部分产品价格

产品名称	价格/元
冻品先生秘制酸菜鱼	45.00
冻品先生免浆巴沙鱼片	26.80
冻品先生耗油牛柳	26.80
冻品先生天妇罗虾	29.80

续表

产品名称	价格/元
冻品先生天妇罗鱼	29.80
冻品先生香脆藕盒	20.90
冻品先生麻辣小龙虾	49.00

（三）营销模式

1. “火锅料为主，米面制品为辅”，主攻未饱和市场

安井决定开拓全国市场时，河南品牌“三全”“思念”已经处于速冻米面行业的领先地位，其主打产品速冻水饺、汤圆、蒸包均在同类产品市场上占有较高市场份额，而当时消费者偏好正发生转变，主要火锅食材除传统肉类和蔬菜外，开始加入速冻丸子等鱼糜制品，速冻火锅料行业处于上升期。安井对行业前景进行了合理预判，认为市场存在巨大的扩张空间，将产品研发重心投入饱和程度低的火锅料市场，在该行业龙头企业尚未形成、行业规范度和标准化程度低的时期，安井公司凭借高品质、高性价比、多样化的速冻火锅料产品逐步发展成为领头企业。

2. 多平台宣发渗透，推动品牌年轻化发展

公司营销紧随电商潮流大势，除天猫旗舰店、京东自营等用户遍布全国的巨型电商平台外，与每日优鲜、叮咚买菜等创新型社区零售平台建立合作关系，实现同城配送、快速上门。找李佳琦、薇娅等大流量主播带货的同时，持续进行全平台营销，在抖音、小红书这类年轻人喜爱的社交软件上进行博主推广和相关话题安利，通过打造新媒体矩阵，发力线上传播，向年轻消费者渗透，推动品牌年轻化发展。

（四）SWOT分析（见表28-3）

表28-3 SWOT分析

优势（S） 1. 公司具有强有力的资金、技术、人员支撑，有专业的研发、生产、市场调研等团队 2. 有具备核心竞争力的技术和主打产品 3. 一体化战略减少了分销商获利，更多利润直接流向公司，同时便于对价值链上各环节进行管理 4. 改造了自动化冷库，大大压缩了运输成本，提高了物流运作效率	劣势（W） 1. 部分产品较同品类价格偏高，存在价格劣势 2. 品牌传播和品牌推广力度不足 3. 高端市场占有份额较低，产品不足以渗透高级市场
机会（O） 1. 市场需求扩大，火锅、麻辣烫等对火锅料的消费量增加，更多家庭将速冻产品作为餐品 2. 消费者愈发倾向于尝试新产品，对网红产品的消费意愿和好奇程度提高，为公司产品开发战略提供了前提条件	威胁（T） 1. 市场具有不确定性，消费者偏好及市场信息变化难以预料 2. 国家环保政策和人力成本的提高对企业经营造成压力 3. 行业进入壁垒低，新的竞争对手增加，原有竞争对手不断研发新产品

四、展望

从安井公布的企业财报来看，公司鱼糜制品、米面制品、肉制品、菜肴制品较上一年营业收入均实现了同比增加，公司“三剑合璧、餐饮发力”的经营策略和“餐饮流通渠道为主、商超电商渠道为辅”的渠道策略组合模式取得成效，其中菜肴制品同比增长最快，而肉制品增长低于5%，可见公司未来想要保持高速发展的态势，需要适当调整企业经营策略。

（一）速冻菜肴成为新的增长点，强化餐饮渠道的综合竞争力

当前国内速冻食品在餐饮渠道的消费占比逐年增高，传统餐饮后厨人力成本及进货成本高昂、原材料货源不固定、烹饪准备工作耗时长、冷链运输不完善，增加了餐厅的运营成本和食品安全风险，而第三方代工厂同时为多家餐饮企业服务，代工量大，规模经济造就了低生产成本，仓库与冷链系统完善、标准化程度高使得产品质量稳定，能精准有效地解决传统厨房面临的困境。许多餐饮企业开始减少后厨面积和后厨人员，将不需要独家秘方的大众化菜品进行外包生产，对于安井公司这类主营速冻食品的公司是又一大发展契机，速冻菜肴成为新的增长点。保持餐饮发力的经营策略和“餐饮流通渠道为主、商超电商渠道为辅”的渠道组合模式，不断推出餐饮渠道适销产品，提升餐饮渠道品类叠加效应，强化餐饮渠道的综合竞争力，持续打造餐饮渠道中央厨房概念。

（二）加大品牌推广力度，开辟蹊径培养顾客忠诚

速冻食品行业类似于垄断竞争市场，产品同质化严重，消费者对于老牌企业的信任和购买习惯不足以形成稳定的顾客忠诚，当替代品实行促销策略时，多数消费者更倾向于购买替代品。在产品性质、价格等维度与竞争对手差异较小时，越来越多的食品商家开始利用明星效应培养顾客忠诚，选择明星作为品牌代言人，其粉丝群体自然而然对该品牌产生忠诚度。统一集团 2018 年推出“开小灶”生活料理，主攻以外卖为主的年轻消费者市场，但初期并未成功打开品牌知名度，签约明星作为品牌代言人后，2020 年“开小灶”收入同比增长 628%，统一集团 2020 年财报将品牌迅速提高知名度和市场占有率归功于代言人。故在消费动机多元化的今天，驱动消费行为的文化因素同样发挥重要作用，安井产品的广告投放较少，未来或许可通过加大广告投入对消费者心理产生潜移默化的影响。

第二十九章　江苏省农垦麦芽有限公司

一、公司简介

江苏省农垦麦芽有限公司地处江苏省射阳经济开发区，占地300余亩，系由江苏农垦集团和旗下国有农场中的7家共同出资组建的国有股份制企业。公司于2007年12月成立，注册资本4.95亿元，是一家专业研发与生产各类啤酒麦芽的国家高新技术企业。

公司综合实力和品牌知名度已稳居国内行业前三，是江苏省重点发展的百强大型国有企业、国家高新技术企业、江苏省啤酒麦芽工程技术研究中心、江苏省啤酒大麦技术创新战略联盟理事长单位、省级农业产业化重点龙头企业、江苏农垦农产品质量检测中心，与南京农业大学、江南大学、扬州大学等院校建立产学研校企联盟。先后获得“射阳县县长质量奖”“盐城市五星企业”“江苏农垦先进企业”“长江三角洲地区名优食品”“全国农业产业化龙头企业500强”“江苏农垦开拓创新企业”等荣誉称号。

公司主持、参与的国家级、省部级科技研发20余项，涵盖国家“863”计划、科技部农业成果转化、省科技支撑、省农业产业化等项目；多个科技项目荣获省部、市级科学技术奖；公司拥有多项国家发明专利及品种权；参与啤酒大麦及啤酒麦芽国家标准的制定和国家酿酒师教材的编写；自公司筹建起就与扬州大学、百威英博全球大麦育种中心等高校及研发机构对啤酒大麦的育种、品种筛选、种植技术进行应用合作。

二、成长及运行机制

（一）业务介绍

在成立之初主要经营业务是粮食（限大麦）收购，啤酒麦芽加工，公司自产啤酒麦芽的销售，大麦拣选、烘干、销售，公司所需原料的进口及本公司自产产品的出口业务，冷凝水（非食用）销售。2007年4月20日增加了对于非食用冷凝水（主要应用于啤酒生产）的销售。2021年1月26日有了可以在港口进行货物装卸搬运的活动。公司也有直接将啤酒产品进行零售的业务，但啤酒行业市场压力的竞争太大，占公司的业务比重较小。江苏省农垦麦芽有限公司是大型国有企业江苏农垦集团有限公司的一个子公司。苏垦麦芽年产 8 万吨麦芽的箱式生产线和年产 12 万吨的塔式生产线已正式投入生产。江苏农垦资源丰富，常年种植啤酒大麦约 20 万亩，年产优质啤酒大麦 10 万吨以上。至 2018 年末，苏垦麦芽资产总额为 72469. 71 万元，负债总额为 55135. 46 万元，所有者权益为 17334. 25 万元。苏垦麦芽 2018 年度实现营业收入 80783. 41 万元，净利润为 86. 75 万元。

我国目前的啤酒产业处于多寡头竞争的状况，然而作为麦芽的供应商所面临是完全竞争的市场，产品的毛利较低，因此企业的利润也较低。江苏农垦麦芽有限集团从国内外进口小麦然后将生产的麦芽产品卖向全世界。公司现与百威啤酒、喜力啤酒、华润雪花、燕京啤酒、珠江啤酒等啤酒集团建立了长期的合作关系，成为中国啤酒麦芽行业发展最快、最具市场竞争力的企业之一。当前公司坚持走高质量发展道路，推进产品结构调整，优化升级产品层次，高端麦芽和特种麦芽产品比例不断增加，已经成为多家啤酒集团的高端麦芽稳定供应商。

（二）科技创新

江苏省农垦麦芽公司自成立以来，公司经营层一直都非常重视企业科研项目工作，技术部陆续开展了近十项科研项目和研究课题，涵盖了国家科技部、江苏省科技厅、江苏农委、江苏省农垦集团、麦芽公司等不同级别的项目。项目的开展不仅有利于麦芽公司自身科研水平的提升，而且对推广产品品牌形象和提升影响力都具有重要意义。经过近十年的努力，公司在科研与技术创新方面硕果累累，公司设置有专门的技术部，下设有麦芽理化实验室、原料实验室、色谱实验室、微生物实验室等检测科室。公司在 2015 年已经建成了啤酒麦芽行业第一家省级啤酒麦芽工程技术研究中心（江苏省啤酒麦芽工程技术研究中心，2018 年公司技术中心申报成为盐城市市级企业技术中心）。目前，技术中心实验室正在着手申报中国合格评定国家认可实验室（CNAS），基本硬件条件、人员配备、检测能力均满足认证要求。

从 2009 年开始与江南大学开展了生物制麦、麦芽酿造性能等方面的研究并且取得了突破性进展。2010 年开始与扬州大学合作进行了啤酒大麦育种、栽培技术、大麦保管技术、虫鼠控等方面的研究合作，选育出了优质的啤酒大麦品种“扬农啤系列”。2009 年至今与江苏省沿海农科所进行了啤酒大麦育种、栽培技术等方面的合作，选育出了优质啤酒大麦品种“苏啤系列”。2011 年至今同美国布希农业资源有限公司、百威英博全球大麦研究中心合作，进行了引进国外优质啤酒大麦，在江苏地区农场试种，选育适合中国栽种的优质啤麦，已选育出两株大麦。在这些项目的研发期间，企业积极与政府科技主管部门及高校开展合作，合理利用其他单位的优势资源，形成优势互补，建立了一系列研发平台，大大提升了本公司在相关领域的研发水平。特别是江苏省啤酒麦芽工程技术研究中心，是麦芽行业内第一家也是唯一一家省级工程技术研究中心，是该企业相对于其他企业比较有科研创新的地方。

利用项目开展期间企业在这时期取得的一系列科技成果，将其转化成自身的知识产权成果，共发表专业论文 13 篇、授权专利 3 项、品种权 1 项、参与制定国家行业标准 3 项、参与编写国家酿酒师教材 3 册、主编学术专著 1 部。在整个啤酒麦芽中拥有一定话语权。苏垦集团以满足客户需求为导向，秉承“高端产品提质量，低端产品占市场”的发展战略，聚焦高端麦芽的研制与生产，致力于高品质、有特色的麦身产品研发。主要拥有的核心技术：用于解决高蛋白国产麦芽和法麦麦芽的高浊度的低浊度麦芽生物制麦技术。用于特殊用途的特色麦芽的开发，如慕尼黑麦芽、乳酸麦芽、结晶麦芽等问题的特种麦芽制备技术。与百威一起合作的主要用于百威集团高端纯生啤酒酿造的百威高端纯生麦芽制造技术。主要供应燕京啤酒集团高端纯生啤酒的燕京漓泉一号高端麦芽制备技术。

三、亮点与特色做法

（一）利用 STP 战略进行销售

公司坚持以市场为基础、客户需求为导向，秉承公司提供“两个安全”的理念，致力于为客户提供安全优质的啤酒原料和服务，深入了解客户与市场的需求和期望，打造“产品创新品质提升”的市场开拓能力，持续提供优质产品和服务，努力实现与客户共同成长的目标，并以其利益为导向，实现公司股东、员工以及合作伙伴的社会价值与经济价值最大化的企业使命。公司综合分析确定客户和市场的需求、期望和偏好，并积极拓展新的市场。公司通过细分产品市场，确定目标市场和客户定位，积极开拓国际国内市场，不断满足客户的要求，提升客户的满意度。

1. 市场细分

公司按照选择产品质最标准结构对市场进行细分，将市场区域、客户重要程度进行细分市场，同时对每个细分市场进行全方位的分析评估，选择与公司目标及条件相匹配的细分市场作为目标市场，对目标市场进行深入的调研，彻底弄清目标客户的要求，以全面满足目标客户的要求为目标，进行产品定位、公司营销网络和销售渠道通布全国，主要通过大型啤酒集团公开招标进行大型客户的市场拓展。江苏省农垦麦芽有限公司秉承着可持续性发展的理念，以人为本客户至上，信誉第一；在优质啤酒业务领域与客户建立起良性互动、互惠互利、共存共荣的合作关系。公司的主要业务就是将生产的麦芽产品通过物流运向各个大型啤酒厂。市场存在着大量的麦芽供应商，像前文所说的处于一个完全竞争市场，但是中国目前的啤酒行业市场主要都由那几个企业所掌控，因此公司按照自己与客户的合作占有度进行了客户的区分度。将雪花、百威、燕京、青岛这四个国内的啤酒巨头作为战略客户，并且与其中的一些企业一起合作来制造更高端的麦芽，下文将会有更详细的介绍。

2. 市场目标

作为麦芽的供应商，拥有着大型国有企业江苏省农垦农业发展股份有限公司的支持，也就意味着有着稳定的原料供应。而该企业市场目标就是稳固与啤酒龙头之间的销售关系，进一步扩大自己生产产量并进行稳固的销售，企业已经应用了引进的德国先进的塔式制麦设备，采用“二段浸麦—六层发芽—三层烘干”的先进技术。在进行生产的同时该企业已经与百威英博成立了战略合作伙伴的关系，也正向更多的企业寻求合作关系。在稳固自己市场的同时，寻求更大的市场，获得更加牢靠的合作伙伴。

3. 市场定位

由于我国目前的啤酒市场还停留在注重产量阶段，随着消费升级，对于啤酒的品质要求在不断升高，也就意味着对用于啤酒麦芽生产品质的要求也是在提高。而该公司拥有着两项国家高新技术产品：低浊度高滤速优质啤酒麦芽；基于生物酶系调控的低浊度优质国产啤酒麦芽。在麦芽的市场中也是较有优势的，企业与政府以及多所研究机构正不断进行着研发创新。企业基于“致力于为客户提供安全优质的啤酒原料和服务”的市场理念，公司充分调研内外部相关信息，分析未来市场，今后麦芽产品高端化必将是主要的盈利点和企业转型升级的关键点。目前公司已经通过百威啤酒的百威加麦高端麦芽认证和燕京啤酒的漓泉一号高端麦芽认证，今后必将继续拓展高端麦芽市场，如华润纯生高端麦芽、青岛纯生麦芽、特种麦芽等。

（二）与百威英博的战略合作关系

百威英博是目前中国啤酒市场份额排第三的啤酒龙头。2016 年，百威与江苏农垦集团缔结了战略合作关系，由此百威亚太与苏垦麦芽进行更深层的合作来获得更加优质的麦芽产品。育种种植是第一步，麦芽加工是第二步，订单农业采购及啤酒酿造是第三步，百威与江苏农垦的战略合作打造了啤麦产业“接二连三”的发展新业态，促进了产业融合，实现了啤麦全产业链价值的最大化。从育种种植到田间管理、最优化管理系统，从订单农业到产业融合发展，双方致力于打造中国啤麦产业化标杆。2020 年双方继续加大战略深度合作，并以“用心酿造，用爱助农”为主题，与来自当地的农民代表共同签署战略合作协议，将农户也融入到双方的合作当中，进一步深化江苏地区啤麦育种工作，将技术支持延伸至麦芽制作领域，为高品质麦芽的产出保驾护航；同时在源头上通过订单农业的形式保障麦农收益，从而谋求全产业链发展基础之上的合作共赢。

江苏农垦和百威亚太在可持续发展方面也有诸多共识，百威在 2018 年发布其在智能农业、水资源管理、包装材料及气候保护等领域的“2025 百威可持续发展目标”。江苏农垦则在农业生产的全产业链和其他行业发展中更为关注资源节约和多效利用，目前旗下麦芽公司制作加工过程中 15% 的电力来源于光伏发电，总投资共计 1600 万元，与此同时，阳光纸业作为百威重要的战略合作伙伴之一，将从江苏农垦购买此次大麦丰收后的秸秆用于可循环包装的制作生产，真正打通产业上下游，助推产业发展向绿色生态转型。苏垦麦芽与百威通过开展啤酒大麦新品种选育，联合对农场公司周边农村分散的农田进行流转，开展现代化种植，最终达到农民、江苏农垦和百威亚太“三赢”的目的。已经选育出了适宜在中国栽培的优质啤麦：二棱大麦与四棱品种。正在改善因为品种的原因，我国啤酒的市场需要依靠大量进口来获得啤麦的现状。

（三）社会责任

作为一个大型国企，企业的自身发展只是一个方面，在带动当地经济发展的同时，切实履行它应该承担有的社会责任。苏垦麦芽积极参与以志愿活动、扶贫、带动农民增收的社会公益事业，切实践行核心价值观，彰显企业发展的根本宗旨。在与百威的战略合作中将麦农也与企业的利益联结在一起，让他们也共享产业最新发展成果。还在经济上成为切切实实的受益者。这种新的合作，百威计划年采购 2.5 万吨大麦，涉及 50000 亩地，将惠及 4000～5000 户农户。增加农户收入，促进乡村发展。

四、展望

普啤的“原生问题”是造成当下中国啤酒市场境遇的历史原因。一直以来，普啤在消费者的心目中基本上是跟价格低廉画上等号的。这也使我国啤酒麦芽市场处于一个完全竞争市场，随着我国经济的增长，啤酒消费升级蓄势待发，人们对于高品质的也就是高浓度麦芽、高酒精含量的啤酒需求也在不断上升。也就是对于麦芽品质各项要求不断升高，而在江苏甚至国内苏垦麦芽公司科研能力都是数一数二的，在这个升级过程中，企业要抓住机会，一举脱离完全竞争的麦芽市场，进入更加高端的同时也拥有着更高利润的市场。

中国啤酒的产业原料对外依存度长期较高，可谓是啤酒产业链短板中的重心。苏垦麦芽企业依靠苏垦集团以及与百威的战略合作关系，已经在开发适宜中国种植的大麦取得领先地位，也就是能够充分保证自身生产高品质麦芽的需求，也能在原料或种子市场上获得市场，带动自身企业发展的同时，也将能够改变中国啤酒市场原料长期依赖进口的现状。在“十三五”期间，江苏省农垦麦芽有限公司将充分发挥资源优势，继承和发扬农垦文化，依靠高度的组织化、规模化、机械化、专业化和商品化提升核心竞争力。

第三十章　高邮市秦邮蛋品有限公司

一、企业简介

高邮市秦邮蛋品有限公司，是江苏省高邮地区历史最为悠久的一家百年老字号蛋品加工企业。其所属行业为农副食品加工业，主要经营范围包括蛋制品（再制蛋类）、速冻食品［速冻面米食品（生制品、熟制品）、速冻其他食品（速冻其他类制品）］加工、销售等，主营产品有高邮咸鸭蛋、松花蛋和秦邮双黄蛋等。现有固定资产5000万元，拥有三条生产线，其中蛋制品生产线实现全程机械化作业。企业坚持弘扬地方特色，发展品牌优势，保护民族精品的经营理念，产品皆通过绿色食品认证、ISO9001/HACCP质量安全管理体系认证和SC食品生产许可认证，并形成完整产品溯源体系；拥有发明专利、实用新型专利等30项，通过设立教学实习基地等方式，与江南大学、华中农业大学等高校建立长期产学研合作；与麦德龙、沃尔玛和大润发等大型连锁超市建立长期合作关系，并通过天猫、京东等平台，设立“秦邮食品旗舰店”和“专营店”，产品供不应求，年实现销售咸鸭蛋、松花蛋5000万只，速冻虾仁120吨，速冻米面食品50吨。2019年实现销售额4552万。2015年，被江苏省商务厅认定为首批“江苏老字号”企业。2016年，获江苏省食品行业协会颁发的“2016年度江苏省食品行业优秀品牌企业”。2017年继续展评为“农业产业化省级重点龙头企业”。“秦邮牌”蛋品荣获“中国驰名商标”“江苏省名牌产品”和“江苏省名特优农产品”等称号。

二、成长及运行机制

（一）企业历史传承

鸭蛋及再制品是高邮传统特产。高邮市秦邮蛋品有限公司百年传承，历史悠久，最早可追溯到清光绪年间。下面，将从19世纪末至20世纪初、20世纪10～40年代、20世纪50年代至21世纪初及21世纪初至今四个时期对公司的历史进行梳理。

1. 19世纪末至20世纪初：百年老店的创立期

1895年，李顺兴在县城南门开设蛋行，后其子李宗南将蛋行搬迁到北门大街192号。1905年，句容商人杨某集资两万元开设裕源勇公司。1908年，过户给夏玉之，改号同康，增资至6万元并报部注册。当时用木质机器两架，每日雇女工打蛋8万只，装桶运沪，转销外洋。1909年，高邮双黄鸭蛋参加南洋劝业会陈赛，获国际名产声誉，次年远销美国、日本和新加坡等十多个国家和地区。

2. 20世纪10~40年代：百年老店的成长期

1931年，同康蛋厂停业，后过户给茂昌公司，改名为茂昌打蛋厂，生产逐步恢复，每天收蛋加工200多篓（100斤/篓），雇工最多达200余人。1938年，日寇犯境后茂昌打蛋厂停闭解散。被解散的工人转入到顺兴蛋行继续从事蛋品加工。顺兴蛋行自茂昌打蛋厂的工人加入后，蛋品加工得到发展，加工的皮蛋、灰咸蛋与收购的鲜蛋一并运销上海蛋行转销外地，因蛋行诚实守信，深受上海蛋行的信任，故生意越做越大。

3. 20世纪50年代至21世纪初：百年老店的成熟期

1952年，建立县蛋厂。1958年，建县食品加工厂后，特聘15位常州师傅来厂加工皮蛋。1987年，申报“秦邮牌”蛋品商标，获国家商标局注册。硬心皮蛋在1988年和1989年两届“江苏省出口再制蛋质量评比”中均荣获一等奖。溏心皮蛋于1988年被国家商业部评为“部优”产品，咸鸭蛋被评为1988年度江苏省“省优”产品。1989年，与上海外贸公司联营成立上海外贸高邮联营蛋厂，产品远销20多个国家和地区。1992年，成立高邮市秦邮蛋品集团公司。通过生产工艺和产品包装的改革，生产效益不断提高，生产销售规模成翻番态势增长，市场从华东地区扩大到全国，企业止亏转盈，步入健康发展轨道。

4. 21世纪初至今：百年老店的“新生”期

2003年，公司成功进行了改制，企业步入发展快车道，凭借过硬的质量和良好的信誉，产品得到各大连锁超市的青睐，成为同类商品中经销商向广大消费者推荐的首选品牌。2007年，企业在高邮城南经济新区新建标准化厂房一万多平方米。2010年，公司初步实现机械半机械化。2011年，公司蛋品生产初步实现了机械化。一个充满现代化气息的蛋品加工企业诞生在城南经济新区这片沃土上，迎来了它的快速发展期。2014年，公司继续加大技术开发力度，和广东深圳振野蛋品智能设备股份有限公司合作，开展对蛋品机械进行智能化引进项目，从鲜蛋进厂的裂纹敲照，到蛋品分级清洗，再到智能真空包装等，按照蛋品特性，开展设备技术升级，累计投入350万元。2015年，在老字号创新发展项目上，与科研院所产学研合作，通过老字号展会、新媒体，开设电子商务工作，在与优质传统经销商、企业福利团购、大型超市合作的基础上，电子商务业务不断增长，2018年1~10月，累计实现线上销售2000万元。经过不断努力，企业于2018年10月底，在江苏省股权交易中心农业板块成功挂牌，为从传统蛋制品向现代蛋制品转型奠定基础。

（二）SWOT分析

优势——历史悠久，百年传承，品牌优势明显；产品质量可靠，信誉良好，深受消费者青睐；位于江苏省高邮城南经济新区，东临G2京沪高速公路，西傍京杭大运河，紧邻

S333 和 S237 两条省道的交汇点，交通十分便捷；与江南大学等科研院所建立了长期的科研合作，推进产学研融合；生产过程全部实现了机械化作业，并不断完善产品溯源体系；产品畅销上海、广东、深圳、北京、江苏、浙江、福建等地大型超市以及天猫、京东、顺丰嘿客等主流线上平台。

劣势——宣传手段较少，营销方式较为单一；外观设计不符合年轻人或者当代审美。

机遇——"互联网+"、电子商务等农产品销售新业态的兴起，助推销售发展，销售渠道日益多元化；鸭蛋产品市场竞争不再依靠价格取胜，消费者更注重食品口感、质量和安全属性，对价格的关注度正在降低；鸭蛋制品市场较混乱。目前市场上的蛋品大路货产品多，名特优产品少，以传统的咸鸭蛋、松花蛋、无铅皮蛋为主；伴随着人们对传统佳节美食重视程度提高，以及作为蛋黄粽子的原料和一些地方饮食消费习惯，咸鸭蛋市场销量在稳定增加。

威胁——人民生活水平提高，提倡少油少盐饮食；"传统加工工艺+现代科技"模式在行业内普及；江苏高邮现有蛋品加工企业约 300 家，年加工咸鸭蛋、松花蛋、双黄蛋等各类鸭蛋制品近 10 亿只；随着我国水禽规模化养殖的比例不断增加，水禽疫病开始逐年增多，影响鸭蛋产业健康发展。

三、亮点与特色做法

作为"苏垦杯"首届江苏省农业企业知名品牌 30 强，高邮市秦邮蛋品有限公司在发展过程中，诸多举措和做法可圈可点，值得相关企业学习借鉴。本章从科技创新、品牌建设和市场开拓三部分对公司的亮点与特色做法进行展示。

（一）科技创新，赋能传统行业

公司是一家百年老字号专业蛋品加工企业，有着悠久的蛋品加工历史。由于历史非文化遗产传承，目前在岗大师有 7 位，传统工艺熟练工 8 位，并在此基础上不断追求创新发展。公司始终坚持"以质量求生存，以品种求发展，以管理求效益"的发展思路，所产的秦邮牌咸鸭蛋、松花蛋，在行业内率先通过 HACCP、ISO9001 和绿色食品等质量认证，通过了包括食品生产许可证、中国出口食品生产企业备案管理、食品农产品管理体系认证、质量管理体系认证、中国食品农产品认证、一般食品农产品认证等在内的 24 项资质认证，更参与了蛋品行业标准的制定。

为了推进科技进步，公司与江南大学、华中农业大学等科研院所建立了长期的产学研合作，设立江南大学食品学院、华中农业大学食品科技学院教学实习基地，被江苏省科学技术厅授予"江苏省农业科技型企业""江苏省科技中小型企业"称号。目前公司拥有发明专利、实用新型专利等 30 项，产学研以及自主研发团队在申发明专利 6 项，近三年承担国家级科技项目 2 项，并设立专职科技副总领导公司研发团队。2017 年，华中农业大学蔡朝霞教授、盛龙博士入选扬州市“绿扬金凤计划”领军人才、优秀博士；蔡朝霞教授作为公司技术副总入选2018年江苏省“双创计划”企业创新类领军人才，盛龙博士作为公司研发中心主任入选2018年江苏省“双创计划”科技副总。

积极推进自动化生产。2010年公司咸鸭蛋生产线已购置手动洗蛋机10台，手动液压搬运车8辆，自动蛋品分级机3台，真空包装机8台，高压蒸煮杀菌锅2套，自动封口印码机2台，自动捆包机1台，初步实现了机械半机械化。2011年公司又投入100多万元购置全自动蛋品清洗分级机1台，全自动贴标机1台，全自动墨轮标示机2台，蛋品生产初步实现了机械化，一个充满现代化气息的蛋品加工企业诞生在城南经济新区这片沃土上，“老字号”的秦邮蛋品有限公司迎来了它快速发展的第二个春天。2014年公司继续加大技术开发力度，和广东深圳振野蛋品智能设备股份有限公司合作，开展对蛋品机械进行智能化引进项目，从鲜蛋进厂的裂纹敲照，到蛋品分级清洗，再到智能真空包装等，按照蛋品特性，开展设备技术升级，累计投入350万元。蛋品机械生产智能化使得公司员工大幅减少，常年用工68人，在端午、中秋、春节有临时用工，这大大节约了公司的管理成本和人工成本。蛋制品生产线从鲜蛋进厂敲照检查、蛋品清洗分级、高温杀菌、包装贴标打印生产批号及装卸搬运生产过程全部实现了机械化作业，使得产品溯源体系的建设成为了可能。传统工艺与现代智能相结合，使得生产出的蛋品保持着“蛋黄，红沙油，蛋白，鲜细嫩”的风味特色，智能化让营养品质指标数据化，产品生产批量规模化。

（二）品牌建设，力塑“秦邮”特色

品牌建设是品牌拥有者对品牌进行的规划、设计、宣传、管理的行为和努力。“品牌”是一种无形资产；“品牌”就是知名度，有了知名度就具有凝聚力与扩散力，就成为发展的动力。高邮市秦邮蛋品有限公司以诚信为基础，以产品质量和产品特色为核心，培育消费者的信誉认知度。

近年来，高邮市秦邮蛋品有限公司通过注册“秦邮牌”“秦邮骄子”“好事成双在秦邮”等21个商标，获得商标所有权，从而使这个品牌名称和品牌标志受到法律保护，从而创立品牌，抢先占领市场。这对于消费者来说，也是一大福音，便于他们挑选产品，使消费者能够认牌购物，而不易购买假冒伪劣产品。企业坚持走“公司＋科研院所＋合作社＋基地＋农户”的发展模式，2011年成立了高邮市秦邮鸭业专业合作社，成功地促进农业、农村和农民的协调发展，确保采购的蛋品质量安全。近年来，在国家食品检测中心、农业部、江苏省等多个国家级、省级权威部门组织的监督检查中，批批100%合格，“秦邮牌”系列蛋品，已真正成为消费者心目中的安全放心食品。公司官网每天在线检索100人次以上，电商平台累计铁粉5万人左右，通过线上线下展会推介，400电话等连线持续增加。品牌检索次数，在同行产品检索处于前三位，受到江苏荔枝、省商务厅以及江苏省消费者权益保护委员会等报道三年30篇。加之“秦邮牌”区域品牌优势相对明显，二次回购率在90%以上，每年新增优质客户达5000户以上。

积极承担社会责任，带动示范引领农民养殖致富，每年端午、中秋、春节都去敬老院、特困家庭慰问，帮助贫困户通过产业发展精准脱贫；重视和主动担当环保责任，除对

厂区生态环境指标、卫生健康指标定时检测，对腌制循环用水严格处理智能检测，锅炉等使用低氮燃气，开展健康检查，确保合规排放。

（三）双线并举，拓宽销售市场

主营产品有高邮咸鸭蛋、松花蛋、海鸭蛋、秦邮双黄蛋、秦邮单品、高邮秦邮蛋品、咸蛋黄、高邮双黄蛋、秦邮牌咸鸭蛋、咸鸭蛋礼盒、端午礼盒。

通过线上、线下两种模式，双线并举，不断扩大客户范围和市场份额。线下销售渠道，依靠传统优质经销商和长期合作信赖的团购厂家，与麦德龙、沃尔玛、欧尚、乐购及上海农工商、大润发、苏果等国内大型连锁超市建立了长期合作关系。还通过“水韵江苏嘉年华”“江苏伴手好礼”等走进香港、澳门展销，省老字号协会举办的“中华老字号”产品进山东、走湖南、到南昌等展会推介。

在销量连年上升，市场知名度、美誉度不断增强的背景下，公司通过天猫、京东等平台，设立“秦邮食品旗舰店”和“专营店”，产品畅销国内多个省市和地区，如今电子商务平台已承载并成为销售渠道，占据了销售量的半壁江山。公司电商部2017年被扬州市农业委员会评为“优秀电商营销团队”，2018年4月被高邮市农产品电子商务协会评为“农产品电商营销十佳企业”，2018年9月被扬州市评为“扬州市农业电子商务示范企业”。

公司年实现销售咸鸭蛋、松花蛋5000万只，速冻虾仁120吨，速冻米面食品50吨，端午礼盒、双黄鸭蛋等特色产品更是受大众欢迎、供不应求。2017年度销售额实现2964万，2018年度销售额实现3681万，2019年度销售额实现4552万，2020年1～7月销售额实现2529万。

四、展望

经过几代人的共同努力，高邮市秦邮蛋品有限公司上下秉承传统品牌，不断创新，诚信经营，顾客至上。坚持“以质量求生存，以品种求发展，以管理求效益”的发展思路，不断做大做好市场。公司有了消费者的信赖和支持，业务合作一定会双赢长久，明天一定会更加美好！

第三十一章　江苏银宝控股集团有限公司

一、企业简介

江苏银宝控股集团有限公司，盐城市属国有一档企业，2015 年 7 月经市政府批准组建，注册资本金 20 亿元，资产总额 254.17 亿元，资产负债率 37.13%。目前，集团拥有土地资源 21.8 万亩，辖区总人口 15000 人，在职职工 2298 人。集团下辖农水集团公司、农业发展公司、银宝盐业公司、创业投资公司、粮油集团公司、建设投资公司、食品科技公司 7 个二级公司与 74 个三级控参股公司，拥有与光明乳业合作的独立乳牧业板块。集团主要从事粮食种植、加工与贸易、农田水利、良种繁育、肉食品加工、新能源、仓储物流、餐饮酒店、电子商务等业态。根据市委、市政府对银宝集团“担当农字头，做足盐文章”的定位要求，集团围绕“聚焦农盐主业、打造为农平台，全面转型发展、推进企业上市”的目标，全力把农业、盐业两大主业做大做强，综合发展农、林、牧、副、渔、贸、加、旅等一体化产业，是农业产业化国家重点龙头企业和盐城市农业产业化“五行企业”。集团公司相继荣获江苏省文明单位、中国十佳粮油高质量发展标杆企业、中国轻工业成长能力百强企业、制盐行业十强企业、盐城市农业产业化“五星企业”等称号，列中国农业企业 500 强第 92 位，农业产业化国家级龙头企业 100 强第 89 位。

二、成长及运行机制

（一）企业成长

江苏省银宝控股集团有限公司，前身为江苏省银宝盐业有限公司，成立于 1998 年 9 月，原隶属于江苏省盐业集团有限责任公司，由百年盐场发展而来，其中生产的“淮盐”距今已有 2500 多年的历史。作为一个具有百年历史的老企业，江苏省银宝控股集团有限公司承载着近代盐城海盐文化的传承与发展，以及盐城市农业基础开发主力军的重大责任。百年企业虽然创造了辉煌，但也存在传统体制下组织架构不精干，管理体制不顺畅；

产业布局不合理，主营业务不突出；激励约束不够、活动动力不强等诸方面的突出问题。自从党的十八大召开以来，江苏银宝控股集团有限公司全面深化企业改革，创新现代企业体制机制，主动跳出传统盐业，致力转型升级，融入沿海开发，进军农业产业，实现二次创业，加速裂变发展。企业在融入“一带一路”和国家沿海开发双重战略的深度实施中，释放出巨大的发展潜能。2015 年 7 月，一个着力推进板块专业化经营，致力发展混合所有制经济，全力创建国家级农业产业化龙头企业的“江苏银宝控股集团有限公司”破茧而出。

为响应市委、市政府提出的“银宝公司要抢抓机遇、科学规划、创新思路、做大做强，加快盐田综合开发利用”的要求，2012 年公司新领导班子成立后，就驻基层、到一线、下车间、进塘头，针对公司存在的系列问题和未来发展趋势展开深层次的调查研究，广泛听取社会各阶层和广大职工群众的意见和建议，先后召开董事会、职代会进行深入细致的研究，提出了组建“江苏银宝控股集团”的愿景，力争到 2020 年营业总收入突破 500 亿元，跻身“中国企业 500 强”总目标，为“建设新盐城，发展上台阶”做出新贡献。这一银宝发展史上超常规的构想，迅速得到了全公司广大干部职工的热烈响应，成为全员为之不懈追求和奋力拼搏的新目标。银宝公司的新愿景、新定位和新目标，带来了新举措和新气象。

银宝公司计划进行三大规划，以强化企业基础。规划“江苏银宝国际生态渔村”，重点在射阳盐场 108 平方千米区域，打造以水产养殖为特色、农牧渔等科学结合的国际生态渔村。规划两个子公司上市，以银宝生物科技公司、银宝海富公司和银宝花田公司组成的水产服务板块为上市主体。规划成立两个交易所，着手筹建水产品与盐产品交易所，通过电商平台，创建盐产品与水产品交易中心、信息中心、结算中心、资源配置中心。

公司计划打造三大园区，以增强公司发展后劲。着力打造肉联及冷链仓储配送中心园区，凭借园区的运行，保障盐城大市区肉禽制品供应安全，服务周边省市专业化区域冷链物流，培植盐城市新的经济增长点。同时，银宝公司着力打造灌河现代物流集散园区，加快对接灌河综合物流项目，启动建设集仓储、港口、码头、货运、物流等一体发展的“万吨级码头”。除此之外，公司着力打造农副产品加工园区，通过挂大靠强、嫁接改造，联手壮大一批农业龙头企业，努力成为省内有影响、国内具特色的现代化农产品加工园区。在公司发展过程中，确保渔业经济稳健增长。公司借助江苏省第十五届农洽会在盐城召开的契机，加大农业招商引资力度，跟踪洽谈了生猪养殖、水产养殖和酱醋生产及生态农场经营等项目，全部落地见效。以渔业增效、养殖户增收为目标的生态渔业建设，促进了养殖效益、生态环境的提升。

银宝公司着力推动对外合作项目更上一层楼。天合光能一期项目成功并网输电，月发电量达 1000 万度，成为华东地区较大光伏项目。同时，银宝公司与广东海富药业公司合作建设鱼药生产基地，与北京大学经济学院合作筹建水产品和盐产品交易所，与苏矿公司合作在坦桑尼亚钻探金矿。除此之外，银宝公司投资 1000 万元在何老大酱醋公司建成酱醋现代化灌装线；与南京银行对接中期票据、与德邦证券对接债券、以生物科技为主体上市工作和顺泰小贷公司“新三板”挂牌等均取得实质性进展。

经过三年的不懈努力与艰苦创业，银宝集团以改革发展的新形象、新面貌、新成果，率先吹响转型升级的号角，实现百年历史新跨越。

（二）运行机制

1. 推陈出新谋裂变

银宝集团积极响应盐城市委、市政府号召，策应“农”字品牌，抓住市场和资源机遇，确立了“转型升级、二次创业、做大做强”发展战略，围绕“改革内生活力、规划引领产业、转型谋求发展、资源集聚资本、文化提升品质、民生成就梦想”的总体思路，抢抓沿海发展机遇，不断深化企业内部改革，加大对外开放合作步伐，集聚发展正能量：着力打造直属企业的新兴产业、射阳盐场的生态养殖和农水集团的集聚投资等板块产业，加快调整转型谋发展；统筹配置要素资源，制定招商优惠政策，明确招商产业定位，吸引有实力的企业投资创业。

2. 增能扩效求倍增

截至2015年11月底，银宝集团生产经营再度全面提升，实现营业收入14.386亿元，利税1.7亿元；产盐6.58万吨，销售盐产品18.49万吨；土地等资产承包收入6001.62万元。主营业务提升较快。生态种植、绿色养殖和农副产品加工等主营业务12.6亿元，占营业收入的63.2%，主营业务的支撑地位更加突出。顺泰农贷股票在“新三板”成功挂牌上市，成为盐城首家上市的农贷公司。

筑牢国家级农业龙头企业基础，提升主业实力。重点发展生态高效种植业、现代规模养殖业和农副产品加工三大主业。搭建水产集团框架，牵头成立市级水产行业协会，积极筹建海洋渔业公司、水产物流公司、银宝金融信息服务公司等混合所有制企业；省级水产良种场已投入运营，当年育苗超亿尾。组建水产发展公司，与杭州勾庄、萧山等水产市场合作，实施物流直销进市场模式，实现直销额1.5亿元；生物科技公司产销水产饲料4万吨；投资1000万元建成酱醋现代化灌装线，实现销售收入639.66万元。跨境电子商务已蓝海启航。

突出沿海重大项目建设，提升发展空间。加快推进风力发电项目，组建江苏盐阜银宝新能源公司，投资8亿元建设100兆瓦风力发电项目，正积极投入施工。认真规划银宝国际生态渔村城市设计，打造核心综合服务区，与市交通控股集团合作，拟投资3亿元建设公路服务区、通用机场、国际垂钓中心、自驾游营地、沙滩冲浪、物流园区等集服务、旅游、休闲为一体的综合性服务区项目。规划启动银宝灌河码头项目，加快启动集仓储、港口、码头、货运、物流于一体的“万吨级码头”。

围绕构建现代企业制度，提升改革活力。启动实施集团深化改革工作，对下属33个全资子公司和控参股企业，按照板块化、专业化的要求，进行资源优化配置和产业体制整合重组，重点打造农牧金融、水产养殖、生物科技、盐业物流和创业投资“五大板块”；加大“走出去”步伐，与苏地公司合作勘探的坦桑尼亚金矿项目，中标13个探矿权，已完成磁探，正进行电探阶段，着手井位取芯工作。

三、亮点与特色做法

（一）推进农业全产业链项目

以打造银宝农场为切入点，整合全市连片万亩以上高标准农田和“盐城大米”品牌，累计流转土地签约24万亩，实际种植7.1万亩，形成30个各具特色的特色连锁农场。以畜禽规模化养殖为增长点，进军猪、牛、羊、鸡等产业，打造集饲、育、养、加为一体的全产业链现代化农牧企业，与光明集团合作的11万头尚宝牧业基地已开工建设；另与雨润集团合作200万生猪养殖项目、100万头生猪屠宰和5万吨深加工项目分别与滨海、响水、建湖三县签订合作协议。

建设菊花产业小镇，成立菊花药材产业联合体，吸纳洋马镇及周边区域菊花规模加工企业联合经营，利用现有的种植基地，以错季节花草种植为主、观光旅游为辅的产业结构，研发菊花自动采摘机器，配套菊花非标筛选设备，以精深加工为重点，开发药用、食用菊花系列产品，形成以菊花、金银花、玫瑰、芍药等加工生产的全产业链条，规划建设“农业+旅游、农业+文创”的特色产业，打造以银宝菊花产业为特色的菊花小镇。

（二）打造特色亮点工程

实施畜禽粪污资源化利用，实施银宝七环畜禽粪污处理有机肥项目建设，采用“生态循环农业模式”，以粪污处理为抓手，以有机肥生产为核心，连接畜牧和农业种植，生产生物有机肥，推动集团绿色生态循环经济发展，同时带动周边新型农业经营主体进行有机农产品的种植，保证农产品质量安全。

打造“盐城海盐”产业基地建设，落实响水三圩盐场9650亩土地的移交和东昇北侧5000亩土地的置换，建设50万吨原料盐基地，推进与唐山三友集团盐业生产全产业链合作。优化养殖结构，从致力打造“银宝鱼”为切入点，对“退养还湿”后的8700亩一号水库，经过专家现场调研、论证、推选等，筛选出鲢、鳙、草、梭四种鱼类和蟹、虾共六个品种，进行“人放天养、自然增殖”试验。全程实行“三不”原则，做到真正意义上的人放天养、自然增殖，通过半年的试验，取得了明显的效果，既抑制了水库水草的共生生长，为农发公司海堤路东近10万亩退渔还湿的湿地资源，探索出成功的放养模式和路径。以瑞丰谷物公司12.5万吨粮食仓储项目为基础，依托大丰港粮食海运港口和内河码头，建设大丰港银宝食品加工、粮食进出口贸易产业园区，加快禾丰油脂收购进程；积极推进哈尔滨工业大学和黑龙江春华秋实公司二氧化硅的合作项目。

通过新型农业发展模式的先行示范验证，银宝农科院有限公司牵头进行秸秆制造聚氨酯产业化实验，产品目前已呈送国家实验室进行技术数据论证，实现集团农业科技成果向农业产业化转化。

（三）盘活闲置资产，释放资源效能

贯彻落实《银宝集团土地资源效能释放实施方案》文件精神。土地出让已完成射阳盐场5.8万亩土地出让手续，不动产证书已办理结束，土地资产价值62亿元。5000亩工矿废弃地复垦已全部完成，争取政策资金5亿元；规划大丰、东台片区低标准1000亩农田提升整治工程；完成射阳片区200亩稻米新品种示范基地建设方案。充分释放集团土地资源的价值效能。

（四）注重环境保护，严抓环保治理达标

按照农业主管部门文件精神，严抓环境治理达标，农发公司制定了《银宝集团水产养殖污染防治工作实施方案》，对“两鱼一虾”养殖池实行了“一户一档”管理制度，做到“三个监控”，实行“五个禁止”，养殖尾水排放检测达标率100%。

四、展望

在未来的发展中，银宝控股集团有限公司仍然面对诸多机遇与挑战。作为江苏省内知名的农业产业企业，银宝集团应当立足农业产业化，努力推进农业产业转型升级。在日后的产品生产中，提高格局定位，放大聚集效应，在经营战略方面可以进行标准化与质量分级，对不同的市场进行划分，生产并供应差异化产品。企业产品经营方面，银宝集团应当紧紧瞄准中粮集团、光明集团等行业领先企业，挣取拓宽渠道，借助集团自身的资源与其形成融合经营，扩大产品优势，扩大市场份额。针对盐业方面，银宝集团应当加快传统产业升级，在“中国海盐”上做足文章。面对新修订的《食盐专营办法》颁布实施，银宝集团将面临新一轮的发展机遇，在接下来的发展过程中，集团应当注重制定正确的战略目标，挖掘企业自身的潜能，抢占市场先机，精心谋划中海盐产业有限公司的筹建运营，打造中国海盐业龙头企业。在当今的互联网时代，银宝集团可以致力于推动“互联网+”模式，在盐田稻、苗圃园、畜牧业、跨境电商等方面扩大业态。作为盐城市属国有一档企业，银宝集团应当进一步对银宝商城进行标准化管理，入驻当地社区，借鉴目前的社区团购形式，为居民的日常生活提供便利。银宝集团可以与农科院积极产生联系，聘请其中的专业人士对农产品与畜产品进行研究，推动改良育种，提升产品质量，构架强大的技术后盾。

第三十二章 江苏华绿生物科技股份有限公司

一、企业简介

江苏华绿生物科技股份有限公司注册于2010年6月，是致力于食用菌的工厂化栽培的高科技企业，总部位于江苏省泗阳县，在北京设有分厂。该公司主要生产金针菇、茶树菇、海鲜菇等食用菌类产品，公司占地330亩，总建筑面积76000平方米，总投资2.4亿元，公司员工1000余人，每天可生产金针菇鲜品90吨，2019年销售额达5.75亿元。

江苏华绿生物科技股份有限公司历来重视自主创新和科技进步，与江苏省农科院、浙江省农科院、浙江大学、南京农业大学等科研所建立产学研合作关系，引进高端研发人才，实行标准化、规模化、机械化生产，获得政府和业界的一致好评。公司任中国食品土畜进出口商会食用菌分会常务理事单位、中国食用菌协会理事单位、江苏省食用菌协会副会长单位。公司专利申请授权数量110项，公司被认定为国家食用菌工程技术研究中心金针菇种质资源评价和利用基地，公司研发中心也被认定为“宿迁市食用菌工程技术研究中心”。公司生产的白色金针菇新品获得宿迁市科技进步三等奖，被认定为绿色食品、江苏省高新技术产品、江苏省名牌产品；灰树花（舞茸）专利申请量业内第一，并实现了国内第一个规模化、工厂化生产。2019年12月3日，江苏华绿生物科技股份有限公司入选“第六批农业产业化国家重点龙头企业名单”。

二、成长及运行机制

（一）成长历程

江苏华绿生物科技股份有限公司注册于2010年6月8日，总部位于江苏省宿迁市泗阳县，专业从事食用菌的研发、工厂化种植及销售业务，生产和销售的主要食用菌产品为金针菇、真姬菇（包括蟹味菇、白玉菇）。公司于2015年6月注册商标“华绿之珍”，于

2021 年 4 月 12 日正式登陆深交所的创业板，实现首次上市。江苏华绿生物科技股份有限公司通过工厂化栽培的技术手段，将农作物下脚料通过与生物技术的有机结合变废为宝，提升了食用菌的产能、质量及安全水平，满足了消费者对食物安全放心的要求，同时促进了当地食用菌生产、加工、贮藏、销售的发展，有利于完善当地食用菌产业链条，促进农业循环经济发展，不仅具有良好的经济效益，还有显著的社会效益。

（二）品牌建立机制

1. 制定科学合理的品牌发展规划

江苏华绿生物科技股份有限公司自 2010 年成立以来，专业从事食用菌的研发、工厂化种植以及销售业务。公司专注于食用菌的栽培，以生态栽培手段确保产品的品质优胜，提升品牌价值，打造优质品牌。公司与中科院、上海农科院等科研所以及浙江大学、吉林农业大学、南京农业大学等高校建立了紧密的产学研合作关系，引进先进技术和高端科技人才，打造高科技含量品牌。公司目标为打造世界级的食用菌品牌，积极倡导“一荤一素一菇”的健康膳食理念，努力让全球每个家庭享用到绿色、安全的精品食用菌，打造国际品牌。公司于 2015 年 6 月注册商标“华绿之珍”，认定商品为食用菌。

2. 实行标准化管理

公司从食用菌生产到产品销售共经历十个环节。在拌料环节，用心选取优质原料，构建安全培养机制；在装瓶环节采用自动化装瓶设备，实现装瓶盖盖一体化；在灭菌环节采用高压自动灭菌，做到安全、彻底灭菌；在冷却环节进行循环净化空气、料瓶无菌冷却；在接种环节采用高科技液体接种技术，进行全自动化无污染接种；在菌丝培养环节，在高度洁净的无尘间内进行，全程呵护菌丝成长；在搔菌环节使用机械除老芽自行补水，获取新生菌丝奇生长；在生育环节认真培育优质菌菇；在包装环节精心挑选、进行绿色保鲜包装；在销售环节进行盒装销售，方便环保。公司有针对性地建立一整套质量标准体系，在产前质量环境、产中培育、产后处理加工等环节和方面都进行严格的技术把控和质量监管，保证产品生产的每一个环节都符合标准化生产的要求，确保产品的品质和质量。

（三）营销机制——STP 战略

STP 营销战略即市场细分、目标市场选择和市场定位。市场细分是指按某种特定的标准将消费者分成不同的群体；目标市场选择是指选择将产品销售给哪些消费者群体；市场定位是指为目标市场选择最合适的行销路径，即 4P（产品、价格、通路以及促销）。

1. 市场细分

市场细分是营销者通过市场调研，依据消费者的需要和欲望、购买行为和购买习惯的差异，把某一产品的市场，整体划分为若干消费者群的市场分类过程。每一个消费者群就是一个细分市场，每个细分市场都是具有类似需求倾向的消费者构成的群体。市场细分的标准有地理细分、人口细分、心理细分和行为细分等。就食用菌市场而言，其市场细分内容可包括：据地理因素进行细分，包括行政区域、区域规模、气候特征等；根据消费者的个体特征进行细分，包括消费者的性别、年龄、家庭规模、收入、职业等；根据消费者的购买心理进行细分，包括生活方式、社会阶层、消费偏好等；根据消费者的购买行为进行细分，包括消费者的忠诚度、购买率等；根据食用菌作物本身进行细分，包括食用菌的种类、食用菌的生命周期、食用菌的生长条件等。

2. 目标市场选择

目标市场是在市场细分的基础上进行选择的，目标市场是公司长期经营并持之以恒发展的市场。理想的目标市场要有足够的吸引力，有一定的规律和发展前景，市场中的竞争者相对较少，符合企业的目标和能力。目标市场的选择策略包括无差异市场营销、差异性营销和集中性营销。江苏华绿生物科技股份有限公司主要采用集中性营销策略，公司集中生产食用菌这一特定产品，不生产其他产品。通过集中公司的所有资源和能力在食用菌这一核心业务进行生产，专注于一点以带动公司的成长和发展。这一战略的实施有利于公司集中各种优势资源于最熟悉的业务领域，从而开发出具有竞争力的产品；有利于公司整合战略的运作，进行规模化生产，以节约成本，获得成本优势。

3. 市场定位

市场定位是企业通过一定的营销运作，使品牌具有一定的个性和特色，即存在差异，使品牌得以区分于竞争对手的品牌，使本公司及产品在消费者心中树立特定的影响。可采用的方法有产品特色定位、功能性定位、消费者类型定位、竞争定位、性价比定位、运用定位、情感和行为定位、文化定位、价值定位、比附定位等。江苏华绿生物科技股份有限公司主要采用产品特色定位、功能性定位和竞争性定位方法。通过强调其食用菌产品的生态性、安全性和优质性，并突出食用菌的营养价值，以健康膳食理念作为宣传点，从而制造自身产品与竞争对手的区别，体现其产品的独特之处，从众多食用菌产品中脱颖而出。

三、亮点与特色做法

（一）行业联合与科技研发

江苏华绿生物科技股份有限公司是国家高新技术企业，规划建设公司科创中心 120 亩，已建成 50 亩，一期投资 1.5 亿元，拥有各种行业领先的高精尖实验设备 20 余台（套），高标准实验室 2000 平方米。公司与中科院、上海农科院等科研所以及浙江大学、吉林农业大学、南京农业大学等高校建立了紧密的产学研合作关系，承担国家“星火计划”项目，是中科院微生物所技术转移转化中心、国家食用菌工程技术研究中心、金针菇种质资源利用与评价基地、江苏省企业技术中心等。华绿生物的菌种液氮保藏技术，金针菇和杏鲍菇等液体菌种制备水平在全国领先。

在食用菌行业中，菌种技术一直长期被国外所垄断，为解决工厂化食用菌菌种长期依赖进口的现状，在江苏省泗阳县现代农业产业园区的支持下，由江苏华绿生物科技股份有限公司牵头，联合上海雪榕生物科技股份有限公司、众兴菌业等食用菌行业龙头企业，组建了江苏和正生物科技有限公司，重点进行食用菌新菌种、新技术和新装备的研发，以加强各合资方食用菌菌种和种植技术的交流，提高食用菌行业菌种的研发能力，加快食用菌种植技术的开发应用，从而进一步推动中国工厂化生产食用菌行业的发展。江苏华绿生物科技股份有限公司通过与高校、研究所开展产学研合作，与食用菌行业龙头企业进行技术交流，广泛吸纳优秀人才，学习先进的思想和技术，并为己所用，提高自身的食用菌菌种研发能力，改进自身的食用菌生产机器和技术，为公司可持续发展注入科技动力。

（二）村企帮扶利益联结机制

利益联结机制是指农业产业化经营中的利益如何在各参与主体之间进行分配所达成的程序安排和措施。2017 年 6 月江苏省泗阳县获准创建国家现代农业产业园，江苏华绿生物科技股份有限公司于 2020 年在泗阳县农业产业园区投资 805 万元建设华绿食用菌菌种中试研发基地。为促进相关乡镇村居民增收，加快低收入农户脱贫步伐，公司将该研发基地建设项目与相关乡镇村居民收入相关联形成利益联结机制。

项目实施的前 5 年，项目主体每年支付相关乡镇村 20 万元，其中，40% 将支付给低收入农户，60% 将用于村级发展。项目年生产金针菇的能力达 1000 吨以上，年生产总值达 400 万元以上，带动农村劳动力 30 人以上。江苏华绿生物科技股份有限公司根据农村农作物下脚料多的实际情况，积极组织人员进村采购，不仅解决了公司生产所需的原材料问题，而且为当地农户带来了稳定可靠的销售收入。公司同时组织专家对农户进行劳动技能培训，有效提高劳动者素质，增强劳动者就业能力。

江苏华绿生物科技股份有限公司通过多渠道、多层次、多形式的村企“对口帮扶”活动，逐步形成了“以企带村、以村促企、互利共赢”的长效利益联结机制，不仅为产品生产提供了原材料，而且积极承担了社会责任，对提高当地劳动者素质、带动当地就业、增加当地收入起着积极作用。

（三）先进营销理念与方式

江苏华绿生物科技股份有限公司在营销时突出强调食用菌的营养价值，以“一荤一素一菇”的健康膳食理念作为宣传点，并将自身产品定位为“生态栽培，品质优胜”的绿色安全产品，符合当今社会流行的追求绿色产品、健康饮食的消费观念。公司与大润发、海底捞、呷哺呷哺、盒马、华润万家、永辉超市、美团、沃尔玛等大型连锁企业进行商超合作，这种“农超对接”的销售方式同样是当下流行的农产品销售方式。该营销方式具有以下优点：少了产品流通的中间环节，拓宽了产品的销售渠道，有利于降低产品的销售成本，使公司获得更多的利润；减少了产品流通过程中的贮存时间和损耗，减少了产品浪费，同时避免产品价格过高；在与连锁超市集团和商业集团的合作过程中，逐渐树立自身产品的优质形象，利用农超合作平台打造产品品牌；有利于江苏华绿生物科技股份有限公司的正规化、规范化经营，提高产品的品质和质量安全保障水平。江苏华绿生物科技股份有限公司通过这种先进的营销理念与销售方式，拓宽了产品的销售渠道，降低了成本，并且树立了绿色安全、优质健康的品牌形象，有利于公司的长期发展。

（四）高度社会责任感

2017年至今，江苏华绿生物科技股份有限公司连续4届参与宿迁“群”众助学公益活动，捐赠善款超过20万元；先后安排15名退役军人就业，帮助其缴纳五险一金。在疫情期间，面对疫情期间蔬菜供应紧张的局面，公司积极承担社会责任，于2020年1月27日即开始复工，在1~4月合计生产食用菌1.9万吨并销往全国各地，为保障全国蔬菜供应和人民群众在疫情期间的生活物资供应做出了积极贡献。除了积极复工保障生活物资供应外，公司还向泗阳县人民政府捐赠现金100万元用于抗疫工作，同时通过多种渠道向政府机关、企事业单位和社会各界群众捐赠公司产品新鲜食用菌近3万千克。

在疫情期间，公司积极保障员工权益，坚决不减薪、不停薪，正常发放工资并缴纳员工保险，2020年1~3月合计发放工资超过1800万元，为员工缴纳社保公积金超过200万元。江苏华绿生物科技股份有限公司积极承担社会责任，持续塑造有担当、负责任的良好品牌形象。

四、展望

近年来，在国内居民消费水平不断提高和对饮食健康及安全日益重视的背景下，中国食用菌总产量增长迅速，2019年全国食用菌总产量3962万吨。中国已成为世界上最大的食用菌生产国、消费国和出口国。食用菌行业的发展有利于江苏华绿生物科技股份有限公司的持续发展，2017~2020年，公司实现营业收入分别为3.48亿元、3.94亿元、5.75亿元和6.09亿元，净利润分别为0.64亿元、0.56亿元、1.21亿元和1.33亿元。

在未来，公司可从以下方面进行发展：继续加强科技研发投入，在菌种培育和机械化生产方面进一步加强和发展，掌握核心高端技术，培育更优质的食用菌菌种，以更好地培育公司的综合竞争能力，巩固自身的行业地位，并推动和促进中国食用菌整体行业的进一步发展；灵活运用淘宝、天猫、微店等电商网络平台，建立旗舰店并开展线上宣传和销售，同时使用微信公众号、微博账号等社交网络账号进行宣传，扩大品牌知名度，拓宽销售渠道，降低销售成本，打开更广阔的销售市场；进一步延长产业链，增加产品的附加值，除了销售新鲜食用菌外，运用技术对食用菌进行加工，将食用菌制成“干货”或制成药膳，增加产品种类，使其符合消费者更多样化的消费需求，更好地迎合市场需求。

第三十三章　无锡天鹏集团有限公司

一、企业简介

无锡天鹏集团有限公司是一家以生猪屠宰、肉制品加工、鲜冻荤食品市场成交、线上交易、放心食品配送及专卖、餐饮连锁以及食品进出口等为主的食品生产加工流通型企业，是国家农业产业化重点龙头企业，是无锡市肉类食品行业的龙头企业，也是无锡市政府“菜篮子”工程重点实施单位之一，被国家八部委列为供应链创新与应用示范试点企业，农业部“定点市场”，是中国进境动物源性肉类产品定点储存库和江苏进口食品检验检疫监管样板（冷库）。目前承担着无锡市猪肉储备任务。长期以来天鹏集团秉承“伦理经营”理念，坚守“食品工业是道德工业，食品工程是良心工程”的行为准则，从保障民生、保障食品安全出发，致力于放心食品工程建设，坚持不懈做好“三个确保”，即“确保无锡天鹏食品的安全放心，确保无锡非常时期荤食品的供应，确保无锡非常时期肉食品价格的相对平稳”，将食品事业和社会责任牢牢结合在一起，让市民的“菜篮子”安全放心。近几年来，公司大胆探索，从稳扎稳打的实体经营开始拓展智慧市场、线上交易等新兴业务。

集团旗下有无锡天鹏菜篮子工程有限公司、中华老字号企业无锡市真正老陆稿荐肉庄有限公司、无锡市天鹏进出口贸易有限公司、江苏安信农产品交易中心有限公司、无锡市天鹏食品有限公司、无锡天鹏食品商城有限公司六家企业。公司主要产品“天鹏放心肉”曾获得2002年无锡市政府授予的放心肉品牌，深受市民欢迎，更得到市、区各级政府机关、部队、学校、酒店、工矿企业等200多家单位的信任，建立了长期稳定的供货合作关系；有140多年历史的“真正老陆稿荐”牌系列熟食品被评为“江苏省知名品牌”，其中酱排骨被评为“中国名牌商品”。2020年无锡天鹏集团向无锡市场供应生鲜猪肉90万头，约占无锡市场猪肉供应量的50%～60%，供应各类鲜冻荤食品、干货调味品、方便食品和海鲜水产品等约35万吨，天鹏食品城批发成交量约占无锡市场同类产品供应量的60%～70%，并有28家生鲜、熟食品连锁专卖店，为无锡肉类荤食品市场的安全保供发挥了主渠道作用。

二、成长及运行机制

（一）成长历程

早在 2007 年，天鹏集团响应号召实施退城进园。投资 11.7 亿元，在 320 亩土地上兴建总建筑面积近 30 万平方米的无锡天鹏食品城，打造菜篮子工程。2009 年迁址，业态涵盖屠宰、加工、熟制品、批发市场等，建有当时符合国家四星级标准的 100 万头生猪屠宰加工配送车间，6 万吨全温层智能化冷藏库群、近 1500 间商铺，批发商品包括肉类、冻品、干货调味品，熟食制品拥有中华老字号“真正老陆稿荐”，同时拓展外贸、小贷公司等新业务，成立冷链物流公司，开通 20 条配送线路，覆盖整个无锡市及所属各乡镇。

2014 年初，天鹏集团着手搭建线上交易平台——安信农产品交易中心。2016 年 9 月，经江苏省人民政府金融办批复，江苏省综合类国际农副产品线上现货贸易平台——安信平台正式对外经营。2017 年 9 月，安信与中国肉类协会结成战略合作关系，成为中国肉类协会国内唯一肉类交易平台战略合作伙伴。安信平台利用“互联网 +”的模式和手段，优化现有传统肉类进口贸易线下实体交易模式，提供集中采购、集中分销、供应链金融服务、仓储物流等线上服务，形成大宗肉类贸易的供应链生态圈，实现快速交易、降低费用成本、提升市场占有率，使交易双方获得最大利益。

2018 年，天鹏集团发展迎来重大历史机遇。引进战略投资者，加盟江苏省级最大外贸企业汇鸿集团，天鹏集团的供应链架构和创新发展进入新阶段。引入汇鸿集团这个新战略投资者，使天鹏集团由过去的“单轨电车”变成了现在更稳更快运行在“双轨”上的一辆动车。天鹏集团副董事长马南生形象地说，一条轨道是天鹏集团原有经营的实体传统市场，另一条轨道是依托天鹏实体市场创新的供应链金融。用金融链打通资金流、物流，把单个企业的不可控风险变成可控风险，未来市场空间无限广阔，有望成为推动天鹏集团高质量发展新动力。完成并购不到一年，协同效应日益显现，天鹏集团的增量带动了汇鸿集团的存量，汇鸿集团的存量又促进了天鹏的发展。汇鸿冷链在镇江建设的冷库，因天鹏集团客户的引入而一库难求。汇鸿中锦公司生鲜业务已与天鹏集团有效对接，汇鸿旗下众多外贸企业的进口优势与天鹏集团国内贸易的强项结合，正在释放“1 +1 >2”效应。

（二）运行机制

公司食品生鲜事业部全面统筹管理各子公司食品生鲜业务的资源整合和服务协调工作。主要由子公司汇鸿冷链、汇鸿粮油和无锡天鹏经营管理。各子公司以集团平台为支撑，强化对 B 端提供可溯源的安全食品；在大力支持前端合作伙伴拓展优质货源的基础上，不断加强与下游渠道的共建和协同，调架构、强合作、建平台、夯基础，构建以仓储、物流、贸易、加工、金融、展示为基础的“六位一体”服务模式，积极融入国内国际双循环发展格局。国内方面，与行业头部企业在食材供应商开展深度合作，实现资源共享，包括海外生鲜食品采购、国内粮油食品采购、生鲜食品仓储物流、加工、贸易、关检、下游销售渠道拓展等方面；国外方面，利用自身资源优势和品牌优势，与美国、日本、韩国、欧洲、“一带一路”沿线等20余个国家和地区的一手厂家进行了水海产品、冷冻牛羊肉、粮食等食品生鲜产品的货源地直采。

汇鸿冷链坚持供应链运营集成运营思维，探索推进仓储业务输出管理，提升供应链运营的仓储管理能力，积极打造“汇冷优鲜”平台，集成ERP系统、WMS仓储管理系统、TMS物流管理系统、OMS订单管理系统、PPM加工系统，通过信息化、数字化、智能化打造生鲜冻品产业互联网，优化传统贸易线下交易模式。通过提供丰富的在线销售工具、收款结算、金融服务以及全过程的仓储、物流、配送等服务，为B端采购带来数字化全新体验；通过线上撮合交易、集成支付，进一步促进交易快速达成，有效降低销售费用，扩大产品市场占有率，实现供销双方的收益最大化。汇鸿粮油坚持专业化、特色化路线，对特色业务精准开发，积极布局细分市场，充分发挥供应链资源整合作用。创新合作业务经营模式，推动产业链上下游延伸，上控货源、下拓渠道，做到商贸结合、工贸结合发展。依托利用冷链仓配、加工等资源的优势，不断优化，形成服务品牌，实现一站式服务范本。充分利用国家对“一带一路”和“自由贸易港”建设的优惠政策，确定以新疆霍尔果斯和海南作为试点，筹措设立子公司，积极开拓国内市场，不断推动公司供应链运营发展。

无锡天鹏作为全国供应链创新与应用试点企业，主要从事生猪屠宰、肉制品加工、鲜冻荤食品市场成交、食品配送及专卖、肉制品进出口和大宗农产品现货电子交易服务等多项业务，构建“以市场交易为引流渠道，生猪屠宰、肉制品加工、生鲜冷冻荤食品储存、批发交易、放心荤食配送专卖以及农产品现货电子交易服务等多元化业务”的生态体系。

无锡天鹏的子公司菜篮子工程有限公司主要业务为生猪屠宰、肉制品加工、生鲜冷冻荤食品储存、批发交易和放心荤食品配送专卖等业务；无锡市真正老陆稿荐肉庄有限公司主要业务为酱排骨、酱牛肉、酿面筋等预包装和新鲜散称熟食制品的生产加工、批发零售和连锁经营业务；无锡天鹏进出口贸易有限公司主要业务为进口冷冻畜禽产品等相关国际贸易业务；江苏安信农产品交易中心有限公司通过安信云商现货交易平台形成“供应链集中采购+集中分销+预售+竞价”等多种交易模式，多层次满足交易商大宗交易需求。公司通过平台积极开展大宗农产品现货电子交易服务及供应链金融服务，全力打造线上线下融合的一体化运营新模式，完善猪肉现货交易授信业务、冷冻食品仓单质押业务流程。

三、亮点与特色做法

（一）重视打造良好品牌，发扬“放心食品”的招牌

从初创到整合，从单一化到集团化，60多年来，天鹏集团始终关注和重视品牌建设，

天鹏集团围绕“食品工业是道德工业、食品工程是良心工程”的经营理念，通过企业行为理念、质量理念、用人理念的形象化展示，传达出“自强不息、厚德载企”的企业精神。同时天鹏集团也围绕着其企业品牌文化将其品牌定位为立足民生，奉献社会。

严格准入制度，设立首席质量官，组建专管员队伍，加强市场源头管理与食品安全日常管理。公司检测中心承担了集团全部的检测任务，每年用于检测的费用高达数百万元。检测内容覆盖食品生产加工、运输配送、销售全过程；重金属、水分、瘦肉精等多个检测项目的抽检标准远高于和严于国家相关规定，为食品安全装上技术保险。非洲猪瘟疫情发生后，天鹏集团又投资约40万元添置设备，建立全省第一批非洲猪瘟快检室。检测中心实行24小时不停班运作，有效把好注水猪肉关。对食用农产品进行严格的抽样检测，所有数据实时上传至市场监管局监管平台，对有问题的商品和经营户采取强化整改、罚没违约金、移交市场监管部门、清退出场等措施，集团每年要下发整改通知超过100份，多年来已清退、停业不合格经营户几十户。

无锡天鹏集团重视通过信息化建设，利用肉菜追溯系统实现商品全程可追溯；在全国率先采用RFID无线仓储管理系统，实现冷库规范化管理。

（二）加强养殖基地的建设，保证肉类供应质量，带动农民增收

无锡天鹏集团先后在省内宜兴、泰兴、海安、姜堰、盐都等地建立了畜禽养殖基地，并通过中介组织及农副产品收购经纪人将货源基地发展到安徽、山东、河南等地，并从2005年开始实施建设绿色品牌猪养殖基地，通过投资宜兴坤兴生态农业发展有限公司生猪养殖场，与泰兴种猪场、姜堰种猪场和海安华润食品公司等养殖场合作，共同发展培育品牌猪的养殖。另外，公司还与有关科研院所共同进行猪肉安全全程质量监控技术研究，研究有毒有害物质残留的快速检测方法，重金属含量的快速检测方法，对生猪养殖做到事前控制。

无锡天鹏集团通过以坤兴无公害标准化养殖场为核心，以“宜兴市坤兴养猪合作社”为纽带带动周边农户，对合作社内250家养殖大户实施统一管理，并通过养猪大户辐射带动了500余户农户进行品牌猪的养殖。这些基地与公司下属食品加工企业及连锁专卖网点等形成养殖、加工、销售的一条龙产业链。凭借天鹏放心食品品牌效应以及公司自有销售终端的保障优势，在一定程度上化解了农民的生产风险，提高了农业生产效益，带动了农民增收致富。

（三）延长产业链，加强市场竞争力

在我国全面开放生猪经营、生猪屠宰后，为了在激烈的竞争中占领市场，无锡天鹏集团确定了做“专”本业的方向，大胆改革，不断创新，在经营上由单一的屠宰加工转向了屠宰、熟制品加工和肉品市场成交的多角发展，壮大熟食品加工，新建猪肉交易市场和食品商城，还针对企业缺少销售终端的这一弱处，增设专卖店，通过内部撤并和投资收购，形成生、熟产品加工和市场、超市销售四大主力板块。集团公司现设有无锡市肉类厂、食品商城，投资控股无锡市真正老陆稿荐肉庄有限公司等企业。公司在扩大产品加工

的同时，坚持向两头延伸，在产区建立了生猪、家禽等原料生产基地，在市区建立食品超市和放心食品专卖店，还培育了食品商城和猪肉批发交易市场，形成了从养殖、屠宰、生熟加工到批发、零售的产业链，形成链式发展模式。为打造现代供应链领先企业，天鹏集团在与汇鸿集团的合作中强化战略引领，充分整合内外资源，专门成立汇鸿供应链研究院，搭建专家平台网络，为供应链战略实施提供智力支撑。通过与德勤咨询合作，搭建以五大信息化平台为基础、三大信息化关键能力为支持的供应链云平台，全面支撑供应链创新与应用转型。同时，认真梳理相关供应链上下游资源，持续压缩低质低效业务，不断强化专业化优势，提升核心竞争力。

四、展望

从历史的发展趋势来看，数字化不仅是信息化的“产物”，也是信息化的演进阶段，更是构建智慧企业的首要前提。在这个数字化时代，各个企业都在不断探索数字化转型之路。随着数字经济竞争的加剧，各个企业也逐渐认识到只有将数据新技术利用起来，开发出更多的创新数据产品和数据服务，才能吸引到更多的新客户并留住老客户，也只有进行数字化转型的企业机构才能在数字经济、社会中生存。未来天鹏集团可以进一步加强数据标准统一和资源线上对接，积极探索“传统产业 + 互联网”转型，不断促进企业数字化转型，实现供应链即时、可视、可感知，提高供应链整体运营能力和协同能力。

壮大节能环保产业是生态文明建设的内涵和途径之一。培育壮大节能环保产业对生态文明建设、推进绿色发展具有重要意义。构建绿色低碳循环发展的经济体系，形成经济高质量发展的重要抓手，是其中非常重要的手段之一。没有生机勃勃、日渐壮大的节能环保产业，我国的生态文明建设的步伐和质量都要受到制约。天鹏集团在其关于 2020 年度业绩说明会中强调未来将积极关注相关产业政策，寻求发展机遇。公司根据环保产业宏观趋势，结合“十四五”战略规划的编制工作，进一步论证环保板块的规划布局安排。

第三十四章　江苏德和生物科技有限公司

一、企业简介

江苏德和生物科技有限公司成立于2007年，位于江阴国家高新技术产业园区，是致力于集天然植物资源产品的研究、开发、生产、贸易、服务于一体的，以生物科技为主题的高新技术企业。在德和十多年的发展历程中，公司参与制定了“茶制品”的国家标准，先后被评为省高新技术企业、省农业龙头企业、省茶黄素工程研究中心，荣获江阴市十佳高新技术企业等称号，被江阴市列为上市后备企业。德和凭借强大的研发能力及生产服务能力，与多家世界500强企业建立了良好的长期合作关系，在国际上确立了行业龙头的地位。

德和拥有强大的研发团队，作为茶制品国家标准的参与起草制定单位，德和秉持创新的企业理念，凭借尖端生物科学技术和创造性研发能力，成为行业内少数几家能进行规模化生产研发的厂家，累计获得国内外30多项专利，产品远销欧美日韩等，核心产品茶黄素产能占国际市场的60%以上。德和依托强大的研发团队，研制出以茶黄素为核心成分的健康食品、日化用品、个人护理、美妆护肤等产品，其中功能性植物饮料的研发成功给茶衍生产品市场增添了更广阔的空间，为中国茶文化的传播开辟了新的途径。

二、成长及运行机制

（一）品牌创立与全新定位

德和成立初期，公司董事机缘巧合，出差合作公司时，发现了最新的商业契机——终端快消品行业。梦想与商业契机的结合，创立了夏叶品牌。后来凭借自身的经商头脑和对行业高瞻远瞩的筹谋，德和开启了“因为梦想而持之以恒”的茶衍生产品的生产研发销售道路，这一坚持便是13年。从品牌管理理论角度来看，德和为了在消费者心目中建立起个性鲜明、清晰的品牌联想战略目标，构建了以品牌核心价值为中心的品牌识别系统。

德和于2011年创立了夏叶品牌，注册相应商标，开始打造夏叶品牌产品，公司全力塑造以“回归健康生活”为核心思想的自有“夏叶”品牌，旨在将高质量的绿色产品带入更多现代都市人的日常生活中。夏叶主要经营：美容面膜、化妆品、防晒剂、生发油、肥皂、洗发液、洁肤乳液、护发素、洗发粉、家用除垢。这些产品以自然主义作为企业的营销主旨，将绿色选材、科技以及微公益的理念融合起来，就打造成了夏叶一整套感性的品牌形象，也就是夏叶的灵魂。

（二）全渠道营销战略走在行业最前端

随着科技的发展，消费群体与消费形式也在不断地变化，这无疑给很多真正做品牌的企业出了难题。如何让受众心甘情愿地为产品买单并且愿意分享和再回购，应该是很多品牌想要突破的营销瓶颈。德和用近8年的时间，把营销战略这条路走得游刃有余，做到根据消费主体、消费形式、消费趋势的变化而不断改变自身的营销渠道，每走一步，都要先于消费者。

当年，高新技术和科技发展还没有现在这么发达和便捷，所以德和走的都是传统线下营销模式。慢慢地，随着“互联网+”的兴起，德和正在建立面向全球优质消费品牌的电子商务综合服务体系，致力于通过全方位的电子商务服务助力品牌方提升知名度并拓展中国及海外市场，实现了线上、线下相结合的新零售销售模式，在运销渠道方面从未失败。德和积极适应消费渠道模式的发展，同时将产品目标群体由仅仅局限于国内消费者，逐步变为将海外市场消费者纳入自己的顾客群体，这要得益于其“探查”战略的实现；同时德和生物科技有限公司在市场定位上也是十分精准的，为了保持其旗下主力品牌夏叶的核心竞争力，德和公司注重科技的投入，在质量和安全上树立良好的形象。

（三）公司发展现状

德和作为国家茶制品标准参与起草制定单位，拥有多项发明专利技术和科研创新成果，处于行业里的龙头地位，是茶制品行业的领创者。德和拥有超100000亩茶园基地，位于高海拔、低虫害、无污染的茶叶黄金海拔种植地，为产品研发提供优质的原料保障；德和拥有世界先进生产技术和一流的质量控制体系，长期为世界500强企业提供专业定制服务。德和年均生产茶黄素占全世界总产量的60%以上。上游供应商以四川、江西、浙江等地的各大茶叶种植基地为主，下游客户以全球各大食品、医药、健康产品公司为主，客户有日本YSK、NATUREX，美国Sportables LLC等全球知名公司，产品深受客户喜爱。由此可见，德和主打的是各大公司的茶制品提供，从产业组织政策角度看，充分利用规模经济的优势，使得企业生产更加偏向专业化，建立大批量生产的组织体系，用规模经济和范围经济，通过横向开拓和整合国内与国际市场，以核心专长跨区域和跨国的转移发挥核心专长。

核心产品茶黄素具有多种与人体健康有关的潜在功能，如抗氧化、防治心血管疾病、降血脂、抗癌防癌等，因而受到国内外的广泛关注，成为茶叶品质化学与功能成分的研究热点以及德和的核心技术。目前，茶黄素已经广泛应用于五大领域：医药原料、日化产品、食品添加剂、保健品、功能型饮料。德和的终端产品全部是自主研发、生产，德和拥有目前全国领先的茶黄素提取工艺，五大专利技术、五大关键控制点，保证了德和的核心成分——茶黄素的高端品质。一流的研发团队，国际化标准生产厂房，现代化的控制中心，专业的销售团队，旨在为客户提供最高品质的产品和最满意的服务。德和通过产品多元化，甚至行业相关多元化，以核心专长跨产品、跨行业的转移，来发挥核心专长，不仅仅将茶叶作为其唯一的产品，而且拓展了五大领域，也属于横向多元化的战略，为其业务的扩展提供了可能。

作为茶活性成分的深度开发的茶衍生系列产品，核心成分茶黄素、茶多酚全部来自于尖端的“茶提取”技术，目前茶衍生产品主要为夏叶品牌终端产品，包括健康食品、日化用品、美妆护肤、个人护理等系列产品。在日益追求健康高品质生活的当今社会，德和认为有理由相信以“茶制品”为核心成分的中高端产品将会拥有更加广阔的市场。通过开拓和整合价值链上下游行业，以核心专长跨行业的转移来发挥和强化核心专长，以茶黄素、茶多酚来带动其护理及健康食品的销售和业务拓展，最终打造中高端的市场体系。

德和以强大的市场渗透战略，不断加大自己的市场份额，同时通过互联网将市场开发战略进行得游刃有余，将市场大力扩展；以产品开发战略通过改善现有产品或服务水平，或者开发新产品，努力增加销量，同时实行相关茶产品多元化，将加强型战略运行到了极致。

三、亮点与特色做法

德和夏叶品牌产品拥有数十项国内外发明专利与科研创新成果，并与国内外众多知名高校产学研合作。早在2008年，德和在美国新泽西州成立了DH国际研究中心，与美国“罗格斯大学”携手研发了一系列茶制品应用产品。夏叶品牌产品涉及保健食品、日化用品、美妆护肤、个人护理等领域，成为公认的优质品牌，品牌价值持续提升。2019年夏叶爽口清心片获得省特优农产品称号；2020年夏叶品牌产品销售额突破2亿元人民币，夏叶品牌京东旗舰店即将开业，夏叶线下直营店预计逐步开设到20家左右，品牌影响力多层次多维度发展。目前公司已制定品牌发展全球战略规划，随着与世界一流企业的合作，品牌影响力指向全球，为扩大夏叶品牌的全球影响力打下了坚实基础。

德和在与国外高校的合作中走出了重要的一步，在技术水平交流提升的同时，成立了国际研究中心，为产品更加适应国际市场多样化、差异化的需求打下了良好基础，特色的专利发明是其最耀眼的，也是最具竞争力的优势；与此同时还可以借助高校的品牌效应，符合搜寻品以及信任品的特性；同时，作为农产品，开拓国际研究中心也可以大大降低冷链运输等交通费用。

（一）研发优势

德和与多家实力雄厚的科研机构发展了长期合作关系。它们不但为我们的产品提供了重要的实验报告和最前沿的技术支持，而且为我们输送了大量技术储备人才，并提供了人员的培训。德和成立两年之后，就在美国成立了 DH 国际研发中心。众所周知，美国拥有目前世界上最为先进的生物科技技术，而 DH 国际研发中心则有效地帮助德和整合了美国的这些尖端学术资源，通过美国的国际影响力，从而开拓国际业务的做法不仅是十分科学的，由此获得的许多国际支持是很多企业所难以企及的。同时，国际研发中心的建立也标志着德和从管理体制上走向了国际化和创新的道路，为企业的跨文化发展探索了新的组织范式，也增大了德和对国际化人才的吸引。

（二）原料优势

自主茶园，合作茶园，一切只为优质的原料供应。为了提供真正的有机健康产品，德和严格筛选作为原材料的茶叶。德和的茶园基地遍布全国，包括江西、湖南和四川等地。这些茶园均处于高海拔、无污染、低虫害的茶叶种植地。遍布全国的茶园不仅仅为德和的原料供应提供了强有力的保障，对自然灾害造成损失降到最小的同时，还为运输的便捷和全季节供应提供了可能性，并且降低了农产品这种易腐烂特性所带来的储存成本。

（三）规模优势

德和是目前世界上最主要的茶黄素生产基地。对于 TF40 这一最受欢迎的茶黄素规格，德和年产能达 500 吨，占全世界总产量的 60%。德和是现在世界上唯一一家能够大规模、成批量生产茶黄素的公司。对于核心竞争力的把控和发挥，德和做到了其他世界企业所不能做到的，作为行业先行者的优势就充分展现了出来，拥有优先获取稀缺资源、客户群体、投资者和分销商的优势，率先发现行业相关的问题，甩开行业其他竞争对手。

（四）服务优势

（1）产品可追溯性强，品质高。公司对于每一批次的产品都建立了产品跟踪体系，从源头上保证了每一批产品的可追溯性，从每一道工序进行层层把控，保证出口产品质量合格率达 100%，以确保每位客户的根本利益。严格的产品跟踪体系对生产厂家是一种极高的要求，作为监督食品安全、保障消费者健康的重要手段，不仅仅作为监督，也是在食品安全事件发生后的一种权责追溯，从侧面促使了食品质量水平的提升，使其广受消费者信赖。

（2）产能充足，供给及时。产品库存充足，供给及时。为满足国际大客户的需要，公司产能充足，能满足大部分客户计划中及计划外的需求，解决客户的后顾之忧。充足的库存彰显着德和强大的供应能力，可以随时提供高质量的产品对国内外客户的忠诚度是一种极大的提升，同时也是制胜关键。

（3）产品技术服务力度大。专业的技术服务专家团队，根据客户需求开发各种产品，满足不同层次的客户需要。在掌控关键技术后，德和不仅仅满足对中高端市场的占有，多样化个性化的产品定制依托的是专业团队的技术支持，多样化产品的提供可以实现德和的市场扩张战略，既有效增加了自己的市场份额，同时也给竞争对手设立了更高的门槛和更小的立足空间。

（4）产品售后服务完善。公司具有专业的售后服务团队，定期对客户进行回访，进行客户满意度调查，及时把客户的需要反馈至公司团队，并针对客户提出的问题结合实际给予解决和解答。优质的售后服务作为推销的手段，是德和占有更多市场份额的“功臣”，茶制品作为“避害型产品”的特点在于，消费者会关注更高的品质，售后服务是品牌经济的产物，德和的品牌随着售后服务水平的提升，也会逐渐吸引更多的消费者和顾客忠诚，同时德和的品牌竞争力和品牌声誉也会获得极大的提升。同时消费者的消费意愿和偏好也会随着德和品牌实力和认可度提升，而更偏向德和的相关产品。

四、展望

夏叶品牌秉承着还原绿色健康的理念，倡导人与自然和谐相处，乐享自然，美丽生活。针对不同群体的文化、饮食和身体养护特点，运用自然成分和先进科技创造大自然的美丽奇迹，不断匠造出与众不同的产品，为消费者提供更好更专业的产品服务。德和的未来在于其企业文化与理念，随着绿色生态理念不断地深入人心，以德和企业文化为核心而创造的产品将有很好的前景。

在中国，四代零售形态同时存在，从传统高频率商店、现代连锁到电子商务和新智慧零售，服务不同的消费者和购物场景。以消费者为中心，不同渠道、不同销售模式、不同品类所构筑的需求场景复杂多样，对比过去是巨大的数量级的变化。时代和消费者的快速变化，改写了商业格局和消费市场。这也给夏叶品牌的发展带来了新的契机。德和与夏叶的策略应当利用信息技术和大数据的应用，绘制更加清晰的消费者肖像，逐步丰富自己的营销渠道和营销模式，并且与其他文化圈层交融，扩大知名度，得到更广泛的认可。

技术带来效率，创新解决难题。在数字化共振的新消费时代，夏叶希望结合自身系统性打造品牌的优势与外部生态的速度，未来将与更大的平台合作、采用更新的营销模式，与消费者乐在一起，通过数字化赋能的营销时代，打造专属夏叶独一无二的品牌影响力，不断为消费者带来惊喜。在“Z”时代成长并且成为未来消费主力的新时代，个性化定制服务越来越成为赢得市场的重要一环，夏叶在适应的同时，也在创造属于自己的文化圈层，增加文化创新，与国潮风等融合发展，走出一条属于自己的特色之路，也是未来发展的一大展望。

第三十五章　南京白龙有机农业科技开发有限公司

一、企业简介

南京白龙有机农业科技开发有限公司位于南京市溧水区白马镇江苏南京国家农业高新技术产业示范区，成立于2005年，种植区面积4000亩，其中通过有机认证2600亩，包括有机蓝莓、有机茶、有机水稻、有机蔬菜等，是全国最大的有机蓝莓种植企业，十六年艰苦创业，已成为集科研、育种、种植、加工、销售于一体，融产供销、贸工农一体化的江苏省省级农业产业化龙头企业。

从公司发展状况来看，白龙公司2018年成为全国供应链重点培育企业，2019年成为江苏供应链重点培育企业；2013年、2017年分别被国标委批准为第8批、第9批国家有机蓝莓标准化示范区，2019年10月白龙公司成为国标委中标院大数据精准扶贫标准化研究基地；蓝莓基地是农业部全国优质果品示范基地，“六步山”蓝莓成为农业部2015年度、2017年度全国名特优新农产品，2019年底成为农业农村部全国农产品全程质量控制技术体系（GAQS－GAP）试点单位；2020年成为生态环境部第一批国家有机食品示范基地，白龙有机农业经过多年科技研发投入，成功申报4项国家发明专利。从产品和营销渠道来看，六步山牌系列产品连续12年获得南京国环有机产品认证中心的有机认证，2009年公司已成为IFOAM（国际有机农业运动联盟）的正式成员，公司已与苏果、华润万家、北京华联等大型超市建立了合作关系，是苏果全省首批六家农超对接企业之一，初步形成了国际、国内、江苏三个层面及体系的销售平台和网络。

二、成长及运行机制

（一）成长

2008年，有机蓝莓获“江苏省20个最具人气产品”之一。

2009 年，有机蓝莓获“新产品奖”以及“江苏省 20 个最具人气产品”之一。

2010 年，“江苏省有机茶标准化示范区”。

2012 年，联合国粮农组织主管莅临考察并赞赏公司有机农业的规划；获“农超对接示范奖”。

2013 年，第八批国家有机蓝莓标准化示范区。

2015 年，“六步山”蓝莓获全国名特优新农产品。

2017 年，第九批国家有机蓝莓标准化示范区；“六步山”蓝莓获全国名特优新农产品。

2019 年，江苏省供应链重点培育企业；全国农产品全程质量控制技术体系试点单位；大数据精准扶贫标准化研究基地。

2020 年，第一批国家有机食品示范基地。

按照时间顺序对南京白龙公司获得的荣誉进行梳理后，可以从产品、供应链模式和品牌建设三个方面发掘公司的成长轨迹。

（二）产品

南京的白龙公司的有机蓝莓从一开始被省农林厅评为“江苏省 20 个最具人气产品”之一，到获省农委颁发的“新产品奖”，最后被批准为蓝莓标准化示范区，其产品有机蓝莓也相应被评为全国名特优新农产品。从南京白龙公司的产品——有机蓝莓的成长路线中可以看出，该公司致力于发展标准化的生产路线，不断提高农产品的质量安全，践行其合理开发和保护生态环境相结合的生产理念，塑造起积极正面的农业品牌形象。随着我国工业化、城镇化建设步伐的加快，农业生态环境日趋恶化，同时由于农药、化肥的大量使用，农产品质量安全受到了重大威胁。因此，以保障质量安全为导向，加快推进我国农业标准化建设，是保障农产品质量安全、塑造高品质农业品牌、维护消费者健康的重要途径（赵娜，2021）。南京白龙公司在执行国家、行业和地方标准的基础上，制定了较为全面的工作标准和质量管理标准，标准覆盖了有机蓝莓种苗选择、蓝莓园建设和管理、产品检验及贮运等生产全过程，对生产投入品实行统一标准、统一供应。其产品将受到越来越多消费者的喜爱。

（三）供应链模式

南京白龙公司由一开始苏果超市全省首批农超对接模式，发展为后来的江苏省供应链重点培育企业。可见其供应链模式一直走在时代前沿，并且正朝着现代供应链模式发展。农超对接模式是我国为了解决农产品销售渠道问题最早进行试点的模式（王磊，2021）。2008 年下半年，商务部、农业部联合发文，推进农产品“超市＋基地”的供应链模式。2009 年中央一号文件强调“支持大型连锁超市和农产品流通企业开展农超对接”。农超对接模式能够有效解决农产品流通环节多、成本高的问题，减少农产品流通的中间环节，可以提高农户收益和降低农产品市场销售价格（Hu，2004）。但在当时，农产品生产主体的组织化程度仍较低，对超市的采购产生一定影响，加之农超对接所需要的人才资源比较缺乏以及超市的生鲜农产品经营管理水平还较弱（杨剑英，2012）。农超对接模式虽然在国外已有成熟的发展，但当时在我国还没有建立起完善的体系。但近年来，随着信息技术的飞速发展，农产品供应链逐渐实现以信息化为基础，以生产、服务、安全为保障的系统运作模式（周云，2017）。南京白龙有机农业公司致力于发展以客户需求为导向，以数据为核心要素的现代供应链技术，运用现代信息技术和现代组织方式将上下游企业和相关资源进行高效整合、优化和协同，实现产品设计、采购、生产、销售、服务等全过程高效协同。并最终于2019年成为江苏省供应链重点培育企业。

（四）品牌建设

农产品兼具搜寻品、经验品和信任品特征，具有很强的质量隐蔽性，因此，生产者和消费者之间存在信息不对称性。消费者因为无法识别产品质量信息，只能维持较低的支付意愿，也就无法实现农产品优质优价，从而导致“逆向选择”和“道德风险”问题。因此可通过加强品牌建设来解决信息不对称导致的市场失灵问题（黄炳凯，2019）。从时间线中可以注意到，2015 年之前南京白龙公司仅有“有机蓝莓”获得荣誉。例如，2008 年、2009 年有机蓝莓获“江苏省 20 个最具人气产品”之一，2009 年有机蓝莓获“新产品奖”。而在 2015 年，南京白龙公司首次以品牌的形式获得荣誉——“六步山”蓝莓获全国名特优新农产品。可见公司通过打造“六步山”这一品牌向消费者传递其有机产品的质量信号，在品牌建设方面不断成长。

（五）运行机制

南京白龙有机农业科技开发有限公司共设置七个管理部门，分别是行政管理、人力资源管理、生产技术管理、物资管理、后勤管理、财务管理和销售管理部门。

行政管理部门负责文件收发管理、档案管理以及办公用品管理。人力资源管理部门负责制定员工基本守则、拟定劳动合同、人员录用、岗位培训及设置、设置薪资制度、加班管理、绩效考核、工资发放以及员工福利管理。生产技术管理部门负责农场生产、农机、库房、车辆等安全管理，制定茶叶、蓝莓及其他作物种植的工艺和标准等事宜。物资管理部门主要负责物资的采购、出库、发放、领用等事宜。后勤管理部门主要负责图书、卫生、员工宿舍及食堂的管理事宜。财务管理部门主要负责明确财务工作岗位职责、确立费用报销制度、低值易耗品管理以及固定资产管理等事宜。销售管理部门主要负责营销人员和促销人员的管理事宜。

三、亮点与特色做法

（一）大数据融合标准化，驱动精准扶贫

自党的十八大提出精准扶贫的战略思想以来，扶贫领域不断探索新理念、新机制和新

模式。其中，大数据和标准化成为精准扶贫的重要手段。两者的有效融合可以形成双轮驱动效应，使扶贫工作更加精准高效。习近平总书记曾指出“推动实施国家大数据战略”“加强精准扶贫、生态环境领域的大数据运用，为打赢脱贫攻坚战助力”等指示，强调了大数据在精准扶贫中的作用。有学者研究指出：大数据背景下，政府治理能力催生出新的核心能力（刘泽，2020），即数据治理能力。在数据治理能力驱动下，政府治理主体趋向多元化，政府治理方式由经验主导转变为数据化主导，有利于实现政府资源的最大化利用以及公平配置。此外，国家标准委、国务院扶贫办、国家认监委于 2018 年联合印发《关于开展标准化工作助推精准扶贫的指导意见》，强调标准化对于提升精准扶贫质量和效益的作用，发挥标准化在精准扶贫中的技术支撑作用。

溧水区的南京白龙有机农业公司历年来致力于发展蓝莓的标准化生产，于 2013 年、2017 年分别被国标委批准为第 8 批、第 9 批国家有机蓝莓标准化示范区。该示范区在执行国家、行业和地方标准的基础上，制定了较为全面的工作标准和质量管理标准，标准覆盖了有机蓝莓种苗选择、蓝莓园建设和管理、产品检验及贮运等生产全过程，对生产投入品实行统一标准、统一供应。经过 3 年示范区建设，示范区在核心示范基地应用标准化管理，并辐射周边种植面积。白龙公司在蓝莓标准化生产上的坚持大大促进了当地农民就业，带动农民增收，也加快了自身转型升级，推动农业科技创新，进一步提升农业现代化水平，为打赢脱贫攻坚战做出贡献。

为贯彻落实习近平总书记关于打赢脱贫攻坚战的系列重要指示，南京白龙有机农业公司进一步发挥标准化和大数据在精准扶贫领域的基础引领作用，致力于发展以客户需求为导向、以数据为核心要素的现代供应链技术，运用现代信息技术和现代组织方式将上下游企业和相关资源进行高效整合、优化和协同，实现产品设计、采购、生产、销售、服务等全过程高效协同。基于白龙公司在标准化和大数据方面的贡献，该公司于 2018 年成为全国供应链重点培育企业，并于 2019 年 10 月成为国标委中标院大数据精准扶贫标准化研究基地。总而言之，南京白龙公司通过融合标准化和大数据，为当地的精准扶贫做出贡献。

（二）致力于“六步山”品牌建设，提升产品竞争力

在市场失灵的情形下，信息不对称是一种必然现象，因此，农产品市场上易存在假冒伪劣产品。而品牌作为农产品质量识别的重要媒介，在激烈的市场竞争中，可以降低消费者的信息成本，从而赢得顾客信赖（侯红梅，2021）。另外，农产品品牌建设是推进我国农业供给侧改革的重要途径（崔剑峰，2019）。在高质量经济发展情形下，塑造地方特色农产品品牌也有助于提升农产品供给质量、实现农业产业化和现代化以及助力脱贫攻坚。

基于品牌传递农产品质量信息的重要作用，南京白龙公司一直以来致力于打造“六步山”系列产品的品牌。在实施质量标准化工程、增加农业科研投入、鼓励品牌差异化发展和承担社会责任等方面着力。在推进标准化工程方面，白龙公司近年来为响应江苏省南京市溧水区提出的“建立一个标准化项目、促进整个产业发展、带动一方群众致富”的思路，建立了 2000 亩蓝莓标准化示范基地，完善了水肥一体智能管控系统、质量追溯系统等基础设施，建立起一套标准化体系，制定蓝莓种植、加工相关标准，推动了一二三

产业融合发展。在科技投入方面，白龙公司2019年在科技研发方面投入92万元，承担《有机农产品——蓝莓生产操作规程》《蓝莓和黑莓标准化有机栽培技术集成与示范》以及《有机蓝莓智能化种植装备及管控系统研发与应用》三项科技项目，新申请秸秆有机肥微分发酵系统、磁场控制强化土壤修复装置以及控制二氧化碳释放量共三项专利。在鼓励品牌差异化发展方面，“六步山”坚持打造个性品牌，突出强调自身品牌特性：坚持保护当地生物多样性，坚持有机、循环可持续生产方式，坚持合理开发与保护生态环境相结合，梳理让消费者信赖的安全高品质的农产品和“六步山”有机食品品牌。同时，“六步山”品牌积极承担社会责任。在疫情期间捐赠江苏驻武汉医疗队有机蓝莓液、矿泉水、方便面等生活用品，消毒水、医用口罩、医用护肤品等医疗用品等合计200万元；另外，还给困难户发放有机大米、蔬菜、肉类等共计10万元，树立起了良好的品牌形象。

总体而言，南京白龙公司在品牌建设理论的指导下，通过实施标准化工程、增加科研投入、突出品牌个性差异以及积极承担社会责任等手段，打造起自身的“六步山”品牌，向消费者传递品牌优质质量的信息。

（三）开发有机农产品，守护“绿水青山”

随着农业现代化概念的不断演进，农业问题在今天不仅是指农业生产力的问题，还包含食品安全问题。前者与农民增收和农产品供给挂钩，后者涉及农业生产过程中与生态资源和环境的协调平衡，影响到农业可持续发展。在此基础上提出绿色农业的概念，旨在将“绿水青山”转变为“金山银山”。党的十八大报告就曾提出“推进绿色发展、循环发展、低碳发展”。农业绿色发展理念，强调农业可持续发展的条件，正确处理农业发展和生态环境保护的关系（曹前满，2020）。正如OECD制定的农业可持续发展评价指标偏重于优质农产品生产与农业资源环境保护。

在党和国家的号召下，在绿色农业发展理念的指导下，南京白龙公司致力于发展有机农业。公司生产基地现有有机产品种植地4000多亩，包括有机蓝莓2000亩，有机茶700亩，有机蔬菜300亩，有机水稻、大豆800亩。历年来获得绿茶、蓝莓、芸苔、大豆、稻谷等有机产品认证，科学实践“绿水青山”转化为“金山银山”。南京白龙公司于2020年成为生态环境部第一批国家有机食品示范基地。由于采用有机种植，园区土壤中有害重金属含量降低，土壤、灌溉用水指标均优于相应国家标准，农残量远远低于国家标准要求。此外，南京白龙公司通过和南京林业大学合作，在水源净化和污水处理、秸秆回收利用，以及土壤改良等循环农业方面进行了成功的探索和现代装备建设。也通过和农业部机械化研究所合作，在丘陵地带大面积节水灌溉和农业自动化远程控制方面，达到国内先进水平。

总体而言，南京白龙通过发展有机农业，同时在减污、节水方面加大投入，践行绿色农业发展理念，守护当地的“绿水青山”。

四、展望

公司将大力发展有机农业、休闲观光农业，打造蓝莓特色农业文化，力争让六步山有机蓝莓成为溧水的新名片；在发展有机农业的同时，加快推进一二三产业的融合发展，建设农业科技创新园区和公共服务品台，推进农业科技成果转化，服务农户和农民企业。公司未来的具体发展规划：建立起江苏第一个蓝莓种植资源圃，并且继续扩大蓝莓基地规模化建设。同时打造蓝莓从品种选育、种苗繁育、大规模种植及深加工体系的全产业链。此外，还要建立蓝莓博物馆与蓝莓健康科普基地。同时致力于建设白龙智能数字化农产。利用外资资本打造大健康药食同源产业基地，并且发展中草药种植规模化生产，从而把白龙村建设成为江苏省最大的中草药种苗繁育基地。围绕公司供应链建设体系，建立田头产地仓，配备农产品预冷、清选分级、分拣包装、保险、初加工、仓储及冷链运输等装备，从而建立大规模标准化农产品仓储冷链体系。打造六步山深加工产业链，有机茶方面在保留原有有机碧螺春和雨花茶系列的基础上开发有机红茶和有机黑茶系列，以填补江苏有机茶的空白。蓝莓方面在保留六步山有机蓝莓鲜果市场占有率的基础上，开发有机蓝莓干红、有机蓝莓原液和有机蓝莓嚼片等深加工产品。重点投资白龙有机蓝莓谷观光园，将文化创意作为新的生产要素纳入休闲农业的发展中，打造白龙有机蓝莓谷田园综合体。

参考文献

［1］王磊．新零售驱动的“互联网＋”农超对接模式探讨［J］．商业经济研究，2021（04）：125－128.

［2］Dinghuan Hu，Thomas Reardon，Scott Rozelle，et al. The Emergence of Supermarkets with Chinese Characteristics：Challenges and Opportunities for China's Agricultural Development［J］．Development Policy Review，2004，22（5）：557－586.

［3］杨剑英，唐步龙．我国生鲜农产品的农超对接现状与问题［J］．江苏农业科学，2012，40（01）：357－358.

［4］周云，尹露．现代物流体系支持下农产品供应链智能化发展研究［J］．农业经济，2017（09）：120－122.

［5］黄炳凯，耿献辉．基于质量异质性的农产品品牌策略选择［J］．农村经济，2019（10）：109－114.

［6］赵娜．以保障质量安全为导向的农业标准化建设困境与对策［J］．农业经济，2021（04）：7－9.

［7］刘泽，陈升．大数据驱动下的政府治理机制研究——基于2020年后精准扶贫领域的返贫阻断分析［J］．重庆大学学报（社会科学版），2020，26（05）：216－229.

［8］侯红梅．地方特色农产品品牌塑造模式创新研究——以四川省为例［J］．商业

经济研究，2021（06）：138－141.

［9］崔剑峰．发达国家农产品品牌建设的做法及对我国的启示［J］．经济纵横，2019（10）：123－128.

［10］曹前满．我国绿色农业发展的层次与结构体系的逻辑研究［J］．当代经济管理，2020，42（09）：1－9.

第三十六章　江苏佳丰粮油工业有限公司

一、企业简介

江苏佳丰粮油工业有限公司是江苏省内一家知名企业，其总部位于麋鹿的故乡——江苏省盐城市大丰区，在2020年首届“苏垦杯”江苏省农业企业知名品牌大赛中成功入围30强。该公司成立于21世纪初的2000年11月，东临国家一级口岸——大丰港，西临204国道、国家沿海高速公路和新长铁路，水陆交通十分便捷，公司占地面积210亩，控股或参股的企业有江苏禾丰粮油工业有限公司、江苏佳丰电子商务有限公司、盐城恒喜生物科技有限公司等。公司总资产36737万元，其中固定资产17690万元，2019年公司实现销售收入155250万元，利税2335万元。2019年累计销售收入15.2亿元，企业规模列全省同行业前三位。

佳丰粮油工业有限公司是一家在江苏省内乃至全国有名的企业，所获荣誉不在少数，先后获得过“农业产业化国家重点龙头企业”“国家高新技术企业”“全国少数民族特需商品定点生产企业”“全国粮油加工50强企业”“全国放心粮油加工示范企业”“中国油菜籽加工10强企业”“江苏省农业型科技企业”等荣誉。企业一直以“产业报国，行业领先”为目标，在同一个行业内树立起标杆作用，同时以“臻善臻美，普享幸福”为宗旨，考虑人民的福祉，履行自身的社会责任，其创立的“恒喜”商标被国家认定为中国驰名商标，恒喜牌菜籽油被认定为江苏名牌产品，被国家认定为绿色食品，并荣获绿色食品博览会金奖。因此，佳丰粮油在江苏乃至全国都享有很高的声誉。

二、成长及运行机制

2000年11月，占地面积260亩、注册资金3000万元的企业在盐阜大地上成立，它就是江苏佳丰粮油工业有限公司的前身——大丰市佳丰油脂有限责任公司，一个曾经见证着企业从初步建立到蓬勃发展的名字，在2016年1月6日被更改为江苏佳丰粮油工业有限公司。公司建立初期，一无技术，二无经营渠道，在这样的情况下艰难地度过了头两年，但是公司并没有停滞不前，而是始终坚定不移地探索着出路，一步步取得进展。2002 年，公司建成苏北第一家食用油精炼生产厂；2003 年，公司又取得了 QS 生产许可证；2004 年，佳丰公司被江苏省发改委认定为“江苏省农业产业化重点龙头企业”。公司一点一滴的进步和发展显得有条不紊。随着时间的推移，佳丰人意识到一个粮油加工业的发展，不能只限于企业的生产经营，更要将农业产业化的发展和农村产业结构调整紧密结合起来。

佳丰人的干事风格朴实而接地气，“瞄准市场，扎根农村”，每时每刻观察着市场的变化，考虑着农民的需求。在实践中，佳丰人摸索出从原料、加工、销售、科技“四位一体”的发展模式，创建了“恒喜牌”系列食用油，确立了企业做大做强、实现产业报国的志向和行业领先的目标。公司从 2004 年开始先后在周边乡镇逐步建立菜籽油原料种植基地 8 万多亩，不仅带动了当地农民致富增收，解决了一部分农民的收入问题，为企业的生产提供了优质的生产原料，为恒喜牌食用油赢得市场奠定了坚实的基础。2006 年，公司继 2003 年获得 QS 生产许可证之后又取得了食品包装 SC 生产许可证。

2008 年，金融危机席卷全球，受此影响国内企业处境堪忧，佳丰公司也遇到原料成本上涨、生产滞销、产品价格暴跌的问题，企业面临着倒闭的危险。董事长陈志蔚临危不惧，鼓励全体员工“市场可变，我们的信心不变；目标不改，我们的意志更坚”。2009 年国家对油菜籽托市收购政策实施后，给公司带来了极佳的发展机遇。佳丰公司抢抓机遇，勇敢拼搏，大胆投入 2000 多万元，兴建起 8 万吨国家菜籽油临时加工存储库，扩大生产，不断把企业这个雪球滚大。

为了适应企业的生产和销售需要，公司于 2010 年投资 3000 多万元兴建“包装油中心”，并且这一年 3 月，佳丰公司通过 ISO9001 质量管理体系认证和 ISO22000 质量安全体系认证，由此可见，佳丰公司关注和重视食品安全，是一家对消费者负责的企业。公司引进国内外先进的生产设备，拥有日压榨 500 吨原料生产线一条，日精炼 150 吨、350 吨生产线各一条，日脱蜡 350 吨生产线一条，日灌装包装油 200 吨生产线一条，在保证产品质量的前提下大幅度提高产能，为销售提供了有力的保障。此外，公司一直坚持注重品牌建设，在 2008～2010 年短短两年时间里总计注册商标十余项，包括恒喜家具、恒喜啤酒饮料、恒喜饲料种籽、恒喜酒品牌和食品商标，提高了公司的影响力和声誉。

2014 年，佳丰公司投资 1000 多万元成立电子商务有限公司，利用互联网扩大影响力。为了彰显国家农业龙头企业风采和带动农民增收，2016 年佳丰公司在新丰镇圩中村投资 100 多万元，建立新品种盐油杂 3 号油菜千亩示范田，引导农民逐渐接纳新品种，学习新的栽培技术，为大面积油菜实行机械化种植、管理进行了大胆尝试，并帮农民积累了机械化种植油菜的经验，帮助农民解决了大面积种植油菜难的实际问题。此外，2016 年公司还投资 1.2 亿元兴建集收购、生产加工、科技研发、综合服务、码头运输于一体的“恒喜食品产业园”，着力提高科技研发能力水平，打造更高质量的产品。

公司的销售网点遍及全国 30 多个省份。公司的生产、经营销售额也从原来的 3000 万元增加到 10 多亿元，在华东市场菜籽油销售占有率达 30% 以上，产品所销售之处得到了广大消费者的认同和赞许。公司成立 20 年来产品质量安全实现了零投诉，用诚信和高度的责任感让广大消费者吃上了放心的食用油。从 2000 年建立到现在，公司已经成为江苏省农业知名企业，拥有良好的声誉。

三、亮点与特色做法

佳丰粮油工业有限公司坚持与时俱进，不断破旧立新，改革自身不完美之处，追求创新和进步，在实践的过程中将企业的文化观、价值观传递给消费者，成为值得大众信赖的品牌。佳丰粮油工业有限公司是粮油行业企业标杆，具体而言，该企业的亮点与特色做法体现在以下几点：

1. 企业注重科学技术的力量，创新研发投入较大

佳丰粮油工业有限公司注重研发投入，企业曾获多项科技创新荣誉。2017 年 12 月企业被授予“高新技术企业”证书；2018 年 12 月企业被国家认定为“农业产业化国家重点龙头企业”；2011 ~ 2015 年曾参与三项国家级星火计划项目，掌握有多项高新技术并起到示范带头作用，可见科技创新在佳丰粮油公司起到很大的推动作用。不仅如此，佳丰粮油公司还十分注重专利保护，公司拥有实用型专利 6 项和发明专利 12 项，在食用油生产和加工领域具有突出贡献。科技是第一生产力，只有合理利用科学技术并且不断创新，才能增强企业的市场竞争力，让企业立于不败之地，佳丰粮油工业有限公司的例子很好地证明了这一点。近年来，佳丰粮油公司以创新的发展理念为动力，推动人才队伍的建设，与江南大学、江苏大学等 10 多所高校和科研机构建立合作伙伴关系，还在企业建立了教学基地，在很大程度上促进了产学研融合，打造了更好的品牌。2021 年 3 月，佳丰粮油公司与江苏大学合作的科研项目在佳丰恒喜食品产业园内正式启动，吸引了江苏大学研究生团队的观摩与学习，双方在会议上就产学研方面互相交流了经验，并提出共同成长和进步的美好愿景。

2. 企业注重品牌建设，生产放心食用油，多渠道推广和宣传

佳丰粮油工业有限公司自创立之初，就一直秉持着要做粮油行业领军者的态度，将“产业报国，行业优先”作为自己的发展目标，企业具有自己独特的品牌理念，追求的宗旨和目标都与人民群众的福祉密切相关，一心希望能够提高区域百姓的身体健康并且带动农民致富、民企共赢。质量安全是企业经营的生命线，佳丰粮油公司秉持高标准和严要求，生产令消费者买得放心、吃得放心的食用油，其生产的国标一级菜籽油通过了中国绿色食品发展中心的审核，各项抽检指标均符合绿色食品要求，被认定为绿色食品并授予证书，恒喜菜籽油也成为消费者眼中的放心食品。由于粮油产品是关系到国计民生的重要产品（蒋能云，2010），因此企业在食品质量上严格把关，大大减少甚至杜绝了由食品安全问题所引发的经济和声誉损失。早在 2010 年，企业就通过了 ISO9001 质量管理体系和 ISO22000 质量安全体系的认证，成立 20 年来产品质量安全几乎零投诉，真正做到令消费者吃得放心，用行动诠释了自己的承诺。

佳丰粮油公司不仅在品牌质量方面坚守初心，还着力推进品牌宣传和推广。企业形象

曾在粮油市场报和中国油脂周刊等多份报纸上展现和报道，获得了多数人的好评，同时也增加了知名度。除了传统纸媒的宣传，佳丰粮油的恒喜品牌还开设了线下消费体验店和线上官方旗舰店，加强了自身品牌的宣传力度。从某种角度来说，对于品牌的宣传和推广借助和发挥的是广告的作用。在产业组织理论中，对于广告支出一直以来有较为深入的研究。现有学者在研究广告活动的本质时指出，广告活动可以分为两类：一类是信息性广告；另一类是劝说性广告。信息性广告强调的是广告对于信息的描述性和告知性，劝说性广告则是起到增加消费者对于某一品牌忠诚度的作用（孙维峰、黄祖辉，2013）。一些研究表明媒体在广告对于企业价值和绩效的影响中发挥了中介效应，而这种中介效应以放大效应为主，意即广告投入的增加，会引起媒体对于企业关注度的增加，从而增加企业价值。另外，当企业产品竞争力较弱的时候广告具有较大价值作用（吕敏康、冉明东，2016）。

3. 企业关心员工福利，敢于承担社会责任，产生积极的社会影响

江苏省佳丰粮油有限公司是一家具有良好企业文化的公司，公司考虑员工自身需求，给员工提供了一个温馨的家园，经常组织一些休闲娱乐放松的活动，让员工乐在其中，加强了对企业文化的认同感。公司曾经开展过各式各样的活动，例如公司 20 周年庆，组织企业员工赴扬州、青岛旅游，开展体育竞技类主题活动等，这些活动既能使员工在工作之余放松心情，也能增强员工对于企业的忠诚度，激发他们的生产力和创造力。除此之外，佳丰粮油公司更是一家极具社会责任感的企业。早在古典经济学理论之中就有对企业社会责任的描述，当时对企业社会责任的界定主要与企业经济效益的实现有关，而现如今企业在发展和壮大的同时需要进一步加强对于企业员工和整个社会的关照，实现企业与社会的双赢局面（江敏，2013）。

佳丰粮油公司坚持把质量安全作为发展的第一要务。公司生产的食用油品种基本为清真油品，符合少数民族居民消费需要，因此也收获了少数民族消费者的喜爱。在目前乡村振兴发展战略的大背景下，公司积极推进产业扶贫，深入农村看望老百姓种植的油菜花，为贫苦村民着想，与村民密切交谈。企业还开展过保价收购，看望退役老兵和残疾人士，为职工子女发放奖助学金等一系列举措。对内完善各种规章制度，对外积极承担社会责任。公司响应精准扶贫、建设全面小康社会的要求，慰问社会特困户和孤寡老人 500 多人次，在国家发生地震、泥石流的时候也大方捐赠物资、人力等，产生了积极的社会影响。

四、展望

佳丰粮油工业有限公司从一个默默无名的小企业成长为一个在江苏省乃至全国粮油行业有名的品牌企业，其经历的故事耐人寻味，但是毫无疑问，公司领导人是有远见卓识的，公司的价值观和企业精神值得其他企业学习。从总体来看，佳丰粮油公司最亮眼和有特色的是该企业具有非常强的社会责任感。在现代化社会利益驱使下，公司并没有利欲熏

心，而是坚持砥砺前行，坚守初心。企业积极有为，帮助扶持贫困人群，给他们带去了生活的希望。观察国内外企业可知，但凡是经营效益比较好的企业一般也具有比较强的社会责任感，能为消费者考虑，能够对社会做出一些贡献，而不仅仅追求利益。作为江苏省盐城市知名的粮油企业，相信在未来，企业一定会依托南京都市圈和长三角地区的经济、社会资源，立足自身的优势，打造更多符合消费者口味需求的食品，切实保障舌尖上的安全，让企业做得更大更强。

参考文献

[1] 蒋能云．粮油企业管理规范化演化影响因素分析——以 C 粮油企业为例 [J]．中国油脂，2010，35 (07)：38 -41.

[2] 孙维峰，黄祖辉．广告支出、研发支出与企业绩效 [J]．科研管理，2013，34 (02)：44 -51.

[3] 吕敏康，冉明东．广告投入、媒体中介与企业价值 [J]．厦门大学学报（哲学社会科学版)，2016 (05)：137 -146.

[4] 江敏．企业社会责任研究——以江苏省佳丰油脂有限责任公司为例 [J]．中外企业家，2013 (15)：115 -116.

第三十七章 江苏一号农场科技股份有限公司

一、企业简介

一号农场位于金坛茅山旅游度假区，基地占地2000亩，计划总投资2.3亿元。由海归团队创立，于2011年开始投资创建。一号农场是常州首个数字化有机农场，它以有机农业为主，集休闲农业、互联网农业于一体，采用创新的运营模式，把为消费者提供高品质的有机农产品和生活方式、推广和倡导健康的有机生活理念、保护自然生态环境作为奋斗的使命，目标成为长三角地区最大最强的一站式全产业链有机生活服务商。

公司致力于有机事业，自有种植有机蔬菜、水果、谷物、养殖生态家禽、水产五大类共300多种产品，并同时发展联盟园区，引进符合公司联盟要求的生态有机产品，丰富农产品种类。一号农场遵照国际有机农业生产标准，在生产中不使用转基因种子，不使用化学合成的农药、化肥、生长调节剂、饲料添加剂等物质，遵循自然规律和生态学原理，协调种植业和养殖业的平衡，采用一系列可持续发展的农业技术以维持持续稳定的农业生产。通过模式创新、技术创新，以高等院校的有机种养殖技术和农业物联网IT技术为依托，运营“一号农场”（001FARM. COM）有机农产品B2C电子商务平台，采用标准化生产、企业化经营、信息化管理、网络化销售、冷链配送。

二、成长及运行机制

（一）企业成长历程

一号农场创始人即现任董事长兼总经理姜方俊，2003年从南京大学毕业后前往德国深造，攻读计算机硕士。2008年，从德国维尔茨堡大学毕业后进入世界500强企业德国大陆集团任高级工程师，这样安稳体面的工作令许多同龄人羡慕不已。但国外留学的经历使他对有机生活有了深刻的认知，这种健康的、环保的、慢节奏的生活方式影响了他。他萌生了在国内发展有机农业的想法。2010 年，恰逢线上版的“开心农场”在国内风靡，而计算机正是姜方俊的强项。他毅然放弃所学，将 IT 创新技术引入大农业，开发自己的智慧农场系统，开启了有机农业的跨界创业之路。

创始之初，农场选址于茅山脚下，一方面是因为姜方俊看中了茅山附近得天独厚的地理位置，周边没有任何污染源，拥有清净的负离子空气和无污染的土壤，用来灌溉的水达到二级饮用水标准；另一方面也是由于政府政策支持以及良好的投资环境。一号农场从创始之初就主打有机概念。为了让客户相信，这里所产的食物都是正宗的“有机”一族，企业推出了免费发放体验券、先体验后下单的方法。企业秉持产品生产的标准、生产环节的透明可以增加会员的信任感的理念。

（二）企业运行机制

1. 驱动因素

在中央一号文件“鼓励各地建立返乡创业园、创业孵化基地、创客服务平台”的要求及相关鼓励创新创业、农业科技化产业化以及乡村旅游的政策推动下，企业享受税收优惠以及相关补贴。随着人们生活水平的提高，消费者对食品安全、品质以及服务的质量要求越来越高，另外，随着互联网的发展，人们对线上消费的需求也相当大，所以为了迎合和满足消费者对有机农产品以及休闲旅游的需求。企业大力发展有机农产品生态化种植。同时依托电商平台，建立农产品 O2O 销售模式。为消费者提供有机种植体验、有机生活特色餐饮、住宿等配套服务。由于当前农业存在自然资源、人力资源都较为缺乏的状态，单纯的种养模式难以满足日益增长的需要，集约化、高效的生产方式与生产技术已成为必然。于是为了提高生产的智能化、精准化程度，企业加入对有机大米及果蔬的种植过程的实时监控，融入智慧农业的物联网模式，可以实时观察到稻谷和大棚果蔬从种植、生长、采摘的整个动态流程，同时通过二维码、物联网远程控制技术及检测系统等现代科技手段，实现对绿色产品的质量可追溯，切实解决食品的健康安全问题。

2. 运营模式

从 2017 年开始，一号农场开始实施生产合伙制，基础设施是企业的，核心的育苗技术是企业的，生产物资也是企业的，整体操作流程都按照企业要求的标准去做，但是整个大棚和田间的管理是由农民自己去做。这样从某种程度上提高了农民的参与程度，提高了他们的积极性，以前两个人顶多种 6 亩地，现在夫妻两人可以种 12 亩地，农场的成本也就降低了。企业实行生产上合伙，经营上合伙的运营体系，生产上与农民合伙共享收益，经营上把一号农场搭建成平台给大家分享渠道，股权上吸引资本力量的介入共建共享。

3. 销售模式

公司使用线下体验与线上销售相结合模式。线下利用在核心商业区开设专柜的方式将公司有机农产品面向中高档消费者人群展示，扩大公司品牌知名度。同时，也成为各大集团的蔬菜直接供货商，实现从田间到客户的零距离销售模式。此外，公司所在农场还是客户农业观光与休闲旅游的最佳体验之处，公司不定时在农场或者社区开展农夫市集活动，增强顾客线下体验。公司将线下自有果蔬种植/体验基地、实体店等与线上淘宝店、微信、网上商城、400 电话、短信营销等相结合的模式，打造高品质有机农产品的移动互联网销售平台，如图 37 – 1 所示。

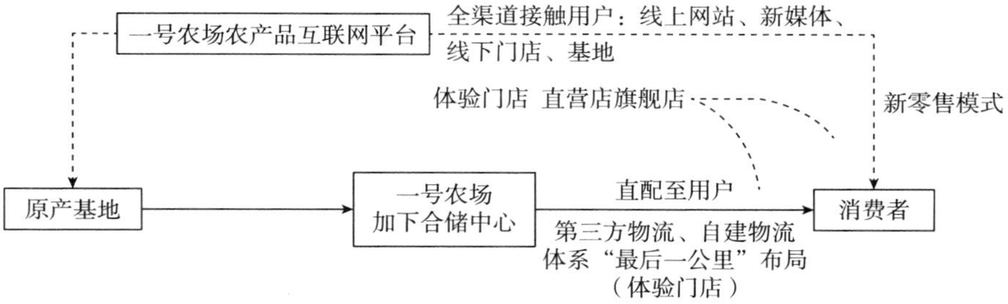

图 37 – 1　一号农场商业运销模式示意

4. 资金与产业规划

一号农场目前的产业业态可诠释：核心产业——农业；配套产业——旅游观光、生态地产；支持产业——农产品加工；衍生产业——创意地产。大步规划、小步前行。在文化的规划上，一号农场讲述自己的故事，从而让人留念，让人能够记住。企业认为农场需要边建设边运营，在产业规划的基础上还需要在摸索中不断论证，通过对技术的掌握，对市场的掌握，不断地完善规划。企业提出要盘活土地制度，不浪费每一块土地，不断提高资产使用率，使投资的每一块地都要产生效益。

三、亮点与特色做法

（一）核心技术

一号农场的核心在于先进的计算机应用技术。农场采用的是基于数字化的云生产管理系统，一号农场根据目标消费者的特点，结合企业资源条件，积极顺应市场需求，与时俱进，在农产品生产以及推广时，做到数字化农业、智能化农业，主要包括以下四个方面：第一，智能化环境监控系统。通过利用这个系统可以使农村工作人员实时监控温度、湿度、光照等，确保有机绿色农产品生产培育有最好的最适宜的环境。第二，智能化农场生产管理系统。通过运用这个系统，能够实时记录生产资料、农事等，做到经营管理有条理化。第三，智能化食品安全追溯系统。一号农场利用这个系统，首先系统生成产品二维码，采用一物一码的营销方式，利用短信、语言电话、网络平台来实时追踪产品质量安全情况，做到产业链全过程绿色化。第四，智能化农产品销售系统。一号农场还存在自己的销售终端平台，通过利用这个系统，使用移动互联技术远程实现顾客管理、收集产品信息、物流配送等，并建立与之配套的产品追溯平台，给每种蔬菜都贴上当下流行的二维码，通过手机扫描获取认证信息，包括证书编号、认证品种、生产商等。同时，农场还有自己的研究所，与省农科院、南农大等开展项目、技术合作，推动作物提质增效。目前，农场的作物亩均效益超过了1万元，远高于传统种植的两三千元。

（二）运销模式

1. 会员制

在销售环节，一号农场采用欧洲常用的会员制方式。在他们看来，农业最大的问题在于销售。开展会员制，根据会员的预定以需定产、点对点配送，能很好地化解农业经营中产销对接问题。于是，一号农场率先试行了“会员制”，会员们在网站上浏览产品，只需发送一条短信，系统就会自动生成配货单传到农场，24小时内蔬菜就会快递到会员手中。目前，农场已生产有机农产品300多种，在20多个城市拥有5000多名高端会员，农场还成为远近闻名的农业旅游景区，月均接待游客8000多人次。一号农场从创始之初就主打有机概念。为了让客户相信，这里所产的食物都是正宗的“有机”一族，企业推出了免费发放体验券、先体验后下单的方法。企业秉持产品生产的标准和理念，生产环节的透明可以增加会员的信任感的理念。

2. 多种营销方式相整合

（1）体验营销。

一号农场充分运用体验营销，定期开展特色生态活动，内设“一园六景”——花田漫步、亲子牧场、农家体验、农业科普、林间采摘和仙姑湖垂钓。凭借地处茅山旅游风景区，优越的自然环境，工作忙碌后的休闲活动深深吸引着各地旅游者，而这些参与活动体验的人也是一号农场的潜在消费者。一号农场将体验营销与优惠券促销相结合，如草莓采摘券、垂钓券、有机绿色蔬菜体验券等。人们在体验活动带来的快感的同时，也进一步了解了一号农场所产销的绿色有机农产品与普通农产品相比的优势——安全、无污染、高质。这种体验方式，使顾客从精神上到身体上都得到较大的满足，正是由于这种满意度，产生情感共鸣，往往会激起人们的购买欲望，提高人们对一号农场绿色有机农产品的好感度和信任度，从而刺激消费，增加市场销售量。

（2）事件营销。

一号农场是个紧跟时代技术变迁、市场需求变化的企业，它适时使用事件营销，利用节假日、端午节、母亲节、父亲节、春节等，抑或是利用季节喜好，比如冬天喜欢羊肉、夏天喜欢西瓜等，深刻认知目标顾客群体的基本需要和购买行为特征，设定吸引人注意力、能取得情感共鸣的事件营销。就拿最近的例子来说，一号农场在今年过年期间，开展了“文化点亮生活——常州乡村过大年暨金坛乡村旅游嘉年华”活动，通过撒网捕鱼、杀年猪、蔬菜印画、抖空竹、腰鼓声鸣等，使人们可以在农场基地体验到过年热闹的气氛，由于过年茅山风景区人口流动较多，通过各项活动事件，一传十，十传百，在短时间内达到事件的宣传，从而扩大产品与品牌的知名度与市场效应，进一步刺激消费，提高销售额。

3. 全产业链整合

在一号农场，生产研发部门不再是单纯地研究技术，培育养殖，也关注市场上消费者的需要，也具备一定的谈判技巧、促销策略，使顾客在进入农场并向他们介绍绿色农产品性能优势时，可以适时地激起其购买欲望。而同样地，营销人员也不仅局限于自己的专业能力，务必要对绿色农产品的特点以及企业的核心竞争力、产品生产所运用的先进技术等做到充分领会，提高顾客的信任度。

（三）社会效益

生产安心食材，发展优质产业，带领农民致富，推广有机生活方式是一号农场一贯的坚持，以实际行动致力于打造“田园、乐园、家园”三大园区。农场直接带动了农民致富，不仅使流转出土地的200多户人家有租金收入，而且让附近10多个自然村的150多名农民进入农场工作。同时，农场还带领农户以“基地+合作社+家庭农场”的模式发展有机、绿色、循环农业，辐射面积超1万亩，带动周边农户增收超500万元，人均2万元。

企业还与人保合作，为每个合作农户的农产品购买保险，这样既保证了农民的利益，也增强了农业抗风险能力。村民们收入稳定、工作安心，还献计出力，踊跃参与“美丽乡村”建设。目前，农场已经发展成集农业风情、种植文化、科普教育、休闲娱乐于一体的现代农业观光农场，品牌效应日益显现。现已在江苏、河北、山东、陕西、云南、福建等多地建立了合作基地。

（四）田园综合体的构建

一号农场的田园综合体构建从农田的功能转变、模式转变、产业转变、价值转变四个方面展开。具体来说就是：从简单的农作物生产到集生产、加工、销售、展示于一体的复合功能；从农业模式转变成“农业+农业文旅+地产”的模式；从农业产业链转变为综合产业链，产业链从生产端向体验端转移；从田园产出到扩展新的价值空间，实现经济价值、生态价值和生活价值。

四、展望

（一）SWOT分析

1. 优势（Strength）

一号农场建立在以下优势中：科技创新水平较高，企业拥有多项蔬菜种植加工装置专利，在农场运营中全面应用物联网技术，产业链技术创新与集成应用技术。搭建产品追溯平台。有机产品质量保障，企业遵照国际有机农业生产标准，在生产中不使用转基因种子，不使用化学合成的农药、化肥、生长调节剂、饲料添加剂等物质，遵循自然规律和生态学原理，协调种植业和养殖业的平衡。

2. 劣势（Weakness）

随着市场竞争日趋激烈，公司内部也出现了一些劣势如下：广告营销力度不足，高端消费者接触困难度较大，且目标客户群体中意见领袖寻找较为困难。在现有的主流社交平台中进行互联网营销的也有一定困难。一号农场有机产品以及农场服务消费价格都较高，且有机食品生产成本也较高，在价格上处于较为劣势的地位。外加农产品经验品的特性，高价更不利于销售。精加工产品较少。

3. 机会（Opportunities）

通过对市场前景的分析，将会有以下机会：消费者对自身需求有相当的了解，消费正不断升级。随着消费者对健康的重视程度日趋增长，导致尤其是高收入群体对食品的高要求、高标准，使得有机食品需求大大增长，现有的农产品无法满足消费者不断增长的多样化的需求。充分营销做到全面的市场渗透。实际上，有机食品十分符合当前部分健身的年轻人的需求，且在主流社交媒体小红书、微博等向年轻消费群体进行推广效果会比较好。随着未来有机产品被更多消费者了解，市场也将会有很大的扩张空间。随着我国有机产品监督管理体系的日趋完善以及更深入的政策支持，消费者对有机绿色产品的信任度越来越高，增加了其购买可能性。

4. 威胁（Threats）

未来将面临以下威胁：品牌较为单一，企业目前仅有一号农场这一个品牌，可能会带来一定的市场风险，若品牌遭遇危机，容易造成较大损失。行业内部竞争加剧，一直以来的连锁超市有机产品柜台以及逐渐增多的进入门槛低、运营成本低的互联网企业导致了行业竞争的加剧。

（二）展望

农业方面需提升农业综合生产能力，发展现代农业，促进产业融合，提升农业综合效益和现代化水平，包含“现代农业生产型产业园”“休闲农业”“社区支持农业”三重含义。文化旅游业方面需打造符合生态的“农业旅游产品＋度假产品”需考虑功能搭配、规模配搭、空间配搭，丰富文化生活内容，创造更大能级的消费吸引力，带动第三产业的“造血”驱动。地产业方面需按照村落肌理打造社区，既要满足农、工、旅人群聚集居住需求，还要满足公共配套和管理组织需要，营造新社区。

通过品牌经营和外延式扩张，积极与大型超市合作，抢占国际国内市场，力争在较短时间内将公司打造成行业领先的有机农业企业。在商业模式上建立共享农场系统，塑造一个平台型企业，贡献公司的所有渠道，帮助种植型企业解决销路，解决农业上最大的痛点。在供应链端模式上，横向上复制，纵向上联合。坚持从绿色农业可持续发展的角度思考，坚持做一个有情怀的有机农场、有责任心的有机农场、有使命感的有机农场，融合多元化的资源、技术、机遇，成为中国有机、绿色消费观、生活观的倡导者。不仅做到能生产出健康的食品，同时也要打造环境友好型企业，振兴乡村的企业。

第三十八章　江苏苏丝丝绸股份有限公司

丝绸是我国的传统产业，经过几千年的发展，我国丝绸行业形成了一条较为完整的产业链。近些年，随着“一带一路”建设的全面推进，丝绸作为中华传统文化符号的认知度和美誉度，其发展空间更加广阔。

“苏丝”，顾名思义，与丝绸、纺织行业息息相关。本章重点围绕江苏苏丝丝绸股份有限公司，探寻该企业的发展之道。

一、企业简介

江苏苏丝丝绸股份有限公司始建于1923年，前身为上海中孚绢纺厂，1960年由上海迁至泗阳，经过51年的风雨变迁，2010年9月注册了年限为10年的商标，2011年10月实施了股份制改造，创立了如今的公司。初始时，品牌注册资本为10600万元，社会融资金额达7000万元，主要来自江苏泗阳中国银行、人民银行、建设银行、农业银行等。苏丝是一家专业从事桑蚕丝深加工、工艺美术以及礼仪用品制造的企业，年生产“苏丝”“SPCC”牌丝绸家纺、服饰产品50万件，绢丝1200吨，绢丝绸280万米；年创产值3.5亿元，销售收入4.5亿元，利税2000万元，创汇2000万美元。公司的“SPCC”商标荣获中国驰名商标。此外，苏丝曾荣获江苏老字号荣誉称号、中国纺织服装企业500强、中国丝绸行业10强、中国礼品企业50强、江苏省农业企业30强、2020年度十大类纺织创新产品、两次荣获全国五一劳动奖状及江苏省优秀民营企业称号等多项荣誉。由此可见，该企业的实力较强，发展前景良好。

企业现共有602名员工，其中，各类专业技术人才300余人，拥有先进的生产设备与雄厚的技术力量。苏丝现已拥有了较为完善的绢纺生产工艺、系统的绢纺操作法，成为全国绢纺企业的范本。苏丝所形成的系统的绢丝、细丝、蚕丝被、蚕丝袜等丝绸产品的标准被纳入了全国丝绸标准体系。迄今为止，企业已研制开发了四百余项丝绸新产品，其中，有100余项新产品通过了省级鉴定，科技创新水平22项，创造了80余个国家专利，其中，有70余项国家实用新型专利，2项国家发明专利，1项国家外观设计专利。

二、成长及运行机制

“苏丝”是一家民营企业，其发展过程并不是一帆风顺的，经历了多次搬迁与改造。20 世纪 60 年代，为支援江苏经济建设，公司搬往江苏，当其迁至江苏泗阳时，企业还只有 168 名职工，2100 锭绢纺配套设备以及 6 吨重的锅炉。今天，“苏丝”经过长足发展，已然成为一家知名企业。苏丝拥有国优产品 1 项、部优产品 4 项。其品牌产品主要有五类：SPCC、SUCI、苏丝、马王以及旗袍。其中，SPCC 主要为染色球与染色线，且旗下的绢丝连续 6 年荣获江苏省名牌产品称号。除了绢丝以外，苏丝还出售各种副产品，如桑蚕丝被、丝羊绒被等家纺家饰；贴身衣物、真丝口罩、旗袍、绸缎等服装服饰，外形精美、品质优良，处处体现丝绸之美。

（一）市场细分

2020 年，由于疫情以及进出口贸易的不确定性，我国丝绸行业的挑战与机遇并存。丝绸作为中华民族的瑰宝，具有千年的历史，具有传承、发扬意义。此外，随着人口基数的增加，对生物医学和医疗保健的需求正在增加。丝绸生物材料具有易加工性和巨大的拉伸强度，可以被应用到医疗保健和临床应用，因此其面临着一个拥有巨大潜力的待开发市场（刘景刚等，2021）。然而，我国丝绸企业规模较小，丝绸产业成本高、利润低，存在融资难、资金紧张的问题。此外，其他纤维替代品充斥市场，丝绸需要有对消费者不可替代的吸引力。基于对苏丝企业外部环境的分析，针对消费者的消费心理因素和行为动机，对市场进行细分。

纺织原料主要为用于纺纱、织布的天然或化学纤维，如丝、线、棉等。2021 年第一季度，我国纺织原料及纺织制品出口总值达 3982.28 亿元，同比上涨 27.7%，态势良好。苏丝具有 SPCC、SUCI 等优质的原料，生产技术先进，占据了一定的市场份额。随着消费升级、城镇居民住房条件改善，家纺用品的刚性需求变大。这为上游面料织造行业带来了更多机遇。丝绸属于奢侈品，苏丝的家纺家饰产品多为桑蚕丝制作，品质较高，价位属于中高水平。以蚕丝被为例，低至千元，高达五千多元。我国丝绸目前为止有十四大品类，衍生发展的品种也有很多，且大部分都是基于苏丝工艺的基础上发展而来。丝绸服饰较为优雅、飘逸，具有风韵，受到较多女性的青睐，总体而言有一定的市场。

基于此，可确定苏丝的细分市场为年龄在 18～60 岁，收入中上水平，追求生活品质的消费者以及各类纺织用品生产商。

（二）目标市场

针对苏丝的市场细分情况，其主要面向纺织原料市场，中高端家纺家饰市场、丝绸服饰市场。在目标市场中，主要有普通消费者和各类纺织用品生产商这两大主体。我们先分析普通消费者，将其分为 3 个目标市场。

年龄为 18 ~ 30 岁的“00 后”“90 后”。更追求独特事物，并希望通过选购产品获得身份标签、彰显自己的特点，消费能力相对不高，但由于消费观念较为开明，乐意为更高品质的生活付费。年轻人中盛行的一种趋势是追求“国潮”，汉服、旗袍均代表着中国特色的传统文化。苏丝所生产的旗袍古典中又包含一丝俏皮，符合年轻人的审美。年龄为 30 ~ 45 岁。具备较高的经济水平和消费能力，对于产品品质具有更高的要求，且品牌忠诚度较高，更倾向于选择自己信赖的品牌。由于步入家庭，更重视情感的寄托，生活的舒适，愿意在家居家纺上花费一定金钱。此外，苏丝的产品技术先进，质量较同类企业来说更有保障，也可以用作送礼。年龄为 45 ~ 60 岁，注重产品的稳定、持久。这一消费者群体有较强的经济能力。苏丝的产品设计人性化，能够在细枝末节上给消费者传递人文关怀。

苏丝的近期、主要目标是第二和第三个细分市场，一方面，这部分人群有着更高的消费水平，愿意花费更多的金钱；另一方面，他们有着更为稳定的生活环境，也是购买家纺家饰的主力军。第一个细分市场则是企业未来需要深度挖掘、横纵开拓的市场，需要更加年轻化的策划与宣传。对于产业链上游的各类纺织用品生产商来说，苏丝所生产的原料吸引了一些中、大型生产商。小型生产商由于经济能力缺乏，资金运营能力不足，苏丝和他们之间的交易较少。今年，我国下游运动服饰企业销售呈现复苏现象，这不仅有利于上游优质龙头订单回流，也会催化纺织产业链公司业绩。

（三）市场定位

在分析市场定位时，运用 4P 这一理论工具进行具体阐述。

1. 产品策略

丝绸在中国是一个古老、高贵而神秘的奢侈品，其原料是蛋白质纤维，也是棉、麻、丝、毛四大天然纤维中最好的结合。丝绸的华丽传递了高贵感，所以自古以来，它的优势似乎都体现在外表。但是，实际上使用过丝绸的消费者可以感到蛋白质纤维能和人的皮肤产生很强的贴合感，不仅亲和感强，而且舒适感好，同时也给人一种气质的象征。但丝绸往往应用在装饰、外衣等方面更多一些。随着经济的发展，很多涤纶慢慢替代丝绸的外在华丽装饰作用。所以，丝绸要注重功能性。

目前，我国丝绸有十四大品类，发展的品种也有很多，大部分都是基于苏丝工艺的基础上发展而来。随着工业技术的发展，去除丝绸在消费者心目中的缺点是丝绸现代工艺中需要攻克的难关。苏丝丝绸经过几十年的努力，在丝绸的抗皱性、掉丝、不好打理三方面取得了卓越成果。把两根丝线像绳子一样加敛；加敛之后的抗皱性加强，通过仿真技术，在丝线纤维中加入抗皱纤维，从而达到抗皱目的；掉丝的问题主要是解决散丝的工艺问题和丝的染料问题。苏丝采用德国染色技术，在解决掉色和抗皱问题的同时，也解决了不便于打理的问题，使产品的核心竞争力、功能性更强。

2. 价格策略

价格是影响营销效果的重要因素之一，不少企业在营销过程中都曾陷入低价倾销、价格竞争的误区，结果是得不偿失。苏丝在前期采取的是需求导向定价，推出不同系列的产品，以市场为中心，实行差别定价，增加利润。这满足了不同消费者的需求，并增加了满意度。以"四件套"为例，全棉材质的四件套、蚕丝被四件套的价格有较大差异。在后期，苏丝采用竞争导向策略，依据自身的竞争实力，利用前期的先动优势，建立技术壁垒，保持品牌优势的同时扩大利润。

3. 渠道策略

苏丝的销售采用"线下 + 线上"结合、"国内 + 国外"结合的方式，渠道多样。苏丝的官方网站采用了古典配色，设计别有新意。网站内容包括公司简介、新闻中心、品牌产品、研发技术、联系方式等必要信息，以达到线上宣传和销售的目的。网站同样会醒目地展现出经销商的销售网址和联系方式，引导和方便消费者购买。苏丝在京东有专门的旗舰店，分类齐全。苏丝以其过硬的产品质量和品牌声望，呈现了产销两旺的良好态势。目前，在国内有二十多个专卖店，分布于北京、哈尔滨、南京等十余个城市。"苏丝"牌丝绸家纺、服饰以其优异的产品质量和中国丝绸家纺十大品牌的声望，呈现了产销两旺的良好态势。前几年开设的北京、哈尔滨、深圳、南京、苏州等苏丝专卖店百余家、代理店的销售形势喜人。同时，实施退城进区，在泗阳经济开发区兴建"苏丝产业园"，对企业进行全面的技术改造，进一步提升产品档次和适应市场的能力，着力把"苏丝"打造成中国丝绸一线品牌。产品在内销的同时，还销往日本、韩国、欧洲、印度、印度尼西亚、中东、东南亚和中国香港等二十多个国家和地区。

4. 促销策略

多元化的渠道和业务布局逐渐形成苏丝的护城河，在这基础上，苏丝的促销策略立心意，启新局。苏丝始终具有长远的发展目光，抓住时代发展的特征。自我国迈入知识经济时代起，就注重企业竞争壁垒的建设。苏丝借助社交电商优势，抓住互联网时代分享经济的精髓，基于人际关系网络的传播途径，通过社交互动、用户自生内容等手段辅助商品购买，将关注、分享、互动等社交化的元素应用于交易过程。通过"丝绸行业知识科普 + 互动 + 商品推荐"和"品牌概念"形成以"信任"为核心的社交型交易模式，解决两个核心痛点：获客与留存。

三、亮点与特色做法

作为中国传统的文化使者，苏丝为弘扬中华丝绸文明做出了积极的贡献。企业致力于把古老的丝绸赋予新色彩、新形象，向中国、向世界传递苏丝企业对丝绸新的理解和追求。从上至下，苏丝的工作人员秉持创新的精神，运用现代技术不断开发符合现代人需求的新产品。其亮点与特色做法主要有以下几个方面：

（一）产学研成果转化与人才振兴并行

研发是纺织行业转型升级发展的必然之路。为此，苏丝成立了丝绸新产品研发部和技术中心，并与东华大学、苏州大学丝绸学院和浙江丝绸研究所等科研单位联手，将传统丝绸文化与现代高科技相结合，先后成功开发了床上用品、居家服、服装和服饰共四大类、四百余种丝绸家纺服饰新产品。其开发的“高档膨化拉绒蚕丝毯”产品，已经投入批量生产并投放市场。苏丝通过产学研成果转化，积极研发，解决了丝绸掉色、易皱、“难伺候”等问题，深受广大消费者的喜爱。人才是创新驱动、转型发展的核心。把人才放在绝对重要的位置，是“苏丝”走创新驱动之路的内在要求，也是“苏丝”转型发展的核心。苏丝一直采取多管齐下的办法来建立一支创新型的技术人才和管理人才队伍，以优惠的政策引进外部人才，以优厚的待遇留住人才，以良好的机制激励人才，以合作的形式借重人才。比如，向国内外相关高校院所寻求合作，不断加大与南通大学、江南大学、东华大学、苏州大学丝绸学院等科研院所的合作，利用高校院所的研发平台和专业技术人才，进行时尚新产品的开发研制。

全公司拥有教授级高工、高级技术职称的有 22 人，中级技术职称的有 280 人，技术专家 5 人。此外，公司还聘请了 10 位技术专家，全部具有高级职称，涵盖了纺织工程、丝绸工程、经济管理等专业。

（二）独特的企业文化与创新体验

结合丝绸的特质，“爱，永不褪色”所诠释的正是苏丝要为消费者带来的温馨和体贴感。苏丝强调“二十四小时生活体验”，上班时间使用丝绸，能给人带来光鲜和自信；晚上回家则提供温馨、舒适和随意的感觉，这是一种由表及里的爱与呵护。正因如此，这种“爱”要通过企业给产品赋予更深层次的内涵，才能让它走得长久。这便有了苏丝“爱，永不褪色”和为消费者带来永恒体验的理念，是苏丝从品牌定位与产品特性上的创新。苏丝还成立了一个创意研究院。其职责有两件事情：一是在丝绸产品、丝绸新文字上的创新和应用；二是品牌渠道研究。从应用层面来说，苏丝丝绸要从产品研发到市场传播和销售渠道进行有机结合，让广大消费者认识、购买出色的产品。

（三）合理的企业规划与开拓

品牌价值和可持续健康发展是最重要的，也是最需要被长期建设的基石。苏丝的企业领导者认为，我国的丝绸品质超过了国外产品，但由于我国的丝绸品牌意识缺乏，但与国外丝绸的竞争事实上是品牌的竞争，并且还有很长一段路要走。因此，苏丝打造国外市场，把中国丝绸的声音传播出去，真正让消费者了解到真正的丝绸产于中国，并逐步进入零售、商场渠道增加和提升品牌。

（四）构建现代丝绸之路

苏丝提出，“真正的丝绸之路要想振兴，就必须在中国把丝绸做成强势产业”。我国的丝绸产业“大”而“强”，在世界上虽有影响力，但尚未达到过去的水平。所以，把古老的丝绸传承、传扬、发展下去，亦是苏丝的重要使命。伴随着消费者回归自然的生活本质，为天然纤维市场造就了强大优势。这是丝绸产业在现代发展的重要时机。苏丝通过技术工艺改造，深度挖掘丝绸外在化的特征，将功能体验进行展示，进而赋予丝绸强大的生命力。

四、展望

苏丝是一个有着人文关怀，有着发展情怀的企业。它抓住了一个纺织企业的内核——创新；构建了传递温馨与爱的经营理念；打造了一个丝绸企业的标杆。对于这样一个想要基业长青的企业来说，未来还应继续探索。品牌塑造的力度，要继续给消费者传递企业的记忆亮点，扩大其知名度，让更多人听到苏丝的声音。苏丝继续发挥其技术优势，加强研发的同时降低成本，实现规模效益。针对目前各大短视频平台火热、受众很广的现实情况，苏丝可以开通自己的短视频账号，在进行品牌宣传推广的同时，进行线上直播带货。在实现主播与消费者互动的同时，进行商品的销售，增强客户黏性，为以后商品二次转化奠定基础，保证客户留存率。线下商家建立良好口碑需要花费很长时间，而直播则可以在短时间内树立起良好的品牌形象，促进品牌的推广。

百年丝绸，中国苏丝。一丝一缕，千情万意。

参考文献

[1] 刘景刚，曾裕，覃翠健，方翠莲．关于茧丝绸行业经济运行分析和展望[J]．广东蚕业，2021，55（03）：8－9.

第三十九章　上农农业科技江苏股份有限公司

一、企业简介

上农农业科技江苏股份有限公司，于2013年1月30日在无锡市成立，是一家集农产品种植、研究、加工和销售于一体的现代生态农业开发公司，是“江苏省省级供应链创新与应用重点培育企业”“江苏省农业产业化省级重点龙头企业”，被誉为“‘菜篮子’工程先进单位”。企业的注册资本为8000万元，已获16项专利证书。企业是残疾人福利性企业，现有50名员工，其中，有13名员工是残疾人就业。企业主要从事农作物新品种、农业高新技术的研发；蔬菜、水果、坚果、薯类、油料、豆类、谷物的种植；蔬菜加工；预包装食品兼散装食品的批发与零售；生鲜食用农产品、生鲜肉类、禽蛋、家禽、水产品、蔬菜、水果、豆制品、中药材、日用杂品的销售；道路普通货物运输；道路货物专用运输；增值电信业务等。企业先后通过了ISO9001国际质量体系认证、ISO22000食品安全管理体系认证、ISO28000供应商管理体系认证等多个认证许可。企业的产品获得了“无锡市首届十大农产品品牌”“优质农产品”“无公害农产品”的认证许可。产品以“安全、新鲜、平价、便捷”为主要特色，质量有保障，有溯源系统。企业尊崇“踏实、拼搏、责任”的企业精神，与国家产业政策同步，与农业结构调整方向同步，与农民增收、农村稳定需要同步，与国际市场需求同步，致力于中国农业的产业化、工业化进程，并以“诚信、共赢、开创”的经营理念，创造良好的企业环境，以全新的管理模式、完善的技术、周到的服务、卓越的品质为生存根本。企业始终坚持用户至上，用心服务于客户。

二、成长及运行机制

（一）成长历程

2012年10月19日，发起人张晓峰、范晓君、颜定、颜健鸥、潘欣正式签署了设立江苏上农农业科技江苏股份有限公司的《发起人协议》。2013 年 1 月 6 日，股份公司召开创立大会暨第一次临时股东大会，审议通过了股份公司章程，并选举产生了第一届董事会和第一届监事会。2013 年 1 月 30 日，公司首次确定了经营范围。2013 年 2 月 10 日，公司决议设立全资子公司上农农产品电子商务江苏有限公司。2013 年 6 月 24 日，公司作出股东决定，变更上农电子商务的经营范围。2013 年 12 月，上农农业科技江苏股份有限公司成功在上海股交中心挂牌上市，股票名称“上农股份”，股票代码为 100133。

2019 年 2 月 28 日，公司正式注册商标，建立“要吃菜”品牌。“要吃菜”品牌是基于“天蓝地绿”生态农业的品牌发展而来。在品牌注册之初，公司收购了 www. yaochicai. com 的域名。通过公司逐步加强与互联网生鲜平台的战略合作，2019 年公司的销售额达到 12002 万元，逐步加大果蔬新品种的研发、培育力度。

（二）运行机制

1. 生产模式

蔬菜行业主要存在三种生产模式，即传统农户生产模式、“公司 + 农户”生产模式和工厂化生产模式，在不同的历史阶段存在不同的经营模式。不同生产模式的演变及特点如图 39 – 1 所示。

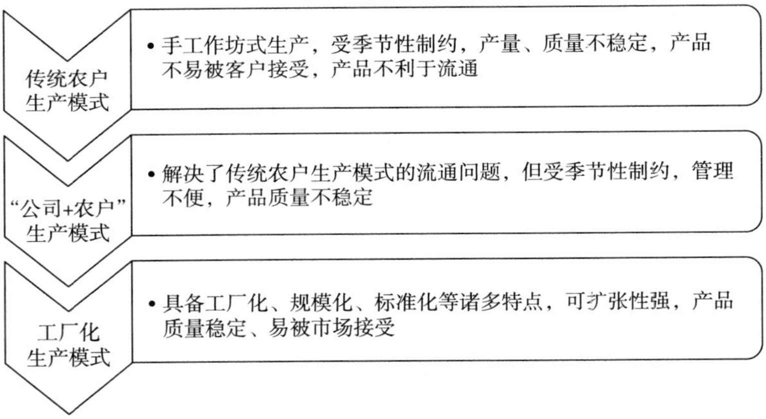

图 39 – 1　不同生产模式的演变及特点

我国是农业大国，在我国发展史上，农业历来是立国之本，而传统的农户生产模式历史存在时间最长、采用范围最广。改革开放以后，随着市场经济的蓬勃发展，我国开始出现“公司 + 农户”生产模式，即企业与农户之间组成相对稳定的合作联合体，企业为农户提供种子、种植技术支持，农户负责种植，一般按协议价格出售给企业，再由企业负责向市场销售。随着社会分工的进一步细化，近几年又出现了蔬菜工厂化生产模式。

公司主要采用工厂化模式种植生态蔬菜。股份公司设立后，公司对租用的农地进行土壤改良，直至 2013 年 9 月，公司才开始采用工厂化模式种植蔬菜。公司将对蔬菜种植种类、种植技术、有机肥料、病虫害防治、水务处理等进行统一管理，从而实现生态蔬菜的工厂化、标准化生产。

公司现已建成设有高效防虫网的蔬菜种植大棚200多亩，大棚内配有自动喷灌和自动通风设施，种植过程将完全不使用基因工程技术、化肥、催长激素，而使用有机肥料；不使用化学农药、杀虫剂等有害物质，而用防虫网或生物农药及其他非化学手段防病虫害；蔬菜采收后，历经整理、包装、加工、运输、贮藏、配送等多个环节，公司在这些环节中均力保生态蔬菜没有受到二次污染。

2. 采购模式

现阶段公司产品主要在无锡地区销售，受限于土地、气候等各类资源，公司主要种植生态类蔬菜，而公司自产的蔬菜不能满足客户的多样化需求，因此，公司会从外部采购部分农副产品以完善产品线，为客户提供各种农产品组合。采购前，公司会对供应商进行实地考察，指导供应商如何种植出符合公司生态标准的农产品，如使用有机肥料以替代农药等有害化学性肥料。供应商农产品运抵公司后，公司首先按照制定的生态农产品感官质量、安全指标质量标准进行检验，达到标准后，公司才采购其产品并按照既定的流程进行销售。股份公司设立后，土壤需要一段时间的改良期，无法种植生态蔬菜，故公司在2013年9月前，公司所售蔬菜均从附近农村合作社采购；随着土壤改良期的结束，公司将实现生态类绿叶蔬菜的自给自足。此后，公司从附近农村合作社采购生态根茎类蔬菜、蛋类等农产品，从农产品生产基地采购生态农副产品。经过检验并确定达到公司设定的生态农产品标准后，再与公司自产的蔬菜进行组合销售给客户。

3. 销售模式

公司现主要以无锡地区的中高端人群作为目标客户进行生态农产品的直销。公司采用线上、线下相结合的方式进行产品的推广销售：公司的子公司上农电子商务搭建了无锡市首家专门网上售卖“配菜”的电子商务平台，主要负责公司产品的网上销售及推广；同时，公司还采取了一系列线下推广活动与消费者互动，增加消费者对公司生态产品、品牌的认知度，如到企事业单位食堂及社区推广、邀请消费者至公司种植基地参观、与银行及酒类等品牌合作推广等活动。公司线上推广尚处于初期阶段，目前线上销售额占总销售额的3%。此外，公司建立了自有的全程冷链物流系统，直接对消费者供货。通过直销，既可以减少中间渠道的费用，降低最终产品价格；也可以得到消费者的及时反馈。公司正是凭借完善的业务流程，优越、稳定的配送服务，受到了无锡地区客户的青睐，如表39-1所示。

表39-1　主营产品或服务销售所获收入　　单位：元，%

分产品或服务	营业收入	营业成本	毛利率	营业收入比上年同期增减	营业成本比上年同期增减	毛利率比上年同期增减
蔬菜销售收入	6782295.05	5159035.68	23.93	112.26	129.18	减少19.12个百分点
鸡蛋销售收入	390033.53	274885.75	29.52	-69.12	-70.60	增加13.71个百分点
食品销售收入	127999.28	117818.35	7.95	—	—	—
肉制品收入	151903.95	140419.13	7.56	—	—	—
合计	7452231.81	5692158.91	23.62	67.16	78.65	增加17.21个百分点

4. 线上销售服务

子公司上农电子商务搭建了无锡市首家专门网上售卖“配菜”的电子商务平台，主要负责公司产品的网上销售及产品推广，通过线上对生态蔬菜的展示，传播公司生态健康的理念，并为消费者购买生态农产品提供便捷的服务；客户也可以通过线下订购公司产品。通过公司线上、线下相结合提供的便利，客户既可以成为会员，享受定期及固定搭配的农产品配送服务，也可以灵活地通过公司电子商务平台自行选配菜。此外，公司建立了自有的全程冷链物流系统，直接对消费者供货，使配送的蔬菜从基地田间采摘到餐桌全程不超过9小时。

三、亮点与特色做法

（一）主要产品特点

1. 生态性

（1）合理轮作。

为了合理、有效地提高生态效益和经济效益，公司实行在同一块大棚中的田地里，有顺序地在季节间和年度间轮换种植不同作物或复种组合的种植方式。合理的、科学的轮作种植方式可以有效地防治病、虫、草害，也有利于均衡利用土地的养分，避免其片面消耗。调节土壤的肥力，改善土壤结构，有利于土壤通气和有机质分解，消除土壤中的有毒物质，防止土壤次生潜育化过程，并可促进土壤有益微生物的繁殖。

（2）有机施肥。

公司所用的有机肥料是由一种天然有机质经微生物分解或发酵而成的，俗称农家肥。这种肥料经微生物分解转化后，再为植物提供养分。利用这种肥料一方面变废为宝，处理了生活垃圾，减少了环境污染，另一方面也保证了公司生产出来的食品是有机绿色、安全健康的无公害食品。

（3）科学除虫。

公司除虫方式分为物理除虫和生物除虫。物理除虫是利用一些多功能型的太阳除虫灯和防虫网，不仅保证了种植蔬菜的品质，同时也有利于做到低碳环保。生物除虫则是在田间饲养一些农作物的天敌，这种方法更加科学，也能确保食用该产品的安全性。

（4）严格检验。

由于股份公司刚刚设立，公司自有基地正进行土壤改良，且公司自己生产的农产品种类也具有一定的局限性，为保证公司出品套装的全面性，满足不同客户的需求，公司与当地农用合作社定期采购部门生态农产品。公司将对外购的生态农产品进行检验，达到公司规定的生态农产品质量标准后，才进行销售。

2. 高品质

生态蔬菜公认口感更好，营养更丰富。生态蔬菜完全按照自然规律生长，所以生长周期相对较长，也正因如此，生态蔬菜比普通蔬菜吸收土壤中更多的有机质，含有多种维生素和钙、镁、铁、铬等多种基础矿物质，并有抗癌和抗氧化作用，同时其口感也更新鲜、浓郁。

（二）产品的独特性

1. 一站式服务，方便快捷

公司已初步完成对生态蔬菜种植、生态农产品采购、生态检验、保鲜仓储、冷链配送、线上线下的销售渠道建设等生态农业全产业链布局。消费者既可以成为会员，享受定期的配送服务；也可通过“要吃菜”电子商务平台，自行选配菜。今后公司还将推出微信公众号，消费者可直接在微信上进行订阅，享受直送服务，为当今社会人们快节奏的生活方式提供了更多便利。

2. 精挑细选，新鲜安全

公司自产自销的生态蔬菜，从田间采摘后，直接运往公司仓库进行真空预冷，并储存至保鲜库；之后通过公司自有的全程冷链物流配送系统直接送达至客户，使配送的蔬菜从基地田间采摘到餐桌全程不超过 9 个小时。公司外购的生态蔬菜，公司都会按照制定的生态农产品标准进行检验，质量检验合格后会进一步人工筛选，挑出新鲜度达不到公司标准的蔬菜，或存在其他情况的残次品，达到要求后才进入保鲜库，这样确保蔬菜的新鲜度和健康度，让客户能够放心、省心地购买公司的产品。

3. 直接有效，按需调整

由于公司销售采取直销模式，直接和最终消费者联系，消费者会监督公司产品，向公司反映体验感受，公司根据客户需求及时调整不足，有利于公司自律，这比通过第三方机构监管更有效。直销模式对于产品质量的控制也更为有效，尤其在形成规模化后，公司要保证销售的每一批蔬菜符合质量标准，第三方物流很难达到要求。公司可以按订单需求来制订蔬菜采收计划和农产品采购计划，以提高公司的经营效率，实施零库存管理。

四、展望

公司要加大公司“要吃菜”电子商城及网络推广的投入；优化公司业务结构，在现有业务基础上完善集生产、加工、配送、销售、服务为一体的现代生态农业全产业链；充分发挥在品牌、营销、规模、产业链完整等方面的优势，在稳步提升公司生态农产品现有生产规模和市场占有率的基础上，开拓新的城市生态农产品市场，不断扩大经营规模、提高市场占有率和盈利能力，全面提升公司的持续发展能力、创新能力和核心竞争力。

加强营销推广，拓展市场。在线上，公司将加大公司“要吃菜”电商平台及网络宣传的推广力度；在线下，公司将采取多方位的宣传手段，并将新设门店、取货点，给客户提供便捷服务的同时，打造公司的品牌；通过线上、线下的结合，公司将进一步建立、健全营销网络，扩大市场占有率。公司应抢占市场，扩大市场区域，扩大品牌的影响力。公司应按照“分品类跨区域布局”战略，按照种植产品的不同属性，进行相应的地理布局，将不易保存的绿叶类蔬菜生产集中在城市近郊，耐储存和运输的块茎类蔬菜分散到土地成本更低廉的地区生产。

整合运营模式。继续发挥生态农业产业链整体优势，公司运营模式具有以下优势：更有利于保障食品安全；产品质量更高、更稳定；产品附加值更高，效益更好；客户满意度高；具备良好的可复制性，可实现企业规模的快速扩张。公司将继续发挥上述优势，通过加大投入和技术改造以及技术创新，降低生产成本，提高生产效率，进一步提高市场占有率。公司已投入力量，打造一个基于生态农产品生产、加工、配送、订单、售后服务、人员管理和财务于一体的自动化和信息化感知系统。

人员扩充与管理提升。公司坚持“以人为本，尊重人，凝聚人”的人才经营理念，高度重视人力资源的开发和优化配置。根据公司发展规划和发展需要，一方面，对公司内有发展潜能的员工进行发掘和培训，建立、健全激励机制和人才竞争机制；另一方面，将招聘各类优秀专业人才，特别是现代农业复合型人才。有效的企业管理体系是企业经营取得良好的运行效果的保证。未来两年，公司将在现行管理体系的基础上，不断完善各项工作管理体系，提高内部控制能力，提高执行力和管理效率，确保管理水平满足公司快速发展的需要。我们的目标是发展成为华东最大的生鲜配送集团，拥有最多数量的家庭会员客户。

第四十章　江苏艾津农业科技服务有限公司

一、企业简介

江苏艾津农业科技服务有限公司（原江苏艾津农业科技有限公司），重组成立于2014年，注册资本1000万元，营业自2015年1月13日起无公司主营以绿色植保服务为先导的农业生产全程社会化服务、优质农产品生产销售，是艾津集团未来十年重点发展板块。公司现有农技、农机专业人员55名（其中，硕士研究生27名），植保、烘干等设备总投入近1000万元。

艾津农业社会化服务以粮食的生产需求为导向，为稻麦生产提供全程的社会化服务，包括植保社会化服务、测土配方施肥服务、粮食烘干与代销服务、职业农民培训服务等。在农业社会化服务领域着重打造“艾津农服”“艾津植保”品牌，以全程的社会化服务保障当前新形势下的粮食生产；在优质农产品产销领域，以横梁三友湖基地为中心，重点打造“艾津欧标”“三友湖”农产品品牌，以高标准农产品的质量要求反向指导生产，促进粮食生产规范化、标准化，保障粮食产量与质量安全，实现生态与效益协同发展，推进农产品优质优价，促进农民增产增收。

公司经营范围为：农业技术开发、咨询、服务、转让；农作物病虫害防治；农业机械；灌溉服务；农产品初加工；林业有害生物防治；林产品初级加工；农作物种植；花卉苗木种植、销售；林产品采集；内陆水域养殖与捕捞；对渔业生产活动进行支持性服务；农药、农膜、农机、化肥、种子、包装材料、初级农产品销售；粮食收购、家禽饲养、食品生产、销售、餐饮；生物技术研发；园林绿化工程设计、施工；观光果园管理；林木育种和育苗；职业技能培训；农场运营管理；有害生物防治；白蚁防治；消毒产品、医疗器械销售；城市园林病虫害防治；不再分装地包装种子销售；自营和代理各类商品及技术的进出口服务；施肥；农村民间工艺及制品、休闲农业和乡村旅游资源的开发经营；休闲观光活动；生态资源监测；肥料生产。

二、成长及运行机制

公司运行机制是指企业生存和发展的内在机能及其运行方式。包括公司投入运行过程的基本要素，由要素有机结合所形成的结构，结构所发挥出的机能以及运行的基本轨迹组成。

（一）公司运行过程中所投入的要素

公司运行的基本要素是劳动力、物资、资金和信息。公司法定代表人为张申伟，他同时任职公司执行董事和总经理，公司监事为韩伟。公司主要的产品和服务有四大类，分别为统防统治、测土配肥、粮食烘干和农技研究。艾津专业化统防统治以企业为主导，利用自身在植保、农药、设备上的优势，采取统一组织和分散经营相结合的形式，以先进的植保技术和植保机械为手段，以植保专业合作社为依托，建设专业化防治队伍，实行政策扶持、自负盈亏、自我发展的市场化运行机制，为农户提供有偿性服务的业务形式；测土配方施肥是以田间试验和土壤测试为基础，根据作物需肥规律、土壤供肥性能和肥料效应，在合理施用有机肥的基础上，提出氮、磷、钾及中、微量元素等肥料的施用品种、数量、施肥时期和施用方法。艾津公司践行“质量保证、服务至上、合作共赢”的理念，为种植大户、家庭农场提供优质肥料以及科学合理的技术服务，本着精准施肥、高效施肥、环保施肥的基本原则，针对不同客户的种植习惯、区域土壤肥力特点，开展测土配方施肥技术指导，因地制宜引导客户按需施肥、科学施肥，为粮食增产、农民增收等方面发挥积极作用；作为植保服务的扩展以及连接粮食生产的上下游业务，艾津农服已开展粮食烘干和购销业务，目前公司建已于2015年底在六合马鞍街道建立了公司首个粮食烘干中心，配备22吨粮食烘干机6组，投资近200万元，通过近1年的运转，艾津烘干中心烘干粮食万余吨，粮食贸易数万吨，并已建立了成熟的粮食烘干与贸业务模式，培养出合格的人员团队，为粮食烘干业务的推广、复制、扩大提供了保障；艾津主要负责农作物植保技术应用集成、统防统治防治方案制定与监督落实、田间病虫害调查与预测预报、新产品新技术研究与应用、农药应用技术研究开发、作物栽培管理综合技术研究、测土配方肥研发与应用、高品质农产品生产技术集成与研究、高标准农产品全程产业链的研究等。

2019年底，公司资产总计21670952.39元，营业收入14981228.89元，利润总额为18994.07元，持续收入净利润即综合收益总额为237805.27元。截至2019年底，公司现有在产品价值491725.53元，现有农产品价值2115278.15元，现有农用材料价值38440.60元，合计2645444.28元。公司现有固定资产价值为9647822.42元，固定资产累计折旧为3440218.58元。

（二）公司运行的结构

公司运行过程中要素有机结合形成生产、经营和管理三大结构。生产结构履行物资形式转换与产品价值和使用价值的创造价值。“艾津欧标体系”是艾津新农人将欧洲食品标准、国际食品法典和绿色标准进行整合，形成高于以上各项标准的全新企业标准。艾津欧标（大米）包括农药残留限量481项，污染物限量8项，口感品质指标25项；并用标准指导生产，通过技术创新、采用理性农业的措施，匠心打造优质安全系列农产品的技术体系，从而实现农产品生产全过程精准管控，安全可追溯，品质优良。艾津高端大米的生产基地选址于达到《GB/T 19630.1有机产品》标准的三友湖基地，严格按照“艾津欧标体系”要求组织生产，从选种—育秧—插秧—田间管理—收割—烘干—加工—消费者，每个环节都科学把控，详细记录，并利用农业物联网技术实现种植过程全程可追溯。每一批大米上市前都经过SGS权威检测，只有符合“艾津欧标体系”的产品才会到消费者手中；艾津营养师精心研究生产措施与蒸煮方法，达到品质优良、口味最佳。安全与品质双把控保证每一粒米都安全美味。公司通过与扬州大学教授合作，利用基质栽培和滴灌技术，采用天然雨水灌溉，共同培育出品质上佳的水蜜桃草莓，营养价值丰富，被誉为是“水果皇后”，含有丰富的各种维生素、胡萝卜素、鞣酸、天冬氨酸、草莓胺、叶酸、铁、钙、鞣花酸与花青素等营养物质。

经营结构履行对外联系的职能，完成生产要素以企业以及生产成果流出企业的任务。在统防统治方面艾津专业化统防统治以企业为主导，利用自身在植保、农药、设备上的优势，采取统一组织和分散经营相结合的形式，以先进的植保技术和植保机械为手段，以植保专业合作社为依托，建设专业化防治队伍，实行政策扶持、自负盈亏、自我发展的市场化运行机制，为农户提供有偿性服务的业务形式。这种新模式实现了统一组织、统一测报、统一配方、统一供药、统一防治等，并由各植保专业合作社与群众签订防治协议，实施防治。如果出现防治不当给村民造成损失的，植保专业合作社要承担相应责任。在测土配肥方面，艾津公司与南京市耕保站、中盐安徽红四方有限公司强强联合，提供优质优价的放心肥；实时跟踪了解作物长势，开展长期的定点跟踪与提供“一对一”技术指导和是非建议；并与南京农业大学、扬州大学、江苏省农业科学院等的土肥专家合作。

管理结构履行协调的职能，使运行过程人、财、物和信息各要素之间保持最佳组合关系，发挥最高效率。公司持股人江苏艾津功能农业研究院有限公司，持股比例为100%。公司决策机制、激励机制、约束机制和发展机制四方面做得较好，在从管理者通过协调人、财、物和信息各要素之间的关系，使企业内部管理运行效率保持较好水平。同时企业重视社会事业，重视环保事业发展，积极参与农业有关观摩会、培训会。例如：新型职业农民是现代农业建设的主力军、是新农村建设的中坚力量，为持续着力培养农村用得上、留得住的新型职业农民，江宁区农业局组织召开新型职业农民（植保技术）培训班。艾津植保专业合作社社长杨帅应邀为学员对稻麦植保专业化统防统治、测土配方肥及生物肥等进行讲解。

三、亮点与特色做法

（一）STP营销是现代市场营销战略的核心

由于公司农业社会化服务是以粮食的生产需求为导向的，而其中艾津高端大米是艾津欧标体系中最主要的农产品，因此本章将以艾津欧标大米为例，从STP营销的角度，分析企业的亮点与特色做法：

1. 市场细分

收入水平营销消费者需求并决定他们的购买能力。虽然以下所提及的产品并不是完全按照收入定位，但仍然有一定的联系。例如，寿司香米定位于中价市场，胚芽米、富硒大米和粥米定位于高价市场，而香米和鲜米定位于低价市场。面对广大稳定住所型或家庭成员人数较多的消费者而言，艾津公司推出10千克较大包装粳米产品；面对住所不稳定经常有变动或者家庭成员人数较少的消费者，艾津公司推出1千克小包装粳米产品；面对有赠送礼物需求的消费者，艾津公司推出礼盒装粳米产品。

2. 目标市场

中青年群体相对于老年群体消费预算较高，能接受相对较高的价格；另外，中青年群体尤其对产品质量和食物品质的追求和需要较高，对优质产品需求较高。由于艾津坐落于江苏南京，产地位于南京六合区三友湖农场，由于地理上运输的优势，在江浙沪消费者中营销力度较大。

3. 市场定位

以艾津粳米为例，公司在市场粳米产品差异化战略：艾津稻园寿司香米追求“米饭松散，黏弹性好，冷饭不回生”，是针对寿司而定位的大米。艾津稻园胚芽米颗粒饱满，充分保留营养成分，是针对高营养而定位的产品。艾津稻园粥米Q弹细腻，营养健康，是针对果冻米煮粥而定位的产品。艾津稻园富硒大米属于功能性农产品，是针对有补硒需要的消费者而定位的产品。

高质高价。相比于其他公司的粳米而言，艾津粳米价格较高，与此同时，质量也相对较好。艾津稻园品牌粳米一年一熟，口感较好，包装精美有特色，并且严格针对不同功能定位，产品产地有优势，严格遵循“艾津欧标体系”，品质有保证。

（二）SWOT分析常常被用于制定集团发展战略和分析竞争对手情况

1. 内部优势

选址于达到《GB/T 19630.1 有机产品》标准的三友湖基地，三友湖农场是由江苏艾津农业科技服务有限公司创办的集种植、科研、展示、推广于一体的现代化农业示范基地。农场地处六合东北部，毗邻三友湖水库，与多个生态园相邻，交通便利，环境优美，生态资源优越，共占地1000亩。严格按照“艾津欧标体系”要求组织生产，从选种—育秧—插秧—田间管理—收割—烘干—加工—消费者，每个环节都科学把控，详细记录，并利用农业物联网技术实现种植过程全程可追溯。目的是给消费者足够透明的生产环境，为自身争取优势。公司农场主要以生产优质大米为目标，立足于科学种田、安全用药以及农事操作机械化等手段，从而提高用药效率、减少农药残留以及水稻优质高产。公司提供服务的多样化，也成为公司的一大有利竞争优势。公司在提供艾津粳米等农产品以外，还为稻麦生产提供全程的社会化服务，包括植保社会化服务、测土配方施肥服务、粮食烘干与代销服务、职业农民培训服务等。

2. 内部劣势

公司规模一般，产品规模较小，较难形成体量优势。公司除大米以外的其他农产品未形成“品牌优势”，其相应市场规模较小。

3. 外部机会

江浙沪区域居民一般收入和消费水平较高，更易于接受较高价格、较高品质的农产品。因此，产品定位较为准确，更能满足定位市场消费者的需求。南京农业大学、江苏省农科院、扬州大学等众多科研单位与公司农场有着紧密的合作，为农场积极探索农业生产中的新技术，包括水稻新品种试种、集中育秧技术示范、病虫害综合防控技术示范以及水稻高产施肥技术示范推广等工作，力争将基地建设成现代化的农作物种植管理示范基地提供有力的技术保障。

4. 外部威胁

产品市场上其他竞争对手较多，各式各类有名气的品牌以及认可度较高的“东北大米”带来的威胁，导致艾津粳米的需求减少，销售额的下降为公司带来利润的威胁。生产供应稳定性以及政策稳定性方面依然存在威胁。国家在支持农产品生产方面虽然有着较多的保护政策，但依然存在许多不稳定性因素。

四、展望

江苏艾津农业科技服务有限公司应该保证其资源的持久竞争优势。在基地方面，公司基地的地理位置先天资源优越，公司要注重基地的可持续性发展，重点保护基地环境，节约基地资源。在科学技术方面，公司应该保持持续的研究和创新，和大学、科研院等科研单位保持持续的技术上的突破。在公司农业多样化服务方面公司应该保持服务的多样性的同时，在服务的群体范围上有进一步的扩大。江苏艾津农业科技服务有限公司应该分析对手和自身的优劣势，采取灵活的市场方式，并根据市场的变化不断地创新以适应市场。例如，在艾津稻园粳米生产营销方面，继续保持自己的高质、包装精致的特点，同时可以在成本降低上下功夫。市场总是在不断变化，江苏艾津农业科技服务有限公司应该随着外部环境的改变，而不断变化制定新的战略目标。细分市场，江苏艾津农业科技服务有限公司可以在细分市场上进一步研究和改进，使得市场细分更加精细、更加精准，以便在消费者中能获得更多的认可。在其他农产品的生产和营销方面，江苏艾津农业科技服务有限公司应该在生产上扩大规模、改善品质，在营销上加大力度，促进除主要农产品之外的其他农产品的蓬勃发展。